Portas fechadas

Adam Tooze

Portas fechadas

Como a Covid abalou
a economia mundial

tradução
José Geraldo Couto

todavia

Para nossos amigos viajantes

Introdução **9**

Parte I: Doença X
1. Irresponsabilidade organizada **35**
2. Wuhan, não Chernobyl **56**
3. Fevereiro: Perdendo tempo **71**
4. Março: Lockdown global **85**

Parte II: Uma crise global como nenhuma outra
5. Queda livre **101**
6. "Tudo o que for preciso", de novo **116**
7. A economia respirando por aparelhos **137**
8. A caixa de ferramentas **162**

Parte III: Um verão tórrido
9. O NextGen da União Europeia **183**
10. China: momentum **198**
11. Crise nacional dos Estados Unidos **219**

Parte IV: Interregno
12. Corrida pela vacina **237**
13. Redução da dívida **254**
14. Economias avançadas: torneiras abertas **273**

Conclusão **291**

Agradecimentos **311**
Notas **315**
Índice remissivo **364**

Introdução

Se houvesse uma palavra para resumir a experiência de 2020, essa palavra seria "descrença". Entre o reconhecimento público do surto do coronavírus por Xi Jinping, em 20 de janeiro de 2020, e a posse de Joe Biden como 46º presidente dos Estados Unidos, exatamente um ano depois, em 20 de janeiro de 2021, o mundo foi sacudido por uma doença que no período de doze meses matou mais de 2,2 milhões de pessoas e adoeceu gravemente dezenas de milhões. No final de abril de 2021, quando este livro foi para a gráfica, o número global de mortos ultrapassava 3,2 milhões. O perigo acarretado por ela subverteu a rotina diária de praticamente todo mundo no planeta, paralisou grande parte da vida pública, fechou escolas, separou famílias, interrompeu viagens domésticas e internacionais e derrubou a economia mundial. Para conter o desmoronamento, o apoio governamental a famílias, empresas e mercados assumiu dimensões nunca vistas fora de tempos de guerra. Não apenas foi, de longe, a recessão econômica mais aguda desde a Segunda Guerra Mundial, como também qualitativamente única. Nunca antes houvera uma decisão coletiva, ainda que irregular e incerta, para paralisar amplas partes da economia mundial. Foi, como definiu o Fundo Monetário Internacional (FMI), "uma crise como nenhuma outra".[1]

O vírus foi o gatilho. Mas antes mesmo de sabermos o que nos atingiria, havia todas as razões para pensar que 2020 pudesse ser um ano tumultuoso. O conflito entre a China e os Estados Unidos estava fervendo.[2] Uma "nova Guerra Fria" estava no ar. O crescimento global ficara seriamente mais lento em 2019. O FMI se preocupava com o efeito desestabilizador que a tensão geopolítica pudesse ter sobre uma economia abarrotada de dívidas.[3] Os economistas engendravam novos indicadores estatísticos para mensurar a incerteza que estava afligindo os investimentos.[4] Os dados sugeriam fortemente que a origem do problema estava na Casa Branca.[5]

O 45º presidente, Donald Trump, conseguira se converter numa obsessão global insalubre. Estava empenhado em sua reeleição em novembro e parecia inclinado a desacreditar o processo eleitoral mesmo que resultasse em vitória. Não por acaso, o slogan da edição de 2020 da Conferência de Segurança de Munique — a Davos do setor de segurança — era "Westlessness".[6]*

À parte as preocupações a respeito de Washington, o tempo das intermináveis negociações do Brexit estava se esgotando. Ainda mais alarmante para a Europa, no início de 2020, era a perspectiva de uma nova crise dos refugiados.[7] Como pano de fundo, assomavam tanto a ameaça de uma horrenda escalada da guerra civil na Síria quanto o sempre premente problema do subdesenvolvimento. O único meio de remediar isso era incrementar o investimento e o crescimento no Sul global. O fluxo de capital, porém, era não só instável como desigual. No final de 2019, metade dos tomadores de empréstimos de mais baixa renda na África Subsaariana já estava se aproximando do sobre-endividamento.[8]

E mais crescimento não era uma panaceia. Acarretava mais pressão ambiental. O ano de 2020 foi estabelecido como decisivo na política em relação ao clima. A 26ª Conferência das Partes das Nações Unidas sobre Mudança Climática (COP26) estava agendada para acontecer em Glasgow poucos dias depois da eleição norte-americana.[9] Ela marcaria o quinto aniversário do Acordo Climático de Paris. Se Trump vencesse, o que no início do ano parecia uma possibilidade clara, o futuro do planeta estaria em perigo.

A sensação difusa de risco e ansiedade que pairava sobre a economia mundial era uma inversão notável. Não muito tempo antes, o evidente triunfo do Ocidente na Guerra Fria, a ascensão do mercado financeiro, os milagres da tecnologia da informação e a ampliação da órbita do crescimento econômico pareciam juntar-se para cimentar a economia capitalista como a guia onipotente da história moderna.[10] Nos anos 1990, a resposta para a maioria das questões políticas parecia simples: "É a economia, estúpido".[11] À medida que o crescimento econômico transformava a vida de bilhões de pessoas, "não havia alternativa", como Margaret Thatcher gostava de dizer. Isto é, não havia alternativa a uma ordem baseada na privatização, na regulação frouxa e na liberdade de movimento de capital e mercadorias.

---

* Neologismo que, em tradução aproximada, significa uma "desocidentalização", no sentido de divisões no bloco e perda de características tradicionalmente "ocidentais" (leia-se liberal-democráticas) em países da região. [N.T.]

Ainda em 2005, o primeiro-ministro centrista britânico Tony Blair podia declarar que discutir a globalização fazia tanto sentido quanto discutir se o outono devia ou não suceder o verão.[12]

Em 2020, tanto a globalização como as estações estavam seriamente em questão. A economia se convertera de resposta em pergunta. A réplica óbvia e mordaz à frase "É a economia, estúpido" passou a ser "Economia de quem?", "Qual economia?", ou mesmo "O que é a economia?". Uma série de crises profundas, começando na Ásia no final dos anos 1990, deslocando-se para o sistema financeiro do Atlântico em 2008, para a Zona do Euro em 2010 e para os produtores globais de commodities em 2014, havia abalado a confiança na economia de mecado.[13] Todas essas crises tinham sido superadas, mas mediante gastos governamentais e intervenções de bancos centrais que abalavam preceitos firmemente arraigados sobre "governo enxuto" e bancos centrais "independentes". E quem se beneficiou? Se os lucros foram privados, as perdas foram socializadas. As crises tinham sido ocasionadas pela especulação. A escala das intervenções necessárias para estabilizá-las tinha sido histórica. No entanto, a riqueza da elite global continuou a se expandir. Quem poderia se surpreender, era a pergunta generalizada agora, se a desigualdade crescente levasse a uma ruptura populista?[14] O que muitos eleitores do Brexit e de Trump queriam era "sua" economia nacional de volta.

Enquanto isso, a ascensão espetacular da China roubou a inocência do crescimento econômico em outro sentido. Não havia mais a certeza de que os grandes deuses do crescimento estivessem do lado do Ocidente. Isso, como acabou se revelando, perturbou um importante postulado que escorava o Consenso de Washington. Logo os Estados Unidos não seriam mais o número um. Na verdade, era cada vez mais evidente que os deuses, pelo menos tal como representados na deusa da natureza Gaia, estavam em desacordo com o crescimento econômico, ponto-final.[15] As mudanças climáticas, que em outros tempos haviam sido uma preocupação apenas dos movimentos ambientalistas, tornaram-se um emblema de um desequilíbrio mais amplo entre natureza e humanidade. Passou-se a falar em toda parte de "Acordos Verdes" e transições justas de energia.

E então, em janeiro de 2020, veio a notícia de Pequim. A China estava enfrentando uma plena epidemia de um novo coronavírus. Àquela altura ela já era pior que o surto de Sars que em 2003 causara calafrios de pânico. Era o "contragolpe" para o qual os ativistas ambientais vinham nos alertando havia muito tempo, mas enquanto a mudança climática nos levava a ampliar a mente a uma escala planetária e estabelecer um cronograma em termos de décadas, o vírus era microscópico, onipresente, movimentando-se a um ritmo de dias e semanas. Ele não afetava geleiras e marés oceânicas, e sim nossos corpos. Era transportado por nossa respiração. Iria colocar em questão não apenas economias nacionais individuais, mas toda a economia mundial.

O vírus que em janeiro de 2020 seria rotulado de Sars-CoV-2 não era um cisne negro, um evento radicalmente inesperado e improvável. Era um rinoceronte cinza, um risco tido como tão certo que foi subestimado.[16] Ao emergir das sombras, o rinoceronte cinza Sars-CoV-2 tinha a aparência de uma catástrofe anunciada. Era exatamente o tipo de infecção altamente contagiosa, semelhante à da gripe, que os virologistas haviam previsto. Vinha de um dos lugares de onde eles esperavam que viesse: a região de morcegos que se estende pelo Leste da Ásia.[17] Espalhou-se, previsivelmente, pelos canais globais de transporte e comunicação. A bem da verdade, fazia um tempo que ele estava vindo.

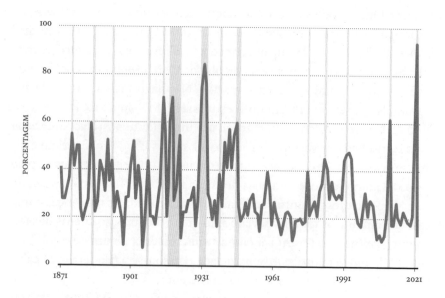

Previsão de catástrofe global, jun. 2020: Proporção de economias com uma contração anual no PIB per capita. Áreas sombreadas referem-se a recessões globais. Os dados para 2020-I são estimados.   Fonte: A. Kose e N. Sugawara, "Understanding the Depth of the 2020 Global Recession in 5 Charts", World Bank Blogs, 15 jun. 2020.

Tem havido muito debate na ciência econômica sobre o "choque chinês" — o impacto nos mercados de trabalho ocidentais, a globalização e o súbito aumento de importações da China no início dos anos 2000.[18] Sars-CoV-2 era um "choque chinês" com um toque de vingança. Na época da Rota da Seda, doenças infecciosas tinham viajado do Oriente ao Ocidente através da Eurásia. Nos primeiros tempos, a propagação tinha sido limitada pelo ritmo lento das viagens. Na época das navegações a vela, os portadores de doenças tendiam a morrer no caminho. Em 2020, o coronavírus se moveu com a velocidade do jato e do trem-bala. Wuhan em 2020 era uma metrópole opulenta de migrantes recentes. Metade da população deixaria a cidade para celebrar o ano-novo chinês. O Sars-CoV-2 levou apenas questão de semanas para se espalhar de Wuhan pela China afora e por boa parte do resto do mundo.

Um ano depois, o mundo estava em choque. No registro histórico do capitalismo moderno nunca houve um momento em que cerca de 95% das economias mundiais sofreram uma contração simultânea do PIB per capita como ocorreu na primeira metade de 2020.

Mais de 3 bilhões de adultos foram dispensados de seus empregos ou arranjaram um jeito de trabalhar em casa.[19] Cerca de 1,6 bilhão de jovens em todo o mundo tiveram sua educação interrompida.[20] À parte a ruptura sem precedentes da vida familiar, o Banco Mundial estimou que a perda de rendimentos ao longo da vida por conta de capital humano perdido pode chegar a US$ 10 trilhões.[21] O fato de o mundo, coletivamente, haver decidido essa paralisação torna essa recessão inteiramente diferente de qualquer outra que a precedeu. Identificar quem tomou as decisões, onde e sob que condições, é uma tarefa crucial deste livro.

Foi, tal como todos vivenciamos, uma ruptura que transcendeu amplamente qualquer coisa que possa ser captada em estatísticas de PIB, comércio e desemprego. A maioria das pessoas jamais sofrera uma interrupção tão séria em sua vida cotidiana. Ela causou estresse, depressão e sofrimento mental. No final de 2020, a maior parte da pesquisa científica sobre Covid era dedicada à saúde mental.[22]

A experiência da crise depende da localização e da nacionalidade do indivíduo. No Reino Unido e nos Estados Unidos, 2020 foi vivenciado não apenas como uma emergência de saúde pública, ou uma recessão de primeira grandeza, mas como a culminância de um período de crise nacional crescente, sintetizada nas palavras "Trump" e "Brexit". Como foi possível que países que em outros tempos se vangloriavam de uma hegemonia global e eram líderes incontestes em termos de saúde pública fracassassem tão gravemente no enfrentamento da doença? Isso devia ser reflexo de uma enfermidade mais profunda.[23] Quem sabe era seu entusiasmo comum pelo neoliberalismo? Ou o auge de um processo de declínio que se estendeu por muitas décadas? Ou a insularidade de suas culturas políticas?[24]

Na União Europeia, "policrise" é um termo que entrou em uso na última década. O presidente da Comissão Europeia, Jean-Claude Juncker, tomou emprestada a ideia do teórico francês da complexidade Edgar Morin.[25] Juncker usou-a para captar a convergência, entre 2010 e 2016, da crise da Zona do Euro com o conflito na Ucrânia, a crise dos refugiados, o Brexit e a irrupção em toda a Europa do populismo nacionalista.[26]

A noção de policrise apreende a coincidência de diferentes crises, mas não nos diz muito sobre como elas interagem umas com as outras.[27] Em janeiro de 2019, o presidente da China, Xi Jinping, fez um pronunciamento amplamente comentado sobre o dever dos quadros do Partido Comunista chinês de antecipar os riscos tanto de um cisne negro como de um rinoceronte cinza.[28] Naquele verão, o *Study Times* e o *Qiushi*, os dois periódicos através dos quais o Partido Comunista chinês transmitia declarações doutrinárias para seus quadros mais intelectuais, publicaram um ensaio de Chen Yixin que desenvolvia as observações aforísticas de Xi.[29] Chen é um protegido de Xi Jinping e seria escolhido durante a crise do coronavírus para comandar a operação de limpeza do partido na província de Hubei.[30] Em seu ensaio de 2019, Chen lançava a pergunta: Como os riscos se combinavam? Como os riscos econômicos e financeiros se convertiam em riscos políticos e sociais? Como os "riscos do ciberespaço" fermentavam até virar "riscos sociais reais"? Como riscos externos se tornavam internalizados?

Para entender como as policrises evoluem, Chen sugeria que as autoridades de segurança da China se concentrassem em seis efeitos principais.

À medida que a China se deslocava para o centro do palco mundial, eles deveriam se resguardar contra o "contrafluxo" das interações com o mundo exterior.

Ao mesmo tempo, precisavam estar alertas para a convergência, numa única ameaça nova, daquilo que poderia, aparentemente, parecer distintas ameaças. As diferenças entre dentro e fora, novo e velho, podiam se tornar facilmente nebulosas.

Além da convergência, era preciso lidar também com o "efeito camadas", em que "demandas de grupos de interesse de diferentes comunidades se sobrepõem umas às outras para criar problemas sociais em camadas: problemas atuais com problemas históricos, problemas de interesses tangíveis com problemas ideológicos, problemas políticos com problemas não políticos, todos se imbricando e interferindo uns nos outros".

À medida que a comunicação se tornava mais fácil mundo afora, poderiam decorrer "efeitos de conexão". Comunidades iriam "conversar umas com as outras à distância e fortalecer-se mutuamente...".

A internet não apenas propiciou contrafluxo e conectividade, mas também propiciou a súbita amplificação das notícias. O Partido Comunista chinês, alertava Chen, tinha que lidar com o "efeito amplificador" em que "qualquer coisinha pode virar um [...] turbilhão; alguns rumores [...] podem facilmente produzir uma 'tempestade em copo d'água' e produzir abruptamente um verdadeiro 'tornado' na sociedade".

Por fim, havia o "efeito de indução", pelo qual problemas em uma região incitavam indiretamente reação de identificação e imitação em outra, com frequência se alimentando de problemas preexistentes não resolvidos.[31]

Embora apresentada no estilo rígido do Partido Comunista chinês, a lista de Chen se encaixa de modo aziago na experiência de 2020. O vírus foi um exemplo de contrafluxo em escala enorme, do interior chinês para a cidade de Wuhan, de Wuhan para o resto do mundo. Políticos no Ocidente, tanto quanto na China, enfrentavam-se com convergência, sobreposição de camadas e conectividade. O movimento de protesto Black Lives Matter, foi uma demonstração gigantesca do poder de amplificação e indução, gerando ressonâncias em todo o mundo.[32]

De fato, se ignorarmos seu contexto original, a listagem de Chen para os quadros do partido poderia até ser lida como um guia para nossa vida privada, um manual de autoajuda para a crise do coronavírus. Quantas famílias, quantos casais, quantos de nós confinados e isolados pela quarentena estávamos imunes aos efeitos da amplificação e da indução? Tinha-se a sensação, às vezes, de que a ameaça invisível do vírus estava tensionando as partes mais frágeis da nossa personalidade e de nossos relacionamentos mais íntimos.

Houve pandemias muito mais letais. O que foi dramaticamente novo no coronavírus em 2020 foi a escala da reação. E isso suscita uma questão.

Conforme expressou o principal comentarista econômico do *Financial Times*, Martin Wolf:

> Por que [...] o estrago econômico de uma pandemia comparativamente mais suave como essa tem sido tão imenso? A resposta é: porque ele pode ser. Pessoas prósperas podem facilmente abrir mão de uma grande proporção de suas despesas normais diárias, enquanto seus governos podem sustentar em enorme escala pessoas e empresas afetadas [...]. A resposta à pandemia é um reflexo de possibilidades econômicas e valores sociais de hoje, pelo menos em países ricos.[33]

Na verdade, uma das coisas espantosas sobre 2020 é que países pobres e de rendimento médio também estavam dispostos a pagar um preço enorme. No início de abril, a maior parte do mundo fora da China, onde ele já havia sido contido, estava envolvida num esforço sem precedentes para barrar o vírus. Como definiu com expressão abatida Lenín Moreno, presidente do Equador, um dos países mais duramente atingidos: "Esta é uma verdadeira Primeira Guerra Mundial [...]. As outras guerras mundiais eram localizadas em [alguns] continentes, com participação muito pequena de outros continentes [...] mas esta afeta todo mundo. Não é localizada. Não é uma guerra da qual se possa escapar".[34]

Se era uma guerra da qual não se podia escapar, era, entretanto, uma guerra que tinha que se escolher lutar. E é isso o que realmente permite descrever 2020 como uma crise. Em seu sentido original, a palavra "crise", ou *krisis* (em grego), descreve um ponto crítico de inflexão no curso de uma doença. Está associada à palavra "krínein", que significa separar, decidir ou julgar, do que derivamos "crítica" e "critério", o padrão do julgamento.[35] Parece, portanto, um termo duplamente apto para descrever o impacto de um vírus que impôs a pessoas, organizações, governos em todos os níveis, no mundo todo, uma série de escolhas imensas e profundamente difíceis.

"Lockdown" é o termo que se tornou de uso comum para descrever nossa reação coletiva. A própria palavra é controversa. "Lockdown" sugere coerção. Antes de 2020, era um termo associado à punição coletiva em prisões. Houve momentos e lugares em que serviu para descrever adequadamente a resposta à Covid. Em Delhi, em Durban, em Paris, policiais armados patrulhavam as ruas, anotavam nomes e números e puniam quem violasse os toques de recolher.[36] Na República Dominicana, o espantoso número de 85 mil pessoas, quase 1% da população, foram detidas por violarem o lockdown.[37]

Mesmo quando não havia violência envolvida, o fechamento de todos os restaurantes e bares ordenado pelo governo podia soar repressivo a seus proprietários e clientes. Mas se perscrutarmos o curso mais amplo dos acontecimentos e, particularmente, se pusermos o foco, como faz este livro, na reação econômica à pandemia, o lockdown parece um modo unilateral de descrever a resposta ao coronavírus. A mobilidade caiu abruptamente, bem antes de as ordens governamentais serem emitidas. A revoada em busca de segurança em mercados financeiros começou no final de fevereiro. Não havia nenhum carcereiro batendo a porta e trancando-a com chave. Investidores estavam correndo para o abrigo. Consumidores estavam se mantendo em casa. Empresas estavam fechando ou fazendo a transição para o home office. Trabalhadores da indústria de roupas em Bangladesh foram impedidos de entrar em seus locais de trabalho antes de receber ordem de ficar dentro de casa. Algumas vezes as ações governamentais vinham depois de decisões privadas. Outras vezes se antecipavam a elas. Em meados de março, o mundo inteiro estava agindo sob a pressão de observação e emulação mútuas. Paralisar tornou-se a norma. Aqueles que estavam fora de seu território nacional, como centenas de milhares de marinheiros, viram-se de repente banidos para um limbo flutuante.

O motivo de usar o termo "shutdown" (paralisação) para o título original deste livro foi deixar em aberto a questão de quem decidiu o quê, onde e como, e quem impôs o que a quem. Resistir ao termo "lockdown" não é sugerir que o processo foi voluntário ou uma questão de livre-arbítrio individual, pois certamente não foi nem uma coisa nem outra. O objetivo deste livro é examinar a interação na esfera econômica entre escolhas forçadas sendo feitas sob condições de enorme incerteza em diferentes níveis mundo afora, de avenidas principais a bancos centrais, de famílias a fábricas, de favelas a agentes de investimentos curvados freneticamente sobre improvisados escritórios em porões de bairros nobres. As decisões eram motivadas por medo ou impulsionadas por previsões científicas. Eram requeridas por ordens governamentais ou convenções sociais. Mas podiam também ser motivadas pelo fluxo de centenas de bilhões de dólares impulsionado por movimentos minúsculos, vacilantes, nas taxas de juros.

A adoção generalizada do termo "lockdown" é um indicador de como acabou se mostrando controversa a política do vírus. Sociedades, comunidades, famílias brigaram feio em torno de máscaras, distanciamento social e quarentena. Os motivos de discórdia muitas vezes pareciam — e às vezes eram mesmo — existenciais. Era difícil distinguir uma coisa da outra. A experiência como um todo era um exemplo, na mais grandiosa escala, daquilo que nos anos 1980 o sociólogo alemão Ulrich Beck chamou de "sociedade de risco".[38] Como resultado do desenvolvimento da sociedade moderna, nos vimos coletivamente assombrados por uma ameaça oculta, visível apenas pela ciência, um risco que permanecia abstrato e imaterial até alguém ficar doente e os mais desafortunados se afogarem lentamente no fluido acumulado em seus pulmões.

Um modo de reagir a tal situação de risco é se refugiar na negação. Isso pode funcionar. Seria ingênuo achar que não. Há muitas doenças difusas e enfermidades sociais, incluindo muitas que causam perda de vida em grande escala, que são ignoradas e naturalizadas, tratadas como "fatos da vida". No que diz respeito aos maiores riscos ambientais, notadamente as mudanças climáticas, poderíamos dizer que nosso modo normal de operação é a negação e a ignorância voluntária em escala colossal.[39] Mesmo sendo urgentes, emergências médicas de vida ou morte, como as pandemias, são filtradas pela política e pelo poder. Defrontados com o coronavírus, alguns iriam preferir claramente uma estratégia de negação. Isso envolve uma aposta. Traz o risco de politização súbita, escandalosa. Os prós e contras eram pesados uma e outra vez. Com frequência os defensores da ideia de "resistir como machos" gostavam de se proclamar defensores do bom senso e do realismo, mas acabavam descobrindo que seu sangue-frio era mais convincente na teoria do que na prática.

Enfrentar a pandemia foi o que a grande maioria das pessoas em todo o mundo tentou fazer. Mas o problema, como apontou Beck, é que, ao lidar com riscos no plano macro moderno, é mais fácil falar do que fazer.[40] É algo que requer acordo quanto a qual é o risco, o que enreda a ciência em nossas discussões e impõe aos restantes de nós a incerteza da ciência.[41] Requer também um engajamento crítico autorreflexivo com nosso próprio comportamento e com a ordem social a que ele pertence. Exige uma disposição para se debater com escolhas políticas, escolhas sobre distribuição de recursos e prioridades em cada área. Isso contradiz o desejo prevalente nos últimos quarenta anos de evitar exatamente isso, de despolitizar, de usar os mercados ou a lei para se esquivar de tais decisões.[42] É esse o propósito básico por trás do que é conhecido como neoliberalismo ou a revolução do mercado — despolitizar questões de distribuição, incluindo as consequências muito desiguais de riscos societais, sejam estes devidos a mudanças estruturais na divisão global do trabalho, a danos ambientais ou a doenças.[43]

O coronavírus expôs de modo muito claro nossa falta de preparo institucional, o que Beck chamou de nossa "irresponsabilidade organizada". Revelou a debilidade de aparatos básicos de administração do Estado, como registros atualizados de cidadãos e bancos de dados governamentais. Para enfrentar a crise, o que necessitávamos era de uma sociedade que priorizasse a assistência.[44] Surgiram de lugares improváveis apelos veementes por um "novo contrato social" que valorizasse devidamente trabalhadores essenciais e levasse em conta os riscos gerados pelos estilos de vida globalizados desfrutados pelos mais afortunados.[45] A exemplo das agendas por um Green New Deal (Novo Acordo Verde) que tinham emergido repetidamente desde o início do milênio, esses projetos grandiosos eram concebidos para inspirar.[46] Tinham o objetivo de mobilizar. Esquivavam-se da questão do poder. Se era para haver um novo contrato social, quem iria fazê-lo?

Havia um travo residual estranho em muitos desses apelos por grandiosas reformas sociais em 2020. À medida que a crise do coronavírus nos engolia, a esquerda, dos dois lados do Atlântico, pelo menos aquela parte que havia sido inflamada por Jeremy Corbyn e Bernie Sanders, resvalava para a derrota. A promessa de uma esquerda radicalizada e revigorada, organizada em torno da ideia do Green New Deal, parecia se dissipar em meio à pandemia. Coube aos governos predominantemente de centro e de direita enfrentar a crise. Eles formavam um sortimento estranho. Jair Bolsonaro no Brasil e Donald Trump nos Estados Unidos experimentaram a negação. Para eles o ceticismo climático e o ceticismo quanto ao vírus andavam de mãos dadas. No México, o governo de esquerda de Andrés Manuel López Obrador também seguiu um caminho independente, recusando-se a tomar medidas drásticas. Autocratas nacionalistas como Rodrigo Duterte nas Filipinas, Narendra Modi na Índia, Vladímir Putin na Rússia e Recep Tayyip Erdoğan na Turquia não negavam o vírus, mas contavam principalmente com seu apelo patriótico e suas táticas de intimidação para ajudá-los. Foram os tipos gestores centristas que ficaram sob maior pressão. Figuras como Nancy Pelosi e Chuck Schumer nos Estados Unidos, ou Sebastián Piñera no Chile, Cyril Ramaphosa na África do Sul, Emmanuel Macron, Angela Merkel, Ursula von der Leyen e seus congêneres na Europa. Eles aceitavam a ciência. A negação não era uma alternativa. Estavam desesperados para demonstrar que eram melhores do que os "populistas". Para enfrentar a crise, políticos bastante moderados acabaram por fazer coisas muito radicais. Em sua maior parte, tratava-se de improvisação e compromisso, mas até onde eles conseguiram revestir de um verniz programático suas reações — seja na forma do programa NextGen da União Europeia, seja no programa Build Back Better (Reconstruir Melhor) de Biden em 2020 —, esse verniz vinha do repertório da modernização verde, do desenvolvimento sustentável e do Green New Deal.

O resultado foi uma amarga ironia histórica. Ainda que os defensores do Green New Deal tenham sucumbido à derrota, 2020 confirmou de modo retumbante o realismo de seu diagnóstico. Tinha sido o Green New Deal que chamara a atenção para a urgência de enormes desafios ambientais e os relacionara a questões de extrema desigualdade social. Tinha sido o Green New Deal que insistira que, ao encarar tais desafios, as democracias não poderiam se permitir ficar aprisionadas a doutrinas fiscais e monetárias conservadoras herdadas das velhas batalhas dos anos 1970 e desacreditadas pela crise financeira de 2008. Tinha sido o Green New Deal que mobilizara jovens cidadãos enérgicos, engajados, de olhos voltados para a frente, dos quais a democracia dependia claramente se quisesse ter um futuro de esperança. O Green New Deal tinha também, evidentemente, postulado que, em vez de remendar o tempo todo um sistema que produzia e reproduzia a desigualdade, a instabilidade e as crises, este deveria ser radicalmente reformado. Isso era desafiador para os centristas. Mas um dos encantos de uma crise é que questões de longo prazo podem ser postas de lado. O ano de 2020 estava todo voltado para a sobrevivência.

A resposta imediata de política econômica ao choque do coronavírus se valeu diretamente das lições de 2008. A política fiscal foi ainda mais ampla e imediata. As intervenções de bancos centrais foram ainda mais espetaculares. Se casássemos mentalmente as duas — política fiscal e política monetária —, o resultado confirmaria os insights essenciais de doutrinas econômicas defendidas outrora por keynesianos radicais e trazidas de novo à moda por doutrinas como a Teoria Monetária Moderna (TMM).[47] As finanças públicas não são como as finanças de uma casa. Se um poder soberano monetário trata a questão da organização financeira como algo mais do que um assunto técnico, isso, em si, é uma escolha política. Como John Maynard Keynes uma vez lembrou a seus leitores no meio da Segunda Guerra

Mundial: "Tudo aquilo que temos de fato condições de fazer, nós podemos nos permitir fazer".[48] O verdadeiro desafio, a questão realmente política, era chegar a um acordo sobre o que queríamos fazer e encontrar um meio para isso.

Os experimentos na política econômica em 2020 não se restringiram aos países ricos. Possibilitados pela abundância de dólares liberados pelo Federal Reserve System (FED), o Banco Central dos Estados Unidos, mas valendo-se de décadas de experiência com fluxos flutuantes de capital global, muitos governos de mercados emergentes lançaram mão de iniciativas notáveis em resposta à crise. Puseram em funcionamento um kit de instrumentos de atuação que os capacitaram a minimizar os riscos de uma integração financeira global.[49] Por ironia, diferentemente do que ocorreu em 2008, o sucesso maior da China no controle do vírus deixou sua política econômica parecendo relativamente conservadora. Países como o México e a Índia, onde a pandemia se espalhou rapidamente, mas cujos governos fracassaram em responder com uma política econômica de larga escala, ficaram parecendo cada vez mais em descompasso com os tempos. O ano de 2020 iria testemunhar o vertiginoso espetáculo do FMI repreendendo um governo mexicano teoricamente de esquerda por não ser capaz de perpetrar um déficit orçamentário grande o suficiente.[50]

Era difícil evitar a sensação de um ponto de virada. Seria essa, afinal, a morte da ortodoxia que prevalecera na política econômica desde os anos 1980? Seria esse o réquiem para o neoliberalismo?[51] Como ideologia coerente de governo, talvez. A ideia de que o invólucro natural da atividade econômica podia ser ignorado ou deixado para que o mercado o regulasse estava claramente fora da realidade. O mesmo valia para a ideia de que os mercados poderiam se autorregular em relação a todos os choques sociais e econômicos concebíveis. Ainda mais urgentemente que em 2008, a sobrevivência impunha intervenções numa escala vista pela última vez na Segunda Guerra Mundial.

Tudo isso deixou os economistas doutrinários sem fôlego. O que, em si, não é surpreendente. O entendimento ortodoxo da política econômica sempre foi irrealista. Como uma prática de poder, o neoliberalismo sempre havia sido radicalmente pragmático. Sua verdadeira história era a de uma série de intervenções estatais no interesse da acumulação de capital, incluindo a aplicação vigorosa da violência de Estado para exterminar a oposição.[52] Quaisquer que tenham sido as viradas e mudanças, as realidades sociais com as quais a revolução do mercado tinha estado entrelaçada desde os anos 1970 — a sólida influência da riqueza sobre a política, a lei e a mídia; a perda de poder dos trabalhadores — perduravam todas. E qual era a força histórica que estava rompendo as comportas da ordem neoliberal? A história que investigaremos neste livro não é a de um renascimento da luta de classes, nem a de um desafio populista radical. O que estava causando o estrago era o pesado moto-contínuo da acumulação financeira.[53]

Em 2008, a crise tinha sido provocada pela superexpansão dos bancos e pelos excessos de securitização de hipotecas. Em 2020, o coronavírus atingiu o sistema financeiro a partir de fora, mas a fragilidade que esse choque expôs era gerada internamente. Dessa vez não eram os bancos o elo frágil, mas os próprios mercados de ativos. O abalo atingiu o coração do sistema, o mercado de títulos do Tesouro americano, os ativos supostamente seguros sobre os quais toda a pirâmide de crédito está baseada. Se aquilo derretesse, levaria consigo o resto do mundo. Na terceira semana de março de 2020, a City de Londres e a Europa estavam em crise. Mais uma vez, o FED, o Tesouro e o Congresso dos Estados Unidos costuraram desajeitadamente uma colcha de retalhos de intervenções que efetivamente serviu para escorar grande parte do sistema de crédito privado. O efeito se irradiou para o resto do mundo por meio do sistema financeiro baseado no dólar. O que estava em jogo era a sobrevivência de uma rede global de finanças apoiada no mercado que Daniela Gabor habilmente rotulou de consenso de Wall Street.[54]

A sequência de intervenções estabilizadoras em 2020 foi impressionante. Isso confirmou a insistência básica do Green New Deal, em que, havendo vontade, os Estados democráticos dispunham das ferramentas necessárias para exercer controle sobre a economia. Era, porém, uma constatação de dois gumes, porque se tais intervenções eram uma afirmação de poder soberano, eram também movidas por uma crise.[55] Assim como em 2008, elas serviam aos interesses daqueles que tinham mais a perder. Dessa vez, não apenas bancos individuais, mas mercados inteiros foram declarados grandes demais para falir.[56] Romper esse ciclo de crise e estabilização e fazer da política econômica um verdadeiro exercício de soberania democrática demandaria uma reforma radical e completa. Demandaria uma verdadeira mudança de poder, e isso era pouco provável.

A revolução do mercado dos anos 1970 foi sem dúvida uma revolução nas ideias econômicas, mas foi muito mais que isso. A guerra à inflação movida por Thatcher e Reagan foi uma campanha abrangente contra a ameaça de levante social, que eles sentiam que vinha de fora e de dentro. Teve a urgência que teve porque nos anos 1970 e início dos 1980 a luta de classes na Europa, na Ásia e nos Estados Unidos ainda estava inserida no quadro das lutas globais de descolonização e da Guerra Fria.[57] A campanha conservadora foi ainda mais urgente porque o colapso do sistema de Bretton Woods entre 1971 e 1973 desatrelou o dinheiro do ouro e abriu as portas para uma política econômica expansiva. O que ameaçava não era o decoroso keynesianismo do pós-guerra, mas algo muito mais radical. Conter esse risco exigia redesenhar os limites do Estado e da sociedade. Nessa batalha, o movimento institucional mais decisivo era separar o controle do dinheiro da política democrática, colocando-o sob a autoridade de bancos centrais independentes. Conforme definiu em 2000 Rudiger Dornbusch, do Massachusetts Institute of Technology (MIT), um dos economistas mais influentes de sua geração, os "últimos vinte anos, e a própria ascensão de bancos centrais independentes, têm tudo a ver com escolher corretamente as prioridades, livrando-se de dinheiro democrático, que é sempre míope, é dinheiro ruim".[58]

Isso tem uma implicação amarga. Se os bancos centrais, desde 2008, ampliaram solidamente a sua alçada, foi por necessidade, para conter a instabilidade do sistema financeiro. Mas isso foi politicamente possível, e até pôde ser feito sem muito alarde, porque as batalhas dos anos 1970 e 1980 tinham sido vencidas. A ameaça que assombrava a geração de Dornbusch havia evaporado. A democracia já não era uma ameaça que havia sido nos anos da luta neoliberal. Dentro da esfera da política econômica isso se expressava na espantosa conclusão de que não havia risco nenhum de inflação. A despeito de todo o palavreado centrista sobre "populismo", o antagonismo de classe estava enfraquecido, a pressão por salários era mínima e as greves inexistiam.

As intervenções maciças de política econômica de 2020, como as de 2008, tinham uma dupla face. Por um lado, sua escala explodia os limites da austeridade neoliberal, e sua lógica econômica confirmava o diagnóstico da ciência macroeconômica intervencionista que remonta a Keynes. Elas não podiam deixar de parecer anunciadoras de um novo regime para além do neoliberalismo. Por outro lado, essas intervenções foram feitas de cima para baixo. Só foram concebíveis politicamente porque não havia desafio posto pela esquerda e porque sua urgência foi impelida pela necessidade de estabilizar o sistema financeiro. E foi isso que entregaram. Ao longo de 2020, o patrimônio líquido doméstico das famílias nos Estados Unidos cresceu mais de US$ 15 trilhões. Isso beneficiou o 1% mais rico, que possuía 40% de todas as ações.[59] Entre eles, os 10% mais ricos possuíam 84%.

Se isso era de fato um "novo contrato social", tratava-se de um acordo unilateral. Não obstante, seria incorreto ver na resposta à crise de 2020 nada mais que uma espoliação crescente. Os centristas que estavam lutando por sua sobrevivência política não podiam ignorar a força brutal da crise social e econômica. A ameaça da direita nacionalista era séria. O apelo por mais solidariedade social para uma restauração da economia nacional tinha uma ressonância real. Apesar de ser uma minoria, o movimento político "verde" era cada vez mais uma força a ser levada em conta.[60] Enquanto a direita jogava com emoções poderosas, a análise estratégica oferecida pelos defensores do Green New Deal era certeira, e os centristas inteligentes sabiam disso. A liderança da União Europeia ou do Partido Democrata norte-americano podia não ter estômago para reformas estruturais, mas percebia a interconexão entre a modernidade, o meio ambiente, o crescimento desequilibrado e instável da economia e a desigualdade. Os fatos, afinal de contas, eram tão implacáveis que seria necessário um ato objetivo de vontade para ignorá-los. Assim, 2020 foi um momento não apenas de pilhagem, mas também de experimentação reformista. Em resposta à ameaça de crise social, novos modos de provisão de bem-estar foram tentados na Europa, nos Estados Unidos e em muitas economias de mercado emergentes. E em busca de uma agenda positiva, centristas abraçaram a política ambiental e o tema das mudanças climáticas como nunca antes. Contrariamente ao temor de que o coronavírus iria deixar de lado outras prioridades, a economia política do Green New Deal passou a ser levada a sério. "Crescimento Verde", "Reconstruir Melhor", "Green Deal" — os slogans variavam, mas todos expressavam a modernização verde como a resposta centrista comum à crise.[61]

O ano de 2020 escancarou o quanto a atividade econômica era dependente da estabilidade de seu ambiente natural. Uma minúscula mutação viral num micróbio podia ameaçar toda a economia mundial. Esse ano deixou patente também o modo como, no limite, todo o sistema monetário e financeiro poderia ser direcionado para o apoio a mercados e meios de subsistência, impondo assim a pergunta sobre quem era apoiado e como. Ambos os choques derrubaram divisórias que foram fundamentais para a política econômica do último meio século, linhas que separavam a economia da natureza, a ciência econômica das políticas sociais e da política como um todo. Ainda por cima, houve uma terceira mudança, que em 2020 completou a dissolução dos postulados básicos da era do neoliberalismo: a ascensão da China.

De acordo com a melhor ciência disponível, não era surpresa que o vírus viesse da China. Uma rápida mutação zoonótica era o resultado previsível de condições biológicas, sociais e econômicas na região de Hubei. Chamar essa mutação de processo natural obscurecia o quanto ela era movida por fatores econômicos e sociais, mas sempre houve quem julgasse que havia mais do que isso. A teoria alternativa mais plausível era a visão de que o vírus escapara acidentalmente de um estabelecimento chinês de pesquisa biológica.[62] Seria, portanto, um incidente no estilo Chernobyl, mas numa escala global e mais bem escondido, um bom exemplo da sociedade de risco, mas um caso de tentativa malsucedida de dominar a natureza, em vez da produção negligente de perigosos efeitos colaterais. Mais alarmista era a ideia de que o vírus se originara num programa de guerra biológica e de que Pequim permitira deliberadamente que ele se espalhasse, com a intenção de desestabilizar as sociedades ocidentais.[63] Pequim contribuiu para as especulações ao resistir a todas as tentativas de condução de uma investigação internacional independente e ao permitir que circulassem suas próprias contranarrativas conspiratórias.[64] Em todo caso, qualquer que seja a interpretação que se adote, essas teorias eram sobre mais do que simplesmente o vírus e sua procedência. Eram ao mesmo tempo interpretações da globalização e da ascensão da China. Esse entrelaçamento de angústias era novidade.

Quando, em 2005, Tony Blair zombou dos críticos da globalização, foi dos temores deles que ele escarneceu. Contrastou a angústia deles com a energia afirmativa, modernizadora das nações asiáticas, para as quais a globalização oferecia um horizonte luminoso. As ameaças à segurança global que Blair reconhecia eram o terrorismo islâmico e as armas de destruição em massa de Saddam Hussein. Estes sim eram odiosos. Se fossem, de fato, reais, poderiam causar vítimas em massa. Eram sintomas desvirtuados da globalização. Mas, embora desafiassem o status quo, eles não tinham esperança alguma de mudá-lo de fato. Nisso, precisamente, baseava-se sua irracionalidade suicida, sobrenatural. Na década posterior a 2008, o que se perdeu foi a confiança na robustez do status quo.

A Rússia ressurgente, revigorada pelas exportações de petróleo e gás, foi a primeira a expor a inocência geopolítica da globalização. O desafio russo era limitado, o chinês, não. O governo Obama iniciou sua "virada para a Ásia" em 2011.[65] Em dezembro de 2017, os Estados Unidos lançaram sua nova estratégia de segurança nacional, que, pela primeira vez, designava o Indo-Pacífico como a arena decisiva de competição das potências.[66] Em março de 2019, a União Europeia emitiu um documento estratégico com o mesmo propósito.[67] Em 2020, os Ministérios das Relações Exteriores da França e da Alemanha foram na mesma linha.[68] O Reino Unido, enquanto isso, empreendeu um giro extraordinário, da celebração de uma nova "era dourada" das relações sino-britânicas ao deslocamento de um porta-aviões para o mar do Sul da China.[69]

A lógica militar era familiar. Todas as grandes potências são rivais, ou pelo menos é assim na lógica "realista". No caso da China, havia o fator adicional da ideologia. Em 2021, o Partido Comunista chinês fez algo que seu congênere soviético nunca chegou a fazer: comemorou seu centenário. Pequim nunca fez segredo de sua lealdade a uma herança ideológica que vinha de Marx e Engels até Lênin, Stálin e Mao. Xi Jinping não poderia ter sido mais enfático sobre a necessidade de apegar-se a essa tradição, e nem mais claro em sua condenação de Mikhail Gorbatchov por ter perdido o controle da bússola ideológica da União Soviética.[70] Assim, a "nova" Guerra Fria era na verdade a "velha" Guerra Fria rediviva, a Guerra Fria na Ásia, aquela que o Ocidente, de fato, nunca venceu.

Havia, porém, duas diferenças espetaculares separando a velha da nova. A primeira era a economia. A China era a ameaça que era como resultado do boom econômico mais espetacular da história. Isso prejudicara alguns trabalhadores do Ocidente no setor industrial, mas empresas e consumidores no mundo ocidental, e não só nele, beneficiaram-se imensamente do desenvolvimento da China e pretendiam se beneficiar mais ainda no futuro. Isso criou um dilema. Uma Guerra Fria renascida com a China fazia sentido de todos os pontos de vista, exceto "a economia, estúpido".

A segunda novidade fundamental era o problema ambiental global e o papel do crescimento econômico na sua aceleração. Quando a política global do clima emergiu pela primeira vez em sua forma moderna, nos anos 1990, foi sob o signo do momento unipolar. Os Estados Unidos eram o maior e mais recalcitrante poluidor. A China era pobre e suas emissões mal apareciam no balanço global. Em 2020 a China emitia mais CO_2 que os Estados Unidos e a Europa juntos, e a diferença estava prevista para aumentar por pelo menos mais uma década. Não se podia mais conceber uma solução para o problema climático sem a China, assim como também não era possível imaginar uma resposta ao risco de doenças infecciosas emergentes sem ela. A China era a mais poderosa incubadora de ambos.

Os modernizadores verdes da União Europeia resolveram esse duplo dilema em seus documentos estratégicos definindo a China ao mesmo tempo como rival sistêmico, competidor estratégico e parceiro no enfrentamento das mudanças climáticas. O governo Trump tornou a coisa mais fácil para si próprio, negando o problema do clima. Mas Washington também sentia as estocadas dos chifres do dilema econômico, entre a denúncia ideológica de Pequim, o cálculo estratégico, o investimento corporativo de longo prazo e o desejo do presidente de fechar um acordo rápido. Era uma combinação instável, e em 2020 ela tombou. Apesar da fase 1 do acordo comercial que o presidente Trump celebrara entusiasticamente no início do ano, no verão a competição estratégica e a denúncia ideológica derrotaram o interesse econômico. A China foi redefinida como uma ameaça aos Estados Unidos, tanto em termos estratégicos quanto econômicos. Ela retirara empregos dos norte-americanos e se apropriara ilegalmente de bilhões de dólares em propriedade intelectual norte-americana em benefício de um regime hostil.[71] Em reação, os braços de inteligência, segurança e jurídico do governo norte-americano declararam guerra econômica à China. Puseram-se deliberadamente a sabotar o desenvolvimento do setor chinês de alta tecnologia, o coração de qualquer economia moderna.

Foi até certo ponto acidental que essa evolução tenha ocorrido naquele momento. A ascensão da China era sem dúvida uma mudança histórica mundial, à qual todos no planeta acabariam tendo que responder. Mas o sucesso de Pequim no enfrentamento do coronavírus e a assertividade que desencadeou representaram uma bandeira vermelha para o governo Trump. Além disso, a atmosfera superaquecida da eleição norte-americana gerou poderosos efeitos de amplificação e indução — para usar o vocabulário um tanto eufemístico de Chen. A equipe de Trump não só culpou a China pelo vírus, como estendeu aos colaboradores norte-americanos da China a guerra cultural travada no âmbito doméstico. Somado a isso, no verão de 2020, era cada vez mais inegável que havia algo acontecendo. Havia alguma coisa profundamente errada nos Estados Unidos.

Não era o primeiro momento de mal-estar americano moderno. O presidente Carter se celebrizara por um discurso que fez à nação norte-americana sobre esse mesmo tópico no verão de 1979, em meio às consequências da Revolução Iraniana e da segunda crise de energia.[72] Uma das promessas da revolução do mercado dos anos 1980 era que a "manhã na América" de Ronald Reagan tiraria o país do colapso, assim como Thatcher prometeu fazer pela Grã-Bretanha. Donald Trump, o rapaz festeiro da Manhattan dos anos 1980, era a encarnação viva daquela nova era de bazófia. Mas Trump também personificava a feia verdade sobre aquele momento, a de que a revolução do mercado deixava para trás uma grande parte da sociedade norte-americana. O vigor contínuo dos Estados Unidos no poder financeiro, tecnológico e militar repousava sobre pés de barro domésticos. Como o coronavírus expôs de modo doloroso, o sistema de saúde do país era periclitante, sua rede doméstica de previdência social deixava dezenas de milhões sob o risco de pobreza. Se o "sonho chinês" de Xi atravessou intacto 2020, o mesmo não se pode dizer do seu congênere americano.

A crise geral do neoliberalismo em 2020 tinha, portanto, um significado específico e traumático para os Estados Unidos e em particular para uma parte do espectro político norte-americano. A visão do governo norte-americano construída por sucessivas gestões democratas, começando por Woodrow Wilson e Franklin Delano Roosevelt, deu aos liberais norte-americanos ferramentas com as quais poderiam responder ao desafio do coronavírus. A esquerda norte-americana podia encontrar coisas positivas no New Deal.[73] Em contraste, o Partido Republicano e o eleitorado nacionalista e conservador que ele representa sofriam o que só pode ser descrito como uma crise existencial, com consequências profundamente danosas para o governo norte-americano, a Constituição norte-americana e para as relações dos Estados Unidos com o mundo em geral. Isso culminou no extraordinário período entre 3 de novembro de 2020 e 6 de janeiro de 2021, no qual Trump se recusou a admitir a derrota, uma grande parte do Partido Republicano apoiou ativamente uma tentativa de subverter a eleição, a crise social e a pandemia foram deixadas sem assistência e, por fim, em 6 de janeiro, o presidente e figuras de destaque de seu partido incentivaram uma turba a invadir o Capitólio.

Com bons motivos, isso suscitou profundas preocupações quanto ao futuro da democracia norte-americana. E há elementos na extrema direita da política norte-americana que podem justificadamente ser descritos como fascistoides.[74] Mas faltavam nos Estados Unidos de 2020 dois elementos básicos da equação fascista original. Um deles é a guerra total. Os norte-americanos se lembram da guerra civil e imaginam guerras civis vindouras.

Engajaram-se recentemente em guerras expedicionárias que repercutiram de volta na sociedade norte-americana na forma de policiamento militarizado e fantasias paramilitares.[75] Mas a guerra total reconfigura a sociedade de um modo inteiramente diferente. Ela constitui um corpo massivo, não as milícias individualizadas de 2020.

O outro ingrediente faltante na equação fascista clássica, que é mais central para este livro, é o antagonismo social, uma ameaça, imaginária ou real, ao status quo social e econômico. À medida que as nuvens de tempestade constitucional se adensaram em 2020, as empresas norte-americanas se alinharam massiva e inequivocamente contra Trump. Tampouco, como veremos, as vozes mais importantes do mundo empresarial dos Estados Unidos tiveram receio de deixar claros os argumentos econômicos para agir assim, incluindo o interesse dos acionistas, os problemas de dirigir empresas com forças de trabalho divididas, a importância econômica do império da lei e, espantosamente, as quedas de vendas a ser esperadas na eventualidade de uma guerra civil. Esse alinhamento do dinheiro com a democracia nos Estados Unidos em 2020 deveria ser tranquilizador, até certo ponto. Mas consideremos por um segundo um cenário alternativo. E se o vírus tivesse chegado aos Estados Unidos algumas semanas mais cedo, a pandemia em expansão tivesse dado enorme credibilidade aos apelos por assistência médica universal e as prévias democratas tivessem levado Bernie Sanders, um socialista declarado, à cabeça da chapa presidencial, em vez de Joe Biden?[76] Não é difícil imaginar um cenário em que todo o peso do empresariado norte-americano fosse lançado na outra direção, por todas as mesmas razões, apoiando Trump para garantir que Sanders não fosse eleito.[77] E se Sanders tivesse de fato conquistado uma maioria? Então teríamos um verdadeiro teste da Constituição norte-americana e da lealdade a ela dos mais poderosos interesses sociais.

Enxergar 2020 como uma crise abrangente da era neoliberal — com respeito a sua abordagem ambiental, seus alicerces sociais, econômicos e políticos domésticos, e a ordem internacional — ajuda-nos a encontrar nosso rumo histórico. Vista nesses termos, a crise do coronavírus marca o fim de um arco cuja origem deve ser encontrada nos anos 1970. Poderia também ser vista, talvez, como a primeira crise ampla do Antropoceno — uma era definida pelo revertério de nossa relação desequilibrada com a natureza.[78]

Mas em vez de tentar, prematuramente, delinear as continuidades desse meio século de história, ou de tentar fazer uma projeção especulativa sobre o futuro, este livro se mantém, tanto quanto possível, no próprio momento. Miraremos para trás ou para a frente sempre que emergir a necessidade de contexto, mas o foco estará inequivocamente na cadeia de eventos entre a eclosão do vírus em janeiro de 2020 e a posse de Joe Biden.

Esses estreitos limites cronológicos são uma escolha deliberada. É um modo de tornar tratável a tensão entre passado e presente que define o significado de escrever a história. É também uma estratégia pessoal para lidar com as tensões intelectuais e psicológicas de um momento que, de outro modo, seria esmagador.

A exemplo do que fez a bilhões de pessoas mundo afora, o coronavírus me obrigou a mudar de planos. Comecei o ano trabalhando num livro sobre a história da política energética, investigando a economia política do carbono desde a época das crises do petróleo, mapeando uma pré-história do Green New Deal. Como tantos outros, eu passara a me preocupar com o Antropoceno, uma transformação impulsionada pelo crescimento econômico capitalista que coloca em questão a própria separação entre história natural e história humana.[79]

Em fevereiro, enquanto o vírus se espalhava silenciosamente pelo planeta, eu estava viajando pela África Oriental, imerso pela primeira vez na história do continente. Pelo canto do olho, notei o incomum controle sanitário nos aeroportos, mas, como a maioria das pessoas, eu seguia alheio ao drama que estava prestes a explodir. Foi só na minha viagem de volta, em 6 de março, uma sexta-feira, nos cavernosos corredores do novo aeroporto de Istambul, que a dimensão do pânico crescente começou a ficar evidente para mim. Viajantes de todas as partes do mundo ostentavam máscaras de todos os formatos e tamanhos. Elas eram recentes, mal ajustadas, impossíveis de usar num voo longo.

Naquele fim de semana em Nova York, numa bruma de jet lag, vi tudo virar de pernas para o ar. O vírus agora estava impondo uma retração econômica gigantesca. De repente me vi tendo que lidar com uma onda de perguntas de jornalistas que me cutucavam pedindo ajuda para entender o que estava parecendo uma reprise das crises financeiras que eu descrevera em *Crashed*, meu livro sobre 2008.

Crashed era, ele mesmo, uma história que tinha sido engolfada pelos acontecimentos. Eu me propusera a escrever um livro de aniversário de dez anos e acabei, na esteira do Brexit e da vitória de Trump, no meio de uma crise que se recusava a terminar. Na época, um amigo esperto brincou que eu estava me dispondo à demanda de escrever uma interminável nova edição. Em março de 2020, experimentei o sentido profundo do argumento dele. À medida que os preços das ações e os mercados de títulos caíam vertiginosamente, que a disfunção dos mercados de operações de reporte ganhava manchetes e que as linhas de swap dos bancos centrais estavam outra vez na agenda, a narrativa de *Crashed* estava acertando contas comigo.

Em abril, a pressão de encarar o presente minuto a minuto pensando ao mesmo tempo nas diretrizes energéticas de Jimmy Carter se tornou excessiva. Eu me rendi ao fluxo imediato dos acontecimentos.

O ano de 2020 acabou sendo história com H maiúsculo, algo inteiramente diferente de qualquer coisa que tivéssemos visto antes. Este livro, portanto, é ainda mais contemporâneo que *Crashed*. Um tanto paradoxalmente, isso torna ainda mais amedrontador o risco de "deixar passar o momento". Qualquer tentativa de sobrepor uma moldura narrativa ao tumulto que ainda estamos vivenciando está destinada a ser parcial e sujeita a revisão. Se quisermos encontrar sentido nos acontecimentos que nos cercam, é um risco que precisamos correr. O único consolo é que nesse esforço não estamos sozinhos. O ano de 2020 não foi senão de narração, discussão e análise.

Uma narrativa deste tipo pode ser prematura, mas ao projetar uma interpretação, ao fazer uma aposta intelectual, certa ou errada, ganhamos algo precioso: uma compreensão mais profunda daquilo que está de fato implicado na proposição de que toda verdadeira história é história contemporânea.[80] Com efeito, à luz de 2020, o insight de Benedetto Croce adquire um novo significado. Escrever, na segurança de um apartamento no Upper West Side, sobre a crise climática, a transformação da natureza e suas decorrências para nossa história pode parecer algo remoto. O Antropoceno permanece sendo uma proposição intelectual abstrata. A crise do coronavírus despojou dessa ilusão até mesmo os mais protegidos de nós.

Parte I

Doença X

I.
Irresponsabilidade organizada

Os céticos — e sempre houve céticos, desde o começo — gostam de afirmar que o que há de notável na crise da Covid é que transformamos algo corriqueiro numa crise global. Não importa o que fazemos ou não, as pessoas morrem, e as mesmas pessoas que morrem de Covid são as que normalmente morrem — pessoas idosas com condições preexistentes. Num ano normal, essas pessoas morrem de gripe e pneumonia. Fora do núcleo privilegiado do mundo rico, milhões de pessoas morrem de doenças infecciosas, como malária, tuberculose e HIV. E, no entanto, "a vida segue". Pelos padrões das epidemias históricas, a síndrome respiratória aguda grave do coronavírus 2 (Sars-CoV-2) não era muito letal. O que foi sem precedentes foi a reação. Em todo o mundo, a vida pública foi paralisada e o mesmo aconteceu com amplas partes do comércio e do fluxo regular dos negócios. Em todo o mundo essa interrupção generalizada da normalidade suscitou em diferentes graus reações de indignação, resistência, insubmissão e protesto. Não era preciso simpatizar com a linha política dos discordantes para reconhecer a força histórica do seu ponto de vista. De maneira nova e extraordinária, um desafio médico tornou-se uma crise muito mais ampla. Explicar como isso pode ter acontecido não como o resultado de uma cultura política exaurida e excessivamente protetora, mas como resultado de tensões estruturais no seio das sociedades do início do século XXI, nos ajudará a preparar o terreno para entender a crise de 2020.

É verdade que pessoas velhas morrem, mas o que importa é quantas, em que proporção e de que causas. Em qualquer momento, essa ordem de classificação pode ser descrita em termos de uma matriz de probabilidades que evoluiu ao longo do tempo e é condicionada pelas possibilidades médicas, pela economia sanitária e pelo padrão de vantagens e desvantagens sociais.

Tabela 1: Causas de morte

	Total de mortes		Doenças contagiosas, maternais, neonatais e nutricionais (%)		Doenças não contagiosas (%)		Mortes por ferimentos (%)	
	milhões	milhões	%	%	%	%	%	%
	1990	2017	1990	2017	1990	2017	1990	2017
Europa Ocidental	3,86	4,16	4	5	90	91	6	4
Estados Unidos	2,14	2,86	6	5	87	89	7	7
América Latina e Caribe	2,36	3,39	28	12	57	76	15	13
China	8,14	10,45	17	3	72	89	11	7
Índia	8,38	9,91	51	27	40	63	9	10
África Subsaariana	6,77	7,48	69	58	24	34	7	7
Mundo	4,65	5,59	33	19	58	73	9	8

Fonte: <https://ourworldindata.org/causes-of-death>.

Vista globalmente, a história das últimas décadas é a de um avanço considerável na redução das mortes provocadas por moléstias da pobreza — doenças contagiosas, maternais, neonatais e nutricionais. Não obstante, continua sendo verdade que pessoas pobres, em países de baixa renda, morrem mais cedo e das enfermidades mais evitáveis. Num país de baixa renda como a Nigéria, onde a expectativa de vida ao nascer é de 55 anos, 68% das mortes se devem a doenças da pobreza. Na Alemanha, onde a expectativa de vida é de 81 anos, essa fatia é de 3,5%; no Reino Unido, de 6,8%. Os Estados Unidos estão no meio-termo. Em 2017, o dispêndio com saúde per capita em países de alta renda foi 49 vezes maior em termos de paridade de poder de compra do que em países de baixa renda.[1]

Dentro dos países ricos há disparidades assustadoras na mortalidade infantil e materna e na expectativa de vida de acordo com os estratos de raça e classe. Epidemias de uso de drogas em populações desprotegidas e marginalizadas, asma e envenenamento por chumbo seguem sem assistência. Na Alemanha, 27% dos homens da classe de renda mais baixa morrem antes dos 65 anos, em comparação com 14% da classe de renda mais alta. Para as mulheres, as disparidades são apenas levemente menos brutais.[2] No sistema de seguro-saúde de duas classes do país, a expectativa de vida dos 11%

que têm previdência privada é quatro anos maior do que a dos que dependem do sistema público.[3] Nos Estados Unidos, descrito geralmente como o país mais rico do mundo, de acordo com um estudo de 2009, 45 mil pessoas morreram por falta de seguro-saúde.[4] Pessoas de áreas recenseadas como de baixa renda nos Estados Unidos têm uma probabilidade duas vezes maior de ser hospitalizadas com gripe, precisar de tratamento intensivo e morrer do que as das áreas de alta renda.[5] A diferença é ainda mais escancarada para os pobres acima de 65 anos.

Seria exagero dizer que essas probabilidades contam com aceitação generalizada. Elas são, em si mesmas, um escândalo. Desmentem qualquer ideia de que nossa prioridade coletiva é manter as pessoas vivas, porém, por mais duras que sejam essas diferenças, as proporções são, no mínimo, familiares. As probabilidades mudam, mas só gradualmente, e em geral apenas numa direção favorável. O ponto crucial, no que diz respeito à crise do coronavírus, é que até o início de 2020 as únicas doenças infecciosas que ainda afligiam o cidadão médio num país acima do limiar da renda média-alta eram infecções do trato respiratório inferior e a gripe, e eram geralmente perigosas apenas para os de idade avançada. Nos Estados Unidos, apenas 2,5% de todas as mortes num ano normal eram atribuídas especificamente a gripe e pneumonia. Somando todas as infecções do trato respiratório inferior, o total chegava a 10% de todas as mortes.[6] Juntas elas eram responsáveis por 80% das mortes por doenças infecciosas. HIV/aids e doenças diarreicas, notadamente a *C. difficile*, completavam o restante. A Sars-CoV-2 abalou a confiança nessas probabilidades.

A vitória sobre doenças infecciosas importantes foi um dos grandes triunfos da era pós-1945. Era uma conquista histórica comparável ao fim da fome, à alfabetização universal, ao acesso à água encanada ou ao controle de natalidade. A elevação da expectativa de vida é o ingrediente secreto por trás do crescimento econômico.[7] É maravilhoso consumir mais. Melhor ainda se você vive décadas a mais para desfrutar isso. Segundo uma estimativa, se levássemos devidamente em conta a maior longevidade atingida no curso do século XX, dobraria nossa estimativa do crescimento no padrão de vida norte-americano.[8] No final dos anos 1970, à medida que a vitória final sobre a varíola e a poliomielite se tornava factível, esses triunfos espalharam a ideia da transição epidemiológica.[9] Doenças infecciosas seriam despachadas para o passado.

Os avanços foram maiores nos países ricos do Ocidente. Mas alcançar a transição epidemiológica era uma aspiração comum da modernidade. Era tão relevante para a União Soviética e para a China comunista quanto para o Ocidente.[10] Na verdade, como projeto coletivista conduzido por agências públicas, ela se adequava mais à visão política desses países do que à do Ocidente. A combatida Cuba, com seu robusto sistema público de saúde e seu colossal programa de assistência médica global, é uma demonstração dramática desse argumento. Para os regimes comunistas, não havia contradição entre sacrificar dezenas de milhões de vidas pelo avanço do socialismo, campanhas coercitivas de controle de natalidade como a política chinesa do filho único, e um maciço esforço coletivo para salvar vidas e vencer as doenças contagiosas.

Mas, por mais relevante que fosse, quase no momento mesmo de seu triunfo nos anos 1970, a vitória sobre as doenças infecciosas começou a ser cercada de dúvidas. A gripe ou influenza permaneceu invicta. Ela é ao mesmo tempo onipresente e facilmente subestimada como causa de morte. É responsável por um aumento na mortalidade, entre todas as causas, que ocorre numa base anual regular.[11] Isso é normalizado porque muitas dessas mortes são atribuídas a outras causas mais imediatas, como pneumonia e ataques cardíacos. A gripe é altamente contagiosa e, além disso, não existe intervalo entre infecção e infectividade, o que significa que testes e quarentenas são inúteis. Ela sofre mutações com rapidez, de modo que a vacinação será, na melhor das hipóteses, efetiva apenas parcialmente. O único atenuante é sua baixa letalidade.

O mesmo não pode ser dito de algumas novas doenças infecciosas com que os especialistas começaram a se engalfinhar nos anos 1970. O apavorante vírus do ebola foi identificado em 1976, a aids em 1981. No Ocidente, a aids permanecia confinada a populações minoritárias estigmatizadas. Na África Subsaariana, ela se tornou uma crise geracional de jovens heterossexuais e, acima de tudo, mulheres.[12] Até o ano de 2020, a aids tinha ceifado 33 milhões de vidas. Cerca de 690 mil pessoas morreriam da doença em 2020.[13] No que diz respeito a doenças infecciosas, como ficou claro, estávamos longe de ter alcançado o fim da história.

Com efeito, à medida que os cientistas exploravam a mutação e a circulação de doenças, o quadro que emergia era de um equilíbrio precário. A ciência moderna, a tecnologia, a medicina e o desenvolvimento econômico podiam estar nos proporcionando uma capacidade maior de combater as doenças, mas essas mesmas forças também estavam contribuindo para a ameaça de novas doenças.[14] O paradigma das doenças infecciosas emergentes, proposto por cientistas a partir dos anos 1970, era, a exemplo dos modelos de mudança climática e de ecologia dos sistemas terrestres que surgiram no mesmo momento, uma crítica profunda de nosso modo de vida moderno, de nossa economia e do sistema social erigido sobre ela.[15] Nosso uso da terra em todo o planeta, as incessantes incursões adentro das áreas silvestres remanescentes, a produção industrial de porcos e galinhas, nossas conurbações gigantes, a extraordinária mobilidade global da era do jato, o uso descontrolado de antibióticos motivado comercialmente, a circulação irresponsável de fake news sobre vacinas, todas essas forças se combinaram para criar um ambiente sanitário que não era mais seguro, e sim crescentemente perigoso. Era verdade, sem dúvida, que todos esses fatores haviam estado presentes, em maior ou menor medida, nos últimos dois milênios, pelo menos. As sofisticadas comunidades urbanas do Império Romano já haviam sido alvo de pandemias que atravessaram a Eurásia. Mas o final do século XX, com toda a sua perícia médica e sua nova opulência, estava assistindo a uma escalada de ameaça potencial. Reconhecendo ou não, estávamos envolvidos numa corrida armamentista.

Esse era um diagnóstico profundo das ameaças geradas por nosso modo de vida moderno. Há grupos liderados pelos militantes antivacina que contestam sua lógica. Mas há fatores marginais. Não foi o alerta de doenças infecciosas emergentes enquanto tal que se mostrou controverso. Foi nossa disposição de encarar até o fim suas implicações. Se os especialistas nos dizem que nosso sistema econômico e social moderno está gerando risco de doenças, o que fazemos?

Enfrentar o problema em sua origem demandaria um amplo esforço de mapear potenciais ameaças virais, combinado com um controle sistemático do uso da terra e uma mudança dramática da agroindústria.[16] Tal transformação significaria confrontar interesses que abrangem desde gigantescas firmas agroindustriais globais até bilionários criadores asiáticos de frangos e porcos, passando por autoridades municipais corruptas do sul da China e pequenos lavradores em alguns dos lugares mais pobres do mundo.[17] A tendência das dietas das classes mais altas em direção a mais carne e laticínios tinha que ser revertida. A resposta política concreta é insuficiente, o que não chega a surpreender. Autoridades da saúde empreendem esforços para impor regulações de higiene na agroindústria e ordenar mercados de carne de caça. Há proibições locais e esporádicas de caça a animais silvestres. Mas os vetores mais fundamentais de doenças infecciosas emergentes continuam intocados.

No âmbito global, temos entidades como a Organização Mundial da Saúde (OMS), em que milhares de indivíduos do mundo todo, altamente profissionais, motivados e bem-intencionados, travam o bom combate. Mas, como uma agência de saúde global para um planeta em rápido desenvolvimento habitado por 7,8 bilhões de pessoas, a OMS é uma aldeia cenográfica. Por dois anos, 2018-9, o orçamento de programas aprovado para a OMS não passou de US$ 4,4 bilhões, menos do que o de um único hospital de metrópole.[18] O dinheiro da OMS é uma colcha de retalhos de uma miscelânea de fontes, incluindo governos nacionais, doações filantrópicas, o Banco Mundial e grandes empresas farmacêuticas. Em 2019, entre seus maiores doadores, a Fundação Gates figura lado a lado com os governos nacionais dos Estados Unidos e do Reino Unido, à frente da Alemanha. O venerável Rotary Club contribuiu o mesmo tanto, ou mais, que os governos da China ou da França. No todo, a OMS não consegue arrecadar mais do que trinta centavos de dólar por ano por habitante do planeta.

A dependência da OMS de seus doadores molda o que ela faz. Campanhas pela erradicação de doenças como a pólio estão no topo de sua agenda. A OMS desempenha um papel crucial no monitoramento do fluxo de doenças mundo afora. É uma atividade técnica. Mas também é altamente política. A princípio, as duas preocupações essenciais de regulação sanitária internacional na primeira metade do século XIX eram o temor ocidental de doenças que se espalhavam do Oriente para o Ocidente e o interesse dos defensores do livre-comércio de limitar o uso de regulações onerosas de saúde pública, tais como as quarentenas prolongadas.[19] A ideia era garantir que as pestes não se tornassem uma desculpa para fechar o comércio. Essas tensões gêmeas ainda assombram a OMS. Em seus esforços para coordenar uma resposta global de saúde pública, ela se vê entre o receio de antagonizar Estados ao rotulá-los de fontes de infecção, seu desejo profissional de tomar medidas precoces e decisivas e a reação que enfrentará caso desencadeie o que venha a se revelar uma custosa e desnecessária limitação da mobilidade e do comércio. Depois do pânico global desencadeado pelo aparecimento de uma epidemia em Surate, na Índia, em 1994, e a paralisação geral de viagens durante a crise da Sars em 2003, houve uma pressão para que a OMS adotasse uma abordagem mais cautelosa quanto a restrições de viagem.[20] Do mesmo modo, depois do anticlímax da epidemia de gripe suína de 2009, a OMS enfrentou uma campanha ruidosa que acusava alguns de seus representantes de inflar artificialmente o mercado de vacinas caras.[21] Lidar com essas escolhas altamente difíceis contando com um parco e precário orçamento era uma receita para o desastre.[22]

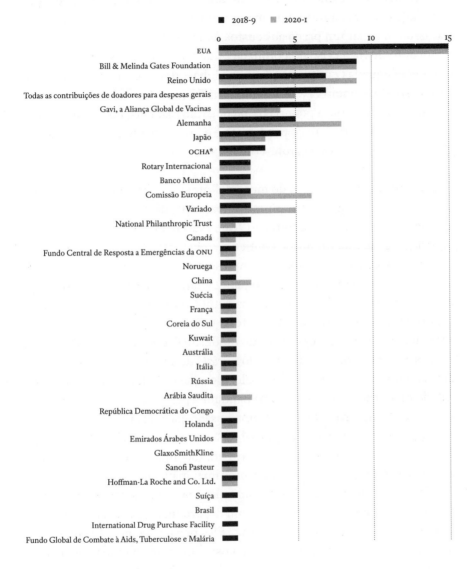

* Escritório das Nações Unidas para a Coordenação de Assuntos Humanitários

Financiamento para a OMS representando o total de contribuições por contribuinte em 30 jun. 2020 (%). Fonte: OMS, via A. Gross e J. Pickard, "Johnson to Boost WHO Backing with £571m Vaccine Pledge", *Financial Times*, 25 set. 2020.

O economista britânico lorde Nicholas Stern observou uma vez que a mudança climática resulta do maior fracasso histórico do mercado — o fracasso em afixar um preço aos custos de emissões de CO_2.[23] Nesse caso, como demonstra a crise do coronavírus de 2020, o fracasso em construir defesas adequadas contra pandemias globais deve ser o segundo maior, bem perto do primeiro. Nem mesmo a mais bem financiada infraestrutura global de saúde pública poderia oferecer garantias, mas, no início de 2020, a desproporção entre o risco pandêmico e o investimento em saúde pública global era não menos que grotesco.

Falar em termos de "fracasso do mercado" atenua a força do ponto em questão. O que está em jogo na resposta a ameaças pandêmicas não é apenas um grande volume de valor econômico. O que está em jogo são questões básicas de ordem social e legitimidade política.

Se os governantes pudessem simplesmente ignorar as ameaças epidêmicas, que eles fizeram tão pouco para evitar, se a vida pudesse simplesmente prosseguir a despeito de uma súbita escalada de mortes, então o subinvestimento em saúde pública teria uma cínica razão lógica. Mas, na verdade, um dos alicerces do Estado moderno é a promessa de proteger a vida. Não por acaso, o frontispício do *Leviatã* de Thomas Hobbes exibe médicos combatendo a peste.[24] Estabelecido esse entendimento básico, um Estado moderno permitir que uma pandemia perigosa corresse sem freios por um país adentro demandaria uma ousada estratégia de despolitização ou, no mínimo, um processo gradual de "endurecimento" das atitudes públicas. Em 2020, a ideia de que a Covid era "só uma gripe" se tornou mais difícil de vender do que seus defensores imaginavam.

Mais do que ignorar a ameaça pandêmica, nas últimas décadas governantes de todo o mundo equiparam-se com departamentos especializados que preparam para a catástrofe biomédica.[25] Eles pensam como o Exército. Seu pressuposto não é o de que a ameaça possa ser efetivamente vencida — a crença de que doenças contagiosas possam ser subjugadas é a presunção de ativistas festivos da saúde pública. O trabalho dos especialistas em pandemias é preparar para uma ameaça que nunca irá desaparecer e que, aliás, só fica mais séria. Sinistramente, desde os anos 1990, "estar preparados" se tornou a missão de cada vez mais ramos de governo pelo mundo todo.

É um assunto intensamente sério, mas também horrivelmente fútil. Os riscos potenciais são vastos. Imagine um surto global de uma doença do tipo do ebola, ou uma influenza altamente contagiosa com a letalidade da gripe espanhola, ou algo pior. Mas ao mesmo tempo não há disposição alguma para empreender mudanças estruturais na nossa cadeia alimentar ou no sistema de transportes para reduzir riscos, tampouco vontade de investir num sistema público de saúde adequado. Não admira, portanto, que um inventário global da prontidão diante de epidemias em 2019 tenha constatado que literalmente todos os governos do mundo estavam em falta.[26] É um exemplo clássico do que Ulrich Beck chamou de "irresponsabilidade organizada".[27] E ela abriga dentro de si não apenas o potencial para danos socioeconômicos, mas também para crises políticas.

Em face de uma súbita e inesperada ameaça à vida, autoridades responsáveis não podem, de fato, ficar indiferentes. Elas se esforçam para responder à doença. Na verdade, sua reação, em princípio, não tem um limite. No pico da pandemia em Nova York, o governador Cuomo declarou ousadamente: "Quanto vale uma vida humana? [...] Quanto a mim, digo que o preço de uma vida humana, uma vida humana não tem preço".[28] A despeito da evidente irrealidade de tal declaração, ninguém estava disposto a contradizê-lo.

No discurso público — tão diferente da prática real no dia a dia, da distribuição real de chances de vida, da probabilidade real de morte —, a vida e a morte não são comensuradas com outras prioridades. Se formos obrigados a estabelecer uma ordem, colocamos vida e morte num patamar diferente. A perspectiva de qualquer morte, para não falar da morte em massa, leva facilmente o debate público e político a se interromper. Um choque como uma pandemia nos empurra imediatamente para a ação. Mas mesmo a matriz de vida e morte normal, pré-pandêmica, é politicamente instável. Ainda que permeada de desigualdades escandalosas, a ordem comum da morte é aceita como tal, desde que não precise ser justificada. Quando trazida para a luz do dia e submetida a desafio constante, ela é evidentemente indefensável. Houve, portanto, uma lógica profunda na coincidência da pandemia com a enorme insurreição política do Black Lives Matter no verão de 2020. Como o movimento demonstrou tão vigorosamente, uma única vida tirada de modo ilegítimo pode desencadear um movimento político gigantesco. Quando se converte num martírio, uma morte tem um efeito imenso.

O Black Lives Matter se alimentou de um poço profundo de injustiça histórica. Atou o presente e o passado. Conectou um assassinato em 25 de maio de 2020 a séculos de injustiça que o precederam. Isso foi poderoso, ainda mais porque, no contexto de uma pandemia em curso, a raiva e a indignação em face do passado se misturavam com o temor diante do futuro.[29] À luz das injustiças de 2020, quantos outros negros norte-americanos seriam vítimas de violência, discriminação e pobreza?

A responsabilidade política é medida em relação a projeções futuras, prognósticos e alertas do que está por vir.[30] Quanto maior a ameaça futura, maior a responsabilidade. Há boas razões para que os Estados tenham frequentemente instituído leis contra adivinhos e profetas da desgraça.[31] Não é só que os métodos deles sejam suspeitos. Suas previsões, certas ou erradas, têm a faculdade de pôr em risco a paz de espírito pública. No século XXI, porém, não há leis contra cientistas sociais e epidemiologistas que preveem catástrofes. Na verdade, os que controlam o poder e o dinheiro aferram-se à sua antevisão.

No início de 2020 não sabíamos quantas pessoas de qualquer raça sucumbiriam à Covid-19. O que conhecíamos eram as alarmantes taxas de mortalidade da Sars em 2003 e do novo Mers que emergiu em 2012. Quando os primeiros dados vindos da China e da Itália foram analisados de acordo com os modelos de equipes epidemiológicas, tais como a do Imperial College de Londres, elas prognosticaram uma taxa de mortes por Covid-19 que se elevava a muitos milhões.[32] Mesmo os governos, comprometidos idealmente com uma postura pragmática, acharam difícil ignorar esse tipo de cifra.

Em momentos de aflição, quando pressentimos a possibilidade da catástrofe, a mera escala da sociedade moderna causa espanto. Se 1% dos norte-americanos morressem como resultado do vírus, isso significaria 3,3 milhões de pessoas, mais que o dobro do número de mortos em todas as guerras dos Estados Unidos desde a fundação da república. Um por cento da população da Europa seria entre 5 milhões e 6 milhões, beirando a marca do Holocausto. Um por cento da população mundial seria 78 milhões, mais do que todas as vítimas da Primeira e da Segunda Guerras Mundiais juntas. Se a atual população do mundo morresse de Covid na mesma porcentagem vitimada pela gripe espanhola em 1918-9, o total de mortos passaria dos 200 milhões. O mundo no século XXI é um lugar muito grande. Sua mera escala deixou exaustos os servidores de saúde pública em 2020.

O cético obstinado continuará insistindo. Você diz que a vida importa. Isso, você diz, justifica as paralisações e fechamentos, qualquer que seja o custo, mas quanto as vidas importam?

Claro que não é o caso de considerar a vida sagrada e inegociável. Não apenas as estatísticas sociais nos dizem que milhões morrem no mundo todo, inclusive no mundo rico, devido a negligência e falta de tratamento, mas também muitas burocracias modernas ponderam as probabilidades e custos de vida e morte como uma questão natural ao aportar recursos. Todos os dias, no mundo todo, trabalhadores são expostos a riscos diários para poupar seus patrões de gastos suplementares. Quando orçamos a aplicação de medidas de segurança no local de trabalho, de desenvolvimento de medicamentos, de alocação de leitos de hospital ou o custo da redução da poluição, colocamos um número no valor da vida.

A incorporação da morte no cálculo econômico é ao mesmo tempo inescapável e, assim como sua incorporação à política, instável e controversa. Como observam dois eminentes economistas: "Embora seja impossível atribuir um valor a determinada vida humana, os economistas desenvolveram a técnica de avaliar 'vidas estatísticas'; isto é, de medir quanto vale reduzir o risco de morte ou de morbidade das pessoas".[33] Nos Estados Unidos, as pesquisas constatam regularmente que trabalhadores estão dispostos a ceder um corte de aproximadamente US$ 1000 para reduzir em 0,01% a probabilidade de morte no seu local de trabalho. A implicação, de acordo com a lógica dos economistas, é que numa empresa grande, com 10 mil empregados, a força de trabalho estaria disposta a pagar US$ 10 milhões para salvar uma vida. É assim que se infere o chamado "Valor Estatístico de uma Vida" (VSL, na sigla em inglês). A soma de US$ 10 milhões é aceita pelo Departamento de Serviços de Saúde e Humanos, pela Agência de Proteção Ambiental e pelo Departamento de Transportes dos Estados Unidos. O Banco Mundial, em seus exercícios de custo-benefício, usa um VSL de US$ 3,8 milhões. O grupo de países ricos da Organização para a Cooperação e Desenvolvimento Econômico (OCDE) adota uma cifra de US$ 3,6 milhões para europeus.[34]

A metodologia tem limitações profundas. O VSL não é o que qualquer pessoa pagaria para salvar sua vida se tivesse um orçamento ilimitado. Tampouco é o que ela pagaria de fato tendo meios limitados. É uma medida coletiva derivada de escolhas progressivas, de baixo custo. As estimativas de VSL continuam em uso por falta de algo melhor. Elas têm a virtude de ser simples e igualitárias. E mais importante: sem ser estratosférico, o VSL na faixa dos US$ 3 milhões a US$ 10 milhões é grande o bastante para importar de fato. Se combinarmos esses valores com o modelo certo de projeção, chegaremos facilmente a resultados impressionantes. Suponhamos, por exemplo, que as medidas de prevenção fossem capazes de salvar a vida de 1 milhão de pessoas, não mais que um terço de 1% da população norte-americana. O benefício econômico seria da ordem de US$ 10 trilhões, metade do PIB dos Estados Unidos antes da crise. Mesmo ignorando o impacto social de 1 milhão de mortes, 10 trilhões são uma motivação irresistível para a ação.

Mas os VSLs também são uma bobagem. Tratam como equivalentes uma pessoa jovem e saudável e outra de oitenta anos com múltiplas condições crônicas. Ao pressupor que todas as vidas têm o mesmo valor, eles ignoram algo que, no que diz respeito ao coronavírus, era o problema básico. Como observa um destacado especialista, o VSL "apropriado" para os indivíduos acima de 65 anos é "muito incerto".[35] O assunto fica ainda mais explosivo quando entram na equação riqueza e renda. Idosos de alta renda colocam um preço alto no prolongamento de sua vida. São responsáveis pela ampla maioria dos enormes gastos com saúde das sociedades ricas, mas será que o valor que estipulam para prolongar sua vida por alguns anos serve de base para medidas de políticas públicas que prejudicam desproporcionalmente pessoas mais jovens com rendimentos muito menores? Como se pode, afinal, arbitrar tais escolhas?

Ao tomar decisões sobre a alocação de escassos recursos médicos, alguns sistemas de saúde usam medições mais amplas da qualidade de vida. O Instituto Nacional para a Saúde e a Excelência Clínica da Grã-Bretanha usa Quality-Adjusted Life Years (Anos de Vida Ajustados por Qualidade) ou Qalys como base sobre a qual avaliar a aquisição de medicamentos e tratamentos no Serviço Nacional de Saúde. Mas o alcance dessas decisões de vida ou morte é limitado. As escolhas são feitas entre alternativas específicas, a portas fechadas, e não num momento de crise geral, sob a plena atenção da mídia.[36] Por extrapolação, seria possível imaginar uma resposta holística à crise do coronavírus baseada num cálculo similar. A questão é: qual é o valor remanescente da vida de pacientes predominantemente idosos que poderiam ser salvos por uma súbita e maciça paralisação, e do sofrimento evitado por aqueles que desenvolvem uma forma duradoura de afecção pela Covid, ponderado em contraposição ao custo para 1,6 bilhão de jovens cuja educação foi interrompida e para as centenas de milhões de pessoas que perderam seus empregos e para as dezenas de milhões que passarão fome como resultado da interrupção econômica planetária?

É uma questão controversa, indigesta e bruta. Para encará-la seriamente seria preciso levar em conta as ramificações sistêmicas de uma pandemia gigante — o trauma coletivo, o dano institucional, o potencial de efeitos de longo prazo na saúde e o risco de mutações, só para citar alguns aspectos. Em todo caso, algum cálculo desse tipo é a base sobre a qual uma crítica "econômica" da resposta à Covid se fundamenta. Essa crítica insiste, por mais indigesto que isso possa ser, na realidade de uma troca ou barganha, e existe, afinal, uma linguagem familiar na qual tal troca pode ser expressa.

Na última semana de março de 2020 o vice-governador do Texas, Dan Patrick, teve um breve momento de celebridade quando disse na Fox News que estava disposto a arriscar sua sobrevivência como cidadão idoso pelo bem da economia. Acrescentou que julgava haver "uma grande quantidade de avôs e avós neste país que sentem o mesmo [...]. Ninguém veio me perguntar: como cidadão idoso, você está disposto a arriscar sua sobrevivência em troca de manter a América que todos os americanos amam para seus filhos e netos? E se a troca for essa, estou cem por cento dentro".[37] Num espírito semelhante, a TV chinesa exibia pacientes idosos de Covid batendo continências patrióticas em seus leitos de hospital. Ao aceitar o isolamento e a probabilidade de uma morte solitária, eles estavam fazendo sua parte pela causa.

A tentação é rejeitar a TV chinesa como mera propaganda e Patrick como arauto irresponsável dos interesses empresariais texanos, que defendia uma estratégia de autoisolamento nos confortáveis arredores de sua casa bem acarpetada num bairro nobre. Mas, antes de deixá-los de lado, vale a pena nos determos nos fortes temas emocionais e sociais embutidos em tais apelos. A ideia de "morrer pela economia" é evidentemente grotesca, porém aceitar o risco de morte pelo bem de uma nação ou de uma família é o fundamento de concepções convencionais de Estado e sociedade. A lógica básica da guerra é a de que uma minoria, geralmente homens em idade de lutar, é posta em perigo pelo bem coletivo. Na guerra total, esse perigo se estende a toda a população. A economia não é secundária, mas absolutamente central ao conflito. O que faz a ideia de troca ou compensação ter sentido são as ideias de pertencimento e de ameaça à existência coletiva. As baixas, sejam elas no campo de batalha, nas linhas de apoio ou no front doméstico, são suportadas com estoicismo. O que devemos a nossos heróis é que a vida deles não seja sacrificada em vão e que a celebremos.

De fato, precisamente essa retórica de risco, sacrifício e honra foi amplamente mobilizada em 2020, mas numa base seletiva. Ao longo da crise, trabalhadores da área da saúde foram expostos àquilo que em alguns casos era um perigo muito considerável. Os recém-classificados como "trabalhadores essenciais", incluindo empregados de armazéns, entregadores de alimentos e motoristas de ônibus, também corriam riscos elevados. Farmácias e drogarias celebravam como heróis seus caixas e balconistas. Eram reconhecidos como "atuando na linha de frente" do combate. E pelo menos no caso dos profissionais da saúde, eles foram homenageados. Muitas cidades realizavam rituais ao entardecer — dando vivas ou batendo panelas — para expressar seu agradecimento.

O que 2020 revelou, porém, foi que, na maioria dos lugares onde havia um debate público aberto, a linguagem do estoicismo, do heroísmo e do sacrifício não era elástica. Jovens mães, trabalhando como enfermeiras sem o equipamento adequado de proteção, correndo riscos para entubar pacientes de oitenta anos que lutavam pela vida, eram, com toda justiça, celebradas como heroínas. Mas era difícil estender a lógica. As escolas, com as quais a mesma enfermeira contava para cuidar de seus filhos, deveriam continuar normalmente, mesmo que isso envolvesse um risco elevado para professores e funcionários? Os empacotadores de carne deveriam arriscar a vida para manter os hambúrgueres na cadeia alimentar? Quanto de autolimitação de movimentos esperava-se que os jovens exercessem para proteger seus avós? O que a nova ameaça desconhecida e misteriosa expôs foi que não sabíamos quem devia o que a quem. Pugnávamos para decidir como decidir.[38]

Seria historicamente ingênuo imaginar que tais perguntas tenham sido fáceis de responder em alguma época. Muitos relatos retrospectivos de solidariedade coletiva da Segunda Guerra Mundial são notoriamente edulcorados.[39] O primeiro conflito total do século XX, a Primeira Guerra Mundial, produziu insurreições revolucionárias mundo afora. O coronavírus não produziu um drama assim. As dissensões e a desunião, no entanto, foram bastante reais. A dificuldade de encontrar uma linguagem que abarcasse trocas e compensações sociais e as ordenasse de maneira sensível e agradável ocasionou conflitos, mal-entendidos, retórica desumana, acusações e caos institucional.

Em todo caso, quando o vírus atacou, no início de 2020, houve pouco tempo para discussão. O que atropelou quaisquer barganhas estratégicas e cálculos de custo-benefício foi a ameaça de que uma doença desconhecida causasse mortes em massa e paralisia institucional. Tais temores estavam sintetizados em imagens dos hospitais de Wuhan, de Bérgamo, na Itália, de Queens, em Nova York, e das ruas de Guayaquil, no Equador. UTIS à beira do colapso, pacientes tomados de pânico, o horror da triagem, necrotérios ficando sem câmera frigorífica suficiente, cadáveres jazendo em caixões improvisados na rua — era uma colagem de pesadelos.

O que foi posto em xeque de imediato não foram as trocas e compensações coletivas mais amplas, mas o funcionamento das instituições com que contamos para trazer algum grau de controle a momentos críticos de vida ou morte. À medida que os esforços iniciais para conter o vírus fracassavam, a lógica essencial do enfrentamento da pandemia passava a ser a proteção do sistema de saúde. Era esse o sentido de "achatar a curva".[40] Se não éramos capazes de deter a doença, se a mesma quantidade de pessoas acabaria ficando doente a despeito do que fizéssemos, o essencial era garantir que não ficassem todas doentes ao mesmo tempo, de modo que o sistema hospitalar pudesse continuar a funcionar e a salvar vidas. Em última análise, o objetivo era reduzir as mortes, mas a batalha que precisava ser vencida era a de não superlotar as unidades de terapia intensiva.

Hospitais são claramente cruciais para o aparato da medicina, para o manejo de doença, vida e morte.[41] Fazem parte também das estruturas definidoras da modernidade. O pensador francês Michel Foucault alinhou celebremente os hospitais com os hospícios, prisões, quartéis e escolas como um conjunto de instituições que, no início do século XIX, formaram a matriz para as concepções liberais tanto de liberdade como de ordem.[42] No mundo contemporâneo, talvez pudéssemos acrescentar outros grandes recipientes da vida moderna, como escritórios, shopping centers, hotéis, cassinos, parques de diversão e arenas esportivas. E, além de infraestrutura estática, também precisaríamos pensar em meio de transportes modernos altamente organizados, tais como metrôs, trens e aviões — todos eles locais em que permanecemos em fila, onde somos escaneados e vigiados e nos movemos como um rebanho.

O risco de infecção colocou todos esses receptáculos básicos da vida moderna sob uma intensa pressão coletiva. Reabrir escolas, restaurantes, centros comerciais e estádios trazia o medo de colapsar os hospitais. Por outro lado, interromper seu funcionamento era extremamente disruptivo. De fato, o fim do tráfego regular em tais lugares *era* a disrupção. Fechar as portas dos grandes complexos institucionais causava uma interrupção na vida tal como a conhecemos e nos lançava de volta a uma dependência inabitual de pequenas redes familiares. A vida em espaços externos menos regulados, como os parques urbanos, floresceu. O mesmo ocorreu com o mundo virtual, online. Não fechar implicava o risco de converter os pontos nodais da modernidade em centros de contaminação em massa, panópticos em placas de Petri. Era o potencial desses centros da vida pública de gerar um crescimento explosivo das infecções que tornava a ideia de uma barganha entre o controle da doença e "a economia" não apenas intelectualmente carregada e política e moralmente controversa, mas também irremediavelmente irrealista.

A economia é uma abstração, talvez uma abstração real, mas ainda assim uma abstração, um conjunto de ideias, conceitos e estatísticas que agrega pessoas e coisas de verdade, redes reais de produção e reprodução.[43] Normalmente números como o PIB captam adequadamente essa totalidade, mas criam uma impressão ilusória de separação. Eles fazem parecer ter sentido "barganhar" o crescimento do PIB em relação a outros imperativos sociais. Um vírus expõe a ilusão de imaginar que existe uma coisa chamada economia que é separada da sociedade. Era por intermédio dos corpos de trabalhadores, do ar circulando em locais de trabalho, que o vírus estava se multiplicando com rapidez. Isso não equivale a dizer que todas as coisas estão igualmente conectadas. Como iríamos descobrir, há alguns circuitos mais ou menos isolados de mercadorias e dinheiro que podem continuar funcionando a despeito de uma pandemia, mas expondo assim os limites da ideia de uma economia nacional. O capitalismo global e a atividade econômica só coincidem em parte com a economia nacional. Você talvez possa manter funcionando uma pequena empresa, ou mesmo uma empresa grande, se conseguir isolar em quarentena seus funcionários, mas não faz sentido falar em manter "a economia americana" ou "a economia alemã" enquanto combate à parte uma doença altamente contagiosa em escolas, em locais públicos, em ônibus e metrôs e nas casas das pessoas.

Se, como algumas sociedades asiáticas conseguiram fazer, a doença fosse completamente suprimida do sistema socioeconômico, o impacto seria curto e brusco e as relações normais da economia, da sociedade e da política seriam preservadas. Como numa guerra vitoriosa, a recuperação poderia ser celebrada tal qual um triunfo coletivo. Quaisquer que fossem os custos envolvidos, eles poderiam ser absorvidos numa grande vitória conquistada a um preço razoável. Se, como na Europa e nas Américas, você perdesse o controle da epidemia, as escolhas se tornariam mais duras. Foi por causa dessa perda de controle e das exorbitantes medidas coletivas necessárias para readquiri-lo que emergiu a linguagem antagonística e litigiosa das barganhas e compensações. Não era impossível percorrer o caminho de volta. Você poderia, como muitos lugares da Europa e das Américas aprenderam ao longo de 2020, ser capaz de retomar boa parte da atividade econômica e ao mesmo tempo frear a doença. Mas aqueles que tiveram êxito em conseguir esse equilíbrio não fizeram isso mediante uma negociação entre, de um lado, a economia, e, de outro, as necessidades sociais e médicas, mas reconhecendo as conexões ramificadas que atravessam domínios e manipulando-as como um todo. Isso poderia soar como uma fantasia de coesão social, ou como um pesadelo. Era controverso. As cartas estavam embaralhadas contra aqueles com menos recursos para lidar com um prolongado distanciamento social. Ainda mais dramáticas, porém, como o governo Trump demonstraria durante o verão, eram as consequências de abandonar o combate. Então como os Estados Unidos testemunharam por breves e delirantes meses, toda a relação entre política, sociedade e economia poderia ser posta em jogo.

No final, tudo se resumia ao sistema de saúde. Sua capacidade e sua resiliência ditavam o que era um nível administrável e o que era um nível aterrorizante da doença. O temor supremo era de sobrecarga do sistema hospitalar. Sistemas hospitalares com maior capacidade de reserva elevavam o patamar de sobrevivência e o ritmo segundo o qual a vida econômica e social poderia voltar ao normal. Os hospitais, no entanto, não estão fora da economia ou da sociedade. Em 2020, os hospitais já não eram os gigantescos monólitos organizacionais de meados do século XX.[44] Desde os anos 1980 eles tinham sido incorporados não apenas à economia — sempre fizeram parte dela —, mas ao mercado. Tornaram-se palco de experimentos em gerenciamento moderno.[45] Passaram a ser empreendimentos enxutos e precisos, ou ao menos aspiravam a sê-lo, administrados como negócios "normais" de acordo com critérios de eficiência. Nos Estados Unidos, muitos eram empresas comerciais financiadas por meio da emissão de títulos podres. Eles faziam os pacientes renderem ao máximo e minimizavam a capacidade excedente de leitos. Reduziam seus estoques de equipamento essencial a níveis mínimos. Artigos básicos como máscaras e luvas eram obtidos de várias partes do mundo.

Dada a doutrina administrativa vigente, uma capacidade excedente era vista não como uma precaução responsável, mas como um lamentável empecilho à eficiência. Isso tudo fazia sentido desde que a quantidade de casos esperada fosse estável e pudesse ser prevista. Assim como a população em geral, o sistema médico estava sintonizado com um padrão particular de morbidade. Havia, claro, planos de contingência e cenários de maior gravidade. A possibilidade de desastre era óbvia. Mas não havia em lugar nenhum no mundo um sistema hospitalar que pudesse absorver o volume de casos de uma pandemia descontrolada. A irresponsabilidade organizada dava as cartas.

Por mais desconcertante que tenha sido o seu impacto, a crise de 2020 do coronavírus era um acidente que estava para acontecer. Não apenas nosso meio de vida moderno superalimenta a mutação de vírus potencialmente perigosos, como também os levamos mundo afora com a velocidade do avião a jato. Especialistas compreenderam o risco e fizeram planos hipotéticos de como poderíamos reagir. Nós, a população em geral, temos expectativas elevadas de controle e previsibilidade. Toda a nossa vida gira em torno de sistemas que são altamente suscetíveis de contaminação em massa. Apesar disso, não houve disposição alguma da parte daqueles que teriam condições de pagar por uma genuína prontidão. Havia equipes de servidores que tinham preparado planos para emergências, mas ninguém queria viver sob a sombra de que suas hipóteses pudessem de fato se tornar reais. Quem desejava interromper a vida cotidiana para empreender exercícios de simulação de bombardeios estilo Guerra Fria? Ao mesmo tempo, a política democrática está debilitada e polarizada a tal ponto que chegar a um acordo político sobre como responder a uma crise pandêmica é até difícil de imaginar. É uma fórmula não para gerar soluções, mas para gerar crises. Em retrospectiva, a história do século passado poderia ser contada como a narrativa de uma catástrofe anunciada.

A analogia que estava na mente de todos em 2020 era com a pandemia de gripe de 1918-9.[46] Esta afetou centenas de milhões de pessoas mundo afora. Dezenas de milhões morreram, num desastre amplamente maior que o nosso de agora. A gripe deixou profundas cicatrizes em gerações inteiras. Interrompeu a vida pública cotidiana em algumas grandes cidades durante meses, causando fechamento de empresas e distanciamento social. Mas o mais notável, do nosso ponto privilegiado de observação, é como foi rápida a assimilação desse desastre pavoroso e como foi pequeno seu impacto sobre a história política de seu tempo. As negociações do Tratado de Versalhes prosseguiram, indiferentes à epidemia. Por mais atemorizados e enlutados que os contemporâneos estivessem, eles viviam antes do momento histórico da transição epidemiológica. Não era incomum, para as pessoas de qualquer idade, sucumbir a uma doença infecciosa. Tuberculose, cólera, peste eram grandes ceifadoras de vidas em todo o mundo. Contra o pano de fundo de uma grande guerra, uma pandemia não se apresentava como uma surpresa.

Observada retrospectivamente, a gripe espanhola foi, porém, um ponto de inflexão no desenvolvimento do regime de vigilância epidemiológica da saúde pública e da vacinação contra a gripe de meados do século, que permanece conosco até hoje. Valendo-se de iniciativas dos anos 1920 e 1930, foi estabelecido na década de 1950 um sistema permanente de identificação e monitoramento da gripe à medida que ela se espalhava pelo mundo. A pandemia de gripe asiática de 1957-8 e a gripe de Hong Kong de 1968-9 foram rastreadas em tempo real.[47] Elas eram menos letais que a Covid e a gripe espanhola, e não houve uma paralisação generalizada.

O próximo grande teste veio em 1976, quando uma nova cepa de gripe suína desencadeou um esforço sem precedentes por parte do governo Ford para inocular uma grande parcela da população norte-americana em tempo real. Foi um sucesso ambíguo. O vírus se mostrou muito menos perigoso do que se temia, mas a vacina tinha sérios efeitos colaterais (um percalço que ainda assombra as percepções públicas de vacinação nos Estados Unidos). O fiasco da imunização de 1976 ocasionou um retrocesso na autoconfiança do pessoal de saúde pública pelos anos seguintes.[48]

Foi na década de 1990, sob a bandeira da luta contra "doenças infecciosas emergentes" que a saúde pública ingressou na nova era da globalização. Novas cepas preocupantes da gripe aviária estavam pipocando em Hong Kong. O ataque com gás Sarin no metrô de Tóquio em 1995 acendeu o alerta para tipos novos e exóticos de terrorismo. Em sintonia com a hegemonia unipolar da época, foram acima de tudo os Estados Unidos que tomaram a dianteira em definir uma nova agenda de "segurança global de saúde pública".[49] O ataque terrorista de 11 de setembro elevou o nível de alerta. Sucessivos governos norte-americanos de ambos os partidos — Clinton, George W. Bush e Obama — expandiram os recursos para a exploração do risco pandêmico.

Depois da virada do milênio, veio em rápida sequência uma série de pânicos, reais e imaginários. A Sars em 2003, o susto da gripe aviária em

2005, o episódio de gripe suína em 2008-9, tudo isso realçou as ameaças possíveis. Estava emergindo entre os virologistas um consenso de que a roda da loteria das mutações zoonóticas estava começando a girar a intervalos cada vez menores. Mas decidir o momento preciso de agir era delicado, como sempre. A reação da OMS à epidemia de gripe suína em 2009 foi vista amplamente como prematura e exagerada. Isso tornou a organização cautelosa ao confrontar o ebola em 2014, uma demora que lhe custou muitas críticas.[50] Embora o ebola tenha permanecido confinado a algumas das partes mais pobres da África Subsaariana, a natureza aterrorizante da doença fez dela um impulsionador de esforços globais para o desenvolvimento de uma vacina.

Enquanto as epidemias africanas podiam ser classificadas como problemas de pobreza e subdesenvolvimento, a China se apresentava numa categoria diferente — tanto integrava a globalização quanto estava na linha de frente da batalha contra moléstias infecciosas emergentes. Hong Kong havia sido colhida repetidamente no fluxo epidêmico. Enormes quantidades de aves de criação tinham sido sacrificadas para limitar o risco de gripe aviária. A crise da Sars de 2003, que se originou na região de Guangdong (Cantão), no sul da China, infectou 8098 pessoas em todo o mundo e matou 774. Foi um evento decisivo para a atual geração de líderes do Partido Comunista chinês.[51] Inspirando-se no Centro para o Controle e Prevenção de Doenças (CDC, na sigla em inglês) dos Estados Unidos, a China construiu um sistema de notificações de saúde que esperava que fosse imune à pressão política e garantisse informações confiáveis sobre surtos regionais.[52] Dada a vasta escala do Estado chinês, tratava-se de uma cândida esperança. Mas a China não se escondeu por trás do Grande Escudo Dourado (também chamado de Grande Firewall). No espírito de compartilhar experiência, os chineses concederam ao CDC norte-americano o direito exclusivo de inserir representantes no interior do aparato chinês.

Enquanto isso, os vizinhos da China tinham suas próprias escaramuças com o desastre epidêmico. O governo da Coreia do Sul mostrou uma incapacidade alarmante de conter a rápida disseminação do Mers em 2015.[53] O fracasso em lidar com a epidemia contribuiu para a vitória eleitoral de um governo progressista dedicado à governança moderna e ao desenvolvimento de um setor biotecnológico coreano.[54] Seria o sucessor das indústrias pesadas que haviam impulsionado o notável desenvolvimento econômico da Coreia do Sul.[55]

Mas, apesar do alarme, depois dos sustos do ebola e, em seguida, da zika, o interesse global em doenças pandêmicas esmoreceu. O aparecimento de uma nova cepa perigosa de gripe aviária H7N9 em 2017 em amplas partes do interior da China mal chegou ao noticiário.[56] Uma pandemia era só mais uma entre muitas preocupações de governança global. Para os preocupados com o Antropoceno, o que estava no "alto da pilha" era o clima. E havia o "fator Trump".

Olhando em retrospecto, é difícil deixar de colocar o foco nos erros evidentes dos anos anteriores a 2020. E nessa autópsia o governo de Donald Trump nos Estados Unidos ocupa inevitavelmente o centro do palco. No início de 2020, a equipe de Trump estava arquitetando um orçamento que reduzia drasticamente o financiamento para o controle global de doenças. No interior do aparato nacional de segurança, a unidade estabelecida sob Obama para conectar o controle de doenças à política de segurança nacional foi destripada. Em meio à crescente tensão comercial com a China, os Estados Unidos retiraram unilateralmente seu observador do Centro para o Controle de Doenças chinês. A América estava cegando a si própria quanto à tempestade iminente. Tudo isso estava em flagrante contraste com o forte foco em segurança sanitária global sob governos anteriores democratas e republicanos. Era coerente com o populismo, o nacionalismo e a postura ignorante do governo Trump. Refletia sua preferência em lidar com a China numa base antagonística. Mas muito disso era bravata, algo mais simbólico do que política concreta. Propor um corte nos orçamentos globais de saúde era uma coisa. Conseguir que o Congresso concordasse era outra. Não seria fácil desfazer um mecanismo tão entranhado como a burocracia de saúde pública dos Estados Unidos. Rejeitando os cortes propostos, o Congresso restaurou em 2019 a contribuição norte-americana ao aparato global de saúde pública.[57] O planejamento contra pandemias pelos quadros profissionais do aparelho estatal norte-americano prosseguiu. A normalidade era resiliente em face do ataque trumpista, mas isso não deveria servir de consolo.

A irresponsabilidade organizada não começou em 2017. Durante décadas, vínhamos nos lançando a um futuro cada vez mais arriscado, gestando ameaças, aumentando a tensão biológica sem dispor de instituições globais de saúde pública financiadas adequadamente para enfrentar o previsível tranco. A disfunção não era a exceção trumpista. Era a norma.[58] Estávamos todos preocupados com a preparação. Quase nenhum de nós estava preparado.

2.
Wuhan, não Chernobyl

O vírus que viríamos a conhecer como Sars-CoV-2 começou a circular na metrópole de Wuhan, de 11 milhões de habitantes, na província de Hubei, no final de novembro de 2019. O sistema de notificação de vírus da China deveria ter disparado. Mas o timing era terrível. A liderança provincial do Partido Comunista chinês não tinha desejo algum de interromper o fluxo normal de grandes encontros políticos e celebrações do ano-novo. Seu foco principal estava na preparação das "duas sessões" da Conferência Política Consultiva do Povo e do Congresso Nacional do Povo, que ocorreriam no Grande Salão do Povo, em Pequim, em março, a data mais importante no calendário cerimonial da política chinesa. O vírus era uma perturbação inoportuna da intensa rodada de encontros e discussões políticas. Wuhan fica a mais de mil quilômetros de Pequim. A província de Hubei em si é do tamanho de um grande país europeu. Não havia necessidade de envolver o centro. Autoridades de Wuhan e de Hubei fizeram o possível para suprimir as notícias inconvenientes sobre um novo vírus.

Nos primeiros dias de janeiro de 2020, cientistas em laboratórios por toda a China haviam aventado que um novo vírus aparecera. O próprio Xi, ao que parece, foi informado em 6 de janeiro.[1] A despeito dos temores de que a transmissão de humano a humano estivesse ocorrendo numa taxa perigosa, o centro foi lento em avaliar de forma precisa a dimensão do risco. Ele estava preocupado com sua própria agenda apertada de janeiro. As prioridades de Xi eram a campanha para instilar valores comunistas no funcionalismo chinês e as conversações comerciais com os Estados Unidos. Em 8 de janeiro, o chefe do Centro para o Controle de Doenças da China admitiu a seu congênere norte-americano que a doença era altamente contagiosa, mas o governo local de Wuhan se recusou a soar o alarme.[2] Depois da detecção do primeiro caso fora do território chinês, a Comissão Nacional de Saúde convocou uma teleconferência de âmbito nacional para alertar autoridades provinciais e transmitir "instruções" de Pequim. O que eram essas instruções é algo que permanece obscuro. Embora o Centro para o Controle de Doenças da China estivesse agora em alarme máximo, o público não foi alertado. A infecção de pessoa a pessoa ainda não havia sido confirmada.[3] Para superar o obstáculo, em 18 de janeiro a Comissão Nacional de Saúde da China convenceu o dr. Zhong Nanshan, um respeitado homem forte do partido e herói do combate à Sars, a visitar Wuhan pessoalmente. O que ele constatou — transmissão de pessoa a pessoa, hospitais se esforçando para dar conta da situação — fez soar todos os alarmes. No dia seguinte, no Zhongnanhai, o complexo amuralhado do Partido Comunista chinês em Pequim, Zhong confrontou o primeiro-ministro Li Keqiang com as notícias. Xi estava em excursão pelo sudoeste da China, mas em 20 de janeiro ele discursou remotamente numa reunião televisionada, organizada pelo Conselho Estatal, apelando para que o vírus fosse levado "a sério". Algumas horas depois o dr. Zhong confirmou publicamente que havia transmissão de pessoa a pessoa. Àquela altura a doença já havia se espalhado pela China e alcançara o mundo exterior.

O fracasso em conter o vírus no inverno de 2019-20 veio em meio a uma tensão elevada entre a China e o Ocidente. Desde 2017, as relações sino-americanas haviam oscilado entre guerra comercial e trégua comercial. Havia um alarme crescente quanto à extensão da influência de Pequim fora de suas fronteiras e da repressão no interior delas. Para Pequim, a irrupção de protestos populares em Hong Kong levantava a questão de até quando poderia tolerar a licença concedida à cidade sob o regime de um país, dois sistemas. Diante desse pano de fundo, os céticos em relação à China no Ocidente aproveitaram-se avidamente do surto do coronavírus. Era exatamente o tipo de percalço desabonador que eles haviam previsto durante muito tempo que aconteceria ao regime do Partido Comunista chinês.

A analogia que estava prontamente à mão era Chernobyl, o acidente nuclear em 1986 que tanto descrédito trouxera ao regime soviético.[4] Por puro acaso, a HBO havia estreado em maio de 2019 um envolvente docudrama sobre o incidente de Chernobyl. Enquanto a crise do coronavírus se agravava no final de janeiro, *netizens* da China se serviam de sites sobre cinema para chegar à analogia óbvia.[5] O acadêmico progressista Xu Zhangrun, que criticara publicamente o mando pessoal de Xi e fora punido, agora publicava um artigo denunciando o sistema político do Partido Comunista chinês, que estava desabando sob o peso de sua própria "tirania". Um governo de burocratas estava "cambaleando". A virada de Xi em direção ao governo de um homem só tinha movido o relógio para trás. "A bagunça em Hubei é apenas a ponta do iceberg e o mesmo vale para cada uma das províncias", opinou Xu.[6] Era apenas uma questão de tempo, portanto, até que o regime comunista sofresse sua desforra.

Xu pagaria por sua audácia com a demissão e a prisão domiciliar. Mas o pior é que sua previsão de uma falência geral do regime também foi refutada. Quanto ao Ocidente, tomar erradamente Wuhan por Chernobyl iria custar caro. Wuhan não era um fim de mundo atrasado atrás da Cortina de Ferro. Era uma megalópole globalizada, e justamente por isso o surto era tão perigoso. Chegados os feriados, cerca de metade da população de Wuhan saiu da cidade para visitar familiares e amigos. Isso significou 5 milhões de viajantes espalhando a infecção por automóvel, trem-bala e avião não apenas para o resto da China, mas para o mundo inteiro.[7] Em janeiro, 15 mil turistas chineses partiram do aeroporto internacional de Wuhan apenas para o Japão.[8] Em poucas semanas, eram relatados casos em 25 países, o primeiro deles na Tailândia.

Dada a infectividade do Sars-CoV-2, era uma ameaça absolutamente urgente, que não permitia nenhuma demora. Pequim percebeu isso. O Ocidente, não. Na China, uma falência de saúde pública da dimensão da que ocorreu na Itália, no Reino Unido ou nos Estados Unidos teria custado mais de 1 milhão de vidas. Se a condução política da crise tivesse sido tão canhestra em Pequim como foi em Washington ou Londres, poderia muito bem ter abalado o poder férreo de Xi. Mas não foi o que aconteceu. Não apenas a China não sofreu um colapso ao estilo soviético como virou a mesa contra o Ocidente. Na China, o primeiro país a encarar a doença, a ameaça foi contida rapidamente, liberando e revigorando o regime de Xi para novas ações. Foi na Europa, nos Estados Unidos e na América Latina que o vírus saiu de controle. Essa diferença básica estabeleceu o cenário para tudo mais que aconteceu em 2020.

A falha na notificação da doença em Wuhan em janeiro de 2020 embaraçou Pequim. O controle de riscos era crucial para toda a concepção de poder de Xi.[9] A justificativa para o mando pessoal de Xi era baseada no argumento de que a China estava ingressando num período sem precedentes de sérios desafios, "não vistos há um século", que só podiam ser domados sob o comando determinado do "núcleo" do Partido Comunista chinês.[10] Combater essas ameaças envolvia medidas defensivas de amplo alcance, que iam desde erradicar a oposição política até controlar o boom imobiliário. As lembranças da quase fatal crise financeira de 2015, quando US$ 1 trilhão em reservas saíram do país, ainda estavam vívidas. E o regime também se lembrava da Sars. A epidemia de 2003 havia sacudido Pequim. Vários membros do entourage de Xi deviam sua subida ao poder à limpeza no seio da hierarquia partidária que se seguiu.[11] Quando a escala do surto em Wuhan finalmente foi percebida pela liderança do Partido Comunista chinês, os quadros em torno de Xi agiram de modo rápido e implacável.

Há uma tendência no Ocidente de sugerir que as medidas draconianas da China eram uma parte familiar do repertório do Partido Comunista chinês. Mas essa ideia interpreta mal as realidades chinesas e subestima a audácia de Pequim. O lockdown imposto em Wuhan não teve precedente na história chinesa recente. Em 2003, 4 mil moradores de Pequim que haviam sido expostos à Sars foram mantidos em isolamento, e trezentos estudantes universitários ficaram detidos por duas semanas num acampamento militar.[12] Isso não foi nada em comparação com o fechamento de uma cidade inteira de 11 milhões de pessoas, que dirá de uma província ou de um país.[13]

Pequim não contou com nenhum encorajamento da parte do governo local em Wuhan ou na província de Hubei. Como declarou Zeng Guang, epidemiologista-chefe do Centro para o Controle e Prevenção de Doenças da China, ao jornal oficial *Global Times*: "[Governos locais] assumem uma perspectiva política e levam em consideração a estabilidade social, a economia e se as pessoas poderão comemorar alegremente o ano-novo lunar".[14] Especialistas ocidentais também eram céticos quanto à possibilidade de paralisar toda uma cidade. Seria impraticável e violaria direitos humanos.[15] Incongruentemente, eles cavoucavam os registros históricos para argumentar que quarentenas de cidades inteiras não tinham funcionado em 1918-9. Lembravam também que na Libéria o uso de cordões sanitários para conter o ebola tinha terminado em tumultos.

Fosse qual fosse a relevância desses exemplos para a China de 2020, um lockdown total não foi a primeira opção de conduta apresentada à liderança chinesa por Zhong e sua equipe. Foi uma recomendação provavelmente elaborada pelo primeiro-ministro Li Keqiang e pelo Conselho Estatal antes de ser apresentada a Xi.[16] A decisão radical reflete não apenas as tendências autoritárias do regime e a crescente evidência de uma epidemia fora de controle, mas também o fato de que Pequim via o novo coronavírus desde o início através das lentes da Sars ou do Mers. Ao contrário do que aconteceu no Ocidente, ali nunca foi o caso de confundir o Sars-CoV-2 com uma gripe. Deixar a doença se espalhar sem freios pela população na tentativa de atingir "imunidade de rebanho" não foi cogitado como opção. Para Pequim — preocupada como estava em apresentar "legitimidade de resultados" —, deixar "a natureza seguir seu curso" era impensável.[17] A desvantagem dos estrategistas europeus e norte-americanos era a dificuldade maior de se descolar do cálculo insensível do paradigma da gripe.

Em 22 de janeiro, a liderança chinesa optou por uma paralisação de alcance nacional e no dia 25 uma reunião dos principais líderes, televisionada publicamente, pôs em movimento a gigantesca máquina estatal-partidária. Em seguida ao ano-novo chinês, o feriado foi estendido até o domingo, 2 de fevereiro, e centros de importância vital, como o polo financeiro de Xangai, declararam que os negócios não voltariam a funcionar antes de 9 de fevereiro. As escolas, só em 17 de fevereiro. No início de fevereiro, catorze províncias, que abarcavam quase 70% da população, estavam paralisadas. A economia chinesa, a segunda maior do mundo, o principal motor do crescimento global, estava sendo colocada em suspenso.

Algumas medidas de contenção eram de alta tecnologia. Em Xangai, antes de sair da estação de trem ou do aeroporto, os viajantes tinham que se inscrever num aplicativo de rastreamento de contatos.[18] Se você não fosse capaz de se lembrar de seus próprios movimentos, um rápido texto para um dos provedores de telefone forneceria uma lista. A província de Yunnan instalou QR codes em todos os locais públicos, de modo que as pessoas pudessem ser escaneadas na entrada.[19] Na maior parte da China, o controle se fazia mediante métodos mais diretos adotados por comitês de bairro, sustentados pelo sistema de "gestão de grade" do regime, a cargo de organizações locais do partido. Isso vinha sendo um foco de esforços recentes do Partido Comunista chinês para consolidar seu controle sobre as novas e crescentes megalópoles da China.[20] Em 2020, esse investimento no que era chamado de "inovação em administração social" pagou dividendos.

A província de Zhejiang, no litoral sudeste da China, foi onde Xi fez o nome como funcionário provincial. Tinha uma população de aproximadamente 60 milhões e contava com 330 mil "trabalhadores da grade". Hubei contava com 170 mil, Guangdong, com 177 mil. Sichuan mobilizava 308 mil, e na megacidade de Chongqing havia 118 mil trabalhadores da grade monitorando todos os bairros. O equivalente, em termos de densidade de cobertura, à força policial de uma grande cidade dos Estados Unidos.[21] Operando junto com as empresas de administração de propriedades que servem aos complexos de apartamentos particulares na China, recrutando milhões de membros do partido, essas redes transformavam cada condomínio numa zona em lockdown.[22]

O objetivo era encontrar pessoas infectadas e colocá-las em quarentena. Como um empurrãozinho útil, as autoridades em Hangzhou proibiram farmácias de vender analgésicos. Isso impediria os cidadãos de se automedicar e os obrigaria a procurar tratamento hospitalar. A cidade litorânea de Wenzhou, novecentos quilômetros a sudeste de Wuhan, limitou as famílias a uma ida às compras a cada dois dias, por um único membro. Rodovias foram fechadas. No distrito de Poyang, em Jiangxi, autoridades locais recorreram ao imaginativo expediente de manter todos os semáforos permanentemente no vermelho.[23]

Nas palavras de um observador europeu, "cada cidade se converteu numa pequena Alamo".[24] Na semana iniciada em 3 de fevereiro, o tráfego diário de passageiros no sistema ferroviário da China caiu 75%.[25] Shopping centers e distritos de compras elegantes se esvaziaram. A Starbucks fechou metade das suas unidades. A Ikea fechou no país inteiro. Para os setores chineses de restaurantes, turismo e cinema, isso significou a perda dos dias mais rentáveis do ano todo. Estima-se que uma proibição de banquetes de ano-novo tenha custado ao ramo dos restaurantes da China US$ 144 bilhões numa única semana.[26]

Fábricas também pararam de funcionar, incluindo as unidades fabris de prestigiosas marcas ocidentais. Em Suzhou, onde a Foxconn (montadora do iPhone), a Johnson & Johnson e a Samsung Eletronics concentravam suas fábricas, trabalhadores imigrantes eram solicitados a não retornar. A Tesla interrompeu sua operação em Xangai a pedido de autoridades locais, e o mesmo aconteceu com a GM, a Toyota e a Volkswagen.[27] A Nissan e os grupos automotivos franceses PSA e Renault anunciaram que estavam evacuando seus funcionários estrangeiros.[28]

Mas o lockdown não era apenas uma questão de metrópoles ou prestigiosas firmas globais. Um levantamento feito por telefone por uma equipe de pesquisa baseada em Stanford constatou que cada aldeia rural que eles contataram na China havia parado tudo e se fechado em si mesma. "É como a Europa em tempos medievais", disse Jörg Wuttke, presidente da

Câmera Europeia de Comércio na China, "cada cidade tem seus controles e bloqueios."[29] No interior, tudo o que os habitantes locais tinham a fazer era posicionar alguns caminhões ou tambores de petróleo para bloquear as estradas. Eles abordavam os viajantes que buscavam atravessar. Um dialeto familiar era o bastante para franquear a passagem. Todos os outros esperavam.

Na própria Wuhan, a primeira semana cheia de paralisação foi o pior período de caos. Uma equipe de 40 mil trabalhadores da construção labutava dia e noite para concluir dois hospitais de emergência, o primeiro dos quais, Hospital Huoshenshan (Montanha do Deus do Fogo), começou a funcionar em 4 de fevereiro. Mas com o volume de casos sendo administrado a esmo, pacientes gravemente enfermos foram abandonados para morrer em casa. Foi só no domingo, 2 de fevereiro, que se estabeleceu um novo sistema para dividir e isolar quatro categorias de pacientes. Isso foi crucial para possibilitar que casos confirmados e suspeitos fossem rapidamente isolados de suas famílias, limitando a transmissão. Ninguém sabia ainda, mas a China encontrara um método de controlar a crise.

Em 3 de fevereiro, em vez de saudar a volta da China ao trabalho, Xi fez um relatório detalhado ao Politburo sobre o que agora era proclamado como a "guerra do povo" da China contra o vírus.[30] Esse podia ser um apelo inspirador à luta, evocando memórias da era de Mao, mas a Bolsa de Valores de Xangai precisava de algum convencimento. Quando os investidores ligaram seus terminais no primeiro dia de operações depois do ano-novo chinês, a crença generalizada era de que a aquisição pela "seleção nacional" — um grupo dos mais importantes bancos, seguradoras e gestores de fundos — iria sustentar o mercado.[31] Mas, apesar do aporte do Banco do Povo da China de US$ 171 bilhões em créditos a investidores, os mercados despencaram. A Bolsa de Valores de Xangai perdeu 7,9% num único dia.[32] Foi o pior dia para os negócios desde a crise de agosto de 2015.[33]

Em Wuhan e Hubei a situação era medonha, e a mídia chinesa não disfarçava o fato. Os centros médicos de atendimento eram horríveis, parecendo mais depósitos que hospitais. Médicos lutavam em vão contra uma onda de mortes.[34] Entre as vítimas estavam os próprios médicos. O dr. Li Wenliang tinha sido um dos primeiros a alertar para a doença, atitude pela qual foi ameaçado de punição por autoridades locais. No início de fevereiro, Li, gravemente doente, compartilhou no Weibo fotos de si mesmo lutando por oxigênio. Sua morte em 6 de fevereiro foi um desastre em termos de relações públicas. A hashtag "O governo de Wuhan deve um pedido de desculpas a Li Wenliang" foi replicada 180 milhões de vezes antes de ser bloqueada pelos censores.[35]

O desalento diante da má condução da pandemia pelo regime logo transbordou para demandas políticas mais gerais. Na sexta-feira, 7 de fevereiro, uma carta aberta de professores da conceituada Universidade de Wuhan conclamou as autoridades a honrar a liberdade de expressão garantida na Constituição chinesa. Outra carta, endereçada ao Congresso Nacional do Povo da China por destacados intelectuais, começava da seguinte forma: "Declaramos, a partir de hoje, que nenhum cidadão chinês deve ser ameaçado por qualquer aparato estatal ou agrupamento policial por causa de seu discurso. [...] O Estado deve parar imediatamente de censurar as mídias sociais e de deletar ou bloquear contas".[36] Poucas semanas antes, a autoridade de Xi parecia inquestionável. Agora os censores se empenhavam em impedir usuários da internet de postar a letra de "Você ouve as pessoas cantarem?", canção-tema de *Les Misérables*, que havia sido adaptada recentemente como um hino de desafio por manifestantes em Hong Kong.

Sete de fevereiro foi o momento em que o comando do Partido Comunista chinês foi desafiado mais seriamente. Mas foi também o ponto de inflexão na resposta do governo. A eclosão de protestos foi respondida com repressão dura. A censura se intensificou ao máximo. Publicações nas mídias sociais eram rapidamente apagadas. Repórteres locais de Wuhan que ousavam postar vídeos críticos online desapareciam. Xu Zhangrun foi colocado em prisão domiciliar e isolado do mundo exterior.[37]

O aparato de segurança do Partido Comunista chinês é sólido, mas a repressão só foi tão efetiva porque se combinou com o sucesso no controle da epidemia. Em meados de fevereiro, até onde podemos julgar pelos dados disponíveis, o volume de vírus circulando pela China havia despencado. Isso significava que Pequim estava combatendo uma grande epidemia em uma única província, Hubei, com os recursos de uma nação de 1,4 bilhão de habitantes. Comandados pelo Exército, mais de 40 mil profissionais de saúde podiam concentrar seu foco primeiro na cidade de Wuhan e em seguida no restante da província.[38]

Conter a disseminação era crucial para ganhar essa flexibilidade estratégica. Pequim era um ponto-chave nessa batalha. Durante a epidemia de Sars em 2003, as autoridades municipais na capital haviam fracassado. Em 10 de fevereiro de 2020, havia 337 casos confirmados de Covid-19 em Pequim, com muitos outros suspeitos. Se a vida cotidiana tivesse sido retomada depois dos feriados, os profissionais da área temiam que 600 mil moradores e trabalhadores retornando de trem e 140 mil de avião causassem um surto de novas contaminações.[39] Para evitar o desastre, as autoridades municipais de Pequim iniciaram uma limpeza pública abrangente e instituíram uma política de "quem é de fora não entra". Para transmitir uma impressão de calma, na segunda-feira, 10 de fevereiro, Xi empreendeu uma excursão pessoal pela capital. A mensagem era clara: fora de Hubei, a China estava voltando ao normal.

Em meados de fevereiro, do ponto de vista de Pequim, a crise havia passado de um polo a outro. O problema não era que outras províncias estivessem fracassando, como Hubei, em controlar a doença, mas sim que, movidos pelo temor de outro fracasso, as autoridades locais estavam reagindo exageradamente. O fechamento tinha adquirido um impulso próprio e estava ameaçando paralisar o motor do crescimento da economia chinesa. Grandes centros econômicos, como Xangai, Zhejiang, Jiangsu e Guangdong estavam imobilizados pelo fechamento de escolas e limitações da movimentação de trabalhadores migrantes. Cidades menores estavam exigindo quarentenas de duas semanas para caminhoneiros que tivessem carregado mercadorias em cidades atingidas pela Covid ou apenas passado por elas. Enquanto isso, empresas globais proeminentes como a Foxconn e a Volkswagen ponderavam os riscos de retomar a produção cedo demais.[40] Ninguém queria se ver no banco dos réus, acusado de colocar em risco a saúde do país. Em Xangai, um dos grandes centros da economia mundial, as autoridades municipais relataram em 10 de fevereiro que apenas 70% das fábricas locais tinham registrado algum interesse em retomar a produção, que dirá ter recebido autorização para fazê-lo. Como observou o presidente da Câmara Norte-Americana de Comércio na China, os empregadores "querem proteger seus funcionários, mas também não querem ser pegos em situação irregular no que se refere às leis trabalhistas ou aos anúncios diários feitos pelo governo".[41]

O que preocupava o centro do poder não eram mais os tropeços e a lentidão no estilo Hubei, mas as tendências centrífugas desencadeadas pelo excesso de zelo da ação local. Era significativo que o Gabinete Geral do Conselho Estatal julgasse adequado emitir um comunicado proibindo estritamente "o fechamento arbitrário de vias expressas, a obstrução de rodovias provinciais importantes, a quarentena forçada de aldeias, a abertura de valas em estradas vicinais e o fluxo de veículos de emergência".[42] Mas se Pequim queria fazer as coisas se moverem de novo, não era fácil convencer os comitês partidários locais. Era claramente importante retomar o fluxo de mercadorias e pessoas, mas ninguém queria ser culpado por uma nova Wuhan. Em face das exigências de Pequim para que se ativessem às normas, representantes partidários locais assumiam a linha argumentativa de que "o controle da doença deve ser livre dos debates abstratos, por vezes pedantes, sobre o estado de direito". Para Pequim era fácil criticar a mão pesada da gestão local. Não seriam eles que acabariam pagando o pato se a epidemia saísse de controle. Sim, é verdade que algumas medidas de quarentena podiam ser duras, mas tropeços e abusos poderiam ser corrigidos mais tarde. A prioridade agora era agir, e rápido. Se Pequim não gostava da obstrução que isso causava, por que não apresentava uma "ideia melhor"?[43]

O argumento em favor do rigor era mais fácil de ser defendido porque o tormento era sentido acima de tudo por forasteiros. O enorme contingente chinês de trabalhadores migrantes, composto de 291 milhões de indivíduos, representava um terço de toda a força de trabalho, de 775 milhões. Na batalha para voltar às atividades, eles encaravam "três portas": a "porta local de saída", a "porta dos transportes" e, por fim, a "porta da quarentena" em seu destino.[44] Para aqueles com alguma associação com Hubei não havia esperança. Em Pequim, famílias de Hubei eram despejadas de residências alugadas. Comitês de moradores locais começaram a marcar apartamentos que eles sabiam ser habitados por pessoas com laços com a província atingida. Ativistas locais ofereciam recompensas de RMB 500 (quinhentos renminbi, o equivalente a US$ 71) por informações sobre qualquer pessoa que pudesse ser oriunda de Hubei ou ter tido contatos com a província. Infelizmente para os indivíduos em questão, o sotaque de Hubei é inconfundível. Além disso, cada carteira de identidade informa a província de origem da pessoa.[45] Havia pronunciamentos da cúpula proibindo a discriminação, mas eram ignorados.

Em meados de fevereiro, números oficiais confirmavam que, dos 290 milhões a 300 milhões de trabalhadores migrantes que normalmente retornariam dos feriados, apenas 80 milhões tinham voltado de fato a seus locais de trabalho. Outros 120 milhões eram esperados até o final do mês, ficando um terço ainda fora do trabalho.[46] O impacto sobre a atividade econômica era inegável.[47] O tráfego de passageiros em meados de fevereiro era

85% menor que o do ano anterior, e o consumo diário de carvão em seis grandes grupos de produção era 43% menor. Os céus ficavam mais claros nos grandes centros urbanos, as emissões de CO_2 da China despencavam.[48]

Era esse o pano de fundo dos comentários de Xi durante seu tour de inspeção de Pequim em 10 de fevereiro, de que a prioridade era evitar "grandes dispensas" e que os governos locais respeitassem a lei.[49] A mídia estatal passou a citar Xi quanto à necessidade de "corrigir reações exageradas [à epidemia] e evitar a abordagem simplista que envolvia fechamentos generalizados ou suspensão de atividades".[50] Mas até mesmo o ministro do Planejamento Estatal reconheceu a necessidade de flexibilizar e deixou a cargo das províncias e cidades retomar o trabalho "de acordo com seu próprio discernimento, com base no grau de disseminação do vírus".[51] Em 17 de fevereiro a agência oficial de notícias Xinhua anunciou que estavam sendo iniciadas discussões sobre o adiamento das "duas sessões".[52] Um terço dos legisladores nacionais eram também funcionários governamentais locais e estavam sobrecarregados.

Não havia exemplo mais manifesto do dilema envolvido em lidar com o lockdown do que o da Foxconn, a empresa taiwanesa responsável por montar 40% dos iPhones da Apple em todo o mundo. Em plena capacidade, sua fábrica gigantesca de Zhengzhou, na província de Henan, empregava 200 mil pessoas. Trabalhadores que vinham de fora da cidade tinham que ficar em quarentena, e a Foxconn não dispunha de espaço para alojá-los.[53] Uma paralisação da principal linha de produção da Apple não era apenas um tema de preocupação doméstica. Em 21 de fevereiro, o próprio presidente Xi alertou para o risco crescente corrido pelo status da China como fornecedor global. Em face de um ambiente hostil, se a China desejava preservar seu lugar como fornecedor preferencial, era crucial demonstrar que ela seria capaz de restaurar a produção o mais rápido possível.[54]

Para administrar os riscos, a Foxconn começou a implementar o tipo de regime que logo se espalharia para o mundo todo. Trabalhadores vindos das províncias de alto risco eram instados a ficar em quarentena por catorze dias. Os de regiões de risco moderado tinham que apresentar um atestado médico antes de retornar ao trabalho. Dali em diante, a Foxconn passaria a recrutar trabalhadores principalmente da província de Henan, onde a incidência do vírus tinha sido insignificante.[55] Num esforço para colocar os caminhões para rodar de novo, todos os pedágios nas rodovias da China foram suspensos.[56] Mas 90% dos caminhoneiros nas cidades portuárias de

Xangai e Ningbo ainda não haviam retornado ao trabalho.[57] Os centros de produção, como a província costeira de Zhejiang, estavam tão desesperados que forneciam transporte especial. Filas de sorridentes trabalhadores patrióticos, amontoando-se para entrar em trens-bala fretados, eram mostradas na TV.

Um mês depois de iniciado o esforço por um lockdown geral, no domingo, 23 de fevereiro, o presidente Xi dirigiu-se aos líderes chineses.[58] De todas as teleconferências e reuniões por Zoom mundo afora em 2020, essa foi certamente a mais espetacular. Participaram não menos que 170 mil quadros, representando cada governo municipal, cada regimento militar. Todos os dados mostravam que o número de casos estava caindo rapidamente. Era hora de mudar de marcha. Xi, segundo opinava o *South China Morning Post*, estava soando "o alarme quanto ao crescimento econômico da China". O sistema social e econômico "não pode ficar parado por muito tempo". Com a supressão do vírus, a ênfase agora era na retomada da produção. Em vez de relatar novas infecções, os funcionários públicos tinham ordens de informar os índices de reabertura. A própria base de apoio de Xi, a província de Zhejiang, liderava o processo. Noventa por cento de suas grandes firmas industriais haviam reaberto, ainda que com capacidade reduzida.[59]

Nas palavras de Xi, a crise era capaz de desfechar um "grande golpe no desenvolvimento econômico e social da China. Porém, num momento assim, é ainda mais importante encarar o desenvolvimento da China numa perspectiva abrangente, dialética e de longo prazo, e fortalecer e enrijecer a confiança". A ênfase agora estava na seletividade e na disciplina. Cerca de metade dos distritos da China não tinha casos de coronavírus. Ali, a prioridade deveria ser "prevenir casos importados e restaurar de maneira ampla a ordem da produção e da vida". Para regiões de risco médio, a prioridade seria também promover "a retomada do trabalho e da produção de maneira ordenada, com base na situação local de controle da epidemia". Regiões de alto risco deveriam continuar em lockdown.[60] Por trás das frases feitas, a mensagem era clara. A liderança central do Partido Comunista chinês estava retomando o controle.

Na segunda-feira, 24 de fevereiro, como que seguindo a deixa, a OMS saudou os esforços chineses e declarou que o momento de perigo máximo havia passado.[61] Respondendo à conclamação de Xi, o centro industrial de Guangdong baixou sua classificação de nível de emergência de saúde pública, e Shanxi, Guansu, Lianoning, Guizhou e Yunnan fizeram o mesmo.[62]

67

O governo provincial ordenou que as autoridades locais "ajudassem a fábrica do Foxconn Techonology Group a voltar a produzir". Trabalhadores de áreas seguras eram empurrados de volta ao trabalho. Foram impressos formulários de avaliação médica, as temperaturas eram auferidas, e os trabalhadores recebiam um certificado de saúde. Em pelo menos um caso, uma escolta policial acompanhou comboios de ônibus até os portões da fábrica. Enquanto isso a Pegatron, rival da Foxconn, oferecia um bônus de RMB 10 mil para atrair trabalhadores de volta à sua fábrica em Xangai.

Nem todo mundo estava em condições de fazer isso. Apesar do apelo de Xi pela volta ao trabalho, no final de fevereiro, mesmo nas províncias mais ativas, apenas aproximadamente 30% das pequenas e médias empresas haviam reaberto, contra 60% das grandes corporações industriais.[63] Apesar do volume de atenção dedicada às similares da Foxconn e das gigantescas empresas estatais, as empresas pequenas e médias, quase todas de propriedade privada, são 99,8% das firmas registradas na China e empregam quase 80% da mão de obra. Em conjunto, essa enorme massa de pequenos negócios contribui com mais de 60% do PIB e mais da metade de toda a arrecadação de impostos.[64] Eles tinham sido duramente atingidos pelo lockdown. Enquanto a produção industrial foi reativada rapidamente, o consumo urbano de massa iria se arrastar por todo o ano. O sistema bancário foi direcionado para fazer empréstimos nos termos o mais generosos possível. Infelizmente, reconhecia o primeiro-ministro Li Keqiang, a vasta maioria das empresas menores não estava completamente inserida e registrada no sistema financeiro. Apenas um quinto da gigantesca massa chinesa de pequenos negócios tinha alguma vez pedido e recebido um empréstimo bancário.[65] Eles estavam fora do alcance fácil dos incentivos do governo central. Sua sobrevivência dependia da recuperação econômica geral e da retomada da vida normal, e isso ainda era incerto.

O melhor indicador geral da saúde de uma economia é a taxa de emprego e desemprego. As estatísticas oficiais chinesas de desemprego mostravam um pequeno aumento durante a crise, de 5,3% para 6%. Mas o sistema de seguro-desemprego cobre apenas metade da força de trabalho urbana e um quinto dos trabalhadores imigrantes. Apesar do esforço planejado para reiniciar a produção, em março de 2020, da força de trabalho normal de 174 milhões de migrantes de regiões distantes, apenas 129 milhões estavam trabalhando.[66] Isso significava uma perda de pelo menos 45 milhões de empregos. Somando nos dados oficiais os trabalhadores imigrantes não contabilizados, o número em março estava provavelmente mais próximo dos 80 milhões de empregos perdidos. Mesmo o Departamento de Estatísticas Oficiais estava disposto a admitir que no pior momento da crise o número de pessoas desocupadas nas cidades chinesas chegava a 18,3%. Esquadrinhando cuidadosamente os dados, analistas da BNP Paribas concluíram que nada menos que 132 milhões de trabalhadores estavam temporariamente desempregados ou licenciados, o que significava 30% da mão de obra urbana da China.[67] Os números são estimativas, e Pequim fez o que pôde para suprimir qualquer discussão mais profunda da crise social. O que está claro é que o impacto sobre o mercado de trabalho foi gigantesco — muito pior que a recessão de 2008 ou a epidemia de Sars em 2003.[68] Até aquele momento, era o pior abalo no mercado de trabalho já experimentado por qualquer economia do mundo.

Em 25 de fevereiro, dois dias depois de Xi fazer seu discurso para 170 mil correligionários, um dos índices de confiança empresarial mais atentamente observados, compilado por uma das principais escolas de administração de empresas de Pequim, divulgou seu veredicto. Na escala de medição, um índice de 50 indica um grau neutro de confiança na economia. Em janeiro ele apontava um modestamente confiante 56,2. No final de fevereiro, o índice despencara para 37,3, indicando uma séria retração. Os estatísticos estavam horrorizados: conforme observou o professor Li Wei, "estávamos preparados psicologicamente para resultados medíocres [...] mas os números reais são piores do que imaginávamos".[69]

O que a China estava vivenciando não era um eco do passado da Guerra Fria, não era um "momento Chernobyl", mas um choque social e econômico novo e sem precedentes. Por força de sua resposta urgente e efetiva, o regime e o povo da China estavam suprimindo o vírus. Mas o sucesso vinha a um custo alto. Na primeira metade de 2020, a China sofreu seu primeiro recuo sério no crescimento econômico desde o início da nova era de transformação econômica. Não havia nenhuma dúvida quanto à culpabilidade. Foi a assustadora resistência míope da liderança partidária de Hubei que permitiu que o vírus se espalhasse tanto. Se a Sars havia lançado descrédito ao Partido Comunista chinês em 2003, agora a coisa era claramente muito pior. A despeito da bem-sucedida campanha de supressão em fevereiro, a crise do coronavírus de 2020 poderia facilmente ter se tornado um ônus pesado para o regime de Xi. Em vez disso, tornou-se uma ocasião para o que foi adequadamente chamado de "nacionalismo de desastre", uma oportunidade para demonstrar resiliência coletiva sob a liderança do partido.[70]

Esse senso de comunidade podia ser voltado para o exterior, tanto quanto para dentro. Num mundo globalizado, o modo como se julgava a performance chinesa dependia criticamente de como o resto do mundo lidava com o surto do coronavírus. Se as medidas de controle na Europa e nos Estados Unidos tivessem sido mais efetivas e só a China tivesse sido obrigada a sofrer os rigores da paralisação, a autoridade de Xi talvez tivesse sofrido um golpe pesado. Não foi o que aconteceu. O resto do mundo fracassou, e quando vozes ocidentais tentaram apontar o dedo incriminador para a China, isso só serviu para fortalecer o sentimento de coletividade pronta para o combate fomentado pelo Partido Comunista chinês. A China havia de fato pagado um preço alto, mas o êxito dos esforços de supressão do vírus compensou a conta geral e permitiu ao regime recuperar rapidamente o controle. O episódio todo podia ser apresentado como um exercício de liderança decisiva que colocava o povo em primeiro lugar tanto em termos de saúde pública como de economia. Quando, em 21-22 de maio de 2020, as duas sessões finalmente se realizaram em Pequim, a história que o regime tinha para contar era da heroica recuperação nacional.[71] O fracasso do Ocidente entregara de bandeja para o Partido Comunista chinês um triunfo histórico.

3.
Fevereiro: Perdendo tempo

No final de janeiro, as notícias vindas de Wuhan lançaram uma onda de alarme mundo afora. Seria aquele o pesadelo pandêmico que tinha sido previsto muito tempo atrás? Por um breve momento, *Contágio*, o filme hollywoodiano de impacto de 2011 sobre a irrupção de uma doença na China, subiu para a lista dos dez mais alugados no iTunes.[1] Mas para quem estava fora da China a crise ainda tinha uma qualidade irreal. Estava muito distante. Falar de "Chernobyl da China" exorcizava o perigo. O rigor das contramedidas chinesas era facilmente rotulado como totalitário. Certamente nada daquilo podia ser imaginado no Ocidente. Mesmo o espetáculo da China fazendo hospitais brotarem do chão confirmava estereótipos sobre o regime comunista em vez de ser visto como um alerta para o que estava por vir.

Durante todo um mês desastroso, a maior parte do resto do mundo registrou os eventos na China como algo que não tinha relevância imediata para si.[2] Isso refletia uma profunda subestimação do vírus, uma complacência quanto à capacidade de enfrentá-lo e uma sensação não expressa de que, por mais que se falasse em globalização, um problema chinês era chinês e ponto-final. Pequim talvez tivesse precisado adotar medidas radicais em resposta ao surto em Wuhan, uma cidade a mil quilômetros de distância. Mas a ideia de que conter um vírus que emanava de uma cidade na China central pudesse demandar uma ação imediata em locais distantes como Londres e Nova York parecia inimaginável. O ano de 2020 revelou que nossa faculdade de voar em volta de mundo ultrapassava amplamente nossa compreensão do que essa interconectividade acarretava.

Era um fracasso histórico. No início de fevereiro, especialistas de fora da China sabiam o bastante para avaliar a extensão e a urgência da ameaça representada pelo novo coronavírus.[3] O que a China estava sendo obrigada a fazer para conter a disseminação do vírus deveria ser um alerta suficiente.

Num mundo ideal, seria possível imaginar um grupo de governos, como o G20, com os Estados Unidos e a União Europeia na liderança, pactuando uma imediata paralisação coordenada e escalonada das viagens aéreas, combinada com o compartilhamento e a produção intensiva de kits de teste e equipamentos de proteção individual. Era isso, basicamente, o que a China havia implementado na escala de um país, um país de 1,4 bilhão de pessoas. Para funcionar no âmbito global, a "guerra do povo" da China contra o vírus precisaria ter sido multiplicada por dois.

Basta decifrar a fantasia para perceber quão distante da realidade ela estava. Nenhuma liderança conjunta estava à vista. Instituições globais, como a OMS e o FMI, soaram de fato o alarme, mas nem os Estados Unidos nem a União Europeia deram a devida importância a esses alertas. Tampouco a China se colocou em quarentena ou defendeu construtivamente restrições de movimento.[4] A OMS foi conivente com essa posição, argumentando contra proibições de viagens.[5] Em vez disso, fevereiro de 2020 deu uma espantosa demonstração de inabilidade coletiva da elite global em compreender o que significaria governar de verdade o mundo profundamente globalizado e interconectado que ela criara.

Entre aqueles que tinham motivo imediato para levar o vírus a sério estavam os que gerenciam cadeias globais de suprimento. Na época da crise da Sars, a China respondia por apenas 4% da economia mundial. Em 2020, sua cota mundial estava perto de 20%. Para um setor industrial como o automotivo, a China era ao mesmo tempo o maior mercado e o maior centro produtor. Em 2019, 80% da produção de carros no mundo envolvia peças chinesas.[6] Como observou um fabricante de carros: "A China abastece todo mundo". Havendo uma paralisação geral na China, ninguém poderia dizer: "Isso não me afeta". Em fevereiro, a Hyundai, na Coreia do Sul, foi obrigada a interromper por completo a produção. Tanto a Nissan como a Fiat Chrysler lutavam arduamente para manter suas fábricas funcionando. Várias companhias europeias tentaram o recurso de transportar por via aérea as peças vindas da China. Isso implicava riscos. Na Alemanha, os primeiros casos de Covid-19 se deram na Baviera, na fábrica de autopeças Webasto, depois da visita de um colega de uma empresa associada chinesa.[7]

Em décadas recentes, operadores sofisticados em centros financeiros globais haviam aprendido a usar imagens de satélite para rastrear o movimento das commodities em tempo real.[8] Ao contrário dos navios-petroleiros, o vírus não podia ser visto do espaço. Mas era possível enxergar os efeitos da paralisação. Em meados de fevereiro, imagens de satélite mostravam um declínio sem precedentes da poluição do ar sobre a China. Dados de localização dos sistemas de navegação por satélite, como o Tom Tom, mostravam um colapso no tráfego rodoviário.[9] Dados garimpados no principal serviço de busca da China, o Baidu, mostrava um aumento alarmante de procuras por termos como "layoffs" (dispensa temporária), "unemployment" (desemprego), "shutdown" (paralisação) e "bankruptcy" (falência).[10]

Mas uma coisa era se preocupar com o impacto global de uma crise na China. Outra bem diferente era se preocupar com uma crise chinesa tornada global. Mesmo para figuras de destaque na indústria farmacêutica, era difícil dar esse salto. O dr. Albert Bourla, diretor-executivo da Pfizer, que logo desempenharia um papel central na corrida pela vacina, admitiu posteriormente que quando o vírus apareceu pela primeira vez, ele "não tinha a impressão de que [...] aquilo se tornaria uma questão global de primeira importância que exigiria uma intervenção maciça".[11] Ele não estava sozinho. Embora alguns fabricantes de vacinas tenham lançado seus projetos dias depois de a sequência do Sars-CoV-2 ter se tornado pública, o CEO da chinesa CanSino, Xu Xuefeng, também tinha reservas. Ele receava que a Covid-19, a exemplo da Sars, acabasse se revelando um "alarme falso".[12] Na comunidade científica, foram as notícias sobre a extrema transmissibilidade do Sars-CoV-2 e os índices alarmantes de hospitalizações que mudaram o jogo. Aplicando aqueles números aos modelos epidemiológicos padrão, era difícil evitar a conclusão de que, se deixada sem controle, aquela doença infectaria centenas de milhões. Milhões poderiam morrer.

Vladimir Putin enunciou publicamente suas primeiras declarações sobre o vírus em 29 de janeiro, pouco antes de a Rússia fechar suas fronteiras com a China.[13] No final de janeiro, vários países começaram a implementar restrições a viajantes vindos da China. Em 31 de janeiro, a Itália e os Estados Unidos suspenderam unilateralmente a entrada de não nacionais vindos da China, mas isso era passível de controvérsia. Pequim protestou imediatamente.

Em Washington, D.C., a notícia do "vírus de Wuhan" foi aproveitada por *China hawks* (falcões da China), como o conselheiro de comércio de Trump, Peter Navarro, que vinha defendendo havia muito tempo um endurecimento das relações. Em 9 de fevereiro Navarro apresentou um memorando alertando que "temos diante de nós uma probabilidade significativa de uma séria ocorrência de uma pandemia de coronavírus nos Estados Unidos que pode se estender 2021 adentro".[14] Em 23 de fevereiro, ele alertava para um desastre que custaria a vida de milhões de pessoas.[15]

Navarro estava piamente convencido de que o mundo se encaminhava para um confronto épico de Oriente com Ocidente. A ideia de um vírus deliberadamente "semeado" pela China se ajustava ao script.[16] Mas nem todo mundo compartilhava essa visão sombria. O presidente Trump se gabava de seu nacionalismo e gostava de falar duro sobre a China, mas do que ele mais gostava era de um acordo. Em fevereiro de 2020, Trump não iria deixar que um vírus o impedisse de alardear a fase 1 de seu acordo comercial. Tinha o maior prazer em deixar a epidemia para Pequim. "A China tem trabalhado duro para conter o coronavírus", tuitou o presidente. "Os Estados Unidos são muito gratos por seus esforços e sua transparência. Tudo vai dar certo. Em particular, em nome do povo norte-americano, quero agradecer ao presidente Xi."[17] Desdenhando os conselhos de várias pessoas da sua equipe, que apelavam por uma postura mais dura, em fevereiro Trump elogiou mais treze vezes o enfrentamento da pandemia por Xi. E a coisa não parou na retórica de admiração. Em 7 de fevereiro, o secretário de Estado Mike Pompeo anunciou o embarque de dezoito toneladas de equipamentos médicos dos Estados Unidos para a China. Vários países europeus também enviaram suprimentos para a China. Era muito conveniente deixar a Covid-19 para os chineses. Tanto Trump como os europeus tinham uma porção de outras coisas em casa com que se preocupar.

Quando a crise começou, o presidente Trump estava lidando com o escândalo do impeachment. Só foi inocentado pelo Senado em 5 de fevereiro. Depois dessa provação, ele se concedeu uma rodada de comícios para apoiadores nos estados vermelhos (republicanos). Quando assessores de saúde pública instaram Trump a tratar o vírus com seriedade, o secretário do Tesouro, Steven Mnuchin, e o genro do presidente, Jared Kushner, fizeram pressão contrária.[18] A prioridade deles era não perturbar os mercados financeiros com histórias aterrorizantes de vírus. Em 10 de fevereiro, o governo lançou uma proposta de orçamento que preconizava cortes profundos na contribuição financeira para a OMS e a saúde global. Enquanto isso, para o secretário de Comércio Wilbur Ross, a crise chinesa era uma oportunidade para incentivar fabricantes a retornar às mais seguras terras norte-americanas.[19]

Na Grã-Bretanha, o governo do primeiro-ministro Boris Johnson também estava desatento. Em 31 de janeiro, um voo de repatriação trouxe

83 britânicos de volta de Wuhan para casa, e o primeiro caso no país, um visitante chinês, foi identificado em York, no Norte da Inglaterra.[20] Mas as manchetes do dia foram dominadas pelo Brexit. Em 31 de janeiro, a Grã-Bretanha deixou a União Europeia. Naquela noite, um radiante primeiro-ministro transmitiu uma conversa ao pé da lareira no número 10 da Downing Street prometendo ao Reino Unido que aquele era o "momento em que rompe a alvorada e a cortina se abre para um novo ato em nosso grande drama nacional". Reconquistar a "soberania" iria liberar o "pleno potencial deste país brilhante".[21] Em 3 de fevereiro, falando em Greenwich, sede do Royal Naval College, Johnson posicionou a Grã-Bretanha e seu compromisso com o livre mercado não apenas contra a União Europeia, mas contra o pânico da pandemia. "Quando há um risco de que novas doenças, como o coronavírus, desencadeiem o pânico e o desejo de segregar mercados, para além do que é medicamente racional, a ponto de causar danos econômicos reais e desnecessários, então nesse momento a humanidade precisa de algum governo, em algum lugar, que esteja disposto [...] a defender a causa [...] da liberdade de comércio. Algum país pronto para retirar seus óculos de Clark Kent, entrar na cabine telefônica e sair com sua capa tremulando, como um compenetrado paladino do direito das populações da terra de comprar e vender livremente entre si."[22] Enquanto Johnson sonhava em sair voando de cabines telefônicas, o Escritório Nacional de Contas estimava que 27 500 servidores públicos civis britânicos passavam os dias tentando conceber como implementar de fato o Brexit.[23]

A saúde pública nunca estivera no topo da lista de temas a ser enfrentados pela União Europeia. Foi só na crise da Sars de 2003 que a União Europeia se equipou com um Centro Europeu para o Controle de Doenças.[24] Quando reuniu os membros do Centro, em 13 de fevereiro, para discutir a crise da Covid-19, o foco não estava na Europa em si, mas em como a Europa poderia ajudar outros povos a lidar com a epidemia.[25] O diretor-executivo de emergência da OMS, Mike Ryan, destacou a África como um local potencialmente problemático. Se a Covid encontrasse terreno para se expandir ali, haveria apenas dois laboratórios para um continente com uma população quase três vezes maior que a da União Europeia. Naquele mesmo dia, um homem de 69 anos, recém-retornado do Nepal, morreu de pneumonia num hospital em Valência. As autoridades levaram três semanas para identificá-lo como a primeira vítima da Covid-19 na Espanha. A primeira vítima fatal europeia da Covid-19 confirmada oficialmente veio um dia depois da reunião, em 14 de fevereiro, na França. E contudo parecia que a situação estava sob controle. Apenas quarenta pacientes de Covid tinham sido identificados em toda a Europa. O êxito da China em conter sua epidemia encorajou o ministro da Saúde da Alemanha, Jens Spahn, a descrevê-la como um "surto regional".[26] Para a Europa, reagir com lockdowns de cidades inteiras seria algo fora de proporção.

Quando a Conferência de Segurança de Munique se reuniu, em 15 de fevereiro, houve muita contemplação do próprio umbigo, ainda que o tema não fosse a adequação de sistemas públicos de saúde, mas as divisões transatlânticas entre os Estados Unidos e a Europa, a respeito de comércio, Otan e política climática. Aqueles que estavam alertando para o coronavírus, incluindo o chefe da OMS, Tedros Adhanom Ghebreyesus, e Kistralina Georgieva do FMI, pelejavam para se fazer ouvir. O centro do palco foi dado para um duelo entre o presidente Macron, da França, e Pompeo, o secretário de Estado americano.[27]

Na terceira semana de fevereiro, o humor nos mercados estava cada vez mais polarizado. Por um lado, à medida que os analistas digeriam a escala do choque para a economia chinesa, havia uma demanda cada vez mais intensa por títulos seguros. O dólar subiu. Exportadores de commodities para a China sentiram o impacto indiretamente. No final de fevereiro, a moeda brasileira se desvalorizara em 10% desde o início do ano. Por outro lado, conselheiros influentes, como Goldman Sachs e a BlackRock, recomendavam calma. Se a Covid fosse como a Sars, a gripe suína e a zika, passaria rapidamente e a recuperação seria forte. Se alguns investidores estavam correndo para os títulos em busca de segurança, havia lucro a ser auferido assumindo o outro lado da troca.[28] A confiança em ações permanecia alta. Por pior que a paralisação tivesse sido, as últimas notícias da China davam margem para o otimismo. No mundo bagunçado do capitalismo do século XXI, a épica teleconferência de Xi, em 23 de fevereiro, com as fileiras cerradas dos burocratas do Partido Comunista, foi uma ótima notícia para as bolsas de valores do Ocidente. Se a economia chinesa rateasse, sempre se poderia contar com o regime para fornecer novos estímulos.

Enquanto isso, os europeus ansiavam pelos feriados de fevereiro. Centenas de milhares afluíram para as estações de esqui nos Alpes. Havia uma grande partida de futebol no norte da Itália. E, desgraçadamente para eles, milhares de latino-americanos endinheirados também estavam passando férias na Europa. A infecção se espalhava silenciosamente.

Reunidos no confortável clima de inverno em Riyad, na Arábia Saudita, no sábado, 22 de fevereiro, o humor dos ministros das Finanças do G20 ainda não era de alarme.[29] O secretário do Tesouro dos Estados Unidos, Steven Mnuchin, e o presidente do FED, Jerome Powell, citaram economistas do setor privado que estavam prevendo uma rápida recuperação na China. Havia os céticos, e o mais notável deles era o ministro francês das Finanças, Bruno Le Maire, que expressou sérias preocupações com a disseminação do vírus. Kristalina Georgieva, diretora-geral do FMI, repetiu o alerta que fizera em Munique na semana anterior. Mas a única coisa que esses alertas produziram foi uma revisão para baixo das estimativas do FMI de crescimento da China, de 6% para 5,6%. Má notícia, mas longe de ser um desastre.

Isso estava prestes a mudar. Olhando retrospectivamente, podemos ver que foi na terceira semana de fevereiro que a pandemia global começou de verdade. A partir de 15 de fevereiro, surtos significativos foram registrados na Coreia do Sul, no Irã e na Itália. A primeira morte no Irã pode ter ocorrido em 22 de janeiro, embora não tenha sido registrada na época.[30] O regime estava ocupado demais comemorando o 41º aniversário da volta do aiatolá Khomeini a Teerã e preparando eleições locais. Em 19 de fevereiro, quando o Irã reconheceu oficialmente o surto, 52 pessoas já haviam morrido. Uma análise retrospectiva sugere que àquela altura o vírus já estava circulando de modo invisível na França, na Espanha, em Londres, em Nova York e na América Latina, notadamente no Equador.

Na quinta-feira, 20 de fevereiro, o prefeito de Daegu, a quarta maior cidade da Coreia do Sul, apelou aos moradores para que ficassem em casa. A Igreja Shincheonji de Jesus tinha sido identificada como epicentro de um surto. De modo semelhante, a cidade de peregrinação de Qom, no Irã, conclamou os habitantes a limitarem seus movimentos. Em Roma, o gabinete ministerial se reuniu no sábado, 22 de fevereiro, na Agência Nacional de Proteção Civil. Com o primeiro-ministro Giuseppe Conte presidindo a reunião, decidiu-se colocar sob quarentena 50 mil pessoas em onze municipalidades pequenas na província de Lodi, no norte da Itália.[31] Todos os eventos públicos foram cancelados, polícia e Exército formaram um cordão de isolamento. Desatou-se uma corrida aos supermercados. No dia seguinte, aquele em que Xi exaltou o sucesso da China na contenção do surto, Milão encerrou mais cedo sua semana da moda com um desfile da Armani transmitido ao vivo, com portas fechadas.[32] O que antes parecera ser uma exótica crise chinesa estava chegando mais perto a cada dia.

Na segunda-feira, 24 de fevereiro, quando a União Europeia tentou orquestrar uma coletiva de imprensa para celebrar os € 129 milhões que ela estava doando a laboratórios africanos, a plateia ficou impaciente. Por que os eurocratas estavam falando sobre a África, e não sobre a Coreia do Sul, ou o Irã, ou, mais ainda, a Itália? "As únicas pessoas que não estão doentes são os africanos!", exclamou um repórter. Mas as autoridades da Comissão Europeia seguiram impassíveis. A Covid não era uma história europeia, insistiram. Era uma "história global", uma ameaça a países em desenvolvimento com sistemas de saúde inadequados. Somente sob um insistente questionamento a Comissão acabaria admitindo que a Covid poderia ameaçar de verdade a Europa também.[33]

Governos nacionais foram mais rápidos em chegar a essa conclusão. Ou, pelo menos, concluíram mais rapidamente que a Itália tinha um problema. A Suíça e a Áustria anunciaram que estavam endurecendo os controles de fronteira. O ministro da Saúde alemão Jens Spahn reconheceu que a explosão de novos casos na Itália tornava cada vez mais impossível rastrear o curso de novas infecções na Alemanha. Tinha havido simplesmente viajantes demais em férias por lá. No aeroporto de Heathrow, em Londres, aeronaves destinadas a Milão foram retidas na pista para deixar descerem os passageiros que estivessem com medo.[34]

No que dizia respeito aos mercados financeiros, foi na segunda-feira, 24 de fevereiro, que a Covid-19 deixou de ser predominantemente uma história asiática. A discrepância entre ganhos de títulos deprimidos e valorização flutuante do mercado de ações se fechou, nivelada por baixo. Um correspondente do mercado descreveu o "odor de freios barulhentos e pneus quentes derrapando até uma parada abrupta".[35] Investidores liquidavam ações italianas. Cotas em companhias aéreas europeias de voos baratos, como easyJet e Ryanair, despencaram. Quando mais tarde, naquele dia, os mercados abriram em Nova York, a procura pelo título benchmark (de referência) de dez anos do Tesouro subiu repentinamente. Era um caso clássico de corrida para o abrigo seguro. A curva de rendimento se inverteu — era mais barato tomar emprestado a longo prazo do que a curto prazo. Os investidores estavam mais preocupados com o futuro imediato do que com o longo prazo, o clássico presságio de uma recessão.

Pela primeira vez, começaram a circular estimativas sobre os estragos a ser esperados de uma epidemia que não estava confinada à China, mas se espalhava para o mundo inteiro. Mesmo um cálculo improvisado sugeria que poderiam ser imensos.[36] A indústria global do turismo representava, sozinha, US$ 9 trilhões, abarcando uma vasta série de países.[37] Nas últimas semanas de fevereiro, o índice global FTSE caiu quase 13%. Foi uma das piores semanas já registradas nas bolsas de valores globais. No curso do desastroso crash das dot.com de 2000, a Nasdaq tinha levado dois anos para perder US$ 4,6 trilhões.[38] Vinte anos depois, os mercados deceparam quase US$ 6 trilhões do valor dos lucros globais em uma semana.

A queda dos preços de ações fez analistas financeiros folhearem freneticamente publicações médicas. Quão grave aquilo ficaria? Quem era capaz de julgar? Afinal, os mercadores da desgraça que estavam derrubando os mercados de ações também não tinham diplomas de medicina.[39] Banqueiros telefonavam para epidemiologistas. Havia conversas sobre a "falácia de McNamara", a metodologia da era do Vietnã de julgar sucesso e fracasso pela contagem dos mortos.[40]

É um truísmo do idioma globalês que os riscos não respeitam fronteiras. Isso era verdade no sentido banal de que a Sars-CoV-2 era uma doença que podia afetar a vasta maioria da humanidade. Mas tão logo a epidemia se ampliou e ganhou força, diferenças radicais entre as respostas nacionais ficaram evidentes. A pandemia se tornou a olimpíada da governança nacional.

O governo nacional do Japão não foi dos mais rápidos. O primeiro-ministro Shinzo Abe estava com a cabeça concentrada nas Olimpíadas de verão. Tóquio teve sorte. Confrontado com um surto local, o governador de Hokkaido, agindo sem poderes legais para isso, ordenou um lockdown imediato, contendo a disseminação.[41]

É o caso da Coreia do Sul que ilustra o que poderia ter sido possível com uma resposta precoce e decisiva. Os coreanos tinham lembranças dolorosas da crise da Mers em 2015, que custou 38 vidas. Já em 27 de janeiro, quando a Coreia tinha apenas quatro casos confirmados de coronavírus, as autoridades de saúde pública realizaram uma reunião de emergência numa prosaica sala de conferências numa estação ferroviária de Seul. O governo pediu às empresas de biotecnologia da Coreia que fornecessem não uma cura ou uma vacina, mas um teste.[42] Com um teste eles poderiam localizar e rastrear o surto enquanto ele acontecia.

A Coreia do Sul não possui monopólio algum da tecnologia de testagem. A Alemanha, o Reino Unido e os Estados Unidos tiveram inícios precoces. Mas devido ao seu foco na gripe como modelo para enfrentamento de crise, o Reino Unido só foi integrar a testagem em sua resposta ao coronavírus semanas mais tarde. Não havia sentido em testar para uma doença que se espalhava tão rapidamente quanto a gripe. Nos Estados Unidos, a primeira série de testes do CDC começou a ser despachada para cem laboratórios-chave país afora em 4 de fevereiro. Acabaram se revelando inadequados.[43] Demorou mais quatro semanas para desenvolver um novo teste. Enquanto isso, a FDA (Food and Drug Administration, a agência estatal dedicada à vigilância sanitária e alimentar) se recusava a autorizar alternativas. Os reguladores temiam que a crise pudesse ser explorada para o lucro. Não queriam desencadear um faroeste. Mas, sem um teste eficaz, as autoridades norte-americanas estavam cegas para a escala de disseminação da pandemia em ambas as costas. Mesmo em seus cenários mais pessimistas eles nunca haviam imaginado ter que encarar uma epidemia sem a capacidade de testar sua incidência.[44]

Para as empresas de biotecnologia da Coreia do Sul, a prioridade não era a confiabilidade absoluta dos testes, mas a rapidez.[45] Em 4 de fevereiro, o primeiro teste, da Kogene, foi aprovado. Um segundo em 12 de fevereiro. Não eram perfeitamente confiáveis, mas podiam funcionar em larga escala. A importância de ter um início precoce foi que, desde o momento em que a epidemia atacou com força, em meados de fevereiro, a Coreia do Sul teve os meios de rastreá-la.

Era uma corrida contra o tempo. De 7 de fevereiro até o final do mês, a capacidade de testagem da Coreia do Sul subiu de 3 mil para 20 mil testes por dia. Pelos padrões do verão, esses números eram pequenos. Mas eram suficientes para cobrir uma epidemia em seus estágios iniciais. E o crucial: os coreanos conseguiam uma obtenção rápida de resultados, entre seis e 24 horas. Em 20 de fevereiro, todo mundo com sintomas estava sendo testado, independentemente de seu histórico de viagens. Tudo somado, em sete semanas, a partir de 27 de janeiro, a Coreia do Sul testou mais de 290 mil pessoas e identificou mais de 8 mil infecções. A paralisação em Daegu cessou em 80% o movimento na cidade, e em 23 de fevereiro as escolas foram fechadas em todo o país. Estudantes migraram para o ensino remoto contando com a melhor rede de banda larga do mundo. O resultado foi que a Coreia do Sul conseguiu controlar a epidemia ao mesmo tempo que

Pequim. O pico de contaminações veio em 29 de fevereiro, dias depois do que ocorreu na China.

Se o resto do mundo tivesse reagido ao desafio como a Coreia do Sul, com testagem rápida e intensiva dos surtos iniciais e medidas seletivas de distanciamento social, a história de 2020 poderia ter sido muito diferente. O país da Europa Ocidental que chegou mais perto foi a Alemanha. A exemplo da Coreia do Sul, ela contava com uma ampla capacidade de testagem. Mas, dada a enorme circulação da doença pela Europa no final de fevereiro, havia pouca esperança de que uma grande epidemia pudesse ser evitada. A Alemanha continuou a localizar e rastrear. Em outros lugares, a prioridade se deslocou cada vez mais para "achatar a curva", moderando a disseminação da doença e protegendo os próprios servidores da saúde.

Na Itália até mesmo isso era uma tarefa árdua. Em 25 de fevereiro, percebendo a escalada da epidemia no norte do país, Roma apelou a seus parceiros europeus por ajuda. Mas não houve uma resposta combinada. A negação era dura na queda. O epicentro da pandemia italiana, nas regiões setentrionais da Lombardia, orgulha-se de sua ética do trabalho. Milão não parou com facilidade. Em 2 de março, o famoso Duomo reabriu para visitantes.

Europa afora, a atitude era cada vez mais de salve-se quem puder. Em 3 de março, a França tomou a iniciativa de proibir a exportação de EPIs (equipamentos de proteção individual), desencadeando uma corrida europeia para conseguir equipamentos. A Alemanha declarou que também restringiria a exportação de EPIs. Com as duas principais potências da União Europeia atuando unilateralmente, era difícil coordenar uma resposta. Em Bruxelas, a liderança da União Europeia continuava com o foco em outras questões, em especial o acirramento da crise síria. A última coisa que a União Europeia precisava era de uma reprise da crise dos refugiados de 2015.[46] Em 3 de março, autoridades importantes da Europa estavam na Grécia e na Bulgária, inspecionando pessoalmente campos de refugiados. Sua próxima parada seria Ancara, para conversações com o presidente Erdoğan. Em Bruxelas, no início de março, o vírus estava circulando com rapidez.

Enquanto isso, o governo norte-americano estava dividido. Em 25 de fevereiro, San Francisco foi a primeira cidade norte-americana a declarar estado de emergência. Naquele mesmo dia, a dra. Nancy Messonnier, diretora do Centro Nacional de Imunização e Doenças Respiratórias do CDC, declarou que um grande surto nos Estados Unidos era inevitável e poderia levar a uma forte disrupção da vida cotidiana. Ela foi contestada imediatamente tanto por Alex Azar, do Departamento de Saúde e Serviços Humanos (HHS, na sigla em inglês) quanto pelo guru econômico e chefe de torcida do presidente, Larry Kudlow, que opinou: "Estamos controlando isso. Não estou dizendo que de modo completo, mas quase. Não acho que vá se tornar, de modo algum, uma tragédia econômica".[47]

O próprio presidente adotou uma linha obstinadamente otimista. Depois da queda na Bolsa em 24 de fevereiro, seu conselho aos investidores era para "comprar o mico" (isto é, as ações desvalorizadas). Dois dias depois, frustrado com as mensagens sombrias que vinham da burocracia da saúde pública, ele nomeou o vice-presidente Mike Pence como chefe da força-tarefa contra o coronavírus. "Em breve estaremos com apenas cinco pessoas (contaminadas)", jactou-se o presidente. "Temos feito um trabalho muito bom." Como observou Stephen Moore, outro dos conselheiros econômicos favoritos de Trump, o humor na Casa Branca no início de março estava "à beira do êxtase. [...] A economia ia de vento em popa, a Bolsa de Valores estava a pleno vapor e os índices de emprego eram fantásticos. Estava quase perfeito demais".[48] Todos os olhos estavam voltados para a eleição de 3 de novembro. O genro Jared Kushner era uma sentinela vital. No que dependesse dele, qualquer coisa que assustasse o mercado, fosse a testagem de muitas pessoas ou a encomenda vultosa de respiradores, era algo a ser evitado.

Quando as principais autoridades financeiras do G7 voltaram a se reunir, em 3 de março, houve uma divisão transatlântica. Enquanto Mark Carney, em seus últimos dias como presidente do Bank of England, fez coro ao ministro das Finanças francês, Bruno Le Maire, expressando séria preocupação com a pandemia, Mnuchin e Kudlow, falando pelo governo Trump, emanavam um otimismo tenaz.[49] Kudlow estava exaltando as maravilhas da fórmula Trump de corte de impostos e desregulamentação. Ele queria que os Estados Unidos comandassem, mas não em relação à pandemia. A prioridade de Kudlow era o crescimento econômico e saber por que "o que costumávamos chamar de aliança ocidental" não estava "entregando a mercadoria". Mais coerente foi a posição do FED. Jerome Powell não deu indicações sobre seu próximo movimento, mas, no final do dia, havia aprovado um corte emergencial nas taxas de juros. O FED não julgou adequado informar a nenhum de seus parceiros. Porém agora estava claro que os mercados precisavam de ajuda e que cabia ao FED fazer o primeiro movimento. Ao agir assim, abria espaço para outros bancos centrais fazerem o mesmo.

A pergunta era até onde uma política monetária convencional poderia ajudar de verdade. Como observou Katie Martin, do *Financial Times*, "qualquer um que possa explicar claramente como políticas mais suaves (de bancos centrais) podem consertar um retrocesso econômico baseado em mortes, voos cancelados, fábricas fechadas e cidades-fantasmas é bem-vindo para conversar".[50] A novidade a ser assimilada, nas palavras de um investidor, era que "quem está no comando aqui é a OMS, não os bancos centrais".[51]

Numa admissão enviesada do fato, na sexta-feira, 6 de março, Trump e seu entourage visitou o CDC para animar a tropa. Foi uma performance clássica de Trump. Ele fustigou a mídia, vangloriou-se de seus altos índices na Fox e das recentes altas da Bolsa e atacou o governador democrata do estado de Washington, que estava lutando para conter um dos piores surtos iniciais do país. Trump prosseguiu admitindo que até então não sabia quantas pessoas morriam de gripe a cada ano. Ficou impressionado. Talvez para tranquilizar o público, ele trouxe à lembrança seu tio "supergênio", que tinha sido professor no MIT. Trump suspeitava que havia herdado sua capacidade científica natural. Voltando para a crise atual, ele prometeu "4 milhões de kits de testes disponíveis em uma semana". Os testes eram "maravilhosos". "Todo mundo que precisar de um teste terá um teste." Na verdade, todo o sistema de testes dos Estados Unidos estava em desordem. Mas isso não impediu Trump de declarar que a Coreia do Sul estava pedindo ajuda aos Estados Unidos. "Eles têm uma porção de gente infectada; nós não. Tudo o que eu digo é: 'Fiquem calmos'. Todos contam conosco. O mundo está contando conosco."[52] Mais do que Mikhail Gorbatchov respondendo a Chernobyl, lembrava Saddam Hussein diante da operação Choque e Pavor.

O estado delirante de Trump era sem dúvida especial, mas ele não estava sozinho. No México, o presidente populista Andrés Manuel López Obrador assumiu uma postura não menos blasé. Em 2009, ele havia militado contra o lockdown da febre suína, sob o governo do presidente Calderón.[53] Onze anos depois, conclamava os mexicanos a manter a calma e lembrar que a Covid não era tão ruim quanto a gripe.[54] No Brasil, a abordagem do presidente Bolsonaro era caracteristicamente "de macho". Era uma questão para se enfrentar de peito aberto. Na Tanzânia, o presidente John Magufuli prometeu que a ajuda divina iria aniquilar a doença.[55]

É fácil zombar dessas reações, mas a ideia de que a expertise científica iria fornecer um guia sólido para a ação era, ela própria, ilusória.[56] Em 3 de março, Downing Street promoveu uma coletiva de imprensa em que Boris

Johnson apareceu ao lado de seu principal assessor de saúde, Chris Whitty. O encontro iria mais tarde ficar famoso porque nele Johnson se gabou de ter feito uma ronda pelos hospitais e cumprimentado as pessoas com apertos de mãos. Em menos de um mês ele estaria lutando pela própria vida numa UTI. Mas a performance de Whitty não é menos reveladora. Por um lado, ele traçou o pior dos cenários, em que "cerca de 80% das pessoas poderiam ser infectadas e 1% delas poderiam morrer". Mas, em vez de enfatizar as implicações catastróficas desses números, Whitty optou por minimizá-los, insistindo que eram meramente hipotéticos. Foi essa admissão que abriu a brecha para Johnson pronunciar banalidades sobre o excelente serviço de saúde e a capacidade de testagem da Grã-Bretanha.[57] Nos bastidores, os consultores científicos britânicos descartavam discussões urgentes sobre lockdown no estilo chinês. Era importante não se precipitar. Haveria fadiga e ausência de adesão.

Essa era, como ficou claro, exatamente a conclusão errada a se tirar da experiência chinesa. A lição deveria ser de que, quanto mais cedo e de modo mais abrangente se agisse, mais curto precisaria ser o período de paralisação e mais fácil seria a recuperação. Estar disposto a sacrificar a normalidade era de fato a melhor maneira de preservá-la. Não era fácil dar esse salto profundamente contraintuitivo. A prontidão com que a Coreia do Sul respondeu era, na verdade, a exceção. Julgando pelos padrões de qualquer outra crise precedente, a reação dos governos do mundo não pode ser chamada propriamente de insuficiente. Não demorou mais do que algumas semanas entre reconhecer o problema e empreender uma ação radical. Isso era ótimo para a maioria das crises. Mas era desastrosamente inadequado quando se lidava com uma pandemia que se movia de maneira veloz.

Na primeira semana de março ficou claro que o surto na Lombardia estava fora de controle.[58] No fim de semana de 7 e 8 de março, enquanto se espalhava o rumor de que Roma estava prestes a ordenar uma paralisação geral, centenas de milhares de pessoas faziam deslocamentos de última hora para garantir que ficariam confinadas no lugar certo. A crise chinesa tinha sido fácil para os ocidentais exorcizarem. A Itália era diferente. Milhões de pessoas tinham visitado o país durante os feriados de fevereiro. Se a crise estava fora de controle na Itália, então ela se alastraria rapidamente pela Europa e, por extensão, para os Estados Unidos e a América Latina. Se a Itália estava se fechando, não era mais inconcebível que esses outros países tivessem que fazer o mesmo.

4.
Março: Lockdown global

O denominador comum da economia global é a energia. Com um faturamento anual de cerca de 35 bilhões de barris, o mercado do petróleo é o maior de todos os outros mercados de commodities juntos.[1] Suas flutuações diárias de preço afetam economias nacionais inteiras. No lado da oferta, os dois maiores produtores, Arábia Saudita, no comando da Organização dos Países Exportadores de Petróleo (Opep), e Rússia, realizam uma delicada dança em volta um do outro, equilibrando a necessidade de receita com o risco de saturar o mercado. No lado da procura, desde o início do milênio o crescimento acentuado da China vem sendo a principal força motriz. Em fevereiro de 2020, a paralisação na China abalou o mercado. A Agência Internacional de Energia alertou para a primeira contração trimestral na demanda por petróleo desde a crise financeira de 2008.[2] A disseminação da doença na Europa e na Ásia aumentou a pressão. Confrontados com a demanda em queda, os sauditas queriam estabilizar os preços reduzindo a produção. A Rússia preferia uma guerra de preços. Isso, esperavam os russos, sufocaria os prepotentes produtores norte-americanos de petróleo de xisto. Na sexta-feira, 6 de março, ficou claro que eles não conseguiriam chegar a um acordo.[3] Riyadh anunciou que aumentaria a produção para inundar o mercado. Isso ajudaria os consumidores, mas o dano infligido aos produtores de alto custo seria devastador. Em cinco semanas, os preços do petróleo não iriam simplesmente cair. Por um período assustador de 24 horas, enquanto estoques excedentes de petróleo cru se acumulavam nas unidades de armazenamento Estados Unidos afora, o preço para contratos futuros despencava para o negativo.

Para a economia mais ampla, o caos no mercado de petróleo enviava um sinal claro. Havia uma recessão global à vista. Conforme chegava a notícia da desintegração saudi-russa, na manhã de 9 de março, primeiro os mercados asiáticos, depois os europeus, começaram a liquidar.[4] Quando Wall Street abriu, seguiu a tendência. Após a turbulência da última semana de fevereiro, as pessoas que administravam o dinheiro do mundo agora estavam encarando a plena força da crise que viria.

O presidente Trump havia passado um fim de semana agradável em seu resort na Flórida, divertindo-se com seu filho e a namorada e confraternizando com sua alma gêmea, o presidente Jair Bolsonaro. Em poucos dias, duas dúzias de pessoas no entourage de Bolsonaro testariam positivo. Porém na segunda-feira, 9 de março, o que estava preocupando Trump não era o vírus, mas os mercados. O S&P 500 tinha sido sua história feliz. Agora estava em queda livre. Era preciso culpar as fake news. Como ele tuitou furiosamente: "Então, no ano passado, 37 mil americanos morreram de gripe comum. A média fica entre 27 mil e 70 mil por ano. Nada para por causa disso, a vida & a economia prosseguem. Neste momento, há 546 casos confirmados de coronavírus, com 22 mortes. Pensem nisso!".[5]

A OMS pensava. A transmissão comunitária agora estava confirmada na Europa e em algumas partes da Ásia. A presença do vírus tinha sido relatada em 110 países. Em 11 de março, a OMS declarou oficialmente que era uma pandemia.[6]

O que fazer? A Coreia do Sul havia alcançado a supressão mediante testagem em massa e quarentena. Mas a viabilidade da estratégia dependia de surpreender e rastrear a epidemia em seus estágios iniciais. A maior parte da Europa e os Estados Unidos já haviam passado muito desse ponto. Suas escolhas agora eram mais duras e endureciam cada dia mais. Se era para eliminar o vírus, isso envolveria um forte distanciamento social e uma interrupção total da vida cotidiana. A cronologia agora era contada em dias e horas.

A pandemia era acima de tudo uma ameaça para as cidades. Em 9 de março, na cidade de Nova York, um grupo de dezoito acadêmicos e líderes comunitários apelou ao prefeito Bill de Blasio e seu secretário de Saúde, pedindo que avaliassem o fechamento de escolas e a redução do horário comercial.[7] No Departamento de Saúde da cidade, falava-se de um motim se não fosse tomada uma ação.

Na segunda semana de março, Nova York havia se tornado um centro de infecção global. Com um grande número de pessoas chegando diariamente da Ásia e da Europa, era o previsível. Para evitar que isso ocorresse, teria sido necessário um programa amplo de restrições de viagens, além de testagem e quarentena. Isso requeria uma decisão política nacional. Mas a administração Trump, como outros governos ocidentais, seguiu em modo aleatório. A China protestou vigorosamente contra a exclusão de seus cidadãos. Em face de um crescente clamor por ações, na noite de 11 de março Trump foi à televisão para anunciar que estava fechando os Estados Unidos a viajantes da Europa continental.[8] Ele não alertou previamente os governos europeus. Não deixou claro como seriam tratados os cidadãos norte-americanos que precisassem voltar. E fez questão de isentar o Reino Unido e a Irlanda. Enquanto multidões de norte-americanos desesperados se aglomeravam no aeroporto Charles de Gaulle, o ministro das Finanças francês Bruno Le Maire, sem papas na língua, denunciou as ações de Trump como uma "aberração".[9] "Não há mais coordenação alguma entre a Europa e os Estados Unidos." Le Maire chegou a tirar conclusões mais amplas: "A Europa deve defender-se sozinha, proteger-se sozinha e ser capaz de enfrentar as coisas sozinha, unir-se como um bloco soberano para defender seus interesses econômicos, porque ninguém — incluindo os Estados Unidos, evidentemente — vai nos ajudar".[10] O coronavírus estava se tornando uma policrise.

Embora o Reino Unido tivesse sido eximido da proibição de viagens de Trump, havia pouco motivo para alegria ali. Em 12 de março, o primeiro-ministro Boris Johnson adotou um tom inabitual de seriedade. Estava longe a fanfarronada sobre super-heróis e apertos de mão. "Preciso ser franco com vocês, ser franco com o público britânico — mais famílias, muito mais famílias vão perder entes queridos antes do tempo."[11] Johnson pediu aos britânicos que se preparassem para medidas duras que talvez fossem necessárias "em algum momento das próximas semanas". Mas o que ele *não* fez foi ordenar uma paralisação. No interior do governo britânico travava-se uma batalha sobre a resposta apropriada. Afinal, se o vírus era altamente contagioso e não havia vacina, no devido tempo todo mundo ficaria doente. Na grande maioria dos casos, os sintomas eram leves. Será que não fazia sentido deixar que o vírus circulasse pela população enquanto se protegiam os mais vulneráveis?[12] Em vez da supressão completa, a meta deveria ser a "imunidade de rebanho"?

Outros simplesmente prosseguiram com a vida normal. Na Espanha, no domingo, 8 de março, o governo não pensou em barrar a gigantesca marcha de celebração do Dia Internacional da Mulher.[13] Na semana seguinte, as autoridades britânicas permitiram que 3 mil torcedores espanhóis do

Atlético de Madrid viajassem a Anfield para ver seu time enfrentar o Liverpool numa partida da Champions League.[14] Era preciso coragem para fazer o que fez o governo irlandês em 9 de março, ao cancelar o Dia de St. Patrick e começar o processo de fechar os pubs.[15] Em Berlim, enquanto isso, o governo de Angela Merkel se ocupava em coordenar medidas com dezesseis governos provinciais e quatrocentas repartições de saúde regionais. Em 12 de março, o presidente francês Emmanuel Macron anunciou o fechamento das escolas e proibiu aglomerações de mais de mil pessoas.

Embora a resposta à Covid fosse lançada de modo aleatório, país por país, cidade por cidade, uma organização ou ramo de negócios de cada vez, o que começou a se avolumar, apóso pânico do mercado de 9 de março e o anúncio da OMS em 11 de março, foi a tensão global. Decisões individuais, locais, de paralisação, estavam começando a se acumular, formando a expectativa de lockdowns comandados pelos governos. Como um grupo de cientistas comportamentais aconselhou o governo do Reino Unido, "a confiança de parcelas do público será perdida se as medidas observadas em outros países não forem adotadas aqui". Qualquer desvio das normas globais teria que ser "muito bem explicado".[16] Indivíduos e organizações não estavam mais esperando instruções. Depois que as federações de futebol da Suíça, da Itália, da Espanha e da França pararam suas competições, o mesmo fez a Premier League inglesa, a mais badalada liga futebolística. A manchete do tabloide *Daily Mirror* em 13 de março resumia a pergunta que estava sendo formulada não apenas no Reino Unido: "É o bastante?".[17] Naquele mesmo dia, o presidente Trump viu-se forçado a declarar emergência nacional.

Tomadores de decisão em cada grande organização e instituição em todo o mundo foram obrigados a agir. Em 13 de março, o gigantesco complexo da Universidade Nacional Autônoma do México anunciou que estava transferindo seus 350 mil alunos para aulas online. No mesmo dia, Los Angeles fechou suas escolas públicas. Num distrito escolar onde mais de 1 milhão de filhos de famílias de baixa renda contam com a merenda grátis da escola, não foi uma decisão fácil.[18] Em 14 de março começaram as discussões na Califórnia que iriam levar a uma paralisação em San Francisco em 16 de março e fechamentos em âmbito estadual no dia 19. Na Rússia, o Ministério da Educação seguiu o mesmo cronograma. Pediu às escolas que começassem a preparar o ensino à distância em 14 de março e ordenou o fechamento de escolas a partir do dia 18. Enquanto isso, em Nova York, o prefeito De Blasio, que havia demorado a aceitar a lógica brutal da pandemia, agora instava Andrew Cuomo, o governador do estado de Nova York, a agir.[19] Só em 21 de março ele finalmente declararia uma ordem para "abrigar-se em casa" em Nova York.

Na França, tendo começado com o fechamento de escolas em 12 de março e de bares e restaurantes no dia 14, um lockdown pleno foi declarado em 16 de março.[20] Naquela noite, num pronunciamento na televisão, assistido por um público recorde de 35 milhões de cidadãos franceses, o presidente Macron convocou uma "mobilização geral". Seis vezes ele martelou a frase *"nous sommes en guerre"* — estamos em guerra.[21] Aparentemente, a inspiração eram os discursos do líder Georges Clemenceau na Primeira Guerra Mundial. Cem mil policiais, que tinham sido mobilizados anteriormente na campanha para impedir atentados suicidas e conter manifestações dos Coletes Amarelos, foram redirecionados para impor as novas regras. Eram necessárias autorizações para sair de casa. Quem não as tivesse receberia multa. As medidas valiam não apenas para a França continental, mas para todos os seus territórios ultramarinos, incluindo os do Caribe.

Os fechamentos não estavam de modo algum restritos às economias mais avançadas. A vulnerabilidade dos sistemas de saúde em países de média e baixa renda era maior e sua exposição, por meio do fluxo de trabalhadores migrantes, era tão grande quanto. Nas Filipinas, o presidente Duterte anunciou um lockdown parcial da região de Manila em 12 de março, para entrada em vigor no dia 15.[22] Em meio a cenas de caos, ele foi estendido no dia seguinte a todo o complexo da ilha de Luzon, com uma população de 57 milhões de pessoas. A Indonésia, o quarto maior país do mundo, adotou regras nacionais de distanciamento social em 15 de março, e o fechamento das escolas começou nas semanas seguintes.[23] No fim de semana de 14 e 15 de março, o Paquistão, com sua população de mais de 50 milhões de jovens em idade escolar, anunciou o fechamento das escolas. Apesar de temores de um surto desencadeado pelo retorno de peregrinos do Irã, o primeiro-ministro Imran Khan se recusou a ordenar um lockdown nacional, mas governadores regionais impuseram restrições tão rigorosas que as cidades de Lahore e Karachi estavam em perigo de ficar sem comida.[24] O Egito fechou suas escolas e universidades em 15 de março. Suspendeu as viagens aéreas em 19 de março e os cultos nas mesquitas no dia 21.[25] Em meados de março a Etiópia suspendeu o ensino regular.[26]

À medida que os países, um atrás do outro, seguiam a tendência global, a paralisação se tornou o que o presidente Macron chamaria de um "profundo choque antropológico".[27] Era o que certamente se sentia em lares por todo o globo. Em meados de abril, a ONU relatou que 1,5 bilhão de jovens tinham sido privados do ensino em sala de aula.[28]

Não eram as crianças que estavam predominantemente em risco, nem mesmo seus professores. Como a experiência da Itália revelara, a questão grave era a concentração de contágios entre a população mais velha e mais vulnerável, e a pressão que esses casos iriam impor sobre os sistemas de saúde, em particular sobre as unidades de terapia intensiva. A variável crítica era o R0, o índice de reprodução, que descrevia com que rapidez a doença estava se disseminando. Se ele se eleva de forma significativa acima de 1, produz uma epidemia sem controle, que nenhum sistema de saúde poderia realisticamente conter. Diferenças na capacidade de atendimento das UTIs seriam atropeladas pelo crescimento exponencial da doença.

Quando os modelos epidemiológicos foram atualizados com as últimas informações vindas da Itália, os resultados foram funestos. Particularmente devastadores foram os resultados publicados por um grupo epidemiológico do Imperial College de Londres em 16 de março. Uma epidemia sem freios, previa a equipe, iria exceder a capacidade das UTIs do Reino Unido em 30% ou mais. A superlotação do sistema hospitalar nessa escala resultaria na morte de 510 mil pessoas no Reino Unido e de 2,2 milhões nos Estados Unidos. Mesmo uma política eficaz de mitigação da doença que reduzisse pela metade esse número de mortes levaria ao colapso os sistemas de saúde tanto do Reino Unido como dos Estados Unidos. Embora já tardia, a única opção era objetivar a supressão em larga escala, para reduzir tanto quanto possível o número de casos. Para tanto, recomendavam "distanciamento social de toda a população, isolamento de casos, quarentenas domésticas e fechamento de escolas e universidades" por um período de pelo menos cinco meses. Faziam essa recomendação apesar do fato de que "não é certeza que a supressão seja conseguida a longo prazo; nenhuma intervenção em saúde pública com efeitos tão disruptivos na sociedade jamais foi tentada antes por um tempo tão longo. Como as populações e sociedades vão reagir é algo que permanece incerto".[29]

Em face de alternativas tão alarmantes, o único país a optar por afastar-se da tendência geral a uma paralisação cada vez mais draconiana foi a Suécia, o único país com limites estritos impostos ao governo político-ministerial.[30] A gestão da saúde pública é reservada a uma agência especializada que emite recomendações ao governo. A Agência de Saúde Pública da Suécia, a

Folkhälsomyndigheten, recomendava algumas restrições a viagens, distanciamento social dos idosos e fechamento apenas das escolas de ensino médio. Mas nada de lockdown nem obrigação de uso de máscaras. Nada sugere que o órgão tenha tomado a decisão por motivos predominantemente econômicos. Ele simplesmente não via a lógica, do ponto de vista da saúde pública. A questão crucial era se o sistema médico da Suécia estaria à altura da carga imposta a ele. Nenhum outro país estava disposto a fazer essa aposta.

O relatório do Imperial College era dirigido principalmente ao Reino Unido e aos Estados Unidos e produziu o efeito desejado. Em Downing Street, o relatório empurrou os tomadores de decisão relutantes rumo a uma paralisação plena.[31] O mantra passou a ser "PROTEGER O NHS" (o Serviço Nacional de Saúde). Isso foi levado tão longe que os pacientes enfermos e vulneráveis foram retirados dos hospitais sobrecarregados e transferidos para bem equipadas casas de assistência, onde então a taxa de mortalidade subiu vertiginosamente.[32] Do outro lado do Atlântico, o mesmo relatório do Imperial College parece ter motivado uma mudança de humor na Casa Branca. Como observou Edward Luce, do *Financial Times*, "alguma coisa deu um estalo na cabeça de Trump. Citando uma conversa com um de seus filhos, Trump disse, em 16 de março: 'É ruim. É ruim [...]. Eles acham que só em agosto [a doença chega ao pico]. Pode ser julho. Pode demorar mais que isso".[33] Naquele dia, a Casa Branca emitiu pela primeira vez diretrizes nacionais de distanciamento social e recomendou que os norte-americanos não se juntassem em grupo de mais de dez pessoas. O novo slogan da Casa Branca era "15 Dias para Reduzir a Velocidade do Contágio".[34]

A pressão pela paralisação vinha agora de todos os lados.[35] Na manhã de 16 de março, operários da fábrica da Mercedes-Benz em Vitoria, no País Basco, entraram em greve para forçar o fechamento da fábrica. Testes haviam confirmado um caso positivo. Vinte e três trabalhadores estavam em quarentena. Espanha afora, Nissan, Volkswagen Seat, Renault e Michelin já haviam fechado suas fábricas. Também na Itália trabalhadores das fábricas Fiat Chrysler tinham desencadeado greves espontâneas para pressionar seus empregadores a seguir uma política responsável de saúde pública. Sob pressão da Confindustria, a poderosa associação nacional das empresas, o governo italiano recomendara o fechamento de unidades fabris "não essenciais", mas deixara a cargo das firmas regularem a si próprias. Isso provocou uma resposta indignada dos sindicatos de trabalhadores. "Trabalhadores fabris não são cidadãos por 24 horas menos oito. Não é tolerável que eles vejam sua vida cotidiana protegida e garantida por muitas normas, mas, tão logo atravessam os portões da fábrica, entrem numa terra de ninguém", declarou Francesca Re David, do sindicato dos metalúrgicos, FIOM-CGIL.[36]

Do outro lado do Atlântico, em 18 de março, sob a pressão do sindicato United Auto Workers (Trabalhadores Automobilísticos Unidos), os três grandes fabricantes de carros de Detroit — GM, Ford e Fiat Chrysler — concordaram em fazer uma paralisação mais ou menos completa, de âmbito nacional. A única que resistiu, bastante previsivelmente, foi a Tesla. Enquanto na China Elon Musk havia se submetido às instruções oficiais, na Califórnia ele resolveu marcar posição. Anunciou que a preocupação com a Covid era exagerada. "Minha opinião sincera continua sendo a de que o dano produzido pelo pânico do coronavírus excede amplamente o do vírus em si", ele disse a seus funcionários.[37] Um dia depois ele também se rendeu.

Era típico do egotismo beligerante de Musk que ele tivesse transformado o tema da paralisação numa questão de julgamento pessoal seu. Na verdade, a paralisação oficial estava ratificando decisões não apenas da parte da força de trabalho, mas também dos consumidores. Os fregueses não estavam mais comprando, nem carros nem quaisquer outras coisas pelas quais eles normalmente saíam de casa. Em meados de março, a cadeia Primark, com lojas de moda espalhadas pela Europa, anunciou fechamento geral.[38] O mesmo fizeram a sueca H&M, a Nike, a Under Armour, a Lululemon e os grupos de moda Urban Outfitters e Abercrombie & Fitch. Nem seus funcionários nem seus fregueses queriam chegar perto das lojas. O colapso na demanda se espalhou por toda a cadeia produtiva até as fábricas de roupas em Bangladesh, na Índia, no Sri Lanka, no Vietnã e na China.[39] Sem trabalhadores, sem fornecedores, sem mercados, com mercadoria encalhada se empilhando no estoque, fechar as portas não era uma questão de política superprotetora de saúde pública, mas sim a única coisa que fazia sentido empresarialmente.

Lockdowns determinados pelos governos serviam para generalizar e dar suporte a decisões privadas. No Brasil, o governador do Rio de Janeiro, que teve, ele próprio, diagnóstico positivo, declarou estado de emergência em 18 de março, fechando o acesso à famosa estátua do Cristo Redentor e esvaziando as praias.[40] Ele não queria "o sangue de milhares de pessoas nas suas mãos". Ordenar fechamentos era uma coisa. Obrigar a cumpri-los era outra. Quanto a isso, o governador obteve uma ajuda inesperada. O Comando Vermelho, a famigerada facção que controla a favela carioca Cidade de Deus, saiu em favor do lockdown, ameaçando de punição severa qualquer um que violasse o toque de recolher.[41] Enquanto isso, numerosas comunidades indígenas na Amazônia, conscientes de sua suscetibilidade histórica a doenças trazidas por forasteiros, bloqueavam estradas e se recolhiam mais para o interior da floresta.

Em 18 de março, na Casa Branca, o presidente Trump tinha uma nova mensagem. O tom inflexivelmente arrogante era o mesmo, mas a leviandade de fevereiro tinha ido embora. A América estava em guerra. "Até hoje, ninguém viu nada comparável com o que as pessoas foram capazes de fazer durante a Segunda Guerra Mundial", Trump declarou aos repórteres. "E agora chegou a nossa vez. Devemos nos sacrificar juntos porque estamos todos juntos nisso e vamos superar juntos." Numa demonstração de força, invocou uma lei da época da Guerra Fria — a Lei de Defesa da Produção — que lhe dava ampla autoridade para mandar fabricantes produzir o equipamento necessário numa crise. Mas disse que só recorreria à lei no caso do "pior dos cenários".[42]

Se as previsões para o Reino Unido e os Estados Unidos eram ruins, na Índia elas eram apocalípticas. Por volta da terceira semana de março, menos de seiscentos casos tinham sido confirmados pela capacidade limitada de testagem. Mas, de acordo com os modelos, se nenhuma contramedida fosse adotada, "entre 300 milhões e 500 milhões de indianos poderiam ser infectados até o final de julho, e entre 30 milhões e 50 milhões poderiam ter uma forma grave da doença".[43] A Índia tinha uma população imensa de moradores pobres de metrópoles vivendo em condições de aglomeração com condições sanitárias precárias. Contava com apenas 0,7 leito de hospital para cada mil pessoas, em contraste com 2,9 nos Estados Unidos e 3,4 na Itália. Para uma população de 1,3 bilhão de habitantes havia apenas 50 mil respiradores.[44]

A Índia havia fechado cedo suas fronteiras. O número de casos ainda era baixo. Mas ninguém confiava que os testes fossem adequados. A pergunta era: quando Delhi iria agir? O primeiro-ministro Narendra Modi era imprevisível. Quando se anunciou que ele pretendia fazer um pronunciamento à nação, às oito da manhã de 19 de março, uma onda de ansiedade percorreu o país. Na última vez em que fizera um discurso às oito da manhã, em 2016, ele havia, de um só golpe, tirado de circulação 86% de todas as cédulas de dinheiro, lançando a economia numa queda profunda. Em 19 de março de 2020, Modi foi mais moderado. Pediu aos indianos que observassem um "toque de recolher do povo" (*Janata curfew*) com duração de um dia, no domingo, 22 de março, a ser seguido por uma salva de palmas para aqueles que estavam trabalhando na linha de frente — médicos, enfermeiros, pessoal da segurança.[45] No dia indicado, centenas de milhões de indianos responderam ao apelo e ficaram em casa. Depois, ao anoitecer, saíram às ruas para celebrar. Líderes nacionalistas exaltaram o "golpe de mestre" de Modi. Nas mídias sociais, entusiastas da "medicina de energia" prometeram que o vírus seria "evaporado pelas reverberações das palmas da massa".[46]

No dia seguinte, o Reino Unido anunciou finalmente um lockdown geral, a exemplo de Cuba, Nigéria e Zimbábue. Curvando-se ao inevitável, Tóquio adiou as Olimpíadas. Em 24 de março, com cada estado e território da Índia tendo anunciado fechamentos e lockdown, Modi fez outra aparição às oito da manhã na TV e dessa vez anunciou a tão temida surpresa. A Índia estava de fato parando.[47] Não uma única cidade, não uma província específica, mas o país inteiro, e isso era feito com um aviso de três horas de antecedência. Quase 1,4 bilhão de pessoas viam-se diante da perspectiva de ficar confinadas em suas casas, muitas em circunstâncias precárias e sem nenhum tipo de apoio.

Bangladesh seguiu o exemplo da Índia em 26 de março, e a África do Sul no dia seguinte. O mundo inteiro estava paralisado agora. Não era parecido com nada que tivesse sido vivenciado antes. Parte por parte, a vida pública tinha parado em todo o planeta. A Organização Internacional do Trabalho (OIT) estimou que, no início de abril de 2020, 81% da força de trabalho do mundo estava sob uma forma ou outra de restrição.[48]

Era desconcertante e, para muitos, impossível de aceitar. Mundo afora, a oposição se expressava em dialetos nacionais próprios. Na França e na Itália, a esquerda radical investiu contra a normalização do "estado de exceção" e o espetacular aumento de poder que ele conferia ao governo.[49] Perversamente, o primeiro-ministro Boris Johnson concordava: "Estamos retirando de pessoas nascidas livres no Reino Unido o direito ancestral, inalienável, de ir ao pub. E sou capaz de entender como as pessoas se sentem quanto a isso [...]. Sei o quanto é difícil, o quanto parece contrariar os instintos de amantes da liberdade do povo britânico".[50]

No Brasil, o presidente Bolsonaro, cético desde o início, continuava a vociferar contra medidas de fechamento. Seu entourage se lançava a acessos de sinofobia, atacando o "comunavírus" e zombando do sotaque chinês.[51] Ignorando o ministro da Saúde do Brasil, na última semana de março o gabinete presidencial lançou um ataque frontal às medidas regionais de paralisação.[52] Nas ruas, apoiadores de Bolsonaro, em estridentes carreatas, clamavam pela reabertura.[53] Foi necessária uma intervenção judicial para o presidente parar de colocar todo o seu peso numa campanha publicitária com o slogan #Brasilnãopodeparar. "Para o comerciante de bairro, para os lojistas dos centros das cidades, para os empregados domésticos, para milhões de brasileiros, o Brasil não pode parar", dizia o anúncio. Haveria vítimas? Sim. Como comentou Bolsonaro com um dar de ombros: "Lamento, alguns vão morrer".

No tradicional espectro direita-esquerda, o presidente Andrés Manuel López Obrador, do México, é a antítese de Bolsonaro, mas mesmo depois que a pandemia global foi declarada oficialmente, ele mostrou um desdém similar pela doença. Os primeiros casos foram predominantemente importados por mexicanos endinheirados fazendo turismo nos Estados Unidos. Isso deu munição à ideia de que as massas mexicanas desfrutavam de imunidade.[54] López Obrador instou plateias em todo o país a não se deixarem perturbar por relatos exagerados da mídia.[55] Ele acusava conservadores de se deleitarem com a disseminação da epidemia e de exagerarem as falhas de seu enfrentamento para desestabilizar o governo.[56] Enquanto a mídia convencional fremia de indignação, o próprio López Obrador desconsiderava as recomendações científicas, recusando-se a usar máscara e a acatar o distanciamento social. Ainda em 29 de março ele viajou a Sinaloa, o reduto dos gângsteres Guzmán, onde foi filmado cumprimentando a mãe de "El Chapo", cercados por um grupo compacto de joviais autoridades locais e comparsas da facção.[57]

Do outro lado da fronteira, nos Estados Unidos, uma ampla parcela da opinião pública concordava com ele. Relatos internos da Casa Branca confirmavam que Trump era "bombardeado por ligações de líderes empresariais, apoiadores ricos e aliados conservadores apelando para que ele fizesse os norte-americanos voltarem ao trabalho e evitasse uma calamidade maior, mesmo que isso acarretasse riscos à saúde".[58] Na segunda-feira, 23 de março, menos de uma semana depois de ter adotado a pose de presidente em tempo de guerra, Trump disse numa coletiva de imprensa: "Nosso país não foi construído para ser paralisado". No dia seguinte ele foi além, com a frase familiar de que "essa cura é pior que o problema". Acrescentando, para completar: "Em minha opinião, muito mais gente vai morrer se permitirmos que isso continue". Para horror de seu assessor de Saúde, ele anunciou que queria ver a América de volta ao trabalho na Páscoa, 12 de abril. Mais uma vez Trump voltava à analogia com a gripe. Comentou: "Perdemos milhares e milhares de pessoas por ano para a gripe, não desligamos o país a cada ano".[59] Uma vez que a epidemia nos Estados Unidos estava amplamente concentrada nos estados democratas da Costa Leste, Trump, como Xi um mês antes, defendia um progressivo relaxamento de restrições, distrito por distrito. A diferença é que os Estados Unidos, àquela altura, não tinham controle do vírus em nenhum lugar do país e não havia meio de controlar o fluxo de pessoas, nem de testar para conhecer a incidência da doença.

Johnson, Bolsonaro, López Obrador e Trump, cada um deles expressou sua oposição aos lockdowns em seu idioma político particular. Mas, aparentemente, a atitude deles não era difícil de entender. Afinal, o impacto econômico do lockdown era desastroso. A China e a Coreia do Sul faziam parecer fácil. Depois de conseguirem uma supressão efetiva, eles estavam no caminho de volta à normalidade. Em março, essas não eram as opções na Europa, nos Estados Unidos ou na América Latina. Demandar um rápido retorno à normalidade econômica significaria então aceitar o risco de mortes em massa.

Na última semana de março, os principais especialistas em saúde pública dos Estados Unidos promoveram uma campanha urgente para manter o lockdown. Com quase mil pessoas morrendo a cada dia na cidade de Nova York, a conversa de Trump sobre relaxar o lockdown era perigosamente prematura. Os Estados Unidos careciam da capacidade de testagem e rastreamento que poderia tornar seguro reabrir áreas menos afetadas. Em discussões na Casa Branca, Deborah Birx e Anthony S. Fauci lideravam o grupo que defendia a paralisação. Sua principal arma eram os modelos de prognóstico que mostravam que, sem uma tentativa de barrar o vírus, entre 1,6 milhão e 2,2 milhões de norte-americanos poderiam morrer. Um lockdown continuado poderia baixar esses números para entre 100 mil e 240 mil vítimas fatais.[60] Eram números hipotéticos, mas amparados na melhor ciência disponível, e o drama de suas previsões não podia ser negado.

Como Fauci descreveu mais tarde sua confrontação com o presidente Trump: "A dra. Debbie Birx e eu entrávamos no Salão Oval, nos debruçávamos sobre a mesa e dizíamos: 'Aqui estão os dados, dê uma olhada' [...]. Nós lhe mostrávamos os dados. Ele via os dados. Sabia de tudo na hora". Os dados eram impressionantes, mas impressionantes também eram as imagens de TV de cadáveres em sacos sendo retirados do hospital Elmhurst em Queens, Nova York, bairro de infância do presidente. "Isso é essencialmente na minha comunidade, em Queens, Nova York", disse Trump. "Tenho visto coisas que nunca tinha visto."[61] Como lembrou Fauci, o presidente simplesmente balançou negativamente a cabeça e se rendeu: "Acho que temos que fazer isso".

Queens estava no epicentro da crise nos Estados Unidos. Um dos piores pontos de contaminação no mundo. Trump poderia tê-lo colocado à parte, como uma exceção. Em vez disso, abalado pelas imagens e tendo imaginado, por força dos dados, um desastre semelhante se espalhando para o resto do país, abandonou seu discurso durão. Em 29 de março, anunciou a extensão do lockdown ao longo de abril. "Quero que todo americano esteja preparado para os dias duros que estão por vir", declarou. O vírus era uma "grande provação nacional, diferente de qualquer uma que encaramos até agora". Reduzir ao mínimo o número de pessoas contaminadas iria demandar a "medida completa e absoluta de nossa força coletiva, de nosso amor e devoção [...]. É uma questão de vida ou morte, francamente [...]. É uma questão de vida ou morte".[62] Por mais que se tentasse — e Trump teria explorado todas as opções —, na primavera de 2020 não havia como escapar da força do choque do coronavírus.

Parte II

Uma crise global como nenhuma outra

5.
Queda livre

As decisões tomadas em Roma pelo governo nacional italiano no fim de semana de 7 e 8 de março desencadearam uma avalanche de medidas por governos nacionais mundo afora. Isso não tinha precedentes. Ainda mais inéditos eram os ajustes no modo de vida de literalmente bilhões de pessoas à medida que reagiam ao vírus, ou antes ao nosso entendimento midiatizado dele. Os dramas em hospitais, captados por câmeras de smartphones, as projeções sombrias concebidas por médicos, cientistas e epidemiologistas eram a força motriz. À medida que a mídia mundial repisava as notícias, primeiro da China e depois da Europa, dos Estados Unidos e da América Latina, provocava uma resposta dramática e multifacetada. Organizações de todos os tipos, empresas, consumidores, famílias, escolas, trabalhadores, bilhões de indivíduos em todo o globo começavam a reagir. Isso não aconteceu ao mesmo tempo. Às vezes os governos, seja em nível nacional ou local, estavam preparados e tomavam a dianteira. Muitas vezes isso não acontecia. Com muita frequência, a sociedade — famílias, empresas, organizações — agiam para se defender em face da inação governamental. O fato é que havia, em toda parte, um movimento complexo e coletivo. Mesmo quando os governos tomavam a iniciativa, a eficácia das medidas determinadas dependia em grande parte da adesão de cidadãos, empresas e organizações, para os quais as instruções governamentais serviam como meios de coordenar e racionalizar suas próprias respostas.

Podemos ler esse comportamento autoprotetor nos dados econômicos. No início de março, semanas antes de o governo britânico decretar finalmente um lockdown nacional, o consumo não essencial das famílias despencou, de £ 300 por semana para £ 180.[1] A mesma queda brusca pode ser verificada nos Estados Unidos. Ali, foi a quebra da Bolsa de 9 de março que parece ter transmitido a seriedade da crise até mesmo para os céticos.

O resultado foi que a paralisação determinada pelos consumidores precedeu amplamente os lockdowns ordenados pelo governo. Não foi esse o caso em âmbito mundial. Dependeu do grau de otimismo da população e da rapidez com que o governo agiu. Na Espanha, um lockdown completo foi anunciado em 14 de março. No mesmo dia, os gastos com cartão de crédito despencaram.[2] O lockdown indiano, dez dias depois, foi similarmente abrupto.

Aplicando técnicas econométricas a dados de telefones celulares, o FMI compilou estimativas de que parcela da redução na mobilidade — uma medida do grau de paralisação — poderia ser atribuída às ordens governamentais, em relação ao distanciamento social voluntário. Suas conclusões são claras. Nos países ricos, o distanciamento social autodeterminado ultrapassava amplamente as ordens governamentais. Dos 19% de redução na mobilidade verificada nos noventa dias posteriores à primeira infecção registrada, apenas um terço podia ser explicado pelas restrições do lockdown, o restante se devia ao distanciamento social voluntário.[3]

Descrever a reação ao coronavírus como um momento de ação coletiva, chamá-la de "paralisação" em vez de lockdown, não significa negar os custos ou as restrições envolvidos. Dizer que a autoridade governamental era complementar à ação privada não significa que sua aplicação foi harmoniosa ou desprovida de um elemento repressivo. Os custos foram muito reais. Assim como muito real foi o conflito político que se seguiu.

Ao analisar um distúrbio, os economistas gostam de separar mudanças na oferta de mudanças na procura.[4] A distinção importa porque causas diferentes demandam remédios diferentes. Se a produção, o emprego e a renda encolhem por causa de um distúrbio de oferta, então o que se necessita para restaurar a atividade econômica é de um ajuste no modo como produzimos, distribuímos e consumimos bens e serviços. Isso é o que os economistas costumam chamar de um ajuste "real". Se o problema é de demanda inadequada, então o sistema de produção e distribuição pode permanecer como está. O que precisamos fazer é estimular mais gastos, afrouxando restrições de orçamento, por exemplo, mediante impostos mais baixos, gastos governamentais ou crédito mais fácil.

O impacto imediato do coronavírus foi o de causar um choque de oferta. Grandes choques negativos de oferta são raros. Um exemplo seria a paralisação do complexo de refinarias de petróleo da costa do Golfo em virtude de um furacão vindo do Atlântico.[5] Mais comuns são choques positivos, como por exemplo saltos tecnológicos que nos capacitam a fazer coisas novas de modo mais barato. A pandemia foi como um progresso técnico ao contrário. Tomemos como exemplo as viagens aéreas. O problema em 2020 não foi que nos tornamos menos bons na operação de aeronaves. O que se tornou mais difícil foi operar voos seguros. Um assento numa cabine lotada da classe econômica passou a vir com o risco adicional da Covid. A dimensão desse risco foi muito debatida, mas havia meios simples de reduzi-lo ao mínimo.[6] Se você limitasse cada avião para um grupo familiar e proporcionasse a ele um trânsito VIP protegido pelo interior do aeroporto, ainda seria possível viajar de modo seguro. Em outras palavras, ainda era seguro viajar se você o fizesse como os ricos, deslizando pelo aeroporto a caminho de seu jato particular. As viagens em jatos particulares continuaram de fato ao longo de 2020 com relativamente pouca interrupção. Só eram exorbitantemente caras, como sempre foram. Do mesmo modo, o fretamento de iates privados e a locação de casas de campo e ilhas se seguraram bem.[7] Em contraste, se se quisesse garantir segurança num voo comercial, seria preciso comprar não uma passagem, mas todas do avião, e certificar-se de que a tripulação tinha sido testada. Seria proibitivamente caro. Tampouco seria possível contornar o problema emitindo vouchers de estímulo para voos privados gratuitos, a ser pagos pelos cofres públicos. Para que viajasse uma família de cada vez, simplesmente não havia aviões suficientes para manter algo parecido com o nível anterior de mobilidade. Haveria listas de espera de décadas. Essa é a definição de um choque de oferta. Nenhum cheque de estímulo ou crédito adicional de milhas pode resolvê-lo.

O impacto sobre a indústria da aviação foi cruel. Em abril de 2020, o tráfego de passageiros no aeroporto de Heathrow, em Londres, tinha caído 97%, chegando a níveis vistos pela última vez nos anos 1950. No mundo todo, o tráfego caiu 94%. Estimativas feitas no verão de 2020 elevaram a expectativa de perdas na indústria no ano a US$ 84,3 bilhões em todo o mundo.[8] Dez milhões de empregos estavam diretamente em risco.[9]

Uma epidemia era um choque de oferta incomum, porque não agia de acordo com as variáveis econômicas em que normalmente nos concentramos: tecnologias, ou dotações de renda ou riqueza. Em vez disso, ela agia sobre nossos corpos. Expunha o corpo individual e coletivo da humanidade como o denominador comum da vida social e econômica.[10] Por intermédio de nossos corpos ela nos afetava de modo abrangente, imbricando os mundos do trabalho e da vida familiar, da produção e da reprodução.

Se as crianças fossem para a escola, estariam em risco de se tornar portadoras e transmissoras da doença. Ficando em casa, elas bagunçavam os esquemas domésticos de centenas de milhões de famílias trabalhadoras. Como fica evidente, por exemplo, pelos índices de publicações de acadêmicos dos sexos masculino e feminino, o fardo extra de cuidados com os filhos foi suportado esmagadoramente pelas mulheres.[11] Se as famílias dependiam de redes ou comunidades intergeracionais para sustentar seus filhos, se os espaços da casa e do trabalho ficaram misturados, se o lar passou a ser uma categoria relativa, o dilema era ainda muito mais agudo em favelas, cortiços e periferias com suprimento de água, banheiros, cozinhas e lavatórios compartilhados.

Numa hierarquia de mercado de trabalho que, seja como for, recompensa o trabalho abstrato, incorpóreo, a crise do coronavírus acentuou sobremaneira desigualdades já existentes. Se você tinha a capacidade de se recolher, ótimo. Podia trabalhar remotamente. Podia fazer compras remotamente. Podia viajar mentalmente para destinos remotos. Podia até mesmo desfrutar de intimidades remotas de vários tipos. Enquanto o trabalho sexual estava proibido e prostitutas registradas em países como Alemanha e Holanda reivindicavam auxílio-desemprego, num momento surreal a prefeitura de Nova York recomendava a seus habitantes que se limitassem à masturbação enquanto durasse a pandemia.[12] Os piadistas diziam que um material adequadamente estimulante era fornecido pelas performances varonis do governador Cuomo em seus boletins televisivos diários sobre a crise.

Toda essa abstração era mais fácil quando você contava com um lugar confortável no qual se recolher, com boa internet e um serviço de entregas bem servido. No mundo todo, quando a crise atacou, havia mais de 1,1 bilhão de pessoas, famílias e empresas felizes o bastante para contar com uma conexão de banda larga eficiente, o dobro do número existente em 2010.[13] Graças a essa infraestrutura, que mal existia vinte anos antes, muito trabalho de escritório no Ocidente pôde continuar virtualmente sem interrupção. Essas facilidades, porém, não eram universais, nem mesmo em países ricos. No Reino Unido, a crise expôs o fato de que 9% das crianças não têm computador, laptop ou tablet em casa.[14] De acordo com o Unicef, mais de dois terços das crianças do mundo não tinham acesso à internet em casa — 830 milhões de jovens.[15]

Na Índia, a TI (tecnologia da informação) e a terceirização da indústria esforçaram-se para se adaptar. Assim como a falta de conexões domésticas de internet, regras estritas de segurança exigidas por clientes ocidentais limitavam o trabalho remoto. Desenvolvedores de software de ponta instalavam conexões seguras para sua equipe. O setor de Business Process Outsourcing (terceirização de processos de negócios), com seu 1,3 milhão de trabalhadores, recorreu ao argumento de que suas operações pertenciam à indústria de serviço financeiro essencial e, portanto, estavam isentas do lockdown.[16] Clientes ocidentais, enfrentando uma avalanche de queixas sobre longos tempos de espera, mais do que depressa apoiaram o argumento.

A possibilidade de dar um salto para um novo modo de vida remota dependia não apenas da tecnologia e da infraestrutura, mas também de trabalho manual à disposição. A hierarquia social se tornava gritantemente visível. Enquanto 75% dos trabalhadores que ganhavam US$ 200 mil por ano ou mais nos Estados Unidos eram capazes de trabalhar remotamente, para os que ganhavam menos de US$ 25 mil essa parcela era de apenas 11%. Entregas da Amazon se tornaram de fato um serviço público. Para suprir a demanda, entre janeiro e outubro de 2020 a Amazon contratou mais 427 300 empregados. No pico ela estava contratando uma média de 2800 novos empregados por dia. No final do ano, sua força de trabalho global chegaria a 1,2 milhão, o dobro do ano anterior. Os serviços de entregas de encomendas FedEx, UPS e DHL esforçavam-se para fazer frente ao aumento vertiginoso da demanda. As exigências de segurança eram esticadas até o limite e além.[17]

A ameaça de contágio ramificava-se pela mídia e pelo setor de serviços. Depois de um avião lotado, uma sala de cinema é um lugar quase ideal para pegar o coronavírus.[18] Em 2020, a China estava a caminho de suplantar os Estados Unidos como a maior bilheteria do mundo. Em vez disso, em 23 de janeiro ela fechou todos os seus 72 mil cinemas. Em 16 de fevereiro, a MGM anunciou que estava cancelando a estreia na China de seu novo filme de James Bond, *Sem tempo para morrer*, ainda não visto um ano depois. O título acabou se revelando muito adequado. Foi o primeiro de muitos. Entre abril e junho, nem um único filme de Hollywood teve lançamento. Na Índia, 1 milhão de pessoas dependem de Bollywood para viver. Num ano normal eles lançam 1800 filmes nas 28 línguas principais do subcontinente. Todas as produções e lançamentos foram interrompidas em meados de março. Um auxílio emergencial foi estabelecido para sustentar os paparazzi cujas fotos de estrelas indo à academia ou ao aeroporto alimentavam normalmente a máquina publicitária de Bollywood. Quando a produção foi retomada, atores mais velhos ficaram em casa, e não houve mais cenas de multidão nem longas sequências românticas pelas quais o cinema indiano é famoso. Quando a China tentou uma reabertura simbólica em 22 de março, não apareceu ninguém. Uma semana depois, as salas fecharam pela segunda vez. Nas palavras do presidente Xi: "Se você quer ver filmes, simplesmente veja-os online!".[19]

É tentador pensar em compras, viagens, idas ao cabeleireiro, ao dentista, ao médico, à academia e aos cinemas como partes efêmeras da economia. Normalmente são a construção civil e a indústria que dominam a narrativa do ciclo econômico. Rastreamos variáveis como exportações sul--coreanas de chips ou compras de caminhões gigantes norte-americanos. Por mais dramáticas que suas flutuações possam ser, esses setores industriais altamente cíclicos compõem uma parte pequena da maioria das economias modernas. O setor de serviços é muito mais amplo, tanto em termos de emprego quanto de valor agregado. Na primavera de 2020, a maior contribuição individual para a vertiginosa queda no PIB dos Estados Unidos foi dada pelo fechamento de consultórios médicos e odontológicos. Mais norte-americanos perderam empregos na área da saúde e assistência social do que em toda a indústria.[20]

O comércio cotidiano em todas as cidades do mundo foi afetado. Para os lojistas e ambulantes que abarrotam as ruas de Lagos, a capital da Nigéria, com seus 20 milhões de habitantes e comércio intenso, abril de 2020 foi um "mês de fome".[21] O dinheiro era tão escasso que até mesmo máscaras faciais improvisadas de 26 centavos de dólar estavam fora do alcance.[22] No vácuo criado pelo lockdown, rumores aterrorizantes se espalhavam. Gangues comandadas pelos famigerados "One Million Boys" distribuíam panfletos ameaçadores anunciando que em breve dariam início a saques. Bairros formavam vigilantes para se proteger de ataques que na maior parte dos casos não aconteceram.[23]

Para qualquer pessoa que se aventurasse a sair de casa, o que impressionava era o vazio. Shopping centers que por muito tempo, em todo caso, haviam vivido à beira da extinção comercial cambaleavam precariamente. Nos Estados Unidos, um punhado de varejistas históricos declarou falência.[24] A JCPenney anunciou que fecharia 242 lojas. Neiman Marcus, J. Crew e Brooks Brothers solicitaram proteção falimentar. A Brooks Brothers tinha sido um esteio dos trajes formais masculinos norte-americanos desde 1818. Num mundo de reuniões por Zoom não havia muita procura por ternos.[25] Na Alemanha, a rede de lojas de departamentos Galeria Karstadt Kaufhof anunciou uma onda de fechamentos com perda de milhares de empregos. A Tati, loja popular emblemática no bairro de Barbès, no norte de Paris, um pilar do varejo acessível desde os anos 1940, fechou as portas em julho.[26] A Gilbert Jeune, uma das legendárias livrarias parisienses, começou a negociar seu fechamento com a força de trabalho sindicalizada.[27] Na Grã-Bretanha, Laura Ashley, uma rede de moda que nos anos 1980 era sinônimo da elegância da princesa Diana, entrou em processo de concordata.[28] Entre aqueles que faliram estavam a loja de departamentos Debenhams e a pioneira da moda rápida Topshop, colocando em risco 25 mil empregos.[29] A sólida rede de roupas e comida Marks & Spencer sobreviveu, mas sua dívida se tornou impagável, e 8 mil trabalhadores perderam seus empregos.

Por ser uma crise do setor de serviços, a recessão do coronavírus teve um corte de gênero no seu impacto. Foi uma *"shecession"*.[30]* Isso era amargamente irônico. A segunda metade de 2019 foi a primeira vez, fora de uma grande recessão, que as mulheres ultrapassaram os homens em empregos remunerados nos Estados Unidos.[31] Um ano depois, 2020 foi a primeira recessão em que as perdas de postos de trabalho e o desemprego das mulheres ultrapassaram os dos homens.[32] Na condição de esteios do trabalho manual nos serviços, foram as mulheres latinas que mais sofreram. Sua taxa de desemprego subiu para mais de 20%. Também na Europa foram as mulheres trabalhadoras da faixa mais baixa da distribuição de renda que sofreram a maior perda de empregos.[33] Fechamentos em massa de creches acentuaram as dificuldades enfrentadas pelos pais, e o peso maior recaiu sobre as mulheres. No final do verão, mais de 1 milhão de trabalhadoras tinham saído de seus empregos remunerados nos Estados Unidos para cuidar de membros da família.[34]

Se o primeiro efeito da pandemia foi reduzir nossa capacidade de suprir bens em segurança e isso colocou em risco o sustento de centenas de milhões de pessoas, o segundo efeito veio do lado da demanda. A insegurança cortou drasticamente o consumo e o investimento. O colapso na demanda gerou mais desemprego. O idiossincrático choque da Covid se transformou, assim, numa recessão mais familiar de demanda que se propagava em todas as direções, no mundo todo.

---

* Neologismo intraduzível que, ao aglutinar as palavras *"she"* e *"recession"*, sugere uma recessão de caráter feminino, ou com efeitos mais pesados sobre as mulheres. [N.T.]

Voltemos mais uma vez ao setor de turismo e viagens. Se os turistas ocidentais não voavam mais, toda a indústria global do turismo estava em perigo. O Conselho Mundial de Viagens e Turismo alertou que 75 milhões de empregos estavam ameaçados. A perda de receita poderia chegar a US$ 2,1 trilhões.[35] Esses números são mais plausíveis quando se leva em conta que viagens e turismo juntos respondem diretamente por 3,3% do PIB global.[36] Mesmo um nicho como o turismo de vida selvagem havia gerado em 2018 US$ 120 bilhões em valor agregado, sustentando 9,1 milhões de empregos diretos em todo o mundo.[37]

Na primavera de 2020, a cidade tailandesa de Lopburi viu-se assolada por bandos de macacos. Normalmente alimentados por turistas, eles agora brigavam uns com os outros por qualquer comida que pudessem encontrar.[38] Havia preocupação com o bem-estar de 3 mil elefantes presos em cativeiro na Tailândia.[39] No leste e no sul da África, o negócio do safári tinha chegado às alturas, rendendo anualmente US$ 12,4 bilhões. O ano de 2020 tinha começado bem. Em fevereiro, os parques, pousadas e jipes abertos Land Cruiser estavam com ocupação máxima. Então, de repente, em março começaram os cancelamentos. Em abril, os negócios tinham parado por completo. Sem guias e sem visitantes, os parques foram abandonados, ficando à mercê dos caçadores ilegais. Para evitar o pior, três grandes parques de animais selvagens na África do Sul descornaram suas populações de rinocerontes como medida preventiva, "na esperança de que isso os tornasse alvos menos atraentes para caçadores ilegais". Enquanto isso, o ministro do Turismo Mmamoloko Kubayi-Ngubane alertou o Parlamento sul-africano para o fato de que até 600 mil empregos estavam em risco só no turismo.[40] No conjunto, na África do Sul, a segunda maior economia da África, o emprego caiu cerca de 18% entre fevereiro e abril. Uma em cada três pessoas que eram remuneradas em fevereiro perdeu sua fonte de renda em abril, com a perda de empregos concentrada sobretudo entre mulheres e trabalhadores manuais.[41]

As fábricas de roupas de Sri Lanka, Vietnã, Índia e Bangladesh começaram a sentir o efeito da pandemia em fevereiro, por meio de suas cadeias de fornecimento chinesas. Não havia tecidos nem linhas vindos das tecelagens chinesas. Em março, encomendas no valor de bilhões de dólares foram canceladas por marcas ocidentais, alegando com frequência força maior e se recusando a pagar pelo material e pelos salários já incorridos.[42] As exportações de roupas de Bangladesh despencaram 85%.[43] E então o medo do contágio da Covid espalhou-se pelo próprio sul da Ásia. Era um impacto triplo:

ruptura da cadeia de fornecimento, colapso na demanda e uma ameaça aos trabalhadores e suas famílias. No início de abril, só em Bangladesh, pelo menos 1 milhão de trabalhadores do setor de vestuário estavam desempregados ou de licença, um quarto da força de trabalho do setor naquele país, da qual 80% eram mulheres.[44] À medida que o trabalho no país e os pagamentos vindos do exterior iam minguando, previa-se que a população abaixo da linha de pobreza subiria para 40%.[45] No Paquistão, trabalhadores do setor de vestuário foram demitidos, com frequência sem aviso prévio. Foram necessários protestos diante de ameaçadores guardas armados para arrancar os salários que lhes eram devidos.[46] Por trás deles erguia-se um exército ainda maior de trabalhadores baseados em casa, que não apareciam nos livros de registro de nenhum empregador nem no sistema de previdência social nacional, mas que ficaram desamparados pela súbita paralisação. Só no Paquistão calculava-se que havia 12 milhões de pessoas que trabalhavam em casa doze horas por dia por menos de quarenta centavos de dólares a hora, e o sustento de todos eles estava ameaçado.[47]

Em tempos normais, a renda financeira relativamente estável de trabalhadores do setor de vestuário capacitava-os a tirar proveito de microempréstimos para financiar, por exemplo, a construção de uma casa em sua aldeia natal. No Camboja, a força de trabalho do setor tomava cerca de um quinto de tais empréstimos, devendo um total de vários bilhões de dólares.[48] Isso aumentava enormemente o terror do desemprego, uma vez que deixar de pagar o empréstimo implicava danos colaterais e, na pior das hipóteses, o confisco da casa da família. Para piorar as coisas, ao batalhar para encontrar fontes alternativas de renda, trabalhadores desempregados do setor de vestuário viam-se competindo com centenas de milhares de trabalhadores imigrantes voltando para casa da vizinha Tailândia.

À medida que enormes contingentes de trabalhadores ficavam ociosos e em quarentena, em todo o mundo a Covid se tornava um teste de impacto das instituições do mercado de trabalho.

Na comparação global, os estados de bem-estar social da Europa são singularmente generosos. A Covid os submeteu a um novo teste. A inovação mais importante foi a extensa adoção da jornada reduzida de trabalho. Esse sistema tinha sido usado com sucesso pela Alemanha para amortecer o impacto da crise de 2008.[49] Os trabalhadores continuavam empregados com fundos públicos ajudando a pagar seu salário integral ou parte dele. Quando a paralisação estava no seu pico, em maio de 2020, cerca de um terço dos empregados na Áustria, França e Holanda, e um quinto na Alemanha, Espanha e Irlanda estavam em esquemas de jornada reduzida de trabalho.[50] Esses esquemas forneciam um grande subsídio público a empregadores, especialmente àqueles que de outro modo talvez tivessem mantido trabalhadores a suas próprias custas. Era um preço que valia a pena pagar. Na Europa foi o principal meio de conter a crise social.

Os sistemas de redução de jornada foram concebidos originalmente para o trabalho industrial clássico. Ao longo de 2020, foram estendidos para incluir os empreendedores individuais, os trabalhadores na *"gig economy"** e mesmo grupos estigmatizados, como as trabalhadoras do sexo.[51] Os programas eram inovadores e solidários, mas não faziam mais que outras formas de assistência social para abolir as desigualdades. Trabalhadores terceirizados, contratados por agências, viam-se no limbo, alojados em aposentos apertados, sem emprego e sem previdência social. Na faixa mais baixa da pirâmide social estavam os trabalhadores imigrantes despachados, como de costume, para os países mais ricos da Europa, mas agora em circunstâncias ainda mais humilhantes e mais ou menos alheios às regulações sanitárias.[52] O fato de romenos e búlgaros rurais estarem desesperados o bastante para aceitar esse tipo de trabalho enfatizava a enorme disparidade nas oportunidades de vida no interior do território europeu. Numa bizarra virada do destino, em abril de 2020 o último segmento da sociedade europeia que ainda estava em movimento eram os mal remunerados trabalhadores imigrantes do Leste Europeu.[53]

Se os estados de bem-estar social da Europa se adaptavam para conter o pior impacto da crise, grandes economias em desenvolvimento se debatiam com problemas muito mais básicos.

Da força de trabalho de 471 milhões de pessoas na Índia, apenas 19% têm cobertura da previdência social, dois terços não têm contrato formal de trabalho e pelo menos 100 milhões são trabalhadores migrantes, deslocando-se constantemente entre o campo e a cidade, acomodando-se em alojamentos informais e improvisados, ou simplesmente dormindo na rua.[54] O lockdown súbito de Modi desencadeou uma fuga de talvez até 20

---

* Expressão sem tradução precisa usada para designar as formas de emprego alternativo, que englobam a prestação de serviços por aplicativo e o trabalho de freelancers, em que um mesmo indivíduo pode trabalhar para diferentes empregadores ou clientes. [N.T.]

milhões de pessoas das cidades para as aldeias — no que foi descrito como "lockdown e debandada".[55] No caminho, talvez metade dos migrantes viram-se retidos por rígidas restrições regionais, vivendo em acampamentos improvisados.[56] Não acontecia nada parecido desde a violenta partição de Índia e Paquistão em 1947. O desemprego indiano durante o lockdown só pode ser estimado, mas a escala era claramente impressionante. Os melhores dados disponíveis sugerem que em abril de 2020 havia 122 milhões de pessoas empregadas a menos do que em 2019. Alguns voltaram para o trabalho rural em suas aldeias de origem, mas, na semana encerrada em 3 de maio de 2020, a taxa de desemprego provavelmente passava de 27%.[57] O lockdown da Índia rivaliza com o verificado na China em fevereiro como o maior choque já sofrido por qualquer mercado de trabalho na história.

Se a Índia estava numa ponta do espectro da organização do mercado de trabalho e a Europa na outra, os Estados Unidos ficavam desconfortavelmente no meio. Os Estados Unidos têm mercados formais de trabalho e estatísticas regulares de desemprego, mas não há em funcionamento nenhum sistema administrativo ou proteção legal que pudesse propiciar um sistema de redução de jornada nos moldes europeus. O país não dispõe de um sistema nacional de seguro-desemprego. O máximo que se conseguiu pôr em prática durante o New Deal dos anos 1930 foi uma colcha de retalhos de sistemas estaduais. Os benefícios são baixos e expiram na maioria dos estados depois de 26 semanas. Mas estados como a Flórida e a Carolina do Norte não oferecem mais do que doze semanas de cobertura.[58] São sistemas concebidos mais ou menos explicitamente para desestimular os candidatos ao benefício e para rejeitar muitos deles. Em março de 2020, esse sistema decrépito e punitivo estava rangendo sob um peso que nunca havia experimentado. Apesar dos riscos à saúde, dezenas de milhares de indivíduos fizeram filas para se inscrever no programa pessoalmente, ou, em Nova York, para retirar o dinheiro do benefício em um número limitado de caixas eletrônicos.[59]

A cada manhã de quinta-feira, o Departamento do Trabalho dos Estados Unidos emite uma compilação semanal de dados sobre o número de pessoas que se cadastram pedindo auxílio-desemprego. Os números nacionais são computados a partir de pedidos feitos nos estados. Na terceira semana de março de 2020 ficou claro que uma catástrofe estava a caminho. Vinham circulando reportagens sobre o extraordinário aumento no número de pedidos recebidos pelos órgãos estaduais. Vários sistemas de cadastro online tinham sofrido sobrecarga e simplesmente pararam de funcionar. O governo Trump tentou embargar as notícias alarmantes.[60] E então, em 26 de março, às 8h30, a informação bombástica chegou à mídia. Na semana anterior, 3,3 milhões de norte-americanos haviam se cadastrado em busca de auxílio-desemprego. Era algo absolutamente sem precedentes. Numa semana normal, até então, entre 200 mil e 300 mil pessoas reivindicavam o auxílio. Em seguida à crise financeira de 2008, a pior semana tinha sido em março de 2009, com um total de 665 mil novos inscritos.[61] O número em 26 de março era seis vezes maior. Um gráfico que abarcava mais de meio século mostrava a curva ascendente se transformando numa seta vertical. Na semana seguinte, o número subiu ainda mais, para espantosos 6,648 milhões. Em abril, a crise econômica que atingia os Estados Unidos adquiriu um aspecto apocalíptico. Em questão de três meses, mais de um quarto dos menores de 25 anos tinha perdido o emprego.[62] James Bullard, o normalmente estoico presidente do St. Louis Federal Reserve, alertou que se os lockdowns fossem estendidos tanto quanto talvez fosse necessário, o índice nacional de desemprego poderia chegar a 30% — uma proporção maior do que durante a Grande Depressão dos anos 1930.[63]

Com a produção e o consumo se retraindo em todo o mundo, a perspectiva para o comércio era de desastre. Em 8 de abril, antes dos encontros da primavera do FMI e do Banco Mundial, a OMC previu que o comércio internacional em 2020 iria encolher entre 12% e 30%. A margem de erro era indicativa da profunda incerteza trazida pela pandemia.[64]

O setor que sentiu mais diretamente o impacto foi o do transporte marítimo. Quando medido em peso, mais de 90% do comércio mundial é transportado por mar. Sessenta mil embarcações de carga movimentam as mercadorias do mundo. Enormes navios carregam petróleo, carvão, grãos e minério de ferro. Navios porta-contêineres transportam cargas de valor mais elevado; 1,2 milhão de marinheiros formam as tripulações de embarcações de carga.[65] Outros 600 mil homens e mulheres trabalham nos navios de cruzeiro que transportam turistas mundo afora. As principais fontes de mão de obra são Índia, Indonésia, China e as Filipinas. A cada semana, um cronograma complexo de paradas e trocas de tripulação envolve 50 mil trabalhadores entrando e saindo de embarcações em centros como Dubai, Hong Kong e Singapura.

A paralisação de 2020 convulsionou a indústria. Viagens de carga foram canceladas. Contêineres se empilhavam nos portos. As regulações da pandemia permitiam que as cargas fossem desembarcadas, mas não as tripulações, que não tinham autorização para descer em terra firme. As Filipinas, lar de centenas de milhares de marítimos, ofereceram-se como entreposto de quarentena. Na terceira semana de maio, uma frota de 21 gigantescos navios de cruzeiro havia se juntado na baía de Manila na esperança de desembarcar as tripulações. No entanto, interdições administrativas e o cancelamento de todos os voos a partir de Manila deixaram dezenas de milhares retidos a bordo, frequentemente sem comunicação com o mundo exterior.[66] Tudo somado, no final de junho talvez chegasse a 400 mil o número de marinheiros confinados ao largo da costa numa gigantesca quarentena flutuante.[67] No final do ano ainda não havia resolução, e os aprisionados a bordo ainda eram centenas de milhares.[68] Eles não estavam propriamente em lockdown, mas *locked in* (trancados dentro), enfrentando um confinamento em seus locais de trabalho que parecia não ter fim.

O choque de oferta alimentava um choque de demanda, que puxava para baixo vendas, renda, emprego e induzia uma retração adicional no consumo e no investimento. Nunca esse círculo vicioso tinha operado de modo tão abrangente, em tamanha escala e em tal ritmo como na primavera de 2020. Nunca as conexões que amarram a economia do mundo num todo funcional tinham sido tão tensionadas ou postas em questão.

Usando dados em tempo real sobre distanciamento social e medidas de lockdown, podemos avaliar o maior agregado de todos, o PIB global, numa base diária. O resultado é o retrato de um drama extraordinário. Em 2019, o PIB global estava em torno de US$ 87,55 trilhões. Ao longo de um ano medíocre ele havia crescido 3,2%. Em 2009, o pior ano no registro recente, o PIB global havia recuado 1,67%. Em fevereiro de 2020, como resultado do fechamento da China, esse enorme fluxo de produção encolheu não menos que 6%. E em março, ele despencou. O PIB global atingiu seu ponto mais baixo por volta da Sexta-Feira da Paixão, 10 de abril, 20% abaixo de onde estava no início do ano.[69] Nunca na história a atividade econômica havia encolhido com essa rapidez e de modo tão abrangente no mundo todo. Era uma retração muito mais brutal até mesmo do que a ocorrida durante a Grande Depressão dos anos 1930.

Essa recessão sem precedentes não apenas deslocou a produção e tirou empregos, mas também abalou o sistema de crédito. Empresas, governos e famílias dependem de empréstimos; do outro lado do balancete, os empréstimos aparecem como ativos de outras empresas, governos e famílias. Poder e desigualdade, risco e retorno são traduzidos em quem deve o que a quem e sob que termos. O edifício compacto e frágil é condicionado pelas expectativas quanto ao futuro. Quando essas expectativas mudam tão radicalmente como ocorreu em março e abril de 2020, isso ameaça fazer desabar todo o edifício.

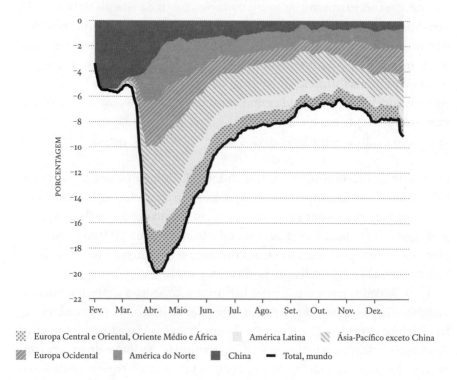

Impacto das restrições do vírus sobre o PIB global estimado pelo Goldman Sachs Effective Lockdown Index, média móvel semanal.   Fonte: Goldman Sachs Global Investment Research, via Dailyshot.com.

A corrida em busca de abrigo começou nos mercados financeiros globais em fevereiro. Em 9 de março ela ficou mais parecida com um pânico. Semanas antes que lockdowns fossem determinados por governos na maior parte da Europa ou nos Estados Unidos, os mercados financeiros globais já estavam no modo debandada. Não há melhor exemplo da forma como a notícia do coronavírus induziu uma busca privada por um porto seguro — uma paralisação. A corrida financeira em busca de segurança começou cedo.

Aconteceu muito rápido. Fazia sentido individualmente. Mas quando implementada simultaneamente por homens e mulheres que administram dezenas de trilhões de dólares no mundo todo, ameaçou desencadear um colapso total do sistema e obrigou a uma intervenção maciça por parte do Estado.

O elemento da crise que mais chamou a atenção foi a queda vertiginosa do preço de ações. Em sociedades como os Estados Unidos, onde a classe média alta se interessa muito por seus planos de previdência, isso desencadeou uma onda de temor. Um nível mais profundo de angústia se devia à montanha de dívidas nos mercados emergentes e aos passivos nos balancetes das grandes corporações. Em meados de março, com a Europa cambaleando sob o impacto da doença, o mercado da dívida soberana da Zona do Euro estava ficando sob pressão. Tudo isso era ruim, mas o evento realmente aterrorizador de março de 2020 foi o tremor sísmico que percorreu o mercado de títulos do Tesouro dos Estados Unidos, a dívida do governo norte-americano.

Um colapso da Bolsa era ruim para a riqueza e para erguer novo capital empresarial. Um colapso no crédito seria enfraquecedor para os negócios. Uma crise da dívida soberana da Zona do Euro atravancaria a capacidade dos governos da Itália, Espanha e França de responderem à epidemia. Uma inversão do mercado de títulos do governo norte-americano, porém, era um problema de ordem diferente. Suas implicações iam além até mesmo da crise bancária do Atlântico Norte de 2008. Os títulos do governo norte-americano são os ativos seguros sobre os quais se baseia todo o edifício das finanças privadas. São o alicerce do poderio financeiro dos Estados Unidos e, portanto, da ordem mundial como a conhecemos.

6.
"Tudo o que for preciso", de novo

Na quinta-feira, 12 de março, as notícias dos mercados financeiros eram sombrias. As bolsas de valores norte-americanas sofreram perdas piores que as de 2008. Só a "Segunda-Feira Negra" de outubro de 1987 e os dias mais sombrios de 1929 foram piores.[1] Isso era ruim, mas para os bem informados a Bolsa de Valores não era a verdadeira preocupação. Uma "correção" era adequada. O mundo caminhava para uma paralisação. Era de esperar que os preços de ações caíssem. A função de ações como capital de risco é agir como para-choque em tempos difíceis. Muito mais preocupante que o mercado acionário era o que estava acontecendo no mercado de títulos e, acima de tudo, no de títulos do Tesouro norte-americano — os ativos seguros que normalmente servem como contrapeso a fundos voláteis.

Em tempos de incerteza e recessão, à medida que os investidores perdem confiança, eles se deslocam das ações, cujos preços e dividendos flutuam com o destino das empresas para os títulos governamentais, que podem ser vendidos a um preço estável ou usados como garantia para empréstimos em condições favoráveis. No topo da pirâmide de ativos seguros estão os títulos do Tesouro dos Estados Unidos expressos em dólares.[2] Seu status como suprassumo do ativo seguro não se deve à força do dólar, que se depreciou progressivamente ao longo de meio século. Tampouco brota do fato de que a política fiscal norte-americana tem a mais alta reputação de probidade. Os títulos do Tesouro dos Estados Unidos são o suprassumo do ativo financeiro seguro porque há mais de US$ 20 trilhões deles em circulação e eles são sustentados pelo Estado mais poderoso, com a maior economia, e são negociados no mais profundo e sofisticado mercado de dívidas.[3] Compra-se títulos do Tesouro porque o mercado é tão grande que numa emergência pode-se vendê-los sem que sua venda afete o preço. Sempre haverá alguém que queira comprá-los. E sempre haverá contas que pode se acertar em dólares. Quando dizemos que o dólar norte-americano é a moeda de reserva mundial, não estamos nos referindo às prosaicas cédulas verdes de dinheiro. Estamos falando de trilhões de dólares em títulos remunerados do Tesouro dos Estados Unidos.

A cadeia normal de eventos numa recessão normal é, portanto, o preço de ações cair e o preço de fundos do Tesouro subir. Quando o preço que você paga por um título do Tesouro sobe, o lucro dele — o pagamento anual de dividendos dividido pelo preço que você pagou para ter o título — cai. E em resposta ao primeiro impacto do vírus, em fevereiro de 2020, foi isso o que aconteceu. As ações caíram. Os preços dos títulos subiram e os lucros baixaram. Lucros em queda fazem baixar as taxas de juros, tornando mais fácil para as firmas tomar empréstimos, e deveriam, no devido tempo, estimular novos investimentos. Os mercados financeiros estavam ajudando a economia a se ajustar. Mas então, ganhando força a partir da segunda-feira, 9 de março, algo mais alarmante começou a acontecer. A busca por segurança se converteu numa corrida desesperada por dinheiro vivo.[4] Investidores passaram a vender *tudo* — não apenas ações, mas títulos do Tesouro também. Isso foi uma péssima notícia para a economia, porque fez subirem as taxas de juros — o oposto do que as empresas precisavam. Ainda mais perturbador que o movimento perverso de preços e rendimentos de títulos era o fato de que o maior mercado financeiro do mundo, nas palavras de um participante dele, "simplesmente não estava funcionando".[5] O mercado de trilhões de dólares de títulos do Tesouro, que é o alicerce de todas as outras transações financeiras, estava balançando para cima e para baixo em espasmos de revirar o estômago. Nas telas dos terminais, os preços dançavam de modo errático. Ou, o que é ainda pior, não havia preço algum. No único mercado onde havia a certeza de sempre encontrar um comprador, de repente não havia nenhum. Em 13 de março, o J.P. Morgan informou que, em vez de uma intensidade normal do mercado, de centenas de milhões de dólares em títulos do Tesouro norte-americano, só era possível transacionar US$ 12 milhões.[6] Isso era um milionésimo do extraordinário volume. Era um estado de pânico financeiro, que, se fosse deixado sem controle, teria sido mais desestabilizador do que a falência do Lehman Brothers em setembro de 2008.

Em 2008 foram os títulos garantidos por hipotecas que quase fizeram a casa cair.[7] Os riscos estavam concentrados nos balancetes dos bancos dos dois lados do Atlântico. Um declínio no mercado imobiliário, que desencadeou falta de pagamento de hipotecas, converteu-se numa crise bancária.

A perspectiva de falência de bancos obrigou a intervenções de bancos centrais e tesouros nacionais na forma de compras de ativos, para amparar os mercados de títulos garantidos por hipotecas, um esforço desesperado para suprir liquidez para os bancos em dificuldades, e resgates no sentido estrito da palavra, na forma de investimento governamental nos bancos mais frágeis.

Em 2020, o mercado imobiliário estava sólido. Na verdade, em muitos locais em 2020 os preços das casas subiram.[8] As pessoas queriam se mudar para os bairros nobres. O mercado de reformas residenciais teve um boom. Os bancos, por outro lado, iriam encarar perdas em suas carteiras de empréstimos. Baixas taxas de juros seriam ruins para suas margens de lucros sobre empréstimos. Assim, suas ações se desvalorizaram drasticamente. O revés para os bancos foi tão duro que causou uma onda de ansiedade entre os reguladores financeiros.[9] Se os bancos estivessem tão frágeis em 2020 como haviam estado em 2008, a situação poderia ter sido catastrófica.

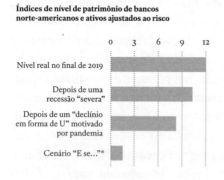

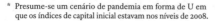

* Presume-se um cenário de pandemia em forma de U em que os índices de capital inicial estavam nos níveis de 2008.

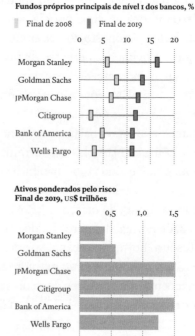

Índices de nível de patrimônio de bancos norte-americanos e ativos ajustados ao risco. Fonte: <https://www.economist.com/finance-and-economics/2020/07/02/how-resilient-are-the-banks>.

Quão catastrófica poderia ter sido uma crise bancária do coronavírus pode ser avaliado aplicando hipoteticamente as perdas esperadas na primavera de 2020 aos balancetes dos maiores bancos norte-americanos tal como estavam em 2008, na época da crise das hipotecas. O resultado é aterrorizante. Se os bancos em 2020 estivessem tão frágeis quanto estavam em 2008, o capital principal de absorção de perdas (*core loss-absorbing capital*) em todo o sistema teria sido reduzido a um mínimo de 1,5% dos ativos, menos de um sexto do que é considerado seguro. Vários dos maiores bancos dos Estados Unidos teriam falido, demandando resgates gigantescos e politicamente tóxicos.[10] Felizmente, graças a novas regulações rígidas e aos esforços de autopreservação dos próprios bancos, seus balancetes em ambos os lados do Atlântico estavam muito mais fortes em 2020 do que em 2008. Para garantir que continuassem assim, em março de 2020 reguladores bancários de todo o mundo impediram bancos de pagar dividendos e de se entregar a repos de ações no futuro próximo.[11]

A relativa segurança dos balancetes bancários era um consolo modesto, porém, se os riscos tivessem migrado para outra parte. O capitalismo financeiro se expande e evolui continuamente. Depois de 2008, o que mais ocupava as mentes de reguladores e analistas financeiros eram novos tipos de riscos que estavam crescendo nos balancetes de gestores de ativos e em fundos especializados em reacondicionar dívidas empresariais, empréstimos e hipotecas de imóveis comerciais.[12] Havia também preocupação quanto à estabilidade de empresas de mercados emergentes mundo afora que tinham tomado empréstimos em dólares.[13] Todos esses eram exemplos do que é conhecido como finanças baseadas no mercado: relações financeiras que se baseiam não nos balancetes dos bancos, mas são mediadas por mercados em que empréstimos e títulos, bem como os derivativos associados a eles, são comprados, vendidos, recomprados e revendidos. O núcleo principal das finanças baseadas no mercado é o assim chamado mercado de repos, em que títulos podem ser trocados temporariamente por dinheiro com o compromisso de repo num curto período de tempo.[14] A cada dia, trilhões de dólares em títulos de longo prazo são refinanciados no mercado de repos em bases diárias e mensais. Ao vender e recomprar títulos continuamente, grandes carteiras podem ser sustentadas em pequenas somas de capital. Foram esses arranjos financeiros baseados no mercado que formaram a linha de continuidade, ligando a crise das hipotecas de 2008 ao turbilhão do mercado de títulos de 2020.

Em 2008, não foram as hipotecas ruins em si, menos ainda os negócios bancários normais de gigantes como Citigroup ou Deutsche Bank, que comandaram a crise. Foi precisamente o fato de que os bancos não se fiavam mais tão pesadamente em depósitos para o seu financiamento, mas em vez disso consolidavam seus títulos lastreados em hipotecas, comprando-os e vendendo-os continuamente nos mercados de repos. Lehman foi um caso revelador. O que o fez ficar de joelhos em setembro não foram grandes perdas em hipotecas. O que derrubou o Lehman e ameaçou todos os demais bancos foi o fato de que ele perdeu acesso aos mercados de repos nos quais havia anteriormente financiado centenas de bilhões de dólares de títulos lastreados em hipotecas.[15] A perda coletiva de confiança da parte de suas contrapartes no mercado de repos foi o equivalente a uma corrida ao banco de proporções gigantescas.

Títulos lastreados em hipotecas tinham sido colocados para repo numa extensão tão grande porque haviam sido avaliados como AAA. Em outras palavras, tinham sido embalados para se mostrar como ativos seguros. A maioria era, de fato, bastante segura, mas num mercado superveloz tudo que se precisava era de um sussurro de dúvida para fechar completamente o financiamento por repo. Se tal sistema financeiro baseado no mercado pretendia continuar a funcionar e a se expandir, o que ele precisava era inquestionavelmente de ativos seguros, e os mais seguros de todos eram os títulos do Tesouro norte-americano.

Entre 2008 e 2019, graças à crise financeira de 2008 e às reduções de impostos de Donald Trump, o estoque de títulos do governo dos Estados Unidos subiu rapidamente, e esse suprimento foi correspondido por uma pronta demanda.[16] Com o estímulo do FED, as taxas de juros de fato subiram um pouco entre 2016 e 2019, mas permaneceram historicamente baixas. Pelo fato de títulos do Tesouro serem a matéria-prima ideal para mercados financeiros velozes e complexos, não havia falta de demanda para eles. Fundos mútuos os absorviam como uma reserva de liquidez remunerada. Hedge funds construíam elaboradas estratégias para lucrar com minúsculas variações em seu preço. Os bancos as mantinham para cumprir as exigências de colchão da liquidez das novas regulações dos acordos de Basileia III. De 2014 em diante investidores estrangeiros não eram mais grandes compradores em termos líquidos, mas já tinham possuído grandes contas de títulos do Tesouro norte-americano e os rolavam suavemente. Se você fosse o gestor de reservas cambiais estrangeiras de um banco central de uma economia emergente, empregaria títulos do Tesouro contra o risco cambial em que tomadores de empréstimos na sua jurisdição tinham incorrido ao assumir empréstimos em dólares. Todo mundo os retinha na suposição de que poderiam ser vendidos ou recomprados em mercados de liquidez ilimitada. Essencialmente, pressupunha-se que se podia liquidar os títulos sem afetar o preço deles. Se isso não estivesse certo, então todas as outras apostas também estariam erradas. Foi isso que tornou tão apavorantes os eventos iniciados em 9 de março no mercado dos títulos do Tesouro norte-americano.

Ocorreu que, mesmo no mercado dos títulos do Tesouro, pelo menos tal como estava estruturado em março de 2020, nem todo mundo podia vender imediatamente. E isso importava o risco de desencadear uma queima de estoque de todo o resto também. Em março de 2020, a corrida se estendeu a todo tipo de ativos no sistema financeiro. Não era mais uma corrida para investimentos mais seguros, mas uma disparada atrás de dinheiro. E o dinheiro que todos queriam eram dólares. Era uma corrida dos ativos para os dólares.[17]

É importante enfatizar a demanda por dólares porque, de acordo com os melhores dados disponíveis, dois terços das vendas de títulos do Tesouro em março de 2020, no montante de US$ 400 bilhões, foram de portadores estrangeiros de ativos dos Estados Unidos.[18]

Uma liquidação chinesa de títulos do Tesouro tinha sido por muito tempo um pesadelo dos estrategistas norte-americanos. Vendas enormes pela China puxariam os preços para baixo, as taxas de juros para cima e fariam o dólar despencar. Esse era o grande temor em 2008. Não aconteceu. A China continuou a aumentar a posse de títulos do Tesouro até 2013. Em 2020, mercados emergentes de fato venderam, e isso foi perturbador para o mercado de títulos do Tesouro, mas também não foi o tão temido "vende tudo". Em vez de cair, o dólar estava subindo. Na verdade, esse era o problema. Gestores de divisas de mercados emergentes estavam vendendo títulos do Tesouro para suprir dólares a tomadores de empréstimos em suas jurisdições que estavam tendo dificuldade em rolar o financiamento. Devido à extensão global do sistema do dólar, boa parte do mundo participa efetivamente do sistema financeiro dos Estados Unidos. Os gestores de divisas dos mercados emergentes não estavam procurando a saída. Como todo mundo, estavam se agachando, reduzindo as posições expostas e realocando carteiras de dólares.

O restante das vendas de títulos do Tesouro em março de 2020 veio do interior do próprio sistema financeiro norte-americano. Os dois atores centrais foram fundos mútuos e hedge funds. Suas vendas foram ainda mais perturbadoras que as dos mercados emergentes, porque expuseram o quanto a instabilidade do sistema financeiro baseado no mercado podia desestabilizar não apenas bancos e o mercado para títulos lastreados em hipotecas, mas até mesmo o poderoso mercado de títulos do Tesouro.

À medida que enfrentavam retiradas maciças, gestores de fundos mútuos precisavam urgentemente de dinheiro e tinham que escolher que ativos vender primeiro. Teriam, sem dúvida, preferido vender os ativos mais arriscados de seus livros, como ações e títulos de empresas. Num mercado normal essa teria sido a melhor estratégia. Em março de 2020, esses ativos só podiam ser alienados com um grande prejuízo. Assim, em vez disso, gestores de fundos venderam seus ativos mais líquidos e seguros, os títulos do governo. Como resultado, a incerteza nos mercados de ações e dívidas corporativas espalhou-se para o mercado de títulos do Tesouro. À medida que a pressão para vender crescia, ela desvelava a presunção convencional de que, quando as ações caem, os títulos sobem e vice-versa. Em vez de se equilibrar, os preços de ações e de títulos estavam desmoronando juntos.

Com o colapso das correlações habituais, os investimentos se tornaram cada vez mais caóticos. Os arranjos de trabalho em casa adotados por Wall Street e pela City de Londres aumentaram o pânico. Investidores curvavam as costas em improvisadas estações de trabalho domésticas — conhecidas na nova gíria de março de 2020 como "Rona rigs"* —, urravam de frustração quando seus lentos sistemas domésticos de wi-fi se arrastavam atrás do movimento dos mercados. Como observou um gestor de fundos: "O investidor médio em Wall Street tem pouca experiência, não pode assumir riscos, e agora não consegue se comunicar adequadamente com colegas. [...] Está isolado em casa, vestido de moletom. [...] Psicologicamente, é uma situação ruim".[19] Se a situação era ruim para os investidores, eram os algoritmos que estavam fazendo boa parte do estrago. Num dos mercados mais sofisticados do mundo, 75% das operações com títulos do Tesouro dos Estados Unidos são feitas por transações algorítmicas. À medida que a volatilidade subia e o risco aumentava, os algoritmos automaticamente passaram

---

* Ao pé da letra, "equipamento de corona" ("*rona*" passou a ser gíria para "coronavírus"). [N. T.]

a reduzir o tamanho das posições que seriam tomadas. Ao mesmo tempo, eles dilatavam o spread entre preços pelos quais podiam comprar e vender títulos. Isso era programado nos algoritmos porque era uma reação sensível a um mercado turbulento que havia entrado em tendência de queda. O que tornava isso perigoso era a aperto que impunha a outro nó crucial no frágil sistema de finanças baseadas no mercado: os hedge funds.

O súbito movimento de queda nos preços de títulos e o aumento no spread entre compra e venda era má notícia para hedge funds que tiravam proveito das minúsculas diferenças entre o preço dos títulos do Tesouro e os futuros afiançados por eles. Hedge funds são atores relativamente pequenos em relação aos bancos gigantes ou gestores de ativos como Black-Rock, mas tinham assumido um papel desmesurado nos mercados de títulos do Tesouro graças a estratégias alavancadas com base no mercado de repos. Para multiplicar seus lucros, eles refinanciavam seus estoques de títulos do Tesouro no mercado de repos, trocando os títulos por dinheiro com o qual compravam mais títulos. Cada uma dessas trocas era lastreada por um mínimo dos mínimos de capital. Conforme ficou evidente que seus investimentos eram deficitários, os hedge funds passaram a enfrentar coberturas adicionais, requerendo que postassem mais capital. Março de 2020 não era um momento para encontrar novos investidores. Então eles foram forçados a se desprender de suas posições, desfazendo-se de repente de mais de US$ 100 bilhões de títulos do Tesouro num mercado já desarranjado por vendas efetuadas por agentes de reservas de mercados emergentes e por fundos mútuos.

Com tantos vendedores desesperados, deveria ter havido lucros a ser obtidos no lado da compra. Se títulos do Tesouro a preços de liquidação fossem adquiridos e armazenados até o mercado se estabilizar, poderiam ser vendidos mais tarde por algo mais próximo dos preços normais. Usualmente, esse papel teria cabido a grandes bancos na condição de criadores de mercado, e acima de todos a JPMorgan Chase, que dominava o mercado de repos. Em 2020, porém, os bancos tinham perdido seu apetite por títulos do Tesouro. Os enormes déficits de orçamento acumulados pelo governo Trump desde 2017 haviam inundado de títulos os mercados financeiros dos Estados Unidos. Isso já havia levado a uma grande disfunção dos mercados de repos no outono de 2019, quando ocorreram bruscas oscilações nos preços e o FED teve que intervir. Em 2020, os grandes bancos não queriam mais. Desfazer-se de um grande pacote de títulos junto a um dos grandes corretores-negociantes, uma transação que no passado levaria alguns minutos, agora demorava horas e tinha que ser endossada em todos os níveis superiores da hierarquia. Os bancos, com o J.P. Morgan à frente, argumentavam que as coisas poderiam ter sido mais fáceis se eles não tivessem sido amarrados por tantas regulações desde 2008. Talvez tivesse feito diferença na margem, mas na verdade a escala das vendas de títulos do Tesouro em 2020 foi tão grande que nenhuma expansão concebível da capacidade do balancete poderia tê-las absorvido.[20] Um dos poucos consolos de 2020 era que nenhum grande banco estava em perigo imediato.

Alguma coisa, porém, precisava ser feita. A perspectiva de uma crescente disfunção no colapso do mercado de títulos do Tesouro era aterrorizadora. Um ativo "seguro" que não podia mais ser vendido facilmente, ou que só podia ser vendido com um desconto flutuante, não era mais um ativo seguro. Só o fato de a questão ser levantada quanto aos títulos do Tesouro norte-americano já era apavorante. E como se a implosão do sistema financeiro não fosse ruim o bastante, o estrategista do Bank of America, Mark Cabana, deixou bem claras as implicações mais amplas. Conforme ele alertou em meados de março, se o mercado de títulos do Tesouro parasse de funcionar, isso seria "um problema de segurança nacional". "Limitaria a capacidade do governo dos Estados Unidos de responder ao coronavírus." Isso era funesto, mas também para Cabana o risco maior estava nos mercados financeiros. "Se o mercado de títulos do Tesouro dos Estados Unidos experimentar uma falta de liquidez em larga escala, será difícil para outros mercados precificar eficazmente, e isso poderia levar a liquidações de posição em larga escala em outros lugares."[21] Se não havia certeza de poder converter o cofrinho de títulos seguros do Tesouro em dinheiro, tampouco era seguro manter o restante da carteira de investimentos, e se isso valia para os Estados Unidos, valia também para o resto do mundo. A partir de 12 de março, o Banco Central Europeu registrou escoamentos de todos os tipos de fundos da Zona do Euro numa escala que não era vista desde setembro de 2008.[22] Fundos que tinham minguado seus colchões de liquidez ao mínimo dos mínimos viram-se pegos de calças curtas e recorreram a medidas desesperadas, como bloquear os fluxos de saída. O temor de não conseguir sair ajudou a espalhar o pânico.

Numa corrida generalizada como a que havia começado em março de 2020, só há uma coisa capaz de restaurar a confiança: dinheiro ilimitado. E no sistema financeiro mundial centrado no dólar só há um ator que pode suprir isso: o Banco Central dos Estados Unidos. Ele precisaria agir não apenas como um emprestador a quem recorrer em último caso, mas como um criador de mercado.[23]

O FED tivera sua primeira reação à crise do coronavírus em 3 de março, quando cortou taxas. Era o modo convencional de amparar os mercados. Na segunda semana de março de 2020, ficou claro que não se tratava de uma crise convencional. As bolsas de valores estavam sofrendo perdas históricas. O mercado de títulos do Tesouro estava no caos. A única coisa que todos queriam era dinheiro, e acima de tudo a moeda norte-americana. A alta repentina do dólar transmitia a pressão financeira para o mundo todo. Qualquer pessoa que tivesse dívidas persistentes em dólares, o que significava virtualmente todas as grandes corporações do mundo e muitos governos, estava sob pressão.

O presidente Trump não era alguém que entendesse os pontos mais sutis da estratégia de hedge funds, ou os detalhes do mercado de títulos do Tesouro, mas seguia obsessivamente o índice S&P 500, e na segunda-feira, 9 de março, ele estava inflamado. Por que os "estúpidos" do FED não estavam reagindo ao colapso do mercado? Trump convocou o secretário do Tesouro, Steven Mnuchin, a quem ele recriminava pela escolha de Jerome Powell como presidente do FED, e demandou que o secretário fizesse o FED agir.[24] Na terça-feira, incapaz de conter sua raiva, tuitou: "Nosso patético e lerdo Federal Reserve, comandado por Jay Powell, que elevou taxas rápido demais e as baixou devagar demais, deveria baixar agora nossa taxa FED aos níveis das nações concorrentes. Elas agora chegam a ter dois pontos de vantagem, com ajuda monetária ainda maior. E também estimular!".[25] O tom de Trump era tão alarmista que sua equipe temia que ele pudesse tentar demitir Powell no meio da crise. Nada poderia ser pior para a confiança do mercado.

No anoitecer de 11 de março, o presidente jogou sua bomba, anunciando abruptamente o fechamento das fronteiras norte-americanas a viajantes europeus. Como observou de modo um tanto afetado Philipp Hildebrand, ex-chefe do Banco Central da Suíça e agora vice-presidente da gigante gestora de fundos BlackRock: "Esta é uma das preocupações que de certo modo paira de uma ponta a outra sobre todo o sistema neste momento: Onde está a liderança? Onde está a liderança dos Estados Unidos, que foi um dos traços marcantes da crise em 2008?".[26] A resposta não viria da Casa Branca, mas do FED.

Jay Powell era um herói improvável. Não que ele não tivesse o físico para o papel. Reza a lenda que Powell foi escolhido por Trump para substituir Janet Yellen porque o presidente achava que Yellen, com seu 1,58 metro, era baixinha demais para ser a banqueira central dos Estados Unidos e Powell era uma figura mais imponente.[27] Era rico também, o que agradava a Trump. O que Powell não tinha eram as impressionantes credenciais acadêmicas de Yellen ou de Ben Bernanke. Nesse sentido, ele era um presidente do FED para uma era que não estava mais apaixonada pela expertise. O que Powell tinha de fato era muita experiência nos negócios, como advogado empresarial. Sabia também da importância da política. Powell foi indicado ao conselho do FED em 2011 como um candidato bipartidário depois de ajudar a convencer os durões do Tea Party* no Congresso que recusar a autorização para novos empréstimos e forçar o governo federal a sobreviver precariamente com a receita de impostos seria, na verdade, desatroso.[28] Powell não tinha só uma boa lábia. Era também um homem com consciência filantrópica. Defendia um mercado de trabalho sólido como a melhor maneira de enfrentar a desigualdade, e herdou uma organização do FED que, tanto sob Bernanke como sob Yellen, reconhecera que o banco não podia ignorar as rudes disparidades sociais.[29] Powell era apoiado em posições operacionais cruciais por uma equipe do FED formada por veteranos de 2008. Lorie Logan havia estado na linha de frente da primeira geração de QE** no FED de Nova York. Ela sabia como fazer compras de ativos. Em dezembro de 2019, Logan assumiu o controle da carteira do FED.[30] No nível da definição de políticas, Powell era sustentado por uma geração ativista, da qual Lael Brainard, que havia sido do Tesouro de Obama, era a principal expoente.[31] Como chefe do FED, Powell iria sofrer menos votos divergentes que qualquer um dos seus predecessores recentes.[32]

O FED era uma peça competente, de alto rendimento, do aparato estatal dos Estados Unidos. Como tal, não admira que tenha atraído a ira de Trump nos anos anteriores a 2020. O surpreendente era que em 2020 ele se tornasse mais uma vez a força motriz de um extenso programa intervencionista de estabilização. Levará anos até que tenhamos uma visão

---

* Ala conservadora radical do Partido Republicano, combinando ultraliberalismo na economia e populismo direitista na política. [N.T.]   ** "*Quantitative Easing*", literalmente "flexibilização quantitativa", instrumento de afrouxamento monetário que consiste na criação de dinheiro novo, por via eletrônica, pelos bancos centrais. [N.T.]

interna baseada em evidências documentadas. Por enquanto, a interpretação mais simples é de que uma equipe de veteranos, calejada pela experiência de 2008, sob uma liderança não dogmática e de mente aberta, equipada com uma antena política aguçada, reagiu a uma crise de confiança que estava ameaçando ganhar consistência da maneira como se deve enfrentar uma crise desse tipo: com força máxima. O fato de que essa reação não foi acompanhada por mais estardalhaço era parte do exercício de construção de confiança. Isso não nos deve levar a subestimar a escala do que foi feito.

A primeira intervenção direta no mercado foi empreendida pelo FED de Nova York, que está mais perto da ação em Wall Street. Seu objetivo imediato era restaurar a densidade do mercado de títulos do Tesouro, tornando tão barato quanto possível para os dealers consolidar seus portfólios de investimentos. Em 9 de março, o FED de Nova York tornou disponíveis US$ 150 bilhões em financiamento de overnight repos. Em 11 de março, o banco anunciou um aumento para US$ 175 bilhões, bem como US$ 95 bilhões adicionais em repos de duas semanas e um mês. Em 12 de março, o FED começou a oferecer repos de um mês e três meses em lotes de US$ 500 bilhões. O fato de o FED estar respondendo em ritmo diário às crescentes necessidades de liquidez do mercado ajudou a acalmar os nervos. "Isso tudo é muito bem-vindo, ainda que atrasado", opinou Krishna Guha, chefe da equipe de política global e estratégica de banco central da Evercore ISI, mas, acrescentou, "não estamos seguros de que se mostrará suficiente".[33] Como emprestador para repos, o FED estava amparando o mercado de títulos do Tesouro ajudando outros a comprar. A pergunta era quando ele próprio iria entrar.

No final da semana, a incerteza se espalhava pelo mundo. Os mercados de títulos da Zona do Euro se inquietavam com mensagens contraditórias do Banco Central Europeu. Grandes mercados emergentes, incluindo os membros do G20, Brasil, México e Indonésia, estavam sob a pressão do dólar em forte alta. Na segunda-feira, 15 de março, Powell fez seu movimento dramático seguinte. Convocou uma coletiva de imprensa fora da agenda e anunciou que, com efeito imediato, o FED estava rebaixando a zero as taxas de juros — algo que o banco só fizera uma vez antes, no auge da crise de 2008. Para estabilizar o mercado, o FED compraria pelo menos US$ 500 bilhões em títulos do Tesouro e US$ 200 bilhões em títulos lastreados em hipotecas e começaria com força.[34] Na terça-feira US$ 80 bilhões sairiam das mãos dos corretores, mais em 48 horas do que o FED de Ben Bernanke tinha comprado num mês típico. E para satisfazer a avidez global por dólares, o FED iria afrouxar as condições nas assim chamadas linhas de swap de liquidez — acordos sob os quais o FED troca dólares por libras esterlinas, euros, francos suíços e ienes em quantidades potencialmente ilimitadas. Na prática, o FED estava assumindo o papel de um banco central para o mundo, distribuindo dólares a todas as partes do sistema de crédito que estavam apertadas. Em 2008, as linhas de swap tinham lançado uma boia salva-vidas aos bancos europeus em apuros. Agora eram acima de tudo as instituições financeiras asiáticas que precisavam de amparo.[35] Se elas pudessem obter financiamento em dólares do Banco do Japão ou do Banco Central sul-coreano, isso reduziria a necessidade de vender títulos do Tesouro.

Ativar esses elementos do que é conhecido como rede global de segurança financeira não requer uma reunião dramática e teatral de chefes de governo, no G20 ou em outro lugar assim. Isso pode ser feito mediante teleconferências relativamente informais entre um grupo de banqueiros centrais e seus altos funcionários. É uma comunidade tão cosmopolita como a de uma disciplina científica, só que menor e ainda mais unida. Tem representantes nos Tesouros nacionais, no FMI, no Banco de Compensações Internacionais e em muitos dos maiores bancos e gestores de ativos. O ecossistema se completa com comentaristas acadêmicos e jornalistas influentes que traduzem e amplificam o senso comum desse grupo de elite funcional. No seio dessa comunidade não havia dúvida, em março de 2020, de que era essencial que o FED entrasse em cena como emprestador global de último recurso, como havia feito em 2008.[36] Isso era do interesse da estabilidade financeira tanto dos Estados Unidos como do mundo em geral. Era também um momento de verdade no que se referia ao presidente Trump. Quando ele tomou posse, em 2017, muita gente na comunidade financeira internacional temeu que seu governo viesse a minar o papel do FED como banco central de fato do mundo. Parecia algo esclarecido demais para ser compatível com sua agenda de "*America first*". Se não o próprio Trump, seria a brigada terraplanista das fileiras republicanas no Congresso que acorrentariam o FED. Um conflito cultural parecia inevitável. Nada disso aconteceu. Depois da performance de Powell em 15 de março, o presidente foi só elogios ao FED.[37] Quando se tratava de acalmar os mercados, Trump era totalmente a favor, sem dúvida alguma. O problema, conforme ficou claro, não era Trump. O problema eram os mercados.

Na noite de 15 de março, enquanto Powell terminava sua coletiva de imprensa, o mercado de futuros que antecipa a abertura do mercado de capitais em Wall Street na manhã de segunda-feira liquidou a tal ponto que os *circuit-breakers*, que supostamente evitam que o mercado entre em queda livre, entraram em ação, e as transações foram automaticamente interrompidas.[38] Quando o pregão da Bolsa começou, na segunda-feira de manhã, a queda foi vertiginosa. Mais uma vez os *circuit-breakers* foram acionados. O VIX, um medidor da volatilidade do mercado também conhecido como "índice de medo", subiu a níveis vistos pela última vez nos dias sombrios de novembro de 2008. O pânico nos mercados agora se alimentava de si mesmo. Se a mágica do FED não funcionava mais, então o que funcionaria? Era uma pergunta para o mundo todo.

O Bank of England assistira ao caos da semana anterior com certo grau de distanciamento. O presidente do banco, Andrew Bailey, havia acabado de substituir Mark Carney no cargo. O aperto de liquidez havia sido em dólares, não em libras. Talvez as ações do FED resolvessem o assunto. Na segunda-feira, 16, ficou claro que essa era uma postura perigosamente complacente.[39]

O mercado de câmbio estrangeiro, onde as moedas são negociadas, é o maior do mundo. A despeito do status enfraquecido da Grã-Bretanha como potência financeira, o lugar onde a maior parte das transações é registrada é a City de Londres. Num dia médio, o movimento chega a US$ 6,6 trilhões. Na semana iniciada na segunda-feira, 16 de março, Londres estava em polvorosa. A estratégia de laissez-faire de Boris Johnson diante do coronavírus estava em frangalhos. O relatório da equipe do Imperial College deixava claro, sem qualquer sombra de dúvida, que era preciso haver uma paralisação imediata das atividades. Será que Downing Street iria encarar? Nenhuma metrópole ocidental importante havia ainda entrado em paralisação total, nem Londres, nem Nova York. Na quarta-feira, 18, nos terminais nos edifícios bancários de Canary Wharf havia só uma transação: vender todas as moedas do mundo. Comprar dólares.[40]

As mais saudáveis das empresas de primeira linha, como a Apple, estavam enfrentando ágios salgados até mesmo para empréstimos de apenas três meses.[41] Hedge funds estavam fazendo apostas de muitos bilhões de dólares numa recessão prolongada na Europa.[42] Mesmo o ouro, um porto seguro clássico, estava sendo liquidado.[43] E à medida que a corrida por dinheiro atingia seu pico, os proventos para títulos do Tesouro dos Estados Unidos subiam mais do que nunca desde os tempos de Paul Volcker em 1982.[44]

"Foi desconcertante", disse Bob Michele, chefe de investimento do J.P. Morgan Asset Management. "Estou no ramo há quase quarenta anos e este é o mercado mais estranho que já vi." Andrew Wilson, presidente de renda fixa do Goldman Sachs Asset Management, comentou: "Nossa responsabilidade primordial é gerar a liquidez que nossos clientes desejam. Todos estamos tendo que vender as coisas que podemos, e não as que gostaríamos de vender [...]. Eis por que essa onda agita tudo".[45] Rick Rieder, diretor de investimento da BlackRock, concordava. A única cobertura que ele queria em seu portfólio era dinheiro. Se o J.P. Morgan, o Goldman Sachs e a BlackRock estavam todos vendendo, era preciso ser uma pessoa corajosa para comprar.

Num esforço para tranquilizar os mercados, na quarta-feira, 18 de março, o Bank of England organizou uma coletiva de imprensa.[46] Enquanto Bailey falava, a libra despencava 5%, atingindo seu nível mais baixo em relação ao dólar desde 1985. Paralelamente, o mercado para títulos do governo dos Estados Unidos — o mais antigo mercado importante de ativos do mundo — estava vivenciando um tumulto sem precedentes. Para um *gilt** com vencimento de dez anos, os juros subiram, entre 9 e 18 de março, de um mínimo de 0,098% a um máximo de 0,79%. Eram taxas baixas, claro, mas era a escala do movimento que importava. As taxas aumentaram oito vezes em questão de dias. Além disso, discrepâncias incomuns estavam emergindo entre os preços para *gilts* de duração diferente, indicando um fracasso dos dealers em ajustar procura e oferta. A equipe de mercado do Bank of England, operando remotamente de terminais em bancadas de cozinha e quartinhos no sótão, relatava "tensão crítica do mercado". Os mercados de dívida dos governos estavam em "queda livre". Como Bailey confirmaria mais tarde: "Tivemos basicamente quase um derretimento de alguns dos mercados financeiros centrais". Se aquilo continuasse sem freio, "o governo iria ter que batalhar para financiar a si próprio".[47]

Depois de dez dias de tormenta, enquanto os mercados financeiros no Reino Unido, na Europa e nos Estados Unidos balançavam, os bancos centrais começaram uma nova rodada de iniciativas. Em Londres, uma reunião de emergência do Comitê de Política Monetária do Bank of England anunciou em 19 de março que o banco compraria £ 200 bilhões em *gilts*.[48] Diferentemente do que ocorria em 2008, não faria isso de acordo com uma

---

* Título de longo prazo emitido em libras esterlinas pelo Bank of England, com risco mínimo de desvalorização. Também chamado de *gilt-edged*. [N.T.]

agenda predefinida. Como explicou Bailey: "Agiremos nos mercados prontamente quando julgarmos apropriado". Não era o momento para cronogramas. O banco central estava, segundo admitia, voando com a cara e a coragem, sem ajuda de aparelhos.[49] Tarde da noite anterior, 18 de março, o Banco Central Europeu havia anunciado um grande programa de compra de títulos que preparava o terreno para uma guinada na Europa.

Enquanto isso, no complexo sistema de crédito dos Estados Unidos, o FED estava atacando uma crise de cada vez. Em 17 de março, anunciou apoio aos mercados que emprestavam a empresas para que cobrissem sua folha de pagamento e outras despesas de curto prazo. Em 18 de março, ampliou o auxílio para incluir os fundos mútuos, nos quais norte-americanos em boa situação financeira gostam de manter suas economias. Em 19 de março, o FED ampliou a rede de linhas de swap de liquidez para cobrir catorze economias importantes, incluindo México, Brasil e Coreia do Sul. No dia seguinte, a provisão de dólares ao Banco Central Europeu e ao Banco do Japão foi acelerada. Quer se fosse ou não um mutuário de uma linha de swap, a ação do FED estabelecia o tom. O FED chegou a abrir uma nova unidade que permitiria que bancos centrais estrangeiros recomprassem títulos do Tesouro dos Estados Unidos. Qualquer coisa para evitar que eles tivessem que vendê-los de verdade.

Com o FED sinalizando que proveria dólares em abundância, a valorização do dólar teve uma atenuação e a porta se abriu para que outros bancos centrais agissem. O Banco do Japão comprou títulos. O Reserve Bank of Australia reduziu drasticamente os juros. Bancos centrais de economias emergentes que antes tinham que se preocupar com a força do dólar em relação a suas moedas locais agora também estavam livres para agir.[50] No final da terceira semana de março, 39 bancos centrais, da Mongólia a Trinidad, haviam baixado taxas de juros, afrouxado regulações bancárias e criado mecanismos especiais de empréstimo.[51]

Seria suficiente? Powell ativara todos os elementos básicos do repertório de 2008 — baixando radicalmente taxas de juros, usando flexibilização quantitativa e apoio a mercados monetários, aumentando as linhas de swap. Esses instrumentos familiares tinham funcionado para acalmar a tensão aguda em mercados de títulos do Tesouro. À medida que a procura se recuperava, os rendimentos baixaram, mas isso não bastou para acalmar as bolsas ou o mercado de dívida privada. Enquanto a instabilidade permanecesse ali, as ondas iriam reverberar por todo o sistema.

O problema básico era que os bancos centrais podiam alterar o suprimento de crédito e as taxas de juros, mas, diferentemente da crise bancária de 2008, não tinham como atingir a fonte da crise em si, o vírus e o lockdown. Os mercados estavam à espera de notícias de Washington, mas não do FED, e sim do Congresso. Quanto os políticos dos Estados Unidos iriam mobilizar para amparar rendimentos, gastos e a resposta médica necessária? As notícias no domingo, 22 de março, não eram nada boas. Democratas e republicanos estavam se digladiando. Quando os negócios começaram na Ásia na manhã de segunda-feira, 23 de março, o mercado de futuros desabou, e a queda continuou quando Wall Street abriu. No ponto mais baixo do dia de negócios, o S&P 500 e o Dow Jones tinham perdido cerca de 30% do seu valor. Em todo o mundo, os mercados de ações tinham infligido perdas de US$ 26 trilhões aos poucos afortunados que dispõem de grandes portfólios de ações e aos pools coletivos de economias mantidos por fundos de pensão e de previdência. Se quisesse estancar a sangria, o FED teria que fazer outro movimento.

Às oito horas da manhã de 23 de março, noventa minutos antes da abertura dos mercados, Jerome Powell teve seu momento de "tudo o que for preciso". "Esforços agressivos devem ser empreendidos nos setores público e privado para limitar as perdas de empregos e renda e promover uma rápida recuperação uma vez atenuada a perturbação", declarou. Em meados de abril, o FED iria em frente estabelecendo um total de nove mecanismos distintos para escorar o mercado de crédito privado. Esses mecanismos formavam um sortimento confuso de acrônimos, mas seu propósito era estender uma enorme linha de crédito a uma economia em que os rendimentos estavam encolhendo, os trabalhadores eram dispensados e os mercados estavam rachando "sob uma debandada de vendedores".[52] Como em todo descoberto bancário, o dinheiro do FED não precisava ser sacado. Era o fato de estar lá que proporcionava uma segurança essencial.

A abordagem da estabilização por Powell era tripartite.

Em seu papel como credor de último recurso, em 23 de março o FED ressuscitou o Talf* — um dos sustentáculos da crise de 2008 — para amparar

---

* Term Asset-Backed Securities Loan Facility (Programa a Termo de Empréstimos Respaldado por Ativos), programa do FED para estimular empréstimos de crédito ao consumidor. [N.T.]

financiamentos de carros, cartões de crédito e empréstimos para estudantes e pequenos negócios. Isso completava os mecanismos que o banco já havia aberto para emissores de títulos negociáveis, fundos mútuos do mercado monetário e *primary dealers** de títulos do Tesouro. Esses créditos eram amplamente internos ao sistema financeiro e envolviam o FED em riscos mínimos de empréstimo. Cumpriam a função clássica dos bancos centrais — prover liquidez em emergências contra boas garantias. Mas em 23 de março estava claro que o FED precisava fazer mais.

Num segundo e mais radical passo, Powell anunciou o estabelecimento de dois programas para favorecer o crédito a grandes empregadores. O FED não iria mais amparar apenas os empréstimos dos outros. Ele se ofereceria para prover, ele próprio, o crédito. O Programa de Crédito Corporativo no Mercado Primário tinha o intuito de comprar obrigações ou créditos diretamente das empresas. O Programa de Crédito Corporativo no Mercado Secundário compraria dívidas corporativas dos livros contábeis de outros investidores, incluindo o tipo de fundos de investimentos que se especializavam em obrigações de alto risco e alta rentabilidade. O volume proposto para os dois programas era de US$ 750 bilhões. Ao comprar dívidas de empresas, o FED assumiria um risco mais amplo de perdas do que o que corria em operações convencionais como credor de último recurso. Para cobrir as contingências de última necessidade, o banco invocou uma emergência sob o artigo 13(3) do Federal Reserve Act (Lei da Reserva Federal). Isso significava que as perdas, se subissem, poderiam ser cobertas com US$ 30 bilhões em papéis fornecidos pelo Fundo de Estabilização Cambial do Tesouro dos Estados Unidos, uma relíquia dos anos 1930 que servia como uma fonte conveniente de capital para intervenções emergenciais.

O FED sempre se esquivou desse tipo de empréstimo direto a empresas. Se comprasse a dívida de firmas individuais, estaria escolhendo favoritos. Se comprasse uma variedade de dívidas corporativas, terminaria com uma porção de créditos de baixa qualidade nas mãos. A ponta de risco mais alto do mercado de dívida corporativa, os assim chamados títulos de alto rendimento ou *junk bonds*,** era onde as firmas de ativos privados obtinham ganhos diante dos quais os salários dos banqueiros de Wall Street

---

* Bancos, corretores ou revendedores pré-autorizados a fazer negócios diretamente com o FED. [N.T.]　　** Literalmente "títulos-lixo": títulos ou bônus especulativos que rendem altos juros mas apresentam alto risco. [N.T.]

empalideciam até a insignificância. No mínimo por razões políticas e legais, o FED preferia não entrar no negócio de amparar a ponta mais especulativa do sistema financeiro.

Ao se recusar a comprar dívidas corporativas, o FED destoava dos outros bancos centrais importantes. Tanto o Bank of England como o Banco Central Europeu compravam dívidas corporativas. Na Europa, em março de 2020, grandes corporações como a Volkswagen não tinham pudor em pressionar por apoio do Banco Central Europeu.[53] O Banco do Japão foi ainda mais longe. Comprou ações, assumindo o risco da participação no capital. Entre 2010 e o final de 2020, ele constituiu uma participação de US$ 434 bilhões no mercado de ações japonês.[54] Isso era impressionante, mas os Estados Unidos são o padrão de referência mundial de mercado de capitais. E nenhum dos outros bancos centrais jamais fizera algo na escala que Powell agora estava pretendendo.

O que o FED realmente precisava do Congresso era de cobertura política à sua política aventureira. A premissa não dita do anúncio do FED era de que uma nova parceria com o Tesouro e o Congresso era iminente. Idealmente, o FED teria feito seu grande anúncio na manhã de segunda-feira, 23 de março, em conjunção com o pacote de estímulos do Congresso. Isso ia ter que esperar até mais tarde naquela semana. Enquanto isso, antecipando as prioridades do Congresso, o FED declarou que iria complementar seus programas de empréstimo para grandes empresas com um Programa de Empréstimos a Empresas Comuns para fomentar pequenos e médios negócios.

Finalmente, como terceiro alicerce crucial dessa operação de apoio, o FED lançou todo o seu peso atrás dos mercados de dívida pública.

Os municípios estavam na linha de frente da luta contra o coronavírus, gerindo a resposta à pandemia e pagando por medidas de prevenção extraordinárias, enquanto enfrentavam uma queda vertiginosa na receita tributária. Em 23 de março, o FED anunciou mudanças tanto no Programa de Liquidez dos Fundos Mútuos do Mercado Monetário (MMLF, na sigla em inglês) como na Linha de Financiamento de Títulos Comerciais (CPFF, na sigla em inglês) para afrouxar o fluxo de crédito aos municípios. Em 9 de abril, isso iria desembocar no Programa de Liquidez Municipal, sob o qual o FED teoricamente destinava US$ 500 bilhões para amparar notas promissórias de curto prazo emitidas por grandes cidades, comarcas e estados.

Todos esses mecanismos eram medidas de fomento à confiança no sistema financeiro como um todo. Indiretamente, serviam para aliviar a pressão sobre o mercado de títulos do Tesouro. O FED não parou por aí. O meio mais direto de amparar o mercado por títulos do Tesouro era o FED comprá-los. No fim de semana de 20-21 de março, o Comitê de Open Market do FED já havia anunciado aquisições de US$ 500 bilhões de títulos do Tesouro e US$ 200 bilhões de títulos lastreados em hipotecas. Powell agora elevava até mesmo esse teto. Na manhã de 23 de março, o Comitê Federal de Open Market (FOMC, na sigla em inglês) declarou simplesmente que iria "adquirir títulos do Tesouro e créditos hipotecários de agência nas quantidades necessárias para apoiar um funcionamento fluente do mercado e a efetiva transmissão de política monetária a condições financeiras mais amplas e à economia".[55] Ao longo da semana seguinte, o FED comprou um espantoso total de US$ 375 bilhões em títulos do Tesouro e US$ 250 bilhões de títulos lastreados em hipotecas. No pico do programa, o FED estava comprando títulos à razão de US$ 1 milhão por segundo. Em questão de semanas, ele comprou 5% do mercado de US$ 20 trilhões.[56]

O efeito dessas intervenções sobre o mercado foi extraordinário. O dia 23 de março foi o ponto de inflexão. Assim que os investidores souberam que o emprestador e criador de mercado de último recurso estava em ação, a confiança retornou, o crédito fluiu e os mercados financeiros, particularmente nos Estados Unidos, começaram uma recuperação espantosa. Em meados de agosto, o S&P 500 havia recuperado todas as suas perdas desde fevereiro e começava uma subida recorde. Isso restituiu riqueza àquela pequena minoria que tinha um substancial esteio direto nos mercados financeiros. Ajudou a reanimar fortunas empresariais de modo mais generalizado, reanimando assim a economia. Se os mercados financeiros haviam sofrido um ataque cardíaco em março de 2020, a maior parte do mundo sofreu junto, mas os benefícios da recuperação foram distribuídos de modo desigual. No mundo todo, a riqueza dos bilionários cresceu US$ 1,9 trilhão em 2020, com US$ 560 bilhões desse montante beneficiando as pessoas mais ricas dos Estados Unidos.[57] Entre as contradições surreais e desconcertantes de 2020, destacaram-se a desconexão entre as altas finanças e as batalhas cotidianas de bilhões de pessoas mundo afora.

Nos anos que se seguiram ao estouro da bolha do dot.com de 2000-1, os gestores dos bancos centrais tinham se convertido de mestres de cerimônias a malabaristas cada vez mais frenéticos da liquidez. Foi Mario Draghi que forneceu em 2012 o mantra dos tempos: "Tudo o que for preciso". Bancos centrais baixavam a zero as taxas de juros. Engendravam o resgate de bancos em apuros. Proviam crédito barato para satisfazer necessidades de liquidez numa escala enorme. Compravam ativos para estabilizar mercados financeiros. Não obstante, com todo o radicalismo dessas intervenções, havia uma percepção de que elas não poderiam prosseguir para sempre. Deveria chegar um momento em que os balancetes seriam desemaranhados e as taxas de juros retornariam a algo próximo do normal. Quando Jay Powell, Andrew Bailey no Bank of England e Christine Lagarde no Banco Central Europeu foram escolhidos para chefiar seus respectivos bancos centrais, houve uma sensação de que eles pertenciam a uma geração pós-heroica. Depois das intervenções radicais do período entre 2008 e 2015, sua tarefa primordial era restaurar a ordem. Sua meta era a normalização.

Os tremores na economia mundial em 2019 já haviam colocado em questão a perspectiva de normalização. O ano de 2020 a derrubou por completo. Não apenas os bancos centrais agiram numa escala sem precedentes, como o fizeram com um entusiasmo que traía a desinibição crescente das décadas anteriores. Em 2008 ainda tinha havido uma nota de hesitação quanto às intervenções de bancos centrais. Em 2020 isso desapareceu. As plenas implicações da abertura das comportas monetárias ficariam claras nas semanas que se seguiram, à medida que a política fiscal se ajustava. Era ação de emergência da espécie mais radical. Mas o que, agora, era a normalidade?

7.
A economia respirando por aparelhos

Pouco antes da meia-noite de quarta-feira, 25 de março de 2020, o Senado dos Estados Unidos aprovou por unanimidade o Coronavirus Aid, Relief and Economic Security Act, também chamado de Lei Cares. Tinham sido consumidas duas semanas de negociações, mas a cindida comunidade política dos Estados Unidos concordara em criar uma conta abrangente de gastos extras, corte de impostos e alocações de financiamento, no valor de US$ 2,2 trilhões, ou 10% do PIB dos Estados Unidos.[1] Era a dose mais forte de amparo fiscal jamais fornecida a uma economia — em qualquer lugar, em qualquer tempo.

Na primavera de 2020, os norte-americanos foram mais longe do que qualquer um, mas não estavam sozinhos. Em abril, o FMI estimou que o esforço fiscal total em âmbito mundial, sob todas as formas, chegava a US$ 8 trilhões. Em maio, o banco revisou essa cifra para US$ 9 trilhões e em outubro para espantosos US$ 12 trilhões. Em janeiro de 2021, o total alcançou US$ 14 trilhões.[2] Isso era amplamente maior que o estímulo que se seguiu à crise bancária de 2008. A escala dessas despesas e do alívio tributário em 2020 foi crucial para mitigar o desastre social que, caso contrário, poderia ter resultado das paralisações. Era de fato uma escala que justificava as falas sobre economias de guerra e um novo contrato social. À medida que os orçamentos governamentais cresciam e os bancos centrais empreendiam intervenções de estímulo, parecia que a política monetária e a política fiscal estavam sendo entrelaçadas intimamente como não acontecia desde a Segunda Guerra Mundial.[3] Os bancos centrais tinham feito seu trabalho em março ao estabilizar os mercados de títulos do Tesouro. Agora era a hora de uma política fiscal assumir o protagonismo.[4] Eram as autoridades de saúde pública e os governos eleitos que estavam alocando recursos, estabelecendo prioridades no enfrentamento das consequências sociais e econômicas da crise.

Tais comparações com o apogeu do keynesianismo de meados do século passado captam, sem dúvida, o drama do momento. Expressam o desejo de muitos, tanto na esquerda como na direita, de retorno àquele momento em que a economia nacional foi constituída pela primeira vez como uma entidade integrada e governável. Como demonstrava a implosão interconectada de procura e oferta, as conexões macroeconômicas eram muito reais. Mas, como moldura para ler a resposta à crise em 2020, essa reciclagem corria o risco do anacronismo. A síntese fiscal-monetária de 2020 era uma síntese para o século XXI.[5] Se por um lado subvertia as panaceias do neoliberalismo, notadamente no que se refere à escala das intervenções governamentais, estava enquadrada pelos legados neoliberais, sob a forma de hiperglobalização, estados de bem-estar social frágeis e atenuados, profunda desigualdade social e econômica, bem como desmesura e influência arrogantes das finanças privadas.

A resposta fiscal ao coronavírus era uma expressão notável de desenvolvimento desigual e combinado. Por um lado, uma vez que virtualmente todos os países do mundo aderiram ao movimento coletivo de paralisação, praticamente cada uma das nações se envolveu também em gastos de crise. Por outro lado, as quantias que eles tinham condições de mobilizar variavam imensamente. De acordo com o FMI, até outubro de 2020 as economias avançadas geriram, em média, um esforço fiscal discricionário de quase 8,5% do PIB. A média para os países de mercado emergente e renda média ficou um pouco abaixo de 4%. Os países de baixa renda em geral mobilizaram menos de 2% do PIB para medidas contra o coronavírus.[6]

No interior de cada uma dessas largas faixas havia variações. O empobrecido Haiti lançou um programa de estímulo que chegou a 4% do PIB.[7] Em 21 de abril, o governo da África do Sul lançou um pacote substancial de US$ 29,9 bilhões concentrado em gastos de saúde, alívio financeiro aos municípios e um sistema de subvenções sociais para os mais pobres. No outro extremo, a Nigéria, castigada pelo colapso nos preços do petróleo, destinou apenas 1,5% de seu PIB a gastos públicos e cortes de impostos. Isso incluía um programa de auxílio de 50 bilhões de nairas (US$ 128 milhões), que pagava 20 mil nairas (US$ 52) para 3,6 milhões de famílias mais vulneráveis.[8] Era uma gota de alívio num país em que 87 milhões de pessoas vivem com menos de US$ 1,90 por dia, o maior número de indivíduos em extrema pobreza do mundo.[9] Entre os grandes mercados emergentes, a Índia e o México destacam-se pelo nível mais baixo de estímulos fiscais em 2020. A resposta do Brasil à crise, por contraste, pode ser comparada com a dos países mais ricos do mundo.

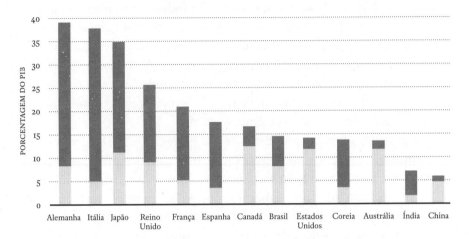

Esforço fiscal do G20 na primeira fase da crise da Covid-19.   Fonte: Pesquisa do Deutsche Bank, dados do FMI em 11 set. 2020.

A Europa foi uma das surpresas de 2020. Depois da crise da Zona do Euro, a União Europeia tinha sido a garota-propaganda da austeridade. Isso deixara um legado amargo particularmente na França e no sul da Europa.[10] Em 2020, duramente atingidos pelo coronavírus, governos de todas as colorações políticas Europa afora abriram as torneiras. Os números são favorecidos por uma pesada dependência de garantias de empréstimos. Isso não envolvia despesa imediata, mas uma promessa de cobrir as perdas em empréstimos para empresas. No Reino Unido, as garantias chegaram a cerca de 15% do PIB. Na Alemanha, em 2020, totalizaram mais de 30%.[11] Feitas as ressalvas, porém, a mudança de posição era notável.

Dado o equilíbrio de poder dentro da União Europeia, era crucial que a Alemanha saísse na dianteira. No governo final de Grande Coalizão de Merkel, o veterano conservador Wolfgang Schäuble foi substituído como ministro das Finanças por Olaf Scholz, um pragmático social-democrata.[12] Já no fim de fevereiro ele se manifestou a favor de suspender o equilíbrio orçamentário alemão, imposto pela Constituição, de modo a permitir que governos regionais da Alemanha respondessem à crise.[13] Em 25 de março, ao mesmo tempo que o Congresso votava seu histórico pacote, o Bundestag aprovou um orçamento suplementar de 123 bilhões de euros, que, junto com as garantias de empréstimos, forneceu um amparo de 750 bilhões de euros à economia alemã.[14] Isso foi seguido em junho por um segundo pacote de 130 bilhões de euros destinado a impulsionar o investimento público e tirar o peso dos orçamentos de governos locais, liberando recursos para melhorar a infraestrutura local.[15] Isso não apenas forneceu estímulo à maior economia da Europa, como Berlim estava dando um sinal verde para o resto do continente fazer o mesmo. Quando Bruxelas suspendeu as leis orçamentárias que restringiam os déficits de todos os membros da Zona do Euro, Berlim não levantou objeções.

A pandemia silenciou amplamente os argumentos de risco moral contra subsídios e gastos de bem-estar social. Nenhuma empresa ou governo poderia ser acusado de trazer a pandemia contra si. Quando o ministro das Finanças holandês quis saber por que os balanços orçamentários de alguns governos europeus não estavam mais fortes antes da crise, seus comentários foram rechaçados como repugnantes pelo primeiro-ministro de Portugal, António Costa.[16] A Covid não era um tropeço normal para o qual seria razoável fazer preparativos orçamentários de longo prazo. O sapato da argumentação estava agora no outro pé. Se a Itália e a Espanha estavam particularmente vulneráveis à pandemia, era porque uma década de austeridade havia solapado seus sistemas públicos de saúde. O ministro da Saúde de Angela Merkel, o ambicioso Jens Spahn, viu-se embaraçado por sua defesa pré-crise dos cortes no "excesso" de capacidade hospitalar. Em 2020, essa capacidade foi de grande valia para a Alemanha.[17] No verão, o argumento de que a pandemia era um desafio historicamente novo legitimaria a União Europeia a dar um salto para um novo sistema de financiamento coletivo.

Se a Europa foi mais ativista em 2020 do que em 2008, o inverso foi verdade com relação à China. Em 2008 a China lançara o que, em termos relativos, tinha sido um estímulo imenso. Em 2020, com a epidemia sob controle e um olho no excesso de investimento e de endividamento do passado, Pequim foi mais contida. O pacote fiscal anunciado nas "duas sessões", em maio de 2020, chegava a RMB 3,6 trilhões (c. US$ 550 bilhões), ligeiramente menor que os RMB 4 trilhões introduzidos depois da crise financeira de 2008, naquilo que era uma economia muito maior. No fim de 2020, o empenho fiscal total era estimado em 5,4% do PIB, dos quais 2,6% eram de apoio ao investimento, particularmente em âmbito local. Diferente do Ocidente, transferências diretas para famílias não desempenharam papel algum na recuperação da China. Assim como em 2008, o estímulo maior não veio por meio de despesa fiscal orçamentária, mas mediante os assim chamados "bancos de investimento". No mês de março, os empréstimos deles, de acordo com a mensuração que os chineses chamam de Financiamento Social Total, atingiram um recorde de RMB 5,15 trilhões.[18]

Em meio ao drama das paralisações impostas pelo coronavírus, a imagem mais comum invocada para justificar o aumento de gastos era a da economia de guerra. Xi, Macron, Modi e Trump, todos eles falavam de guerra. "Somos uma nação em guerra contra forças invisíveis. A situação que estamos enfrentando agora não tem precedentes na história", declarou num comunicado na televisão o primeiro-ministro Muhyiddin Yassin, da Malásia.[19] O primeiro-ministro Giuseppe Conte, da Itália, evocou a "hora mais escura", de Churchill.[20] Na mídia de finanças, havia discussões sérias sobre como requisitar que as fábricas produzissem EPIs (equipamentos de proteção individual) e respiradores.[21]

Por mais tentadora que pudesse ser a analogia com a guerra, não era adequada para a situação de 2020. O problema não era como mobilizar exércitos. O desafio era desmobilizar a economia e manter as pessoas em casa. Mesmo no interior do sistema de saúde, os cuidados e procedimentos não emergenciais foram suspensos. O que se necessitava não era estímulo ou mobilização, mas manter a vida.

É essa modalidade particular de emergência que ajuda a explicar a escala enorme do programa norte-americano. A Lei Cares tinha que ser bastante ampla porque o tecido social dos Estados Unidos se baseia em trabalho e emprego. Seu sistema de bem-estar social, por contraste, é frágil, puído por anos de ataques ao setor público.

Como definiu vigorosamente o jornalista Eric Levitz:

> Crescimento constante do PIB é a fita adesiva que mantém colada essa ordem social mal-ajambrada na qual os norte-americanos de baixa renda têm pouca ou nenhuma poupança para emergências, muitos benefícios assistenciais são incertos e voltados só para o desemprego, e a gasta rede de segurança é remendada e desigual desde a concepção. Essa

geringonça econômica desequilibrada, banhada a ouro, pode passar por mecanismo seguro quando há bom tempo; mas tente manobrá-la em meio à maior tempestade epidemiológica em um século e ela começa a se despedaçar.[22]

Uma sociedade com esse sistema remendado e minimalista de seguro-desemprego, no qual milhões se esforçam para fazer o salário chegar ao fim do mês, sem a proteção de licenças remuneradas, em que dezenas de milhões de crianças dependem da escola para comer, não pode parar com facilidade. Se o faz, as pessoas precisam imediatamente de ajuda. Por falta de estruturas de mercado de trabalho, porém, há meios limitados de distribuir tal apoio.[23]

Em março e abril, à medida que o mercado de trabalho implodia, o estado de espírito em boa parte dos Estados Unidos passou a ser de um mal contido pânico. Dado o caráter do governo Trump e a extrema polarização da política norte-americana, uma resposta governamental apropriada não era algo que pudesse ser tomado como certo. Em 2009, os republicanos do Congresso haviam votado quase sem exceção contra as medidas do governo Obama de enfrentamento da crise. Em 2020, os astros políticos se alinharam de modo bem diferente. A eleição ainda estava à frente. Os republicanos tinham seu próprio homem na Casa Branca. Se quisessem aprovar uma lei de estímulo, teriam que se entender com os democratas. Isso não impediu conservadores contumazes como Lindsey Graham de tentar barrar o auxílio coronavírus de US$ 600 suplementares por semana aos desempregados, que ele considerava excessivo. No verão, os argumentos de Graham ganhariam ímpeto. Em março ele foi ignorado. A lógica política do momento era aditiva, e não subtrativa. Em 2009, os gestores políticos de Obama insistiam que não podiam chegar a US$ 1 trilhão por temor de causar um "choque pelo valor exorbitante".[24] Em março de 2020, as manchetes iniciais falavam em US$ 2,2 trilhões. A verba final sob a chamada Lei Cares chegaria a US$ 2,7 trilhões, quase três vezes o estímulo de Obama de 2009. Em seu pico, na semana que terminou em 1º de maio, o governo federal estava injetando US$ 200 bilhões por semana na economia. O grau de despesas de emergência não foi menor que US$ 50 bilhões semanais até a terceira semana de maio.[25]

Se as piores previsões de março e abril não chegaram a acontecer, foi em parte por causa da escala dessas intervenções. Os pacotes fiscais de

2020 não foram estímulos no sentido convencional. Dadas as dificuldades de oferta devidas à paralisação geral, eles não tinham como gerar o efeito múltiplo que normalmente se poderia esperar. O que eles de fato fizeram foi prover segurança de renda e manter a demanda naquelas áreas da economia que ainda estavam funcionando.

Graças aos novos *micro data sets* (conjuntos de dados), podemos reconstituir dia a dia o impacto dos auxílios durante a crise do coronavírus sobre a poupança e as despesas.[26] O efeito mais importante foi simplesmente que a renda à disposição das famílias foi robustecida. Isso deu a famílias sobrecarregadas a confiança de que poderiam pagar as contas e o aluguel, pelo menos por alguns meses. Dívidas de cartão de crédito foram saldadas. Nos Estados Unidos, cidadãos de renda mais baixa enfurnaram seus auxílios emergenciais e pagaram dívidas, antecipando dias duros vindouros. Famílias de renda mais alta ficaram com o dinheiro paralisado, sem condições de esbanjá-lo em viagens de lazer e jantares. Mesmo com um cheque de estímulo nas mãos, ninguém estava ávido para ir ao cabeleireiro, ao salão de beleza ou ao tintureiro. Em abril, a média de poupança individual nos Estados Unidos saltou de 8% em 2019 para 32,2%, a mais alta cifra já registrada.[27] Na Europa, a média de poupança individual subiu a 24,6% no segundo trimestre de 2020, contra 13,1% no mesmo período de 2019.[28] À medida que os fundos de estímulo da Lei Cares eram gastos, tendiam a ir para mercadorias caras de consumo doméstico, beneficiando grandes varejistas online e vastas cadeias de suprimentos, em vez da economia local. Como resultado, os benefícios do estímulo norte-americano não ficaram restritos aos Estados Unidos. Conforme se aprofundava a crise, o déficit comercial norte-americano aumentava. Com todo o nacionalismo econômico de Donald Trump, em 2020 os Estados Unidos fizeram sua parte para a demanda global.

Dada a escala das intervenções fiscais em 2020, se tivesse havido vontade política não seria descabido falar sobre um novo, ou ao menos renovado, contrato social.[29] Havia elementos no gigantesco fluxo de dinheiro que eram sem dúvida uma novidade. O modelo de redução de jornada adotado pioneiramente na Alemanha e na Dinamarca mostrou-se viável em países como o Reino Unido, a Espanha e a Itália. Ele punha uma ênfase sem precedentes na manutenção de vínculos empregatícios. Estender esse privilégio a trabalhos "não convencionais" era uma ampliação significativa do sistema de bem-estar social, mesmo sendo incompleto e endossando relações de emprego altamente desiguais. Na OCDE como um todo, vários tipos de planos de manutenção do emprego sustentaram 50 milhões de empregos, dez vezes mais do que durante a crise financeira global de 2008-9.[30] Japão, Canadá e Austrália instauraram novos planos. Na Nova Zelândia, cadastramentos para inclusão no plano de manutenção do emprego estenderam-se a dois terços de toda a força de trabalho.

Embora a lei norte-americana Cares fosse uma improvisação fugaz e emergencial, constrita pelas limitações da administração pública dos Estados Unidos, ela teve, à sua maneira, implicações ainda mais dramáticas. Ainda que não tenha construído novas estruturas nem solidificado as frágeis instituições do mercado de trabalho norte-americano, a mera escala de gastos era atordoante.[31] Um dos grandes fatores da extrema desigualdade de renda que distingue os Estados Unidos de outros países ricos é seu sistema mesquinho de bem-estar. Em 2020, por um breve momento, isso mudou.

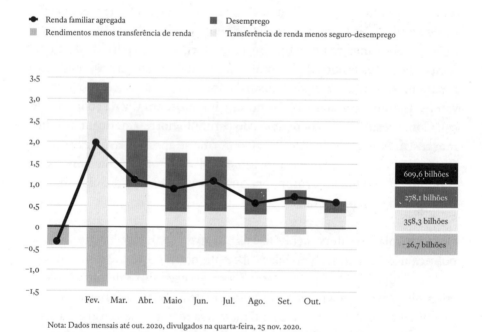

Rendimento familiar disponível nos Estados Unidos.   Fonte: Baseado em Mizuho Securities, BEA.

Graças à combinação de cheques de estímulo e seguro-desemprego reforçado, muitos milhões de norte-americanos que perderam seus empregos viram sua renda crescer. Mesmo com o grande aumento do desemprego, o rendimento disponível dos norte-americanos se elevou.[32] Não chega a ser um exagero dizer que a Lei Cares foi a primeira experiência norte-americana desde os anos 1960 com o bem-estar social numa escala compatível com um país rico. Isso iria horrorizar os conservadores. Eles se queixavam da perda de incentivo para trabalhar. Isso era atribuído sobretudo ao aumento dos benefícios do seguro-desemprego. Os cheques de estímulo da Lei Cares, por outro lado, poderiam facilmente ter sido motivo de celebração no campo conservador. Não apenas porque o nome do seu presidente estava nos cheques. Aquilo não era o *welfare state* das antigas. Proporcionado a todo mundo abaixo de certo nível de renda, era "*welfare* (bem-estar) sem o *welfare state*" — amparo financeiro, livre de qualquer aparato estatal intrusivo, prescritivo, burocrático ou paternalista.[33] Era o tipo de bem-estar social que Milton Friedman teria apoiado, um trampolim rumo a uma renda básica universal tal como defendida por figuras como o candidato do Partido Democrata Andrew Yang. Havia todo tipo de coisas que você podia fazer com seu cheque de estímulo. Você era livre para escolher.

Apesar desses elementos inovadores, não havia, porém, como disfarçar o fato de que a lógica básica das intervenções fiscais em 2020 era conservadora. Virtualmente nenhum dos políticos que votaram a favor do enorme gasto havia começado o ano planejando mudar a sociedade. Quando se pensa em política fiscal, é tentador associá-la com engenharia de redistribuição e transformação social. Em geral o efeito concreto de sistemas tributários e de previdência em todos os países é reduzir a desigualdade pelo menos em algum grau. A previdência social pode, contudo, cumprir uma função conservadora. Na verdade, o propósito histórico do estado de bem-estar social, tal como emergiu na Alemanha bismarckiana nos anos 1880, era precisamente este: preservar a hierarquia de status social em meio às vicissitudes da doença, da velhice e, por fim, do desemprego.[34] Essa era a lógica principal dos gastos em 2020. A crise afetava toda a economia. Não havia um culpado. Todos deveriam ficar sãos. De modo que o número de requerentes potenciais de apoio estatal explodiu. A União Europeia suspendeu suas normalmente rígidas regras sobre ajuda estatal.[35] Organizações como a OCDE se esforçavam por se manter atualizadas sobre a confusão de suspensões de impostos, empréstimos e subsídios.[36]

Pequenas empresas eram beneficiárias preferenciais de subsídios, empréstimos e suspensão de impostos. No Canadá, garantias estatais eram fornecidas a todos os empréstimos para pequenos negócios, mas também 80% de garantias para empréstimos bancários de até 6,25 milhões de dólares canadenses para firmas mais abastadas. A Coreia do Sul propiciou reduções de impostos para pequenas empresas que funcionavam em áreas atingidas fortemente pela pandemia. Os pagamentos de VAT (Value Addet Tax, imposto sobre valor agregado) foram reduzidos drasticamente. Outros impostos foram adiados. A Noruega forneceu subsídios a firmas em todos os setores, exceto energia, finanças e indústrias de utilidade pública, para cobrir custos operacionais. Nos Estados Unidos, dos US$ 2,7 trilhões apropriados pelo Congresso sob a Lei Cares, apenas US$ 610 bilhões, menos de um terço, foram usados para suprir pagamentos de seguro-desemprego e estímulo a famílias. Foram separados US$ 525 bilhões para amparar grandes empresas de todos os tipos. Foram reservados US$ 185 bilhões a operadoras de saúde. Uma cota de US$ 600 bilhões foi destinada ao apoio a pequenos negócios.

Com US$ 669 bilhões, o Programa de Proteção à Folha de Pagamento foi o elemento maior na Lei Cares. Fornecendo empréstimos perdoáveis a empresas com quinhentos empregados ou menos que mantiveram seus trabalhadores durante a crise, era o mais próximo que os Estados Unidos poderiam chegar de um esquema de licença remunerada de estilo europeu. As evidências sugerem que as firmas que se candidataram aos empréstimos perdoáveis eram aquelas que sabiam que não iriam dispensar trabalhadores. Era, portanto, equivalente a uma subvenção sem ônus. Tudo somado, o Programa de Proteção à Folha de Pagamento pode ter sustentado 2,4 milhões de empregos, ao custo de US$ 224 mil por emprego.[37] Aqueles que defendiam o esquema assim o faziam explicitamente com o argumento de que era tanto um apoio aos donos de empresas como a seus trabalhadores.[38]

Nessa miscelânea de subsídios havia pouco raciocínio estratégico. Havia apelos para uma política ativista ambiental, mas eles só ganharam força no verão, quando a primeira onda da pandemia havia passado.[39] Até então, centenas de bilhões foram drenados para as companhias aéreas e para a indústria de combustíveis fósseis. Nos Estados Unidos, US$ 61 bilhões foram alocados para amparar a indústria da aviação e sua força de trabalho.[40] No conjunto da OCDE, em agosto de 2020, o apoio governamental ao setor aéreo chegava a US$ 160 bilhões, dos quais um quarto era para pagar salários e o resto assumia a forma de subsídios diretos, participação acionária ou empréstimos.[41]

Enquanto isso, embutidos despercebidamente na volumosa legislação de estímulo estavam pequenos mas significativos decretos oriundos de lobbies que rendiam retornos descomunais. Em 2017, o governo Trump e o Partido Republicano haviam aprovado um enorme corte de impostos que beneficiou predominantemente os de mais alta renda. Para conquistar uma maioria no Congresso, eles tinham sido obrigados a aceitar restrições técnicas que limitavam, por exemplo, as deduções acessíveis às maiores firmas aos juros que elas pagavam sobre dívidas, ou a extensão máxima em que perdas empresariais podiam ser contrapostas a ganhos de capital em carteiras de ações. Na Lei Cares de 2020, essas limitações foram suspensas. A benesse, exclusivamente para empresas de capital privado, famílias que recebem mais de US$ 500 mil por ano e firmas com movimentação anual superior a US$ 25 milhões chegava a US$ 174 bilhões.[42]

Se subsídios e reduções de impostos proporcionavam ganho fácil, os programas de despesas desencadeados pela emergência da Covid também ofereciam ricas oportunidades para lucrar. Sistemas totalmente ineficazes de testagem e monitoramento tornaram-se uma notória perda de tempo.[43] No Reino Unido, uma "faixa VIP" direcionava empresas com bons contatos para o início da fila quando se tratava de contratos de crise. Uma investigação do *New York Times* descobriu que dos 1200 contratos do governo central, no valor de aproximadamente £ 16 bilhões (US$ 22 bilhões), metade foram para firmas comandadas por amiguinhos do Partido Conservador, com qualificações inadequadas ou o que se definia educadamente como "um histórico de controvérsias". Firmas menores não tinham sequer a chance de concorrer.[44]

A despeito de toda a conversa sobre um novo contrato social e a escala de gasto público, a política fiscal do coronavírus era um reflexo de interesses e desigualdades preexistentes, tanto quanto qualquer outra área da ação governamental. Se os Estados Unidos não tinham um sistema de seguro-desemprego adequado, não era por acidente, afinal de contas. Se trabalhadores informais imigrantes ficaram de fora dos sistemas de licença remunerada, não foi surpresa. Cada detalhe dos programas trilionários revela a marca da desigualdade, mas, por mais reveladora que seja tal investigação forense, para compreender plenamente a economia política da resposta à crise precisamos recuar mais e perguntar como a resposta fiscal foi financiada. Como a política fiscal e monetária, os tesouros públicos e bancos centrais cooperaram para possibilitar que os programas fossem em frente?

À medida que o gasto público crescia e as receitas tributárias entravam em colapso, os governos mundo afora passaram a emitir um volume enorme de dívidas. Entre janeiro e maio de 2020, a OCDE estimou que a emissão total de dívidas por governos de economias avançadas chegou a US$ 11 trilhões. Até o final do ano, o total chegaria a US$ 18 trilhões. Desse vasto montante, os Estados Unidos respondiam por cerca de 67,5% e o Japão, por 10%, e o resto era dividido entre os países europeus.[45]

Foi o aumento mais espetacular da dívida registrado em tempos de paz. Segundo preconcepções convencionais, uma inundação de dívidas públicas nessa escala impunha um desafio gigantesco ao equilíbrio entre poupança privada e investimento privado. Os empréstimos tomados pelos governos iriam sugar escassas poupanças para fora da economia, elevando as taxas de juros, desse modo puxando para baixo o investimento privado. Esse era o complemento econômico da ingênua visão conservadora do estado de bem-estar social como algo feito para os pobres e o governo como uma extorsão empreendida por servidores públicos às expensas do resto da sociedade. O que a política fiscal dava, o aperto financeiro tiraria.

Se essa lógica se sustentasse, 2020 deveria ser um momento de gigantesca queda de investimentos privados. Na verdade, foi o oposto. Um enorme aumento da dívida coincidiu com um colapso histórico nas taxas de juros tanto para tomadores públicos como para tomadores privados de empréstimos. Em 2020, em toda a OCDE, quase 80% dos títulos do governo foram emitidos com rendimento inferior a 1%. Vinte por cento foram emitidos a taxas negativas, mais de 50% na Zona do Euro e 60% no Japão.[46] Mesmo com os déficits explodindo, a parcela de serviço da dívida nos gastos públicos caiu. Apesar de ser tomadores de empréstimos excepcionalmente pesados, o Canadá, os Estados Unidos e o Reino Unido viram, todos eles, seus custos de empréstimos despencar. Ao longo da primeira metade de 2020, o governo alemão, que emite dívidas a taxas negativas, estava na expectativa de receber 12 bilhões de euros para deter o dinheiro de investidores inquietos.[47] Ao mesmo tempo, os ganhos com títulos de empresas com grau de investimento nos Estados Unidos estavam em baixas não vistas desde os anos 1950.[48]

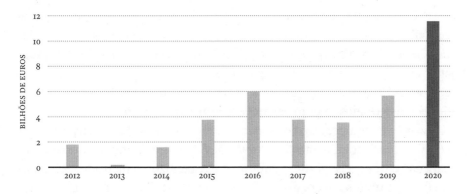

Receita do governo federal alemão com a venda de títulos a taxas de juros negativas (em bilhões de euros).

O ano de 2020 foi extremo, mas o fato de as taxas de juros caírem enquanto as dívidas subiam não era na verdade uma nova tendência. Ao longo das décadas recentes, mesmo enquanto a dívida pública estava numa subida secular, as taxas de juros vinham se movendo na direção oposta. Esse foi um dos fenômenos que levaram Larry Summers a sugerir em 2003 que estávamos vivendo numa era de estagnação secular.[49] Em conformidade com o esquema básico de oferta e procura, Summers argumentava que se o preço dos fundos e a taxa de juros estavam em queda, isso se devia a um desequilíbrio. Ou havia poupança demais ou investimento de menos. Em qualquer dos casos, era um bom momento para o investimento governamental assumir o comando. Havia pouco motivo para se preocupar com o nível da dívida. Como notara já em 2013 Olivier Blanchard, então economista-chefe do FMI, enquanto as taxas de juros permanecessem abaixo da taxa de crescimento, qualquer peso de dívida seria em última instância suportável.[50]

Na primavera de 2020, Summers e Blanchard colocaram seu peso em apoio a uma política fiscal ativa e contra o pânico da dívida.[51] Isso foi útil, mas se alguém quisesse explicar o notável colapso das taxas de juros em 2020, explicações de procura e oferta de longo prazo tinham seus limites. O ponto crucial em que se concentrar não eram tendências seculares, mas o efeito imediato da crise sobre o fluxo de fundos no seio da economia. À medida que os gastos despencavam e a renda proveniente de estímulos fluía, os bancos se abarrotavam de depósitos. O mesmo valia para veículos de investimento como fundos mútuos. Empresas estavam acumulando dinheiro, puxando para baixo as linhas de créditos de suas conexões bancárias, mas não gastando os lucros nem expandindo a produção.

Esses depósitos tinham que ser postos em algum lugar. Uma vez que os bancos centrais haviam estabilizado os mercados em março, fundos mútuos no mercado monetário eram um porto seguro em termos de escolha. Em julho, seus ativos sob gestão tinham saltado para US$ 4,7 trilhões no verão de 2020. Eles compraram a parte do leão dos US$ 2,2 trilhões em títulos emitidos pelo Tesouro dos Estados Unidos na primeira metade de 2020 para financiar seus déficits.[52]

Ao mesmo tempo, na ponta longa do mercado de títulos, foram os bancos centrais que fizeram o trabalho. A enorme onda de compras de dívidas pelos bancos centrais desencadeada em março estabilizou o mercado, elevou os preços dos títulos governamentais e puxou para baixo o rendimento, a efetiva taxa de juros. Nos últimos dias de março, o FED estava comprando títulos do Tesouro e títulos lastreados em hipotecas à razão de aproximadamente US$ 90 bilhões por dia. O Banco Central Europeu, o Banco do Japão e o Bank of England estavam todos no mercado. Suas compras combinadas eram duas vezes e meia maiores do que em qualquer ano depois da crise de 2008.

Assim, a resposta mais sucinta à questão de como os épicos déficits governamentais poderiam ser financiados sem elevar taxas de juros era de que um braço do governo, o banco central, estava comprando a dívida emitida por outro braço do governo, o Tesouro.

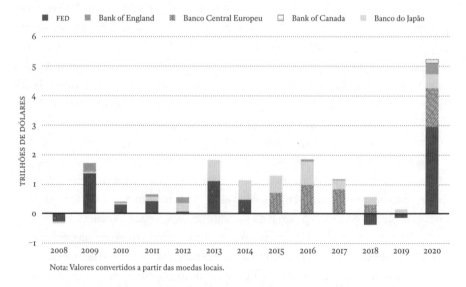

Bancos centrais incrementaram a compra de ativos para sustentar respostas dos governos à pandemia. Fonte: Dados compilados por *Bloomberg*. Disponível em: <https://www.bloomberg.com/graphics/2021-coronavirus-global-debt/>.

Os bancos centrais, em geral, não compravam a dívida diretamente. Eles compravam os títulos de bancos e fundos de investimentos. O que o banco central dava em troca era "dinheiro", o que, numa era de operações bancárias eletrônicas, significava lançamentos digitais de depósitos de reserva no banco central. Para garantir que esses fundos permanecessem quietos, os bancos centrais pagavam juros sobre as reservas. Era um mecanismo indireto, mas o efeito concreto foi que em 2020 os bancos centrais dos dois lados do Atlântico estavam monetizando a dívida governamental numa escala gigantesca. De fato, no caso do Reino Unido, havia uma correlação embaraçosamente íntima entre a necessidade de financiamento do governo e as compras adicionais de dívidas pelo Bank of England.[53]

A constelação de deflação, baixas taxas de juros, grandes déficits governamentais e compra de títulos pelo banco central havia surgido primeiro no Japão nos anos 1990. Depois de 2008 ela se tornou comum também na Zona do Euro e nos Estados Unidos — embora nos Estados Unidos a tendência deflacionária fosse menos pronunciada. A política do banco central de comprar títulos do governo ficou conhecida como Quantitative Easing (Flexibilização Quantitativa).

Era uma cena desnorteante, porque enquanto os bancos centrais permaneciam como o ator principal do drama, eles estavam fazendo exatamente as coisas cuja proibição foi determinante para a constituição da independência dos bancos centrais nos anos 1970 e 1980. Na era da revolução do mercado, a missão dos bancos centrais tinha sido a de combater a inflação. Naquela batalha era tomado como um axioma que os gestores de bancos centrais deveriam se recusar a monetizar déficits governamentais. A proibição chegou a ser escrita nos estatutos de fundação do Banco Central Europeu. Não obstante, a partir de 2015, o BCE, assim como suas instituições congêneres mundo afora, havia comprado títulos em enorme escala. Isso desencadeou um impasse legal que atingiu sua culminação na corte constitucional alemã em maio de 2020. O que não desencadeou foi a inflação. Era necessário mais do que lançamentos no balancete do banco central para ressuscitar um movimento geral de elevação dos preços e salários.

A mudança de um mundo em que a independência do banco central estava fundada em *não* comprar dívidas governamentais para um mundo em que os bancos centrais pelo mundo afora armazenavam trilhões de dólares em dívidas era desconcertante. E mais ainda porque isso acontecia tacitamente, sem um reconhecimento franco da transformação. Como se expressou Paul McCulley, ex-economista-chefe da casa de títulos gigante Pacific Investment Management (Pimco): "Tivemos uma fusão de política monetária e política fiscal. Derrubamos a separação Igreja-Estado entre as duas [...]. Não houve declaração nenhuma a esse respeito. Mas seria surpreendente se houvesse uma declaração. A coisa simplesmente é feita".[54]

Se era uma revolução, que tipo de revolução era essa e para quem? "Simplesmente fazer", sem declaração, deixava essas perguntas abertas à discussão. Bancos centrais viam-se no centro de uma especulação febril sobre seu verdadeiro papel e seu papel possível.

Uma interpretação óbvia era de que a monetarização de um gasto público gigantesco em estímulos era o triunfo tardio e caducado havia muito tempo do keynesianismo radical, um retorno à lógica das chamadas finanças funcionais, enunciada pela primeira vez na Segunda Guerra Mundial.[55] A entusiástica nova escola de Teoria Monetária Moderna ganhou proeminência na esteira de Bernie Sanders e sua revitalização da esquerda norte-americana.[56] No Reino Unido, havia nos círculos em torno do Partido Trabalhista de Jeremy Corbyn conversas sobre "Flexibilização Quantitativa do Povo" e experimentos radicais com "dinheiro de helicóptero".[57]* Se os gastos governamentais, seja em políticas sociais ou em redução de impostos, eram financiados por dívidas compradas em última instância pelo banco central, por que não excluir o setor financeiro e simplesmente equipar cada cidadão com uma conta no banco central? Desse modo você poderia despejar dinheiro nessas contas numa intervenção fiscal-monetária combinada e direta. Como iria admitir Ben Bernanke depois de se aposentar, o principal problema de uma política assim não era "sua lógica econômica, mas sua legitimidade política".[58] O risco era de que se abusasse do poder do banco central de imprimir dinheiro. Também para isso havia uma solução. Em 2019, um comitê que incluía um dos mais eminentes gestores de banco central de sua geração, Stanley Fischer, baseado na gigantesca operadora de investimentos BlackRock, recomendou que, em vez de converter os banqueiros centrais em facilitadores de políticas fiscais decididas pelos políticos, os gestores de bancos centrais

---

* Tradução literal de "*helicopter money*", expressão que designa transferência direta de moeda pelo poder público para os agentes econômicos. [N.T.]

independentes deveriam ser providos de uma capacidade fiscal própria e permanente.[59] Em tempos de crise, o banco central atuaria como uma autoridade fiscal autônoma.

Poder-se-ia esperar talvez que os mercados fossem agitados por esse tipo de pensamento especulativo sobre política monetária e fiscal. Gestores financeiros, porém, não são sentimentais.[60] A dívida governamental é o combustível poderoso do mercado financeiro. Se a gestão das imensas quantidades de títulos do Tesouro demandava uma cooperação íntima entre bancos centrais e Tesouros, que assim fosse. O suprimento de dinheiro poderia estar sendo inflado, de acordo com algumas medições estatísticas, mas não se podia levar a sério o risco de inflação. Desde os anos 1980 não houvera uma ameaça real proveniente da força dos sindicatos, de greves e da espiral salarial. Houve algumas cassandras que alertaram que fatores demográficos acabariam por deslocar o equilíbrio do capital de volta para o trabalho, mas essa era uma perspectiva distante.[61] Por enquanto, 2020 era a continuação sob forma extrema do "novo normal" dos últimos dez anos. Quando, no final de 2020, o *Financial Times* inquiriu em Londres influentes do mercado de títulos sobre como interpretavam a ação do banco central desde o início da crise do coronavírus, a maioria esmagadora estava convencida de que o papel principal do Bank of England tinha sido o de fazer "flexibilização quantitativa fiscal", isto é, absorver e monetizar a dívida governamental.[62]

Revoluções são momentos com final em aberto, e o que as define em parte é que os protagonistas divergem sobre sua interpretação, e isso com certeza valeu para a política dos bancos centrais no século XXI. A escala da monetização não podia ser negada. Tampouco o fato das taxas de juros baixas, ou da inflação baixa, ou mesmo o fato de que doutrinas heréticas haviam adquirido um forte apelo na mente do próprio mercado. Isso tornava mais ainda surpreendente que o único grupo a recusar a interpretação da "flexibilização quantitativa fiscal" fossem os gestores de bancos centrais que supostamente a estavam pondo em prática.

Os bancos centrais não negaram que houve uma mudança radical. Eles tinham abandonado seu papel de impositores de austeridade fiscal, um papel que tanto o Banco Central Europeu como o Bank of England ainda estavam exercendo após a crise do Lehman. Em 2020, os banqueiros aplaudiram enfaticamente os gastos governamentais em resposta à crise do coronavírus. Compraram a dívida em quantidades enormes, mas insistiam quem isso nada tinha a ver com financiar o governo. Dominância fiscal eles não admitiriam.[63] Mesmo em 2020, isso ainda tinha um gosto do temido "dinheiro democrático" de que falava Rudi Dornbusch. A lógica à qual os gestores de bancos centrais preferiam se subordinar era a do sistema financeiro.

O enorme aumento das compras de títulos por bancos centrais começara em março, em reação à turbulência nos mercados de dívida soberana, mas o objetivo, insistiam os gestores de bancos centrais, não era flexibilizar o financiamento governamental, mas estabilizar mercados de repos e a montanha de dívidas privadas que estavam acumuladas neles.[64] Na prática, isso significava drenar títulos do Tesouro pelos quais não havia comprador. Se isso se tornaria de fato financiamento do governo, dependeria de por quanto tempo eles detinham os títulos. Os bancos centrais eram ativos formadores de mercados ou, na prática, algo como entrepostos?

A resposta-padrão dos bancos centrais era de que eles se desfariam dos títulos tão logo pudessem fazê-lo sem perturbar o mercado e fazer subir as taxas de juros. Nesse ponto, o argumento do formador de mercado convergia com a segunda justificativa básica para as ações deles — o argumento original da flexibilização quantitativa. Eles estavam comprando dívidas para manipular as taxas de juros, e estavam autorizados a fazer isso porque sua tarefa básica era garantir estabilidade de preços, o que em 2020 significava que a economia precisava ser impedida de resvalar para a deflação. Evitar a deflação significava estimular a demanda por todos os meios. Para o banco central, isso equivalia a manter baixas as taxas de juros. Mais uma vez acabava nos mercados financeiros. Até onde qualquer um podia conceber, a flexibilização quantitativa funcionava elevando os preços de títulos e baixando os rendimentos.[65] Taxas de juros mais baixas ajudavam a encorajar empréstimos para investimento e consumo. De modo mais imediato, isso induzia gestores de ativos a realocar fundos dos mercados de títulos do Tesouro, onde os preços estavam subindo devido à compra pelo banco central, para ativos mais arriscados, como ações e obrigações de empresas. Isso impulsionava os empréstimos de empresas e o mercado de ações. Aumentava o patrimônio líquido e impulsionava a demanda.

Desse modo, a cooperação mútua entre bancos centrais e Tesouros na luta comum contra o coronavírus era, como insistiam inflexivelmente os banqueiros centrais, nada mais que um efeito colateral incidental de seus esforços frenéticos e desajeitados para administrar a economia por meio de mercados financeiros.[66] Apesar da incessante acumulação de dívidas governamentais em seus balancetes, os gestores de bancos centrais insistiam que isso nada tinha a ver com financiamento do gasto público. Suas prioridades eram administrar taxas de juros e garantir estabilidade financeira, o que na prática significava endossar estratégias de investimento de alto risco de hedge funds e outros veículos similares de investimento. De modo bastante notável, eles insistiam que zelar pelos mercados financeiros era uma missão social mais legítima que reconhecer abertamente o papel bastante funcional, e mesmo essencial, que eles desempenhavam em amparar as finanças públicas gerais numa época de crise.

Mesmo em seu apogeu, o keynesianismo tinha sido, na melhor das hipóteses, uma revolução incompleta.[67] Em 2020, a escala do combate à crise elevou a intensidade da dissonância cognitiva a outro patamar. No momento em si, a diferença importava pouco em termos práticos. A questão só se tornava urgente caso se mirasse adiante, para quando a economia começasse de fato a se recuperar, os preços subissem e as taxas de juros os acompanhassem. Como ficariam então as expectativas divergentes do mercado e do banco central?[68] Se os mercados de títulos públicos acreditavam que o banco central estava lá para monetizar o déficit público, mas, à medida que os preços se elevassem, o banco central realmente retirasse o apoio, permitindo que as taxas de juros subissem — como seria indicado por uma estratégia concentrada em estabilidade de preços, e não no financiamento do governo —, seriam esses os ingredientes para um choque vindouro?

A história sugeria que não havia motivo para preocupação. No verão de 2013, Ben Bernanke havia abalado os mercados de títulos ao sugerir meramente que o FED talvez estivesse pensando em reduzir a escala de sua terceira onda de flexibilização quantitativa.[69] Num recuo humilhante, o FED tinha sido obrigado a fazer um desmentido, mas não antes que o surto de pânico tivesse reverberado mundo afora. O FED acabou não elevando as taxas de juros até dezembro de 2015, na gestão de Janet Yellen. Jay Powell, como seu sucessor, havia continuado a longa e arrastada volta à normalidade, mas não chegara à terra prometida. Em 2019, confrontado com uma nova turbulência nos mercados e uma economia mundial em colapso, Powell abandonara a tentativa de elevar substancialmente a taxa de juros para territórios positivos. Em 2020, à medida que as compras de ativos do banco central e os balancetes explodiam, a normalidade ficava cada vez mais fora do alcance. Ainda maior, em algum momento do futuro, era a possibilidade de outro gigante *taper tantrum*.[70]*

O que aparentemente parecia uma poderosa síntese de política fiscal e monetária trabalhando em coordenação harmônica para ajudar a financiar um novo e generoso contrato social revelou-se, num exame mais detido, um monstro confuso e disforme, um regime de política econômica que ficava em algum lugar entre Frankenstein e Jekyll & Hyde.

De um lado havia um programa fiscal dramático. Os governos de todo o mundo gastaram trilhões de dólares para amparar o mercado de trabalho e as empresas. Dezenas de milhões de pessoas nas posições mais precárias dependiam desses pagamentos. Uma peculiaridade de 2020 era que o objetivo não era de estímulo, mas de garantia de sobrevivência, pagando as pessoas para não trabalhar ou produzir. Como se tratava de uma crise excepcional, a concordância política com um estímulo gigantesco foi comprada por meio de uma ampla e generosa distribuição de dádivas. Uma montanha de recursos foi entregue simplesmente como dinheiro vivo — *welfare* sem *welfare state*.

Para financiar essa despesa generalizada, quantidades sem precedentes de dívidas foram emitidas. Normalmente, essa dívida seria classificada como um ativo seguro. Em março, os bancos centrais viram-se diante de um derretimento nos mercados de ativos mais seguros que ameaçava todo o sistema de finanças baseadas no mercado. Com o intuito de enfrentar o problema os bancos centrais absorveram quantidades sem precedentes de dívidas públicas para restaurar a segurança dos ativos seguros, isto é, títulos do Tesouro dos Estados Unidos, *gilts* do Reino Unido e títulos do Euro. No processo, eles monetizaram a dívida. O dinheiro que os bancos centrais desembolsaram para comprar a dívida terminou em contas de depósito de reserva em nome de bancos privados. Para garantir que o mantivessem lá, eles recebiam juros. No balanço consolidado do setor público, os juros sobre contas de reserva eram permutados por juros sobre títulos. Em vez de o Tesouro pagar a portadores de títulos, pagava juros ao Banco Central,

---

* Expressão criada em 2013 para expressar o pânico coletivo de investidores ao saber que o Tesouro dos Estados Unidos estava freando seu programa de flexibilização quantitativa. Sem tradução direta em português, a expressão costuma ser mantida no original em textos sobre economia e finanças. [N.T.]

que pagava juros aos bancos. Os mercados financeiros foram pacificados. Os atores financeiros baseados no mercado — empréstimo de dólares offshore, hedge funds e fundos mútuos abertos etc. — foram salvos do desastre. Taxas de juros foram baixadas até o fundo do poço. Seguindo a lógica da flexibilização quantitativa, isso causou um redirecionamento de fundo para ações e dívidas corporativas. Mercados financeiros decolaram de seus pisos em março de 2020 e não olharam para trás. Os 10% mais endinheirados nas sociedades avançadas, que detinham a maior parte da riqueza financeira, receberam um estímulo que superava qualquer coisa amplamente declarada nas contas públicas.

Não apenas a flexibilização quantitativa deslocava os fundos privados em direção a crédito corporativo e ações, mas março também tinha visto um deslocamento trôpego, particularmente do FED, em direção ao apoio direto do banco central ao crédito privado. Esse era o papel dos mecanismos instaurados entre o final de março e o início de abril para produzir ou comprar empréstimos a empresas. Foram esses mecanismos, combinados com a Lei Cares, que completaram o laço incestuoso entre as políticas monetária e fiscal.

Quando um banco central compra dívidas governamentais, ele não corre risco de perdas no principal. Como instituição do setor público, ele tem a dívida consigo mesmo. Quando um banco central compra uma dívida privada, ele se expõe a perdas devidas a uma falência empresarial. Os governos correm rotineiramente tais riscos quando aceitam garantias para empréstimos. Quando um banco central faz isso, entra numa zona cinzenta. Ele não é como um banco privado. Não corre risco de falência.[71] No que se refere às operações em moeda local, ele poderia em princípio absorver enormes prejuízos e operar sem capital ou mesmo com capital negativo. O risco ao absorver prejuízos é político e legal, não financeiro.[72] Dadas as prerrogativas parlamentares sobre o orçamento, nenhum banco central quer ser acusado de abusar de sua independência colocando em risco fundos dos contribuintes — "gastando dinheiro" — sem aprovação explícita da legislatura. Assim, num gesto artificial, mas de aspecto potente, a Lei Cares autorizava explicitamente o FED a atuar como emprestador de emergência apoiado publicamente.

Dos US$ 2,3 trilhões em financiamento aprovado sob a Lei Cares, US$ 454 bilhões foram reservados como fundo de absorção de prejuízos para o FED, aprovado pelo Congresso. Os tipos específicos de empréstimo não eram especificados. O mesmo valia para os termos sob os quais o FED emprestaria. Ele poderia optar por impor condições, mas, por insistência do secretário do Tesouro, Steven Mnuchin, não havia uma exigência geral para que o fizesse. Era simplesmente um compromisso gigantesco de fornecer apoio a qualquer parte do sistema de crédito privado que precisasse. O quão gigantesco era determinado pelo grau de alavancagem. De novo, falar em termos de alavancagem era, no que diz respeito ao FED, um exercício artificial. Era, por fim, literalmente o último banco do mundo que poderia ficar sem dinheiro. Alavancagem aqui tinha o significado de sugerir que dinheiro dos contribuintes emprestado por meio do FED era mais potente. Eles estavam, como o secretário do Tesouro Mnuchin gostava de enfatizar, obtendo "mais potência para o seu dólar".[73]* Os rumores mais comuns que circulavam eram de que o FED estava agora equipado para chegar a US$ 4,5 trilhões em empréstimos.

Comprando títulos do Tesouro, o FED estabilizara o sistema financeiro, ao mesmo tempo propiciando incidentalmente um amparo monetário para arrecadação de fundos públicos. Agora, a fonte suprema de autoridade fiscal, o Congresso, estava dando sua bênção a esse casamento assimétrico. Ele dava ao FED a autorização política explícita para, se necessário, desfechar uma operação de empréstimo endossada pelo Congresso numa escala 50% maior que o balancete do J.P. Morgan. De um ponto de vista técnico-financeiro, a apropriação de US$ 454 bilhões era um jogo de aparências — o FED estava remodelando seu poder de fogo ilimitado sob a forma de um banco imponente, mas "comum" —, porém funcionava na base da confiança. O FED não precisava de fato comprar dívidas. Outros faziam a compra por ele.

Junto com a maciça pressão para baixo que estava exercendo sobre os rendimentos de títulos do Tesouro, a promessa do FED de que, se necessário, iria amparar o mercado desencadeou uma onda de dinheiro despejado em obrigações de empresas. Longe de sofrer uma trituração do crédito, tomadores de empréstimos empresariais embarcaram numa farra histórica de emissão de títulos.

No segundo trimestre de 2020, enquanto a sociedade norte-americana cambaleava sob os efeitos da paralisação e da mais aguda recessão já

---

* A expressão original, *"more bang for your buck"*, surgida num contexto bélico, referindo-se à maior potência das armas nucleares, passou a ser usada mais amplamente para expressar uma melhora na relação custo-benefício em qualquer área. [N.T.]

registrada, a América empresarial batia seu próprio recorde. Ela emitiu US$ 873 bilhões em obrigações num único trimestre.[74] À medida que o mercado de capitais se recuperava, as ofertas públicas iniciais de ações se recuperavam também. No final do ano, a emissão total de títulos empresariais nos Estados Unidos tinha atingido US$ 2,5 trilhões.[75] No mundo todo, em emissão de títulos e ações, as empresas levantaram US$ 3,6 trilhões.[76] Apesar da incerteza vigente e do imenso volume de emissões, os títulos norte-americanos com grau de investimento tiveram um rendimento de apenas 2,6% contra 2,8% em 2019. Com esse financiamento fácil à disposição, apenas as empresas mais fracas precisavam de fato recorrer à Lei Cares.

No final de março, a encrencada fabricante de aviões Boeing viu-se excluída do mercado de capitais e pressionando fortemente por US$ 60 bilhões de ajuda para si própria e para seus fornecedores, que estavam em situação ainda pior. A redação final da Lei Cares incluía ajuda de US$ 17 bilhões para firmas cruciais para a segurança nacional dos Estados Unidos, mas esse dinheiro vinha sob condições.[77] Empresas de capital aberto que tomassem fundos da Segurança Nacional deveriam dar ações ou garantias de ações ao governo como caução. Também precisavam aceitar restrições sobre repos de ações, compensação executiva e dispensas de empregados.[78] A Boeing havia feito um forte lobby por apoio, porém não gostou das condições. Em vez disso, voltou-se para o mercado de títulos. A empresa esperava levantar US$ 15 bilhões, mas viu-se com compradores de US$ 70 bilhões. Os rendimentos em oferta eram atraentes, e a Lei Cares sinalizara a investidores que a Boeing dispunha de uma garantia implícita de sobrevivência. Com essa situação ela foi capaz de levantar US$ 25 bilhões e ainda reter sua posição um tanto implausível de grau de investimento.[79] Então a Boeing anunciou uma onda de demissões que no final do ano havia reduzido a folha de pagamentos da empresa de 161 mil para 130 mil empregados.[80]

No final do ano, dos US$ 17 bilhões do financiamento destinado pela Lei Cares para a indústria de defesa, apenas US$ 736 milhões tinham sido aproveitados. As únicas firmas que se candidataram eram pequenas e de relevância secundária para a Segurança Nacional dos Estados Unidos. O fato de estarem dispostas a enfrentar a burocracia e aceitar as restrições para conseguir dinheiro do governo era um sinal do seu desespero. A taxa de juros de 5,5% não era atraente para firmas maiores. No total, de seu compromisso inicial de comprar US$ 750 bilhões em títulos corporativos, em agosto o FED havia comprado de fato apenas US$ 12 bilhões.[81]

A lógica selvagem da farra do mercado de títulos estava clara desde o início. A primeira grande emissão de títulos que disparou em abril o tiro de largada para emissores de títulos de risco mais alto foi, quem diria, da empresa de cruzeiros marítimos Carnival.[82] Embora a atividade da Carnival estivesse paralisada e seus transatlânticos estivessem ancorados, e embora o *Diamond Princess* tivesse registrado setecentos casos de coronavírus e catorze mortes, quando os negócios fossem retomados, só as firmas maiores sobreviveriam. Aquele era o momento perfeito, portanto, para investir no domínio futuro do mercado. Em 1º de abril ela levantou US$ 6,25 bilhões em títulos e ações. A taxa de retorno era de atraentes 12%.

Era verdade que os índices do mercado de capitais subiram a partir de 23 de março de 2020, mas essa não era uma recuperação generalizada. Era brutalmente seletiva. O boom era liderado por um pequeno grupo de firmas superstar, sobretudo do setor tecnológico.[83] À luz da crise do coronavírus, seu futuro parecia assegurado. Nós claramente não podíamos viver sem elas. No final do ano, as firmas mais favorecidas, como a Amazon, podiam lançar títulos com rendimentos que não passavam de 1,5%. Ao mesmo tempo, grande parte da "velha" economia estava em graves dificuldades. Falências se espalharam em especial no setor do varejo, enorme empregador de trabalhadores de baixa renda, predominantemente mulheres. A desigualdade não era apenas uma questão de desigualdade entre os que detinham a riqueza e os que não a detinham, nem entre administração e trabalhadores. Ela dependia também de quais firmas conseguiam prosperar sob as estranhas circunstâncias de 2020 e quais não conseguiam, de quem atraía quais apoios e em que termos. Se você fosse um trabalhador terceirizado num frigorífico, um executivo da Amazon, um operário de uma plataforma de petróleo no oeste do Texas, ou ganhasse a vida num balcão de cosméticos num shopping center decadente de subúrbio, seu destino financeiro em 2020 seria radicalmente diferente em cada caso.

Foi a natureza discriminatória e desigual da crise do coronavírus que desencadeou um frenesi de operações no mercado de capitais lideradas por *day traders*. Privados dos prazeres das apostas esportivas, foram acima de tudo homens jovens que, na primavera de 2020, adotaram a plataforma de negociação de ações Robinhood para tentar a sorte de escolher vencedores no mercado de capitais.[84] Dados coletados em tempo real sugerem fortemente que uma fração não desprezível dos cheques de auxílio emergencial dos Estados Unidos foram parar na Bolsa de Valores.[85] Na semana que se seguiu à emissão dos cheques, pessoas que os receberam aumentaram de modo perceptível sua atividade de compra e venda de ações. No caso dos que ganhavam entre US$ 35 mil e US$ 75 mil por ano, as negociações na Bolsa subiram 90%. Para os que ganhavam entre US$ 100 mil e US$ 150 mil, o salto foi de mais de 80%. Aqueles que queriam realmente fazer fortuna elevavam a alavancagem. Em setembro, 43% de uma amostra de investidores relataram que estavam usando opções de ações ou trading com margem para aumentar o tamanho de suas apostas.[86] Era arriscado e no entanto era uma resposta inteiramente racional à natureza torta da recuperação. Os apostadores no Robinhood não estavam esperando que os ativistas da Teoria Monetária Moderna vencessem sua discussão a favor da "Flexibilização Quantitativa do Povo" e de contas de cidadãos no banco central. Se a prodigalidade do FED estava sustentando tanto a emissão de cheques de auxílio como um boom no mercado de ações, por que esperar os políticos para ligar os pontos? Por que não colocar todas as migalhas que se pudesse juntar no jogo onde o dinheiro de verdade estava sendo ganho?

8.
A caixa de ferramentas

A escala da política fiscal e monetária posta em prática pelos governos de países ricos para contrabalançar os efeitos da paralisação foi impressionante. Os recursos do resto do mundo eram muito mais limitados. Como eles podiam fazer frente à situação?

A tormenta que atingiu os mercados emergentes e as economias de baixa renda nos primeiros meses de 2020 foi veloz e volumosa. De acordo com economistas do Instituto de Finanças Internacionais, organização que representa as altas finanças globais, entre meados de janeiro e meados de maio de 2020, os mercados de ações e títulos em 21 grandes economias emergentes sofreram um escoamento de US$ 103 bilhões para o exterior. Isso era quatro vezes pior que a evasão posterior ao início da crise financeira de setembro de 2008.[1] Para aflitos tomadores de empréstimos na África Subsaariana, os mercados financeiros estavam fechados na prática a partir de fevereiro, e o estrago não estava limitado a eles. Economias muito mais fortes também foram duramente golpeadas.

Com um resultado econômico anual de mais de US$ 3 trilhões em paridade de poder de compra, o Brasil é um gigante entre os mercados emergentes. Deixando longe o restante da América Latina, ele se equipara à Indonésia e à Rússia, ficando atrás apenas da China e da Índia. Na primavera de 2020 (no hemisfério Norte), o Brasil se defrontou com uma tempestade financeira. Em questão de um mês, viu o valor de sua moeda despencar 25%, desferindo um golpe enorme a qualquer um que comprasse mercadorias importadas ou pagasse o serviço de dívidas cotadas em dólar. A Bolsa de Valores de São Paulo perdeu metade do seu valor em fins de março. O custo de fazer um seguro contra inadimplência sobre uma dívida soberana de cinco anos subiu de um mínimo de cem pontos-base em meados de fevereiro para 344 pontos-base um mês depois, tornando proibitivamente caro tomar um empréstimo.[2] O colapso nos preços das matérias-primas exercia uma pressão dolorosa. Firmas brasileiras gigantescas, como o grupo Petrobras e a mineradora Vale, com enormes recursos financeiros, viram seus títulos de longo prazo em moeda estrangeira perder de trinta a quarenta centavos por dólar. Normalmente, isso teria sido suficiente para lançá-las num terreno aflitivo de dívidas. "Aconteceu depressa demais", disse um analista de títulos. "As pessoas não estavam pensando em valor de recuperação; este havia chegado ao nível do pânico."[3]

Como os mercados emergentes iriam enfrentar a tormenta? Uma crise financeira mutilaria sua capacidade de responder ao coronavírus? As economias avançadas e as instituições financeiras internacionais, nas quais os norte-americanos e europeus têm voz de comando, iriam oferecer ajuda ou, pelo contrário, aumentar a pressão? A crise do coronavírus era um enorme teste do regime econômico não apenas das economias avançadas, mas do mundo inteiro.

A fuga de capitais de 2020 pode ter sido excepcionalmente severa, mas estava longe de ser a primeira tormenta financeira a atingir o mundo em desenvolvimento. Desde os anos 1990, o crescimento dos mercados emergentes havia sido a história de sucesso da economia mundial. Partindo de um patamar baixo, uma prosperidade considerável para quantidades enormes de pessoas se espalhara pelo mundo, mas esse crescimento foi desigual e instável. Foi pontuado por crises — em 1997 no leste da Ásia, em 1998 na Rússia, e em 2001 na Argentina e na Turquia. Amparados pelo crescimento da China, os mercados emergentes atravessaram relativamente bem a crise financeira de 2008. No entanto, em 2013 bastou a sugestão de que o FED talvez estivesse na iminência de elevar taxas de juros para que se desencadeasse o *"taper tantrum"*, o que causou o retorno de dinheiro aos jorros para os Estados Unidos. No ano seguinte, os mercados de commodities chegaram ao fundo do poço. Nigéria e Angola, os maiores exportadores de petróleo da África Subsaariana, viram sua renda per capita encolher. A Venezuela desceu pelo ralo. O Brasil mergulhou numa grave recessão. Problemas políticos se avizinhavam. A Tailândia foi abalada por um golpe em 2014. Sob o desgoverno de Jacob Zuma, o crescimento econômico da África do Sul morreu. O desemprego nas periferias sul-africanas beirava os 25%. Mesmo uma máquina de crescimento como a China não ficou imune aos tropeços. Em 2015 a Bolsa de Valores de Xangai quebrou, o yuan despencou e US$ 1 trilhão em reservas estrangeiras deixaram a China. Pequim conseguiu retomar o controle, mas a redução de velocidade da China aumentou a pressão sobre os preços de commodities.

Apesar desses reveses, num mundo em que as taxas de juros estavam no fundo do poço, tomadores de empréstimos dos mercados emergentes continuavam a encontrar emprestadores solícitos. Eram uma das fronteiras mais promissoras do desenvolvimento financeiro. Em 2019, as dívidas externas de países de renda média, os mercados emergentes no verdadeiro sentido da expressão, chegaram a US$ 7,69 trilhões, dos quais US$ 484 bilhões eram na forma de títulos de longo prazo detidos por investidores privados, US$ 2 trilhões eram de dívidas de longo prazo com bancos, e US$ 2,1 trilhões eram de empréstimos de curto prazo. Mesmo os países de baixa renda e mais alto risco viram sua dívida em moeda forte triplicar ao longo dos cinco anos anteriores a 2019, chegando a US$ 200 bilhões.[4] Cada vez mais as economias de renda baixa e média aderiram ao sistema de finanças baseadas no mercado, sob os termos do que Daniela Gabor chamou de "consenso de Wall Street", para distinguir do Consenso de Washington de 1990. Nesse novo mundo das finanças globais, instituições como o FMI e o Banco Mundial agiam como auxiliares não apenas dos grandes bancos, mas também dos gestores de ativos e dos operadores de mercados de títulos e derivados.[5] Ser membro dessa rede era atraente, oferecendo grandes volumes de crédito sob condições aparentemente suaves. A questão era quão estável isso era e quem, quando as coisas piorassem, assumiria o risco.

Críticos da globalização alertaram que essas dívidas pairavam sobre o mundo em desenvolvimento como uma espada de Dâmocles. Ao abrir-se para as finanças internacionais, esses países haviam se colocado à mercê do ciclo global de crédito.[6] Se as condições de crédito endurecessem e o dólar se fortalecesse, eles poderiam enfrentar uma súbita cessação do financiamento externo. Seriam então forçados a fazer cortes excruciantes de despesas que penalizariam centenas de milhões de pessoas vulneráveis e colocariam em risco seu crescimento econômico futuro e também sua estabilidade política. No final de 2019, quase metade dos países de mais baixa renda do mundo já estava apertada pela dívida.[7]

Décadas de experiência mostravam o perigo, mas em vez de simplesmente aceitar seu destino, os mercados emergentes aprenderam.[8] A partir de 1990, desenvolveram um repertório de políticas por meio das quais administravam os riscos que advinham do sistema financeiro global. A caixa de ferramentas era um compromisso entre elementos-chave do mercado livre preconizado pelo Consenso de Washington e por instrumentos mais intervencionistas.[9] Minimizar os riscos da integração global não vinha sem custos. Tampouco a nova caixa de ferramentas oferecia uma garantia de autonomia completa. Os mercados emergentes não haviam descoberto uma fórmula mágica para "retomar o controle". Nem era essa a questão. Eles haviam encontrado maneiras de tornar mais administráveis os riscos da globalização, e isso, falando francamente, agradava a todo mundo.[10] Fundos vultosos poderiam espoliar devedores apurados. Mas era um nicho de negócios. O que os maiores bancos e gestores de fundos queriam ver eram bancos centrais e Tesouros de mercados emergentes converterem-se em sólidos esteios do sistema baseado no dólar de Wall Street.

Um movimento crucial era minimizar empréstimo soberano em moeda estrangeira. Tanto quanto possível, a partir do início dos anos 2000, os governos de mercados emergentes fizeram o que os governos das economias avançadas faziam, isto é, tomavam empréstimos, seja de seus próprios cidadãos ou de emprestadores externos, em sua própria moeda. Crucialmente, isso capacitava seus bancos centrais nacionais a conservar em última instância o controle sobre o reembolso. Como último recurso, podiam simplesmente imprimir cheques. Fazer isso provavelmente precipitaria inflação e um colapso no valor externo da moeda, mas o que era tirado de questão era a simples incapacidade de pagar. A Argentina, que foi obrigada a voltar ao calote em 2020, foi um caso incomum. Ali, 80% da dívida pública era em moeda estrangeira, uma expressão de desconfiança tanto da parte dos investidores domésticos como dos estrangeiros. Para a Indonésia, a parcela de empréstimos em moeda local era de mais de 70%. Na Tailândia, chegava perto de 100%. Alguém poderia pensar que tais empréstimos seriam investimentos pouco atraentes para investidores estrangeiros, mas, num mundo de taxas de juros muito baixas, havia uma fartura de tomadores.[11] Com um mercado de títulos soberanos em moeda local, podia-se dar início à aventura lucrativa das finanças baseadas no mercado, completada com mercados de repos e securitização.[12] No Peru, na África do Sul e na Indonésia antes da crise, investidores estrangeiros detinham cerca de 40% da dívida pública em moeda local.[13] Isso não eliminava o risco de um pânico financeiro. Na verdade, com mercados mais amplos e complicados de dívida vinha o risco de pânicos maiores. Como numa economia avançada, o banco central talvez tivesse então que intervir para estabilizar o mercado.

Emprestadores estrangeiros, por outro lado, corriam os riscos resultantes de preços de títulos e taxas de câmbio flutuantes.

Uma segunda lição crucial era não reduzir o risco para emprestadores estrangeiros tentando fixar taxas de câmbio. Fixar taxas de câmbio em relação ao dólar ou ao euro oferecia uma miragem de estabilidade. Em tempos propícios, isso atrairia um grande influxo de capital estrangeiro. Em tempos ruins, o dinheiro fugiria, e nesse caso seria ao mesmo tempo inútil e caro tentar manter um valor fixo do dólar. A quantidade de dinheiro quente que seria mobilizada tanto por investidores estrangeiros como locais era simplesmente grande demais. Melhor deixar o dinheiro sair e pagar o preço das perdas à medida que a moeda local se depreciava. Se os investidores precisavam minimizar seus riscos, havia sempre o mercado de derivados.

Grandes desvalorizações eram penosas. Infligiam pesados prejuízos a importadores, que precisavam pagar mais por suas mercadorias, e àqueles que eram azarados ou insensatos o bastante para ter tomado empréstimos em dólares. Uma súbita desvalorização, se ganhasse ímpeto, poderia ser perigosamente desestabilizadora. Uma desvalorização poderia passar do ponto. Então as autoridades nacionais não teriam alternativa senão elevar drasticamente as taxas de juros, amplificando o tormento. Para moderar esses riscos, o que era recomendado era não uma defesa rígida da fixação de uma moeda particular, e sim uma intervenção para moderar o ritmo dos movimentos da taxa de câmbio. Para isso as autoridades precisavam de amplas reservas estrangeiras. Desde o início do milênio, a elevação das reservas da China era gigantesca. Ninguém podia competir com ela, mas a Tailândia, a Indonésia, a Rússia e o Brasil também acumularam grandes reservas cambiais estrangeiras. Tudo somado, no início de 2020 as reservas dos principais mercados emergentes, excluindo a China, chegavam a US$ 2,6 trilhões.[14]

Onde as reservas nacionais não eram suficientes, o que ajudava era estabelecer redes regionais, que permitiam aos países consorciar suas reservas e apoiar uns aos outros em seus esforços para administrar os fluxos de capital. A Ásia era líder do mundo nesse aspecto com sua rede Chiang Mai.[15] Em contraste, tanto a América Latina como a África Subsaariana careciam de uma forte rede financeira regional. Numa emergência, eles tinham que contar com o FMI, ou ajuda de bancos centrais camaradas sob a forma de linhas de swap de liquidez. O núcleo central desse sistema eram as linhas de swap de dólares estabelecidas pelo FED desde 2007. Essas eram reservadas apenas para os mais privilegiados dos mercados emergentes, México e Brasil sendo os dois candidatos escolhidos tanto em 2008 como em 2020. Além da rede do FED, desde 2008 vários outros bancos centrais haviam instaurado linhas de liquidez, notadamente o Banco do Japão e o Banco Popular da China.[16]

Falar sobre fluxos financeiros em abstrato obscurecia o fato de que eles eram em sua maior parte movidos por um agrupamento de grandes empresas, firmas financeiras e um punhado de indivíduos extremamente ricos. A bancarrota do Lehman Brothers em setembro de 2008 demonstrou o dano sistêmico que podia ser causado por uma simples falência bancária. Na esteira do evento, a regulação firma a firma de instituições financeiras sistematicamente importantes — a chamada regulação macroprudencial — foi adotada amplamente. Em mercados emergentes isso significava conter o comprometimento com o câmbio estrangeiro de bancos e outras corporações, que já eram grandes o bastante para desarranjar a economia nacional.[17] Esse tipo de regulação era intrusivo e capaz de provocar a oposição do lobby empresarial, mas era essencial para garantir a estabilidade financeira.

Por fim, se tudo mais falhasse, os controles de capital não eram mais tabus.[18] Entre os anos 1970 e os 1990, o empuxo para liberalizar o movimento de capital através das fronteiras tinha sido a grande cruzada do neoliberalismo. Mas num mundo em que o FED, o Banco Central Europeu e o Banco do Japão estavam engajados numa manipulação indiscriminada de seus mercados de títulos, despejando trilhões de dólares mundo afora em busca de lucro, até mesmo agências como o FMI e o Banco de Compensações Internacionais reconheciam que os mercados emergentes estavam em seu direito ao se precaver contra o influxo de capital e, onde necessário, retardar a sua evasão. Afinal, ninguém poderia fazer de conta que os fluxos de capital nos anos 2010, impulsionados por diretrizes de bancos centrais no Ocidente e puxados pelo estrondoso desenvolvimento do capitalismo de estado da China, fossem forças de mercado no sentido natural. Se as economias avançadas estavam vivenciando uma revolução silenciosa na política fiscal e monetária, se o FED, o BCE e o Banco do Japão estavam cada vez mais encarregados dos mercados de títulos, isso também teria implicações para os mercados emergentes.

Como registrou o Banco de Compensações Internacionais em seu relatório anual de 2019, ao administrar os riscos da globalização financeira, a prática passara à frente da teoria. Depois de mais de 25 anos, os mercados emergentes mais sofisticados estavam tarimbados em lidar com a volatilidade dos fluxos globais de capital.[19] Embora faltasse um slogan como "o Consenso de Washington", uma nova caixa de ferramentas surgiu. E as instituições financeiras internacionais, notadamente o FMI, estavam aprendendo também. Embora continuasse a tocar programas nacionais com condições duras, o FMI preferia se ver como um parceiro cooperativo e autocrítico no que foi rotulado de Rede de Segurança Financeira Global.[20] Seu papel principal, pelo menos de acordo com seu novo autoentendimento, não era disciplinar governos malandros ou relapsos, mas ajudar países em desenvolvimento a adquirir as capacidades de que precisavam para se mover com sucesso no mundo das finanças globais baseadas no mercado. Nem é preciso dizer que isso ajudou a ampliar o alcance dos negociantes de títulos, consultores financeiros e gestores de ativos. A globalização financeira era evidente.

A pergunta em 2020 era como o consenso de Wall Street e a nova caixa de ferramentas dos mercados emergentes iriam se comportar sob forte pressão. Os tomadores de empréstimos dos mercados emergentes conseguiriam manter o acesso ao sistema financeiro baseado no dólar? E a que preço? Seriam capazes de priorizar as necessidades de suas economias nacionais ou seriam obrigados, como acontece frequentemente, a elevar taxas de juros e cortar despesas para estancar a evasão de capital?

No início de abril, antes dos encontros da primavera do FMI e do Banco Mundial, havia um verdadeiro sentimento de terror. Os preços das commodities estavam despencando. Exportadores de petróleo, como Argélia, Angola e Equador, estavam sob enorme pressão. As perspectivas para o turismo e a entrada de dinheiro eram sombrias. Lockdowns foram implantados na África Subsaariana e na América Latina, mas ao preço de um aumento alarmante da pobreza. A Organização das Nações Unidas para a Alimentação e a Agricultura (FAO, na sigla em inglês) alertou para uma elevação dos preços de alimentos e previu que a pandemia de Covid-19 iria acrescentar entre 83 milhões e 132 milhões de pessoas ao número total de subnutridos no mundo.[21] O FMI anunciou que 102 países-membros haviam requerido ajuda.[22] Isso representa mais da metade dos membros da Assembleia Geral da ONU.

Em 26 de março, os governos do G20 haviam se comprometido a "fazer o que for preciso e usar todos os instrumentos estratégicos para minimizar os danos econômicos e sociais causados pela pandemia, restaurar o crescimento global, manter a estabilidade do mercado e fortalecer a resiliência".[23]

Mas o que isso significava? O FMI prometeu empenhar sua capacidade plena de empréstimo de US$ 1 trilhão.[24] Seria suficiente? Para fazer frente à crise, uma coalizão de chefes de governo africanos e europeus clamavam por um esforço coletivo de emergência, incluindo uma nova alocação da moeda sintética do FMI, conhecida como os Special Drawing Rights (SDRs), Direitos Especiais de Saque.[25] Mantidos em contas no FMI, os SDRs são o que há de mais próximo a uma moeda mundial. Expandir a emissão de SDRs daria aos países pobres uma infusão instantânea de reservas "sintéticas" do FMI que eles poderiam usar como uma caução para os empréstimos de dólares. A questão era se os outros sócios do FMI iriam concordar.

No conselho do FMI, os Estados Unidos detêm uma minoria controladora. O advento do governo Trump havia elevado os temores quanto a sua beligerância nacionalista. E isso se justificava no que diz respeito ao comércio internacional. Em 2020, a obstrução dos Estados Unidos havia paralisado na prática a Organização Mundial do Comércio. Ao longo do verão, Washington começou também uma campanha contra a OMS. No que se refere às finanças internacionais, o governo Trump se mostrou mais cooperativo. A Casa Branca não fez objeção às linhas de swap do FED. No final de março, atendendo demanda do Tesouro dos Estados Unidos, o Congresso aprovou uma renovação dos Novos Acordos de Empréstimo, um mecanismo de levantamento de fundos essencial para manter o poder de fogo imediato do FMI.[26] Mas quando a proposta afro-europeia de SDR foi colocada na mesa em abril, o governo Trump deu um basta. O ponto de discórdia era que uma emissão generalizada de SDRs colocaria dinheiro novo nos bolsos da Venezuela e do Irã. Isso era não apenas inaceitável para o governo Trump em termos políticos, mas também corria o risco de despertar a oposição de senadores beligerantes no Capitólio, em especial Ted Cruz, um adversário inveterado de todos os tipos de internacionalismo liberal.

O governo Trump não fez objeção, porém, a uma proposta apoiada pelo G20 de introduzir uma moratória nos pagamentos referentes a empréstimos bilaterais governo a governo devidos por 73 dos países mais pobres. Significativamente, a Iniciativa de Suspensão do Serviço da Dívida (DSSI, na sigla em inglês) foi endossada pela China. Isso era crucial porque a China era, para muitos tomadores de empréstimos, de longe a fonte mais importante de financiamento bilateral. Emprestadores multilaterais como o FMI e o Banco Mundial não faziam parte da DSSI, mas intensificaram suas linhas de crédito concessionais.[27]

Se todos os países qualificados se aproveitassem do esquema, o adiamento dos pagamentos daria US$ 12 bilhões de alívio a algumas das economias mais pobres do mundo. Isso liberaria fundos para importações vitais de EPIs. Mas como a cifra modesta sugere, em termos econômicos era uma ninharia. De acordo com um cálculo, o alívio garantido pela DSSI em abril correspondia a 1,66% de todo o serviço da dívida dos países de renda baixa e média, e isso excluía a China, o México e a Rússia.[28] A DSSI se aplicava apenas aos países mais pobres do mundo. As dívidas de grandes mercados emergentes eram de uma magnitude bem maior. De acordo com Kristalina Georgieva, diretora-executiva do FMI, a necessidade de financiamento dos países emergentes e de baixa renda podia chegar a US$ 2,5 trilhões.[29] Ajuda aos mais pobres era um imperativo moral. Mas, no que diz respeito à estabilidade financeira global, o que importava eram os países de renda média.[30]

Para enfrentar a crise, o FMI expandiu rapidamente seus empréstimos. Nunca antes avaliara tantos programas. No final de julho, o Fundo havia aprovado crédito a 84 países, no valor total de US$ 88,1 bilhões.[31] O padrão de empréstimo era espantoso. Apenas US$ 8,3 bilhões eram empréstimos concessionais que iam para 25 países, predominantemente na África Subsaariana, já classificados como estando em sobre-endividamento. Como iriam sair da crise era algo que permanecia altamente incerto. De modo alarmante, os empréstimos tendiam a se basear apenas na presunção de que eles se recuperariam rapidamente, permitindo uma consolidação orçamentária já em 2021.[32] No que concerne ao grosso dos empréstimos do FMI, US$ 79,8 bilhões, ou 90%, assumiam a forma de aprovações de empréstimos não concessionais. O grosso disso não ia para tomadores de baixa renda, mas de média renda. A grande maioria não era sacada de fato. Era mais um amparo preventivo que um último recurso desesperado. Ganhar aprovação para uma linha de crédito do FMI servia como meio de escorar reservas disponíveis e sinalizar a outros potenciais emprestadores que se era digno de crédito.

Para os mais pressionados mercados emergentes tomadores de empréstimos, qualquer ajuda vinha tarde demais. No início do ano, Argentina, Líbano e Equador estavam no topo da lista dos devedores encrencados. No verão (do hemisfério Norte), os três haviam dado o calote. A Argentina vinha se debatendo havia anos. Em 2018, seu recorde de US$ 56 bilhões em empréstimos do FMI não tinha sido suficiente para estabilizar sua situação. Dilaceradas por contendas internas e atropeladas pelas forças em jogo na geopolítica regional, as finanças do Líbano eram precárias havia décadas. O Equador, que já estava à beira da crise quando 2020 começou, foi atingido duramente pela queda súbita dos preços do petróleo. Em cada um dos casos, o calote trouxe uma cessão abrupta de novos créditos e prolongou disputas legais com credores. Estes passaram a temer uma onda mais ampla de crises de dívidas, mas esses temores se mostraram infundados.

O surpreendente em relação à maioria dos principais mercados emergentes em 2020 acabou sendo sua resiliência financeira. Quando defrontada com a súbita paralisação na primavera de 2020, a nova caixa de ferramentas para administrar as tensões financeiras funcionou. À medida que os empréstimos públicos aumentavam para financiar as despesas com a crise e a confiança de investidores estrangeiros vacilava, os bancos centrais domésticos entraram em cena para comprar os títulos que eles estavam vendendo. Em março e abril, os bancos centrais de Coreia, Colômbia, Chile, África do Sul, Polônia, Romênia, Hungria, Croácia, Filipinas, México, Tailândia, Turquia, Índia e Indonésia anunciaram, todos eles, programas de compra de títulos.[33] Comparada com as compras mastodônticas de ativos do FED ou do Banco Central Europeu, a escala era minúscula, mas, para os bancos centrais de países classificados como mercados emergentes, só o fato de se envolver em tais intervenções seria julgado em outros tempos uma contradição em termos. Isso teria provocado conversas apavoradas sobre hiperinflação e uma corrida atrás das moedas relevantes. Na crise do coronavírus, contra o pano de fundo de intervenções gigantescas nas economias avançadas, os mercados assimilaram sem problemas o ativismo das autoridades dos mercados emergentes.[34] As regras do jogo haviam mudado.

A economia mundial estava em desordem. Cidades enormes estavam parando. O dólar estava subindo bruscamente. Mas com reservas cambiais estrangeiras substanciais à sua disposição, assim que as pressões agudas nos mercados globais de títulos arrefeceram, em março de 2020, os mercados emergentes não tinham motivo imediato para pânico. Os principais mercados emergentes podiam deixar suas moedas se desvalorizarem, confiantes em sua capacidade tanto de ter acesso a dólares, se precisassem, como de reduzir a velocidade da desvalorização se esta ficasse desordenada. O Banco da Indonésia interveio pesadamente para retardar a depreciação da rupia e absorver todos os títulos públicos domésticos vendidos por investidores.[35] O Banco Central do Brasil foi um dos gestores mais sofisticados dos mercados de moeda. Em abril, ele havia gastado US$ 23 bilhões para fortalecer o real. Isso era um bocado, mas não passava de 6% das enormes reservas do país.[36] Chile, Colômbia, Índia, México, Rússia e Turquia empreenderam, todos eles, operações para baixar a velocidade da depreciação.

Se eles tivessem sido obrigados a prosseguir com essas intervenções por muitos meses, até mesmo os mercados emergentes mais robustos poderiam ficar em apuros. Teriam precisado elevar taxas de juros num esforço para reverter ou pelo menos retardar a saída de fundos estrangeiros. Mas o notável afrouxamento da política monetária do FED mudou o clima nos mercados de moeda. Apenas um grupo seleto — Brasil, México e Coreia do Sul — podia ter acesso a dólares por meio das linhas de swap do FED. Foi ventilado que a Indonésia, como membro do G20 com uma boa situação, havia recorrido ao FED por uma linha de swap, para complementar aquelas que ela já tinha em andamento com o Banco Popular da China e com o Banco do Japão. O pedido foi negado, mas em vez disso a Indonésia recebeu um programa de repos de US$ 60 bilhões junto ao FED de Nova York.[37] Fez pouca diferença. O que importava era a enorme onda de liquidez que o FED desencadeou. Com as taxas de juros norte-americanas despencando rumo a zero, o dólar reverteu, as moedas de mercados emergentes se reanimaram e com elas também os retornos para oferecer aos investidores estrangeiros.

Diante desse pano de fundo, nunca se materializou o estrangulamento financeiro dos mercados emergentes que tantos haviam temido. Em vez de elevar taxas para reagir à perda de confiança, os bancos centrais dos mercados emergentes seguiram seus congêneres das economias avançadas, reduzindo-as. Em abril, os mercados internacionais de capital também estavam se reabrindo. O impulso para levantar fundos era liderado pelos membros ricos da Opep, que precisavam compensar as perdas nas receitas de petróleo e gás. Mas a Indonésia e depois o Egito, Honduras e o Panamá também tiraram proveito. O preço dos Swaps de Risco de Incumprimento — seguro contra calote — em mercados emergentes despencou, no caso da Indonésia, de trezentos para 120 pontos base.[38] O rendimento médio da dívida denominada em dólar nos mercados emergentes, que chegara a saltar 8%, recuou para onde começara antes da crise, em 4,5%. Isso era muito mais do que as economias avançadas estavam pagando, mas significava que a aflição era tolerável. No verão, num dos retornos mais improváveis que se podia imaginar, os títulos podres emitidos por governos africanos em apuros tinham se tornado a sensação do momento para investidores mais aventurosos.[39]

Em 2020, os mercados emergentes demonstraram sua capacidade de superar até mesmo uma fuga de capitais muito intensa. Mas o coronavírus não era como outras crises. Amortecer os golpes financeiros era uma coisa, administrar o impacto da crise sobre a economia real era outra bem diferente.

Na primavera de 2020, a África do Sul era um exemplo significativo. Suas finanças públicas tinham sido submetidas a escrutínio, e em 27 de março a Moody's, a última das grandes agências de classificação de risco, rebaixou sua dívida ao status de podre.[40] O rand se desvalorizou drasticamente. Não obstante isso, o Banco Central sul-africano passou a cortar taxas de juros para sustentar a economia doméstica. Em vez de entrar em pânico, tanto investidores domésticos como de fora continuaram a comprar e a manter a dívida sul-africana. Superando um tabu que prevalecera desde o final do apartheid, o governo do Congresso Nacional Africano pediu ao FMI um empréstimo concessional de US$ 4,3 bilhões, que lhe foi concedido prontamente.[41] Qualquer remédio que a África do Sul fosse obrigada a tomar viria mais tarde. Por enquanto, o problema não eram as finanças, mas o impacto devastador sobre a já frágil economia sul-africana das medidas drásticas tomadas para conter a disseminação do vírus. Dada sua grande população urbana e a grande incidência da aids, a África do Sul era um dos países que tinham mais motivo para temer a pandemia. Sob o impacto de um lockdown excepcionalmente rigoroso, a economia sul-africana foi arrastada para uma retração de 8% em 2020.[42] O desemprego passou de 30%.

O que fazia de 2020 um ano incomparável era que o choque financeiro era menos importante que o deslocamento econômico real causado pela pandemia. Numa inversão do padrão normal durante uma crise financeira, as reservas cambiais dos países em desenvolvimento aumentaram em 2020. Por quê? Porque os lockdowns reprimiram o consumo. As importações despencaram e a balança comercial melhorou. A questão era se as sociedades conseguiriam resistir a tal pouso forçado.[43] Esse teste de longo alcance da capacidade estatal era o que os Estados Unidos e a Europa estavam se esforçando para vencer. Entre os mercados emergentes, na primeira metade de 2020, seriam os latino-americanos que enfrentariam a prova mais dura. No início do verão (no hemisfério Norte), junto com os Estados Unidos, eles seriam o epicentro da pandemia global.

Depois do horror em Wuhan em fevereiro e das cenas terríveis de Bérgamo em março, talvez as imagens mais perturbadoras da epidemia no início de abril vinham da cidade portuária equatoriana de Guayaquil. Em um único dia, 4 de abril, morreram 778 pessoas de Covid na cidade e na província à sua volta. Com necrotérios e ambulâncias superlotados, corpos eram deixados nas ruas em sacos e em caixões improvisados. Urubus sobrevoavam em círculos.[44]

Guayaquil era vítima de uma sorte horrível. Enquanto Quito, a capital equatoriana situada no sopé dos Andes, ao norte da linha do Equador, goza suas férias de verão em julho e agosto, como os Estados Unidos, a cidade costeira de Guayaquil, pouco ao sul da linha, usufrui longas férias de "verão" com início em fevereiro. Isso significava que os prósperos guayaquileños ainda estavam voando para a Europa durante a fase ascendente da pandemia. Ao mesmo tempo, expatriados que viviam na Espanha voavam de volta para desfrutar o famoso carnaval de sua cidade natal.[45] Entre 1º e 14 de fevereiro, de acordo com a mídia equatoriana, cerca de 20 mil pessoas chegaram da Europa e da América do Norte. O paciente zero era uma mulher de 71 anos que aterrissou em Guayaquil vindo de Madri em meados de fevereiro. No início de março, ela e seus dois irmãos estavam mortos.

Má sorte à parte, a crise em Guayaquil revelava problemas muito mais profundos não apenas no Equador, mas na América Latina em geral.[46] A fragilidade dos serviços públicos em Guayaquil, uma cidade profundamente dividida por classe e raça, era simbólica de um mal-estar continental que vinha de muito antes da crise da Covid.

Graças ao crescimento econômico impulsionado em grande parte pelas exportações de commodities, o padrão de vida na América Latina fizera progressos consideráveis desde os anos 1990, e isso se estendia ao sistema de saúde. Os gastos públicos e privados com a saúde chegavam a 8,5% do PIB em toda a região, o bastante para bancar o acesso básico a todos. A América Latina também tinha ampla experiência em lidar com epidemias infecciosas — cólera em 1991, gripe suína em 2009 e vírus da zika em 2016. Havia legiões de médicos de primeira linha e tecnocratas da saúde. A Organização Pan-Americana da Saúde, que data de 1902, é o mais antigo órgão internacional de saúde do mundo.[47] A Fundação Oswaldo Cruz, no Brasil, tem uma reputação similar à das fundações Rockfeller ou Ford nos Estados Unidos, ou da Wellcome Trust no Reino Unido. Mas um fosso enorme separava os caros hospitais urbanos para aqueles que podiam pagar dos depauperados e decadentes serviços públicos de saúde.

A América Latina é o continente mais desigual do mundo. Enquanto as grandes empresas prosperam com a exportação de commodities, 54% da força de trabalho está no setor informal — 140 milhões de trabalhadores ao todo, uma cifra comparável à da mão de obra imigrante da Índia ou da China.[48] Amontoados em gigantescas periferias irregulares que dominam a paisagem urbana da América Latina, eles eram presa fácil para o vírus.

O Equador estava entre os mais vulneráveis. Sob o presidente Rafael Correa o país vivera uma farra de gastos públicos, reciclando os lucros do boom do petróleo. Quando os preços do petróleo despencaram em 2014, o Equador se viu frente a frente com um enorme déficit. Em fevereiro de 2019, obteve um pacote de empréstimo de US$ 10,2 bilhões de um grupo de emprestadores multilaterais liderados pelo FMI. Mas, para desbloquear esse financiamento, o governo foi instado a realizar dolorosos cortes de gastos. Em outubro de 2019, o plano de abolir subsídios aos combustíveis foi barrado por enormes protestos populares. Em 2020, o Equador devia US$ 4,1 bilhões em pagamentos de dívidas.[49] Quando o coronavírus derrubou os preços do petróleo, os títulos do Equador derreteram. De 88 centavos de dólar, o valor dos títulos com vencimento em março de 2022 despencou para 24 centavos. Em face do custo imenso de lidar com a epidemia, era impensável para o governo ter prosseguido com o serviço da dívida. Mas assumir um calote puro e simples da dívida externa de US$ 65 bilhões do Equador seria correr o risco de ser excluído de novos créditos. Na última semana de março, Quito anunciou que havia conseguido um acordo com credores para atrasar US$ 800 milhões em pagamentos de juros. Em 17 de abril, o prazo foi estendido por quatro meses.[50] Como comentou um perspicaz observador estrangeiro, as instituições financeiras e os credores internacionais estavam fazendo concessões na esperança de que isso empurrasse o eleitorado do Equador em direção a um candidato mais pró-mercado para suceder Lenín Moreno nas eleições que se aproximavam.[51]

O vizinho Peru estava em condições financeiras muito melhores que as do Equador. Graças à demanda chinesa por seu cobre, o PIB peruano mais do que quadruplicou desde 2000. Mas, com uma deficiência similar na infraestrutura de saúde pública e uma população de 10 milhões de pessoas aglomeradas na megalópole de Lima, estava claro que a Covid representava uma ameaça mortal. O presidente do Peru, Martín Vizcarra, impôs um pronto lockdown e o bancou com um pagamento imediato de US$ 107 em dinheiro para 2,7 milhões de famílias urbanas de baixa renda. Seguiram-se pagamentos a comunidades rurais.[52] Uma vez que apenas 40% dos peruanos têm contas bancárias, os pagamentos eram feitos via telefones celulares.[53] Eram medidas imaginativas e efetivas. Mas não foram suficientes para impedir que Lima se tornasse uma gigantesca incubadora. A força de trabalho informal não podia ficar ociosa por muito tempo. Em julho, com 289%, Lima tinha a mais alta taxa de excesso de mortalidade entre todas as grandes metrópoles do mundo. Em novembro, o presidente Vizcarra foi afastado por um impeachment parlamentar, e Lima foi sacudida por um mês de protestos violentos. Num esforço para acalmar as manifestações, o Parlamento instalou um ex-tecnocrata do Banco Mundial como presidente interino até que novas eleições pudessem acontecer em 2021.

Mais ao norte, a Colômbia tentou impedir a disseminação da epidemia enviando apressadamente tropas para a região montanhosa de fronteira com o Equador. A Colômbia tinha um dos mais abrangentes sistemas de saúde da região. Tinha introduzido em 1993 um sistema de assistência médica universal, financiado pelos contribuintes, que garantia atendimento básico a todos os cidadãos. Mas isso não foi capaz de impedir a disseminação da doença nos *barrios bajos*. Com o desemprego urbano chegando a 25%, não eram só os colombianos que sofriam empobrecimento. Desde 2015 um espantoso total de 5 milhões de pessoas tinha cruzado a indistinta fronteira entre a Venezuela e a Colômbia — o maior movimento de refugiados no mundo. Os venezuelanos agora se sentiam à deriva. Um milhão deles estavam sem documentos e sem trabalho na Colômbia. Uma prova do seu tormento é que muitos preferiram voltar para a Venezuela. O movimento de retorno migratório se espalhou por toda a região. Nos Andes, ONGs resgataram venezuelanos que estavam tentando voltar a pé do Equador para casa, a 1700 quilômetros de distância.[54]

Para aqueles que conseguiam de fato voltar, o que os esperava na Venezuela era mais miséria. A economia venezuelana rumava para o desastre à medida que o fornecimento regular de eletricidade era interrompido. No país com as maiores reservas de petróleo do mundo, 90% da população não tinha acesso a ele.[55] Havia um sério temor de malogro da colheita por falta de gasolina nas fazendas. A água potável também estava com problemas de abastecimento. A resposta inicial pelo regime de Maduro à crise do coronavírus consistiu em limitar testes de Covid a dois hospitais controlados pelo governo.

Mas não eram só os países de renda mais baixa que bracejavam. O mesmo fazia o Chile, o garoto-propaganda do desenvolvimento econômico latino-americano. De início procurou evitar lockdowns gerais, concentrando-se em isolar pontos cruciais. Santiago lançou uma série de pacotes de apoio de larga escala, que chegou a mais de 10% do PIB. Embora sem precedentes, não foi suficiente para aliviar o empobrecimento em massa. Em protestos realizados noite após noite, a palavra "hambre" (fome) era projetada na torre da Telefónica, ponto de referência na capital. Na esperança de evitar uma crise social generalizada e um ressurgimento da agitação que desestabilizara o Chile em 2019, em meados de abril o governo pressionou por um rápido retorno ao "novo normal". Foi prematuro. A doença não havia chegado ainda ao pico. Em 15 de maio, uma onda crescente de infecções obrigou o governo a impor um lockdown total em Santiago.[56] Num país que, desde os tempos da ditadura Pinochet, tinha sido sinônimo de parcimônia, o déficit em 2020 explodiu para 9,6% do PIB, o mais alto em meio século.[57]

Mas dinheiro não era o maior problema do Chile. Para amortecer a desvalorização do peso no início de 2020, o Banco Central chileno gastou US$ 20 bilhões em intervenção no câmbio. Para prover-se de munição adicional, o Chile se juntou ao Peru, México e Colômbia como os quatro primeiros países a ter acesso a um novo mecanismo criado pelo FMI, a assim chamada Linha de Crédito Flexível.[58] O FMI destinou US$ 61 bilhões ao México, US$ 24 bilhões ao Chile, e cerca de US$ 11 bilhões ao Peru e à Colômbia. O total de US$ 107 bilhões correspondia a notáveis 10% da capacidade total de empréstimo do FMI, mais do que o total de fundos que o FMI havia reservado de apoio a cem países menores para o combate à Covid. No intuito de evitar acusações de intervenção arbitrária, o FMI fornecia financiamento sem condições, à maneira de uma gigantesca linha de crédito comercial. O acesso a ele não dependia de fazer ajustes estruturais, mas de pagar uma taxa anual de compromisso, que, no caso do programa de US$ 61 bilhões do México, chegava a US$ 163 milhões.

Assim como havia acontecido em 2008-9, o México teve a distinção singular de não só contar com uma linha de crédito do FMI, mas também de receber apoio direto dos Estados Unidos mediante um swap de liquidez do FED. Não havia, assim, perspectiva alguma de o México ficar desprovido de dólares. Mas, a despeito do nível de amparo que recebia do exterior, o governo de López Obrador adotou uma resposta notavelmente passiva à crise do coronavírus.[59] Não forneceu praticamente estímulo algum para compensar a queda na atividade econômica e nas exportações. Tudo somado, os gastos de emergência chegaram a irrisórios 0,6% do PIB.[60] O resultado foi um aumento assustador da pobreza absoluta no México. O número dos que viviam com menos de US$ 5,50 por dia subiu de 33 milhões para 44 milhões de pessoas. Uma política de negligência perniciosa parecida foi adotada em relação à pandemia em si. Por falta de testagem, é difícil rastrear com precisão o curso da doença no México. Mas os números da mortalidade são reveladores. Em 26 de setembro, mais de 139 mil mexicanos haviam morrido de Covid, um para cada mil habitantes, taxa que só ficava atrás da do Peru.[61] Eram os dois gigantes da América Latina — o México com sua população de 130 milhões e o Brasil com 210 milhões — que iriam tornar a região o novo centro da pandemia global.

No que diz respeito à pandemia, o fracasso do comando do presidente do Brasil foi quase total. Enquanto a doença se espalhava para o restante da sociedade brasileira a partir da elite de São Paulo que viajava pelo mundo, o presidente Bolsonaro continuava a negar a seriedade da situação.[62] Coube aos governos dos estados brasileiros — regiões do tamanho de países europeus — reagir. Os lockdowns parciais que eles tiveram condição de adotar diminuíram a velocidade de disseminação da doença. Mas também causaram estrago econômico. O vírus expôs o enorme fosso entre as poderosas corporações globais do país e os milhões de pequenas empresas que respondem pelo grosso dos empregos. O desemprego oficial, que já estava em torno de 12% no início de 2020, subiu rumo aos 15%, e as estatísticas oficiais não dizem muito sobre os 40 milhões de trabalhadores informais que compõem quase metade da força de trabalho brasileira.[63]

O impulso inicial de Paulo Guedes, o ministro da Economia formado em Chicago, foi avarento. Ele julgou que um pacote de US$ 1 bilhão para medidas de emergência seria suficiente. Mas não satisfez o Congresso, onde os opositores de Bolsonaro clamavam por uma ação mais generosa. Para não ser vencido, o governo jogou a cautela de lado, declarou um "estado de calamidade", suspendeu todas as regras fiscais e implantou um estipêndio de R$ 600 para os 68 milhões de brasileiros mais pobres.[64] No final do ano, a conta chegaria a US$ 57 bilhões. Tudo somado, os gastos de emergência do governo Bolsonaro chegaram a impressionantes US$ 109 bilhões, ou 8,4% do PIB, o que colocou o Brasil no patamar do Reino Unido e de Israel.[65] Isso ajudou a assegurar que a retração geral do PIB em 2020 não ultrapassasse os 5%, comparados com uma queda entre 7% e 9% na Argentina e no México.[66] Assim como nos Estados Unidos, a escala da resposta à crise fez com que o Brasil visse uma redução temporária da pobreza e da desigualdade em 2020.

***

Os países latino-americanos, que estavam entre os atingidos mais duramente pela crise da Covid em 2020, sobreviveram assim ao impacto inicial do choque financeiro. E até foram capazes de ter acesso a mercados internacionais de capitais. Entre março e junho, dez governos latino-americanos, tendo à frente México e Brasil, foram capazes de levantar um total de mais de US$ 24 bilhões em fundos em moeda estrangeira. As taxas variavam entre 5,8% para a Guatemala e 2,5% para o Chile. Em cada emissão, os pedidos eram várias vezes maiores que a oferta.[67] Mesmo o Peru, imerso numa intensa turbulência política, foi capaz de abiscoitar US$ 1 bilhão em títulos de doze anos, US$ 2 bilhões em ordens de débito programadas para vencer em 2060, e mais US$ 1 bilhão em *century bonds* (bônus de cem anos), não reembolsáveis antes de 2120. Como reconheciam gestores de bancos de investimento, o "pano de fundo político" era "desafiador". Mas as perspectivas de crescimento do Peru eram boas e seu fardo de dívidas existentes era leve. Para tomar emprestado US$ 1 bilhão por um século, o Peru pagava um prêmio de seguro de não mais que 1,7 ponto percentual acima dos títulos do Tesouro dos Estados Unidos, cujo rendimento corrente era de 0,85%. Como observou o economista-chefe para a América Latina do Goldman Sachs, tudo se resumia ao ambiente global: "Estamos vivendo num mundo com liquidez abundante".[68]

Obter dólares não era o problema. O problema era a pandemia e a questão da recuperação econômica. Setores exportadores, como as minas de cobre do Peru, ou minério de ferro brasileiro, ofereciam boas perspectivas para investidores estrangeiros. Mas para a economia como um todo os prognósticos eram sombrios. Em 2020, o FMI previu que o PIB da América Latina iria cair entre 5% e 9%, a pior recessão já registrada. Dois terços dos jovens trabalhadores do continente na faixa dos quinze aos 24 anos estavam parados.[69] Admitindo um crescimento populacional de 1% por ano, o continente talvez não pudesse voltar antes de 2025 ao nível de PIB per capita que tinha em 2015. A Comissão Econômica para a América Latina e o Caribe (Eclac, na sigla em inglês), da ONU, alertou que o índice de pobreza na região estava a caminho de alcançar 34,7% no final do ano, com os números da extrema pobreza previstos para subir de 16 milhões a 83 milhões de pessoas.[70] O temor era de que 2020 viesse a inaugurar uma nova década perdida na qual os padrões de vida de pessoas comuns estagnassem e o continente fosse superado por competidores asiáticos de crescimento mais rápido.

E dadas essas condições subjacentes, quanto tempo iria durar a abundância de financiamento? Quando os críticos cutucaram o governo mexicano, querendo saber por que não tinha havido estímulo substancial nenhum, a resposta de López Obrador foi de que ele não tinha intenção alguma de expor seu programa de ação, que ele rotulava de "a quarta transformação", para o tipo de pressão de credores que atormentara o México nos anos 1980 e 1990.[71] Sua promessa era de preservar a independência do México, mantendo sua dívida como uma parcela do PIB abaixo de 50%.

Enquanto isso, na ponta oposta do espectro político, o ministro da Economia brasileiro, Paulo Guedes, insistia que iria fazer tudo para conter o crescimento da dívida pública abaixo de 100% do PIB.[72] Os mercados financeiros estavam assistindo com crescente apreensão ao generoso gasto social do governo Bolsonaro. Como, perguntavam eles, um governo populista iria responder a uma nova onda do coronavírus?[73] Mais e mais investidores estavam dispostos a comprar apenas dívidas brasileiras de curto prazo.[74]

A nova caixa de ferramentas para administrar os riscos de globalização financeira permitiu a países de renda baixa e média resistirem ao impacto imediato da tormenta financeira de 2020. Isso foi uma fonte de alívio para todos no sistema financeiro global baseado no dólar, tanto para os emprestadores como para os tomadores de empréstimos. Com os bancos centrais de mercados emergentes como núcleos de alto funcionamento, o consenso de Wall Street ficou ainda mais resiliente. Evitar uma crise financeira foi sem dúvida algo benéfico. Mas o consenso de Wall Street dependia de um mundo de liquidez abundante, e o que ele não podia aliviar, porém, era a pandemia.

Parte III

Um verão tórrido

9.
O NextGen da União Europeia

Em março de 2020, a dívida mais perigosa do mundo não estava nos Estados Unidos, nem num mercado emergente.[1] Estava na Europa. O governo italiano devia a enormidade de 1,7 trilhão de euros (US$ 1,9 trilhão), a quarta montanha de débitos de um governo no mundo, equivalente a 136% do PIB italiano.[2] Graças à crise do coronavírus, previa-se que essa proporção chegasse a pelo menos 155% ao longo do ano. Era uma porcentagem maior do que a de qualquer grande economia avançada, com exceção do Japão. Mas o que tornava a dívida italiana muito mais difícil de administrar do que a do Japão era a moeda em que estava denominada. O euro não era propriamente uma moeda estrangeira, mas também não era uma moeda que a Itália controlasse da maneira como as autoridades norte-americanas controlam o dólar, ou as britânicas controlam a libra. Cabia à política europeia decidir como e em que termos a dívida soberana da Itália seria sustentada.

Não era a primeira vez na história recente que as finanças europeias preocupavam o mundo.[3] Dez anos antes, o assimétrico sistema monetário europeu havia produzido uma crise extraordinária. Seu centro havia sido a Grécia, mas colocou toda a Zona do Euro em perigo. Por um momento, em 2011, a dívida da Itália era tida como mais passível de calote que a da Zâmbia e a do Egito. O FMI tinha sido convocado para administrar uma experiência não apenas na Grécia, mas também na Irlanda e em Portugal. Além dos programas individuais para esses países, sob a liderança de seu ambicioso diretor-executivo francês Dominique Strauss-Kahn — com o amplo apoio do governo Obama —, o FMI comprometeu 250 bilhões de euros para amparar a rede de segurança financeira para a Zona do Euro como um todo.[4] Foi, de longe, a mais ampla intervenção empreendida pelo FMI, e foi profundamente incongruente. Numa época em que o Fundo estava tentando desenvolver um novo papel para o século XXI, ele se via apagando incêndios no "Velho Mundo".

A fase mais perigosa da crise da Zona do Euro foi encerrada em 2012, com a ousadia da promessa de Mario Draghi de que o Banco Central Europeu iria fazer "o que fosse necessário" para salvar a moeda única. Isso acalmara os mercados, mas o Banco Central Europeu não havia agido de fato. Ele só embarcou numa flexibilização quantitativa ao estilo americano e japonês em 2015 e, quando o fez, isso provocou uma tempestade de protestos dos norte-europeus conservadores. Naquele ínterim, a consolidação foi comandada por uma penosa austeridade fiscal. Um sentimento anti-União Europeia cresceu em grande parte do sul da Europa. À medida que o crescimento econômico e a inflação caíam, a proporção da dívida da Itália, em vez de baixar, continuou subindo. A pergunta em 2020 era se a crise do coronavírus empurraria a Itália para a beira do abismo e desencadearia uma crise ainda pior da Zona do Euro. Se isso acontecesse seria, a exemplo da primeira, mais do que um problema europeu.

Era um lance cruel do destino o fato de a Itália estar na linha de frente da pandemia. Se o dano tivesse ficado restrito à Itália, já seria ruim o suficiente. Mas a França e a Espanha foram duramente atingidas também. Embora não estivessem no mesmo nível de endividamento da Itália, o choque do coronavírus iria empurrá-las para uma dívida acima da barreira de 100% do PIB, que muita gente nos mercados considerava uma marca simbólica. De modo mais preocupante, havia sinais de um assim chamado *doom loop* ou espiral de ruína, em que os temores quanto à dívida soberana se conectavam com preocupações quanto à estabilidade dos grandes bancos. Enquanto os rendimentos dos títulos do governo italiano atingiam o pico, o mesmo ocorria com os custos de assegurar as dívidas dos dois maiores bancos italianos — o UniCredit e o Intesa Sanpaolo — contra calotes.[5] O nível do risco ainda era considerado moderado, mas o mero fato de haver uma conexão era preocupante.[6]

Se a meta era estabilidade financeira para a Europa, não havia mistério quanto ao que precisava ser feito. O meio de estabilizar as dívidas instáveis e desiguais dos membros da Zona do Euro era compartilhar todas, ou parte delas. Se as dívidas governamentais da Zona do Euro fossem rateadas, ficariam em 86% do PIB.[7] Isso ficava abaixo das proporções de dívidas dos Estados Unidos, do Japão ou do Reino Unido. A classificação de crédito compartilhada da Europa, embora não fosse tão boa quanto a da Alemanha, seria excelente. Não haveria falta de apetite entre investidores globais. Impactos nos mercados de títulos poderiam ser atenuados pelo Banco Central Europeu, como outros bancos centrais faziam normalmente.

Embora essas verdades fossem elementares, eram ao mesmo tempo tão controversas na Europa que só o fato de mencioná-las já implicava ser excluído de uma conversa séria. A questão distributiva era tudo. As dívidas de quem eram mais altas? De quem as mais baixas? A proporção da dívida da Alemanha em relação ao PIB em 2019 era de pouco menos de 60%. A da Holanda ficava abaixo de 50%. A arquitetura fiscal da Europa, tal como era, consistia em regras que especificavam metas de dívidas e restringiam déficits fiscais. Isso acalmava os nervos no norte da Europa e comprava cobertura política suficiente para capacitar o Banco Central Europeu a se engajar na compra de títulos como e quando fosse necessário.[8] Como modos de justificar suas intervenções, o Banco Central Europeu oferecia uma variedade de pretextos, o mais comum sendo a necessidade de proteção contra uma ameaça à integridade da Zona do Euro que pudesse colocar em risco a capacidade do banco de cumprir sua missão primordial, que era a estabilidade de preços. O Banco Central Europeu era um banco central com um pé nos anos 1990 e o outro no século XXI. Era uma construção improvisada. Era testado em momentos de tensão política, como em 2015, quando um governo de esquerda da Grécia chegou perto do calote, e em 2018, quando um autoproclamado governo populista na Itália desafiou a paciência do norte do continente. Esses foram tremores leves comparados com 2020. O coronavírus expôs a flagrante precariedade das instituições da Zona do Euro.

O primeiro teste crucial veio na semana iniciada em 9 de março. Com os mercados em polvorosa em Nova York e um abismo preocupante entre os rendimentos alemães e italianos, em 12 de março o Banco Central Europeu concedeu uma coletiva de imprensa. O FED já estava intervindo no mercado de títulos do Tesouro, num esforço para estabilizar a repo. O que o Banco Central Europeu tinha a oferecer? A presidente Christine Lagarde tinha boas notícias para bancos europeus. Eles receberiam uma injeção de financiamento a baixo custo. Lagarde anunciou também que o Banco Central Europeu iria comprar um adicional de € 120 bilhões em títulos governamentais. Era melhor do que nada, mas, dividido entre os € 10 trilhões da dívida soberana europeia, estava longe de ser decisivo. O que aconteceria se a Itália ficasse sob uma pressão séria? A resposta de Lagarde foi desconcertante. Diante de uma pergunta amigável de um jornalista alemão, ela respondeu asperamente: "Não estamos aqui para aproximar spreads. [...]

Não é essa a função ou missão do Banco. Há outros instrumentos para isso e há outros atores para lidar de fato com essas questões".[9]

"Spreads" significava Itália. E o que Lagarde parecia estar dizendo era de que a Itália não era problema dela. Mas se o Banco Central Europeu não iria ajudar a Itália, quem o faria? O mercado de títulos do Tesouro dos Estados Unidos estava em turbulência. Os mercados emergentes estavam em apuros. Será que o Banco Central Europeu esperava que os Estados-membros da Zona do Euro tecessem juntos uma rede de proteção fiscal para a Itália? Fontes de dentro do banco confirmaram que Lagarde tirara a linha sobre spreads de Isabel Schnabel, a componente alemã do Conselho Executivo de seis pessoas.[10] Era a linha do Bundesbank. Era também a linha que, quando adotada pelo antecessor do antecessor de Lagarde, Jean-Claude Trichet, ajudara a precipitar as piores fases da crise da Zona do Euro. Com milhares de pessoas morrendo a cada dia, com os mercados financeiros globais num estado de pânico reprimido, o Banco Central Europeu estava sugerindo seriamente que iria esperar que Berlim, Paris e Roma acertassem suas diferenças antes de apagar o incêndio?

Para os mercados de dívida soberana, o comentário de Lagarde caiu como um raio. Os mercados despencaram, e o preço que a Itália passou a ter que pagar para tomar empréstimos deu um salto. O spread dos títulos italianos de dez anos em relação aos títulos de dívida alemães subiu de 1,25% para 2,75%. Isso pode não soar como uma grande diferença, mas quando aplicado a uma dívida vultosa como a italiana, elevava a conta dos juros a nada menos que € 14 bilhões por ano — € 2 bilhões para cada uma das sete palavras de Lagarde.[11] Era a última coisa de que a Itália precisava.

Percebendo o dano que havia causado, Lagarde recuou depressa. Foi à frente das câmeras para prometer que o Banco Central Europeu iria usar a flexibilidade de seu programa de € 120 bilhões para evitar a fragmentação da Zona do Euro — eufemismo para ajudar a Itália. Mas € 120 bilhões não chegavam nem perto de resolver o problema. Com o pânico agora tomando conta tanto de Londres como de Nova York, estava claro que o Banco Central Europeu não podia mais ficar alheio. Ao anoitecer de quarta-feira, 18 de março, o conselho executivo do banco anunciou que, sob um Programa de Aquisição de Emergência Pandêmica, ele começaria comprando € 750 bilhões de dívidas corporativas e privadas e, se necessário, poria de lado também aqueles "limites autoimpostos".[12] Para uma instituição inflexível como o Banco Central Europeu, isso tinha o peso de uma revolução. Limites autoimpostos — metas de inflação, regras sobre que dívidas governamentais europeias ele podia comprar e em que quantidades — são a própria razão de ser do banco. Os bancos centrais holandês e alemão continuaram a opor resistência.[13] No fim, foi o medo nos mercados que decidiu a questão. O Banco Central Europeu precisava emitir um sinal de determinação. Se Lagarde deixou escapar seu momento de "tudo que for preciso", o banco agora estava pelo menos tentando fazer "o que fosse necessário".

As medidas de emergência do Banco Central Europeu ganharam tempo. O pânico imediato nos mercados arrefeceu. Mas continuava incomodamente elevado o spread de taxas de títulos soberanos italianos em relação aos títulos alemães. O coronavírus demandava uma resposta de peso. Esta foi proporcionada por Estados-membros da Europa, mas nem todos os Estados europeus estavam sob a mesma pressão. Enquanto o PIB da Espanha despencara 22% no primeiro semestre de 2020, a contração na Alemanha e na Holanda, embora séria, não era tão ruim. Durante a crise, a União Europeia suspendera todas as restrições sobre orçamentos nacionais, permitindo que os países atingidos pela crise gastassem o quanto precisassem. Suspendera também todas as regras sobre ajuda estatal. O que aconteceria depois? E se os mais fortes saltassem à frente, aumentando as divisões financeiras e econômicas preexistentes no seio da Zona do Euro? Isso desmembraria a Europa.

Para uma coalizão de nove Estados liderados por França, Itália, Espanha e Portugal, a resposta era óbvia. Em 25 de março, eles clamaram por um "instrumento de dívida comum" para financiar uma resposta pan-europeia à crise.[14] Previsivelmente, se chocaram com um muro de resistência. Os holandeses e os alemães se recusaram a assumir qualquer responsabilidade pelo empréstimo comum. Um encontro de chefes de governo europeus realizado remotamente em 26 de março desandou em troca de insultos.[15] Ficou evidente que a distância emocional possibilitada pelo Zoom era muito ruim para a política europeia.

Desde o início do ano, na qualidade de recém-escolhida presidente da Comissão Europeia, a centrista conservadora alemã Ursula von der Leyen vinha fazendo o possível para recompor a política da União Europeia.[16] Seu novo canto de sereia era o Green Deal, um aceno ao Green New Deal (Novo Acordo Verde) dos Estados Unidos. A esperança em Bruxelas era de que a União Europeia recobrasse sua energia e seu propósito comum em torno da agenda climática. Agora, o coronavírus estava reabrindo velhas feridas, relembrando aos europeus que, desde o fim da crise da Zona do Euro, em 2012, eles haviam feito, frustrantemente, parcos progressos nos temas cruciais de reforma estrutural. Não havia união bancária. O estado de espírito na Espanha e na Itália estava se deteriorando. Sugestões úteis dos holandeses e alemães de que a Itália deveria se valer dos mecanismos de combate à crise que a Zona do Euro já tinha disponíveis só serviram para reavivar lembranças amargas da última crise. Não foi por nada que o presidente Emmanuel Macron disse que a Europa estava diante de um "momento de verdade".[17] E então, em 5 de maio, o Tribunal Constitucional da Alemanha emitiu um julgamento que elevou ainda mais as tensões na Europa.

O caso debatido pelos mais altos magistrados da Alemanha remontava a 2015, quando Mario Draghi lançara a primeira grande rodada de aquisições de ativos pelo Banco Central Europeu.[18] Tinha sido apresentado por um grupo heterogêneo de querelantes liderados por aquilo que passava por núcleo pensante do partido alemão de extrema direita, o Alternativa para a Alemanha (AfD, na sigla em alemão). Diante da política de baixa taxa de juros do Banco Central Europeu, eles alegavam um fracasso da parte do governo alemão ao insistir num equilíbrio de interesses, particularmente aqueles dos poupadores alemães. O Tribunal Constitucional alemão, talvez o órgão mais respeitável do seu tipo no mundo, tem o hábito de tratar de casos controversos e carregados de política.[19] Ele construiu uma reputação como defensor da soberania democrática nacional. Em seus julgamentos anteriores de assuntos do Banco Central Europeu, a corte indicara seu crescente desconforto com o alcance das intervenções do banco. Não foi uma surpresa completa, portanto, quando o tribunal julgou a favor dos querelantes.[20] Mas foi, de todo modo, um rude despertar.

O tribunal decidiu que o governo democraticamente eleito da Alemanha havia falhado em seu dever de garantir que o Banco Central Europeu seguisse o princípio da proporcionalidade em suas intervenções de compra de títulos. Sem essa sanção, a ação do BCE era *ultra vires*. A linguagem do tribunal era jurídica, mas rígida. Consciente do impacto que ela poderia produzir, o presidente do tribunal enfatizou que a decisão não colocava em risco o programa de emergência com o qual Lagarde e sua equipe estavam enfrentando a emergência do coronavírus. Mas não havia como disfarçar a natureza explosiva da pergunta: qual era o nível apropriado de supervisão legal e política sobre o BCE?

A Europa ficou escandalizada. Como podia um tribunal alemão avocar para instituições nacionais o direito de controlar o Banco Central Europeu? A última coisa de que a Europa precisava no verão de 2020 era de um desafio fundamental à legitimidade do apoio do BCE a mercados de títulos. Mas o que a determinação do tribunal expunha não era apenas uma questão europeia. Era evidente que qualquer pessoa tinha boas respostas para as perguntas que os magistrados alemães estavam apresentando.[21]

Podia-se não ter simpatia pelos querelantes ou por sua política. Em questões financeiras, os magistrados pareciam meter os pés pelas mãos. Eles tomavam como verdade o que dizia a ala mais conservadora da profissão econômica na Alemanha. Mas, com tudo isso, deram voz a uma perplexidade histórica real. O que os bancos centrais estavam fazendo? Eles tinham um mandato? O negócio deles não era supostamente o controle da inflação? Por que estavam baixando as taxas de juros a zero para estimular a inflação? Quem pagava por isso? Quem se beneficiava? Quem controlava os gestores dos bancos centrais?

Desde as intervenções maciças que se seguiram à crise de 2008, essas perguntas tinham sido formuladas dos dois lados do Atlântico. Nos Estados Unidos, o papel do FED era questionado por um leque de opiniões que iam dos proponentes paleoconservadores do padrão-ouro, via defensores tecnocráticos das regras de política monetária, até apoiadores de esquerda da Teoria Monetária Moderna e entusiastas das criptomoedas.[22] Também na Europa havia uma comunidade ativista desafiando o BCE a definir seu mandato e justificar sua cumplicidade com as agências de classificação de risco e as finanças baseadas no mercado.[23] Gestores conscienciosos de bancos centrais faziam a si mesmos essas perguntas.[24] A decisão do Tribunal Constitucional alemão declarava em alto e bom som o que era inegável: o papel amplamente expandido que os bancos centrais haviam assumido desde 2008 explodiu o paradigma da atividade de bancos centrais que havia sido estabelecido nos anos 1990. Sua legitimidade estava, de fato, em questão.

Pelo mesmo motivo, estava claro que ninguém queria abordar o assunto. Nem na Europa nem em nenhum outro lugar. Sim, bancos centrais independentes tinham assumido um novo papel. Tinham feito isso por necessidade, obrigados pela crise e, como os eventos de 2020 demonstraram de novo, essa necessidade não permitia pausa para deliberação ou discussão. Era a crise que ditava o ritmo. Na própria Alemanha, em maio de 2020 a crise estava levando a uma mudança política, não na direção apontada pelo tribunal, mas distanciada dela, não colocando em questão a solidariedade europeia, mas tendendo, ao contrário, a reforçá-la.

Como uma experiência quase universal, a pandemia do coronavírus fez as mentes do mundo todo se concentrar num único tema, induzindo identificação, comparação e simpatia além das fronteiras — efeitos de convergência, acoplamento, indução e amplificação de Chen. A opinião pública europeia tinha sido profundamente agitada pelas imagens de pesadelo da Lombardia de enfermeiras exaustas, necrotérios superlotados e funerais solitários. Pesquisas na Alemanha mostravam uma grande onda de apelo da opinião pública para que os países em situação relativamente boa fizessem mais para ajudar.[25] Isso se estendia também a questões financeiras. A influente revista semanal *Der Spiegel* declarou que "a rejeição de *eurobonds** pelo governo alemão é egoísta, tacanha e covarde".[26] Berlim estava repetindo os erros que cometera durante a primeira crise da Zona do Euro. Os resultados haviam sido disfuncionais tanto do ponto de vista econômico como político, deixando um legado de pobreza e ressentimento em boa parte da Europa.

Angela Merkel sempre tomara uma posição firme contra dividir a responsabilidade pelas dívidas de outros Estados-membros europeus. "Enquanto eu viver", prometeu ela aos eleitores alemães no ápice da crise da Zona do Euro em 2012, não iria haver *eurobonds*.[27] Em abril de 2020, ela resistiu à proposta do *corona bond* (obrigação coronavírus) com os mesmos argumentos. Mas na segunda semana de maio, sob intensa pressão tanto de Paris como de seus parceiros de coalizão do Partido Social-Democrata Alemão (SPD, na sigla em alemão), Merkel acabou cedendo.[28] Em pé ao lado de Macron numa coletiva de imprensa em 18 de maio, ela declarou o apoio da Alemanha a um fundo para uma ampla reconstrução e resiliência. Não haveria *corona bonds* conjuntos, mas sim um novo e grande orçamento de emergência para a União Europeia. O orçamento seria bancado por dívidas emitidas pela própria União Europeia, e não por Estados-membros. Uma ampla parcela dos fundos seria distribuída aos países em apuros na forma de subvenções, e não de empréstimos, de modo que não aumentaria o fardo de suas já pesadas dívidas. Como, exatamente, as dívidas seriam

---

* Diferentemente do que o nome pode sugerir, "*eurobonds*" não têm a ver necessariamente com a Europa, mas são, genericamente, títulos de dívida emitidos em uma moeda diferente da moeda do emissor. [N. T.]

saldadas não estava claro, mas não era um assunto urgente. A dívida certamente iria atrair uma alta classificação de risco e as taxas de juros cairiam ao mínimo. Embarcando no bonde, a Comissão dobrou prontamente a aposta, elevando para 750 bilhões de euros o fundo de reconstrução previsto.[29] Pelos padrões dos Estados Unidos, em relação ao PIB da Zona do Euro, estava longe de ser algo acachapante, mas de todo modo era sem precedentes. Pela primeira vez Berlim se juntava a Paris e Bruxelas na defesa de um programa fiscal comum substancial, financiado por dívida, para a Europa.

O que fez Merkel mudar de ideia? Em momentos de crise, como depois do acidente nuclear de Fukushima Daiichi em 2011, ou no problema dos refugiados em 2015, Merkel havia mostrado repetidas vezes sua disposição de mudar abruptamente de curso. O julgamento do Tribunal Constitucional foi um possível gatilho. Para rechaçar uma reação nacionalista, Merkel precisava fazer uma exibição de liderança. Em Berlim, a defesa do acordo foi fortemente sustentada pelo Ministério das Finanças controlado pelo SPD, que estava determinado a evitar que se resvalasse de volta à guerra de trincheiras da crise da Zona do Euro. O ministro das Finanças Olaf Scholz tinha sua própria linha direta com Paris.[30] Mas se procurarmos uma motivação mais profunda, ela deriva da avaliação de Merkel de que o coronavírus apresentava à Europa um novo tipo de desafio, era o anunciador da nova era de violentos choques ambientais. Era revelador que na coletiva de imprensa crucial com Macron, em 18 de maio, Merkel tivesse defendido a tese de que a Covid era o tipo de crise que demonstrava a obsolescência do Estado-nação. "A Europa precisa agir unida, o Estado-nação isolado não tem futuro."[31] Na época isso foi recebido com perplexidade. O sucesso comparativo da Alemanha no enfrentamento da Covid não demonstrara a importância primordial de um governo nacional competente? Mas o padrão de Merkel não era a competência básica. Ela estava pensando na questão estratégica maior das economias europeias e em como aquela crise de saúde pública podia ser administrada no futuro, mediante vigilância conjunta, contramedidas e desenvolvimento de vacina. A lógica funcionalista, o senso comum fora de moda da era da globalização, era a estrela-guia permanente de Merkel.[32] Não era uma questão de fé ou de compromisso idealista com o internacionalismo liberal. Era simplesmente realista. Num mundo de novos e complexos desafios, a cooperação europeia era mais urgente do que nunca. As tendências centrífugas amplificadas por 2020 tinham que ser interrompidas. Platitudes em globalês se transformavam em alavancas para ação urgente.

Se Merkel tinha sido difícil de ser dobrada, seus antigos aliados do norte da Europa eram ainda mais duros na queda.[33] A démarche franco-germânica encontrou imediata oposição dos holandeses, que comandavam um grupo autointitulado "os quatro frugais".[34] A queda de braços final foi um clássico da diplomacia de ameaças da União Europeia. Graças à calmaria da pandemia no verão, a reunião do Conselho Especial Europeu pôde acontecer presencialmente. A maratona começou em 17 de julho e se estendeu por cinco dias. Autoridades da Comissão vasculharam os arquivos em busca de precedentes que justificassem empréstimos maciços da União Europeia.[35] Equipes de assessores escreviam e reescreviam o texto. Negociadores espanhóis e italianos suportaram horas e horas de atitudes de condescendência e desconfiança. O melhor que se pode dizer dos holandeses e austríacos é que no final eles cederam.

O resultado, confirmado por fim às 5h30 de 21 de julho, era uma solução de compromisso.[36] Precisaria ser ratificado pelo Parlamento europeu e em seguida por cada um dos Estados-membros. Isso se mostraria uma incumbência enorme. Mas a ideia central foi acordada. O orçamento de 1,074 trilhão de euros da União Europeia para 2021-7 seria suplementado por um fundo de recuperação de 750 bilhões de euros de euros, com 390 bilhões de euros distribuídos como subvenções e 360 bilhões de euros como empréstimos. Os fundos seriam levantados pela emissão de uma dívida conjunta. A alocação desse volume de dinheiro vinha carregada de preocupações quanto às possibilidades de corrupção e malversação. Essas preocupações seriam contempladas pela condicionalidade das regras legais, cujos detalhes ainda deveriam ser elaborados. Para satisfazer os falcões da austeridade, havia mecanismos de controle. Estados-membros teriam acesso à sua alocação de fundos submetendo Planos de Recuperação Nacional e Resiliência à Comissão, que as submeteria à aprovação do Conselho Europeu.[37] Esperava-se que esses planos atendessem às prioridades do Green Deal. A União Europeia usaria a crise para alavancar um programa de transição energética. Trinta por cento do orçamento da União Europeia combinado com o pacote Next Generation da União Europeia, € 555 bilhões entre 2021 e 2027, deveriam ser direcionados para uma política climática.[38]

Para a União Europeia isso marcava um reomeço.[39] Desde o clímax da crise da Zona do Euro em 2012, a falta de avanço numa integração mais profunda tinha sido desalentadora. Merkel havia se recusado a colocar o peso da Alemanha para amparar as iniciativas de Macron. Agora, de repente, a

União Europeia dava um salto à frente. Os apêndices institucionais impopulares legados pelos anos de crises tinham sido postos de lado — notadamente o Mecanismo Europeu de Estabilidade. Em vez disso, com o Reino Unido fora da foto, os membros poderosos da Zona do Euro tinham se afirmado no seio da União Europeia como um todo. Tinham estabelecido a possibilidade da dívida da União Europeia, e com base nisso tinham dado a Bruxelas uma significativa capacidade fiscal anticíclica. Os céticos insistiam que não passava de uma resposta provisória a uma emergência. Se algo daquilo se tornaria permanente era uma questão em aberto, mas o precedente havia sido estabelecido. Uma vez na vida, inegavelmente, a União Europeia tinha alcançado um genuíno sucesso político. Isso quebrou a atmosfera negativa que pairava pesadamente sobre a Europa na primavera. E um lugar em que isso era flagrantemente evidente eram os mercados financeiros.

No verão de 2020, a União Europeia viu-se na posição inabitual de ser uma favorita dos investidores. Claro que havia riscos políticos, sobretudo na Itália. Mas, como disse Alessandro Tentori, executivo-chefe de investimento da AXA Investment Managers, "os investidores têm a esperança de que, num número 'x' de anos, a União Europeia estará parecendo uma verdadeira união fiscal, monetária e política".[40] Os europeus talvez tivessem timidez em anunciar, mas, como se expressou um gestor de fundos baseado em Londres, "em tempos de tensão" a Europa já dispunha de algo que significava uma união fiscal ad hoc. A dívida recém-emitida da União Europeia teria uma classificação de crédito equivalente à das melhores dívidas soberanas do mundo.[41] Potencialmente, empolgou-se o Crédit Agricole, os europeus estavam prestes a criar "um pool maciço de títulos de alta qualidade, denominados em euro [...] que poderiam ser usados por investidores estrangeiros para diversificar suas opções além dos títulos do Tesouro (dos Estados Unidos) e do dólar". Essa era a autêntica voz das pessoas que administravam os consórcios realmente grandes de dinheiro global. Longe de ser um passivo perigoso e questionável, a dívida pública de boa qualidade era um combustível indispensável para os mercados.

O voto de confiança dos mercados era crucial, porque em termos práticos o plano de 2020 da Europa era apenas isso, um plano. O gasto, em termos de União Europeia, só começaria de verdade em 2021, no mínimo.[42] Enquanto isso, eram os governos nacionais que carregavam o peso principal da resposta à crise. Eles estavam lidando com déficits e emitindo dívidas na casa das centenas de bilhões de euros. Só restava ao Banco Central Europeu comprar ativos para garantir que aqueles mercados permanecessem firmes, os preços continuassem elevados e as taxas de juros, baixas. Acima de tudo, restava ao BCE garantir que o peso da dívida italiana seguisse administrável. Só se o BCE continuasse a conter o spread havia alguma probabilidade realística de a Itália se recuperar do aumento súbito da dívida de 2020.[43]

Um complemento crucial do acordo fiscal de julho, portanto, era enterrar a decisão do Tribunal Constitucional alemão e cerrar fileiras em torno do Banco Central Europeu. O BCE se recusava simplesmente a responder ao tribunal alemão, ao Parlamento alemão e a qualquer outro corpo político nacional. Responderia apenas ao Tribunal europeu e ao Parlamento europeu. Se, entretanto, o Bundesbank, como membro do sistema do euro com boa reputação, requisitasse documentos pertencentes a decisões sobre taxas de juros, as quais, por sua vez, optasse por compartilhar com o Parlamento alemão, não poderia haver objeção quanto a isso.[44] Se isso satisfizesse o Tribunal alemão, ótimo. Sem ter estômago para uma briga, os magistrados concordaram passivamente.[45] Não era tanto uma resposta ao desafio, mas sim uma coberta molhada para abafar o fogo da política numa caçamba de lixo.

Enquanto isso, longe de se sentir inibido pela decisão do tribunal, o BCE continuou a inovar. Comprar dívidas governamentais não foi seu único instrumento. O fluxo principal de crédito na economia europeia vem de bancos. Depois da crise financeira de 2008, a economia da Zona do Euro tinha sido arrastada para baixo por uma implosão nos empréstimos, enquanto os bancos europeus forcejavam para equilibrar seus balancetes. Na longa batalha para reverter esse encolhimento, o BCE havia introduzido um sistema de assim chamadas taxas de juros duais.[46] Ao fazer isso, conscientemente ou não, ele seguiu os passos do Banco do Povo da China nos anos 1990. A ideia era sobrecarregar o incentivo para que os bancos emprestassem estabelecendo as taxas de juros sobre depósitos e empréstimos independentemente umas das outras e ampliando o fosso entre elas. Primeiro o BCE pagava aos bancos juros sobre os fundos que eles mantinham no banco central. Em seguida lhes pagava também juros (na forma de taxas negativas) para tomarem dinheiro emprestado do BCE e o emprestarem a empresas europeias através do chamado Programa de Refinanciamento de Longo Prazo aos Bancos (TLTRO, na sigla em inglês). Esse sistema provocou desconfiança, porque na prática significava um subsídio para o sistema bancário europeu canalizado através das contas do BCE.[47] O resultado foi que em 2020, diferentemente do que ocorreu depois de 2008, os empréstimos continuaram. Não a disciplina, mas a garantia de condições de financiamento favoráveis para tomadores públicos e privados era agora o foco da política do BCE.[48]

E o Banco Central Europeu inovou não apenas no que se refere a instrumentos de política financeira. Assim como a Comissão Europeia, o BCE havia embarcado no bonde verde. Nas audiências no Parlamento europeu para sua aprovação no cargo, em 2019, Lagarde havia enfatizado sua determinação em abrir a questão da responsabilidade do banco no tocante às mudanças climáticas.[49] Quando a Comissão começou a esboçar os planos de gastos para o NextGen da União Europeia (União Europeia — Próxima Geração), Lagarde deu início a uma rodada de discussões com grupos da sociedade civil que apelavam para que a compra de títulos pelo banco central se inclinasse para uma direção verde.[50] Não era apenas uma questão de apoiar uma política fiscal pública geral, ou de aprovar novas taxonomias de "títulos verdes". O comando do BCE indicava que também não via motivo para manter "neutralidade" em sua aquisição, por exemplo, de títulos de empresas europeias de petróleo, quando estava claro que o mercado financeiro ainda não estava avaliando plenamente o risco de catástrofe climática.[51] O assunto estava longe de ser pacificado, mas só o fato de que a ideia pudesse ser ventilada sugeria o quanto o BCE havia avançado. Os gestores de bancos centrais estavam saindo dos velhos trilhos.

Muitos haviam temido que a crise do coronavírus desviasse a Europa da agenda verde.[52] Ela não teve esse efeito. Como se a etiologia do coronavírus já não fosse sinistra o bastante, as notícias de 2020 supriam uma corrente constante de desastres naturais. Ocorre que os desastres do Antropoceno não chegavam numa sequência clara.[53] Em 2020, eles estavam chegando todos ao mesmo tempo. Na baía de Bengala, o ciclone Amphan foi o mais forte já registrado. Tufões gigantescos açoitavam as Filipinas. Inundações súbitas submergiam amplas partes de Jacarta. No Caribe, a temporada de furacões esgotava as letras do alfabeto. O furacão Eta teve que receber um nome grego. Geleiras colossais da Antártida estavam se despedaçando. Na Sibéria, o subsolo congelado estava degelando. A África Oriental enfrentava uma invasão gigante de gafanhotos. Uma sucessão de incêndios consumia milhões de acres de cerrado e floresta.[54] A Califórnia sofria blecautes enquanto os aparelhos de ar-condicionado lutavam para enfrentar um verão escaldante. Enquanto as florestas queimavam, as equipes de prisioneiros com que o "estado ensolarado" normalmente conta para combater os incêndios estavam quarentenados pelo lockdown da Covid.[55]

A Europa, na verdade, foi poupada da maioria desses golpes, mas pesquisas de opinião mostram que as pessoas compreendiam o coronavírus como um indicador de que esses riscos deviam ser levados a sério.[56] O ano de 2020 tinha sido rotulado como um ano de ação climática. A data-chave era para ser a COP26, em novembro, em Glasgow.[57] Cinco anos depois do acordo de Paris de 2015, era hora de atualizar os chamados Compromissos Nacionalmente Determinados (NDCs, na sigla em inglês) pela redução do carbono. Se a Europa quisesse manter sua credibilidade como líder da questão do clima, precisava fazer mais do que o corte de 40% até 2030 que ela prometera em 2015.

Embora a COP26 tenha sido adiada, negociações e planejamento continuaram. Em 2 de março, pouco antes das paralisações Europa afora, a Comissão emitira um projeto de lei que comprometeria a Europa a alcançar a neutralização do carbono até 2050.[58] Isso recebeu um apoio entusiástico da parte da maioria dos membros da União Europeia, mas Estados anteriormente comunistas do Leste Europeu, fortemente vinculados ao carvão, eram menos entusiasmados quanto à agenda climática. Para amaciar suas objeções, 17,5 bilhões de euros foram destinados no pacote de Recuperação de Julho para um Fundo de Transição Justa, como o qual seriam remunerados os mineiros de carvão poloneses.[59]

Enquanto isso, a Europa olhava para o exterior à procura de parceiros na política climática. O presidente Trump havia declarado que os Estados Unidos sairiam do acordo de Paris em 4 de novembro, um dia depois da eleição. No verão, as relações europeias com o governo norte-americano estavam tão tóxicas que Merkel recusou o convite de Trump para um encontro do G7 em Washington.[60] Talvez a eleição nos Estados Unidos trouxesse um novo começo na Casa Branca, mas depois da presidência de Trump nada podia ser tomado por garantido. Pequim, não Washington, era a chave.

Em 2020, a China era responsável por mais emissões de CO_2 que a União Europeia e os Estados Unidos juntos, e ao mesmo tempo era líder em energia solar e eólica, carros elétricos e transporte ferroviário de alta velocidade. De fato, desde o início dos anos 2000, o desenvolvimento alemão e chinês nessas áreas seguia ligado intimamente. Eram os painéis solares baratos chineses que pontilhavam os telhados da Alemanha. Os fabricantes alemães de carros, líderes mundiais, estavam desenvolvendo novos modelos elétricos na e para a China. Só a Volkswagen tinha despejado US$ 17,5 bilhões de investimentos em seus empreendimentos com carros elétricos na China.[61] Um gesto ousado da Europa convenceria Pequim a ir mais longe? Em Paris, em 2015, a China aceitara a necessidade de todos os países, não apenas as economias avançadas, propor planos de redução de carbono. Xi Jinping agora iria além, comprometendo-se com um teto para as emissões chinesas e fixando uma data para alcançar a neutralização do carbono?

Antes da reunião da COP26 em Glasgow, um encontro de cúpula sino-europeu tinha sido agendado para setembro de 2020. A Alemanha estava na presidência do Conselho Europeu, e Merkel amparou com sua influência o esforço da Comissão para garantir um grande negócio com a China. O encontro passou a ser online, mas as conversações avançaram. Como sinal de sua seriedade, em 23 de julho a Comissão lançou uma consulta pública sobre a introdução de ajustes na limitação do carbono.[62] O ano de 2023 era visto como uma possível data de início. Para emissões da indústria e da geração de eletricidade, a Europa, nos últimos quinze anos, vinha operando um sistema de comércio de licenças de emissão. Como qualquer outra forma de quase dinheiro, o valor das permissões de emissão dependia do compromisso confiável de manter os certificados escassos em relação à demanda. Nesse quesito, o histórico da Europa era variado, para dizer o mínimo. Mas, depois de muitos inícios frustrados, em 2020 o preço para a emissão de uma tonelada de carbono saltou para 30 euros, e a perspectiva era de novos aumentos.[63] Isso levaria à paralisação de boa parte das fábricas poluidoras da Europa. Mas também, pelo mesmo motivo, aumentaria a pressão dos custos do que restava da indústria de transformação da Europa. Para compensar essa desvantagem, era essencial impor uma taxa de carbono sobre a importação de produtos manufaturados de potências mais poluidoras estrangeiras. Dado que a Europa era o maior mercado de exportação da China e dada a pesada dependência da China quanto à geração de eletricidade baseada na combustão do carvão, essa era uma perspectiva alarmante para Pequim. Seguindo o exemplo europeu, a China estava no processo de lançar seu próprio sistema de precificação do carbono.[64] O que os europeus queriam era um compromisso equivalente de Pequim com a descarbonização, constituindo com isso um clube do clima liderado pelos emissores número um e número três do mundo.[65] Pequim morderia a isca?

10.
China: momentum

O que os europeus mais teriam amado fazer seria promover um encontro de cúpula sobre o clima com Xi Jinping, como aquele que Obama fez na Casa Branca em setembro de 2015.[1] Mas 2020 colocou uma pedra no caminho diplomático. E isso valeu até mesmo para o maior evento do ano, a Assembleia Geral das Nações Unidas, em setembro. Cada líder falou ao mundo a partir de sua própria tela de vídeo. Em 22 de setembro foi a vez dos Estados Unidos e da China. O presidente Trump reprisou seu papel habitual como nacionalista e narcisista-mor, alardeando as realizações de seu governo na batalha contra "o vírus chinês".[2] Ele foi seguido menos de uma hora depois pela fala de Xi Jinping. Em flagrante contraste com o de Trump, o discurso de Xi mostrou uma percepção do momento histórico. No 75º aniversário da Segunda Guerra Mundial, Xi invocou as contribuições da China "para a vitória na Guerra Mundial Antifascista". Contra-atacando as estocadas do chauvinismo de Trump, enfatizou a necessidade de uma luta humana comum contra a Covid. Dividir o mundo em blocos, "enterrando a cabeça na areia como um avestruz diante da globalização econômica ou tentando combatê-la com a lança de Dom Quixote, vai contra o curso da história. Sejamos claros", declarou Xi, "o mundo nunca mais voltará ao isolamento, e ninguém pode romper os laços entre países". Elevando ainda mais a aposta, prosseguiu: "A Covid-19 nos lembra que a humanidade deveria iniciar uma revolução verde e avançar depressa para a criação de um modo verde de desenvolvimento e de vida". O Acordo Climático de Paris estabeleceu "a rota para o mundo transitar para um desenvolvimento verde e de baixo carbono". E então Xi soltou sua bomba: "A China vai elevar suas Contribuições Nacionalmente Determinadas adotando diretrizes e medidas mais vigorosas. Nossa meta é ter o pico de emissões de CO_2 antes de 2030 e alcançar a neutralidade de carbono antes de 2060".[3]

A China, a maior economia baseada em combustível fóssil que o mundo já conhecera, estava se comprometendo a encerrar a era do carbono no prazo de quarenta anos. Nos bastidores, o passo havia sido preparado por uma equipe de cientistas do clima na universidade de elite Tsinghua, comandados pelo veterano negociador climático Xie Zhenhua.[4] Pequim dera pistas em suas conversações com os europeus durante o verão, mas o anúncio de Xi em 22 de setembro veio como uma surpresa. Era desconcertante. Defensores das diretrizes climáticas tanto na Europa como em torno da campanha de Biden nos Estados Unidos haviam sempre presumido que teriam que convencer a China a fazer um movimento ousado. Agora Pequim estava tomando a iniciativa e ultrapassando tudo o que os emissores do Ocidente podiam oferecer.

A China havia aberto unilateralmente a porta para um esforço verdadeiramente global rumo à descarbonização. A reação foi de ceticismo.[5] Observadores ocidentais acharam fácil refutar as palavras de Xi, pronunciadas a partir de um púlpito decorado com a parafernália do Partido Comunista chinês. Decerto era um golpe publicitário, um estratagema para distrair a atenção das deterioradas relações da China com o resto do mundo.[6] Mas, por mais que tentassem, os observadores estrangeiros não podiam, no fim das contas, negar a importância do anúncio de Xi. Pela primeira vez em trinta anos de negociações climáticas, o maior emissor do mundo se comprometia com uma ação verdadeiramente radical.[7] Em questão de semanas, a Coreia do Sul e o Japão seguiram o exemplo da China, comprometendo-se com a neutralidade de carbono até 2050.[8]

Esse seria um dos padrões característicos de 2020. A China fez um movimento para estabelecer a agenda. O público, em boa parte da Ásia e da Europa, reagiu com ceticismo ou com franca hostilidade. A assertividade crescente de Pequim era perturbadora, e sua repressão impiedosa a toda forma de dissenso era alarmante. O governo Trump comandaria em 2020 uma investida contra a China que significava um renascimento da Guerra Fria, mas não eram só os Estados Unidos. De acordo com pesquisas, a disposição da opinião pública do resto do mundo era mais agressiva contra a China do que nos próprios Estados Unidos. Na Austrália, a parcela que tinha uma visão negativa da China subiu de 57% em 2019 para 81% em 2020, comparada com os 73% dos Estados Unidos. No Reino Unido, a hostilidade foi de 55% a 75%. Na Alemanha, de 56% para 71%.[9] Mas, por mais desconfiadas que as pessoas estivessem, e por mais agressiva que a diplomacia norte-americana viesse a se tornar, havia uma poderosa força compensatória. A China não estava sofrendo a crise e a desarticulação que o resto do mundo estava.[10] Qualquer sugestão de que o coronavírus iria abalar a legitimidade do mando do Partido Comunista chinês se mostrara completamente equivocada. A economia da China estava se recuperando depressa. Um prognóstico publicado pela OCDE durante o verão de 2020 dizia tudo. A expectativa deles era de que, no quarto trimestre de 2021, a recuperação chinesa tivesse aberto um enorme fosso em relação a todas as outras grandes economias do mundo. Esse crescimento econômico exerce uma atração magnética sobre interesses poderosos em todo o Ocidente. Por conta da dependência do mundo em relação às exportações chinesas de manufaturados, ela impregnava e formatava a vida cotidiana. Em muitos lugares o dinheiro e a tecnologia da China estavam remodelando a infraestrutura de energia, comunicações e transportes

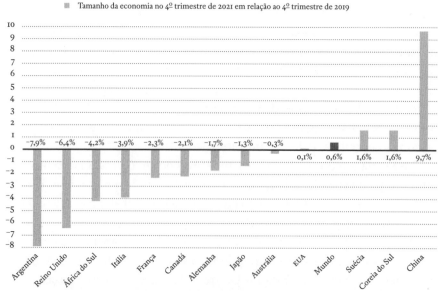

O futuro visto a partir de 2020. A maioria das economias encara uma longa ladeira, enquanto a China avança com força. Fonte: Organização para a Cooperação e o Desenvolvimento Econômico, dez. 2020.

No início de 2020, o símbolo do fosso entre a China e o resto do mundo era a máscara facial. Por um breve período, esses itens aparentemente mundanos eram a mercadoria mais procurada no mundo. As pessoas em todo o planeta fizeram um curso intensivo de engenharia têxtil e termoplásticos para compreender o que tornava tão especiais as máscaras N95.[11]

Antes da crise, a China tinha sido responsável por metade da produção global de máscaras faciais. Em seguida ao surto em Wuhan, em janeiro, a primeira reação chinesa foi se assegurar tanto quanto possível de sua produção doméstica e então passou a comprar todo o suprimento global disponível. Num único dia, 30 de janeiro, agentes de compras chineses conseguiram importar 20 milhões de máscaras. Era um número elevado, mas nem um pouco suficiente para uma população de 1,4 bilhão. Ao mesmo tempo, a China aumentou sua própria produção, passando de 10 milhões de máscaras por dia para 115 milhões no final de fevereiro, ainda muito pouco para ser capaz de oferecer a seus cidadãos um suprimento confortável.[12] E à medida que a pandemia se espalhava, mesmo esse aumento enorme da produção não foi suficiente para suprir a demanda global. Máscaras N95 continuaram desesperadoramente escassas. Os preços dos produtores para exportação triplicaram mesmo com a produção aumentando.[13]

O que permitiu à China vencer sua própria escassez de EPIs foi seu sucesso no controle da pandemia. Isso foi um triunfo, mas seu primeiro esforço para faturar com a "diplomacia das máscaras faciais" saiu pela culatra. O primeiro-ministro sérvio beijou a bandeira chinesa. O governo húngaro expressou sua gratidão a Pequim, assim como o presidente tcheco Miloš Zeman, que antes da pandemia já era conhecido por suas posições pró-Rússia e pró-China.[14] Eram as exceções. À medida que os fornecedores chineses aumentavam rapidamente a produção, relatos de defeitos de fabricação se multiplicavam.[15] Mercadorias de má qualidade aumentavam o desagrado europeu diante da crua mensagem de propaganda que as acompanhava.[16] Em vez de sentimentos calorosos de solidariedade, a tentativa da China de exercer *soft power** desencadeou apelos por autossuficiência. Como poderia fazer sentido depender de importações em larga escala de remédios essenciais e equipamentos hospitalares básicos? Repatriação da produção se tornou a onda do momento. O Japão chegou a alocar US$ 2,2

---

* Literalmente, "poder brando (ou suave)". Expressão usada nas relações internacionais, em geral sem ser traduzida, para designar a habilidade de um Estado, partido político ou organização para influenciar o comportamento ou interesses de outros corpos políticos por meios culturais ou ideológicos. [N.T.]

bilhões de seu pacote de estímulo anti-Covid para incentivar firmas a retornarem da China.[17]

Por mais tentadora que essa conclusão possa ter sido, como defensores do livre-comércio observaram, a discussão sobre o fornecimento global de EPIs estava baseada, em grande parte, em premissas falsas. A China estava longe de monopolizar a produção global.[18] E a ideia de uma repatriação abrangente de empresas, por conta da Covid, era igualmente ilusória.[19] Não eram apenas os custos, mas também redes sofisticadas de fornecedores e logística que tornavam a China atraente para a indústria moderna. Essas vantagens não evaporaram da noite para o dia por causa de alguns testes defeituosos de Covid.[20]

Tampouco se deveria generalizar a reação alérgica do Ocidente para o resto do mundo. Vinte e três milhões de máscaras faciais foram bem recebidas na Rússia em março.[21] No Paquistão, a ajuda médica chinesa, como investimento chinês, era recebida com entusiasmo.[22] A Etiópia festejava seu papel no transporte aéreo de EPIs de fabricação chinesa.[23] A América Latina, onde a epidemia corria solta, precisava de toda a ajuda que pudesse obter. Entre março e junho, US$ 128 milhões em ajuda fluíram de várias agências chinesas para a América Latina. Não era muito, mas era mais do que os Estados Unidos estavam oferecendo, e a ajuda chinesa não vinha com fornadas do remédio embusteiro favorito do presidente Trump, a hidroxicloroquina. Boa parte do auxílio chinês ia para o regime desastroso de Maduro na Venezuela, mas o Brasil e o Chile também receberam doações substanciais, com estados individuais brasileiros driblando o governo nacional de Bolsonaro. Mais importante que doações e auxílios, em todo caso, era a capacidade da China de embarcar grandes volumes de equipamento, respiradores e material de testes. E a parceria era proveitosa para a China também de outras maneiras. Os países latino-americanos seriam parceiros do programa chinês de desenvolvimento de vacinas.[24]

A política global do vírus trouxe a percepção de que o "choque chinês" significava coisas diferentes dependendo de onde você estava no mundo. Para a Europa e os Estados Unidos, a China aparecia como uma competição indesejada. Para outras partes do mundo, o crescimento chinês podia ser amedrontador, mas também abria oportunidades espetaculares. Em 2019, o Brasil exportou duas vezes mais para a China do que para os Estados Unidos.[25] Para as economias do Peru e do Chile, voltadas para o Pacífico, a China era ainda mais importante.

***

Na própria China, o contraste entre a rápida retomada do controle por Pequim e os tropeços do resto do mundo tornava fácil a vitória da propaganda. Longe de recuar, Xi e sua panelinha no interior do Partido Comunista chinês consolidaram seu domínio.[26] Quando as "duas sessões" finalmente se reuniram, em 21 de maio, Xi foi soberano. Tinha chegado a hora de uma ação sobre uma das áreas mais sensíveis da política interna chinesa, Hong Kong.

Desde 1997, quando o território retornou do controle britânico para o domínio chinês, a chamada Lei Básica havia assegurado para Hong Kong um modus vivendi conhecido como "um país, dois sistemas". Devia durar supostamente até 2047. Sob esse arranjo, Hong Kong não era uma democracia convencional, assim como não havia sido sob o domínio britânico. Metade dos assentos no Conselho Legislativo eram reservados para grupos funcionais, como organizações empresariais, escolhidas de acordo com ramos corporativos. Não obstante isso, Hong Kong tolerava o dissenso e a liberdade de expressão, e a polícia e o Judiciário atuavam com uma ampla medida de independência. No que diz respeito à mídia e às viagens, a cidade servia como uma interface relativamente livre entre a China e o Ocidente. Ainda mais importante era seu papel nas finanças globais.

Depois de Nova York e Londres, Hong Kong era o terceiro centro financeiro mais importante do mundo. Em 2019, Hong Kong estava competindo com a Nasdaq e Nova York pelo lançamento das maiores Ofertas Públicas Iniciais (novas emissões de ações).[27] Era o terceiro maior centro de transações com dólar, hospedando 163 bancos e 2135 gestores de ativos.[28] O crescimento da cidade, porém, era altamente desigual. Nos anos 1970 e 1980, Hong Kong havia sido um polo industrial, tanto quanto centro financeiro. A abertura do Delta do Rio das Pérolas, na entrada de Hong Kong, tinha submetido a indústria ligeira da cidade a uma pressão competitiva feroz. Preços crescentes de imóveis, puxados para cima por compradores da China continental e do exterior, aumentaram o custo de vida, que deixava 20% da população vivendo abaixo da linha oficial da pobreza.[29]

O descontentamento político e o social vinham juntos, num tsunami de sentimento anticontinental, que explodiu em protestos abertos, primeiro na Revolução dos Guarda-Chuvas de 2014 e depois numa segunda onda de manifestações em 2019.[30] Pequim não queria um massacre estilo Praça da Paz Celestial em Hong Kong, mas o relógio estava correndo para as eleições do Conselho Legislativo em setembro de 2020, e Pequim não toleraria uma demonstração forte da oposição. Se não fosse o advento do coronavírus, é provável que a China tivesse anunciado novas medidas no início de 2020. Em maio, quando as duas sessões finalmente se reuniram em Pequim, era um bom momento para agir. Em 30 de junho, a China colocou em ação uma nova Lei de Segurança Nacional criminalizando a dissidência. Em julho, o governo local impediu doze políticos, incluindo quatro membros do Conselho Legislativo, de concorrer às eleições. Então, pouco tempo depois, com a aprovação entusiástica de Pequim, as eleições foram adiadas por um ano.[31] A pandemia proporcionou a desculpa para um fechamento.

Era uma rejeição unilateral e aberta ao "um país, dois sistemas". E no verão de 2020 ela presenteou o governo Trump com uma bem-vinda ocasião para começar uma briga. Em 14 de julho, Washington anunciou sanções contra todos os envolvidos em "extinguir a liberdade de Hong Kong", bem como contra as firmas financeiras que faziam negócios com eles. Dali em diante, Hong Kong não seria mais tratada como uma entidade econômica distinta da China continental.[32] A União Europeia, por sua vez, emitiu uma declaração morna expressando "graves preocupações". A Alemanha suspendeu seu tratado de extradição com a China, mas os europeus não chegaram a um acordo sobre uma ação comum.[33] O melhor que o Reino Unido pôde fazer foi liberar o acesso a passaportes britânicos para cidadãos de Hong Kong desejosos de sair da cidade.

A cidade em si estava quieta. Confrontados com a força esmagadora que Pequim poderia colocar em ação, muitos na oposição eram fatalistas. Uma vez que toda esperança de democratização era ilusória, prosseguir o envolvimento no Conselho Legislativo só servia para legitimar o que era, na verdade, um Parlamento fantoche.[34] No final do ano, os manifestantes que não estavam no exílio estavam sendo processados. Janeiro de 2021 começou com outra rodada de detenções em massa de membros ativos da oposição e seus apoiadores. Isso contava com apoio esmagador no continente, mas muitos cidadãos de Hong Kong também encaravam os ativistas democráticos como desordeiros. Os interesses locais não foram simplesmente intimidados. Os interesses mais poderosos da cidade foram comprados.

A economia de Hong Kong precisava de ajuda. Os protestos de 2019 e depois o coronavírus fizeram a economia de Hong Kong cambalear. Até setembro de 2020, o PIB de Hong Kong tinha encolhido por quatro trimestres seguidos. Representantes do establishment gostavam da promessa de estabilidade de Pequim. Após a promulgação da Lei de Segurança, em 30 de junho, o índice Hang Seng subiu de repente e a Bolsa de Valores ficou mais movimentada do que nunca.[35] Enormes Ofertas Públicas Iniciais de firmas da China continental foram feitas.[36] Se os preços de ações de Hong Kong tinham sido derrubados pela incerteza política, isso presenteava os investidores da China continental com uma oportunidade de "comprar o mico".[37]

Bancos e escritórios de advocacia ocidentais com raízes profundas em Hong Kong não viam muita opção senão ir atrás. As instituições financeiras Swire, Jardine Matheson, Standard Chartered e HSBC declararam publicamente, todas elas, seu apoio à nova lei de segurança.[38] Faziam isso contra as objeções tanto de Londres como de boa parte de seu pessoal local em Hong Kong. A lógica era simples. Eles não podiam discutir com Pequim. O continente estava onde estava o mercado. E nem Pequim nem os funcionários da China continental que cada vez mais dominavam a presença dos bancos na região iriam tolerar qualquer coisa que cheirasse a "separatismo" de Hong Kong.

Em 7 de novembro de 2020, em vez de comunicar seu relatório habitual ao Conselho Legislativo, Carrie Lam, chefe do Executivo de Hong Kong, viajou com seu gabinete a Pequim para se encontrar com o vice-primeiro-ministro Han Zheng e pedir assistência econômica. Hong Kong precisava de ajuda com equipamento de testagem para controlar o vírus e queria garantias quanto ao futuro papel da cidade como polo financeiro e de viagens.[39] A visão de Pequim ia muito além disso. Sua meta era fundir a província de Guangdong, Hong Kong e Macau num gigantesco centro de poder econômico a ser conhecido como Área da Baía Maior. Quando a ideia foi introduzida, em 2017, a região tinha uma população conjunta de 71 milhões de habitantes e um PIB de US$ 1,6 trilhão.[40] Isso fazia dela a 12ª maior economia do mundo, junto com a Coreia. Responsável por 37% das exportações chinesas, as perspectivas futuras para a Área da Baía eram espetaculares. Lembranças da autonomia de Hong Kong seriam afogadas no dinheiro a ser gerado no Vale do Silício asiático.

A Área da Baía Maior era exemplar da visão de capitalismo de estado eficiente que Xi e sua equipe vinham impulsionando desde 2013.[41] A motivação central desse projeto era política. Envolvia assegurar ao Partido Comunista chinês o firme controle da economia mais dinâmica do mundo. Pela China afora, comitês liderados pelo partido foram plantados em empresas de tecnologia e condomínios privados de elite. A incorporação de Hong

Kong era parte essencial desse processo. O mesmo valia para a sujeição dos magnatas chineses, tanto de Hong Kong como do continente. Até mesmo estrelas globais como Jack Ma não estavam imunes, conforme ele descobriu em novembro de 2020 quando a Oferta Pública Inicial recorde da Ant Financial foi interrompida e o próprio Ma desapareceu da vista do público. Não haveria mais "expansão de capital sem ordem".

O projeto mais amplo ia além do controle político direto, abrangendo um esforço para domar o alvoroçado crescimento da China. Cruciais para isso eram a regulação financeira e a política monetária para restringir o crescimento do crédito e garantir que não haveria uma recorrência da crise financeira quase fatal de 2015. Era uma afirmação formidável do controle do Partido Comunista, mas ia de mãos dadas com uma perspectiva tão ampla de crescimento econômico e prosperidade abrangente que mudava não apenas a sociedade chinesa, mas o equilíbrio do mundo todo. Em 2019, a China representava 27% do total de crescimento econômico global.[42] No processo ela ultrapassou os Estados Unidos e se tornou o maior mercado consumidor do mundo.[43] Em 2020, era a única economia importante do mundo que ainda estava crescendo. Isso era irresistível.

Desde os anos 1990, os interesses financeiros norte-americanos lideraram o esforço para entrar na China, e a repressão em Hong Kong em 2020 não os afastou. Na verdade, a esperança mais cara de Wall Street era sair do confinamento da cabeça de ponte de Hong Kong para ganhar acesso ao vasto mercado da China continental. Ninguém foi mais explícito a esse respeito que Ray Dalio, o legendário fundador da Bridgewater Associates, o maior hedge fund do mundo, com US$ 160 bilhões sob sua gestão. "Não é o comunismo da época do seu avô", disse ele de Davos aos espectadores do noticiário econômico da Fox, em janeiro de 2020. "Alguns chineses gostam mais do capitalismo do que muitos americanos." Quando começou o ano, Dalio estava preocupado com o clima nos Estados Unidos. Bernie Sanders e Elizabeth Warren, disputando com força as prévias democratas, estavam despertando uma crescente disposição "anticapitalista".[44] E não era só a nova tendência socialista na América que preocupava Dalio, era o FED. Entre os homens do dinheiro norte-americanos, Dalio é conhecido por seu interesse pela história. Depois de estudar a ascensão e o declínio de impérios financeiros nos últimos quinhentos anos, Dalio estava convencido de que uma mudança fundamental estava a caminho. Os Estados Unidos, alertou, estavam "criando um monte de dívidas e imprimindo um monte de dinheiro, o que ao longo da história foi uma ameaça às reservas cambiais". "Os fundamentos estão debilitando o dólar norte-americano." A conclusão não podia ser evitada: o futuro pertencia à China. Como observou Dalio um tanto defensivamente, "as pessoas têm me acusado de ser tendencioso, ingênuo e, em alguns casos, impatriótico. Penso que estou apenas sendo objetivo".[45]

Se o chefão da Bridgewater não era explícito o bastante, Karen Karniol-Tambour, a precoce chefe de pesquisa de investimento na firma, escancarou o argumento numa entrevista que concedeu no final do ano à revista *Barron's*, a leitura semanal de pequenos investidores e consultores financeiros da classe média norte-americana. A China era "um concorrente maior e um ecossistema mais competitivo do que os que os Estados Unidos já enfrentaram desde a Segunda Guerra Mundial", observou. Ela não estava ali, porém, para convocar o dinheiro americano a se alinhar com a bandeira do país. Conforme observou, "ao contrário do que ocorria durante a Guerra Civil com a União Soviética", na relação Estados Unidos-China, "os investidores podem apostar dinheiro em ambos os lados". Claro que a pessoa podia assumir a postura patriótica, podia dizer: "Estou seguro de que os Estados Unidos vão sair por cima não importa o que houver, e a tecnologia norte-americana será melhor, e é aí que reside o crescimento". Mas um investidor racional, americano ou não, também pode optar pelo outro caminho: "Por que eu deveria correr esse risco? É muito melhor diversificar".[46] Nem é preciso dizer onde a Bridgewater resolvera investir.

Na boca de um dos paladinos capitalistas dos Estados Unidos, essa conversa poderia soar bizarra, mas a Bridgewater só estava sendo incomum pela franqueza com que expressava suas ideias. Embora eles não estivessem alardeando a notícia, 2020 era um ano-chave na China para os maiores nomes de Wall Street.[47] O J.P. Morgan não via a hora de assumir pleno controle de uma empresa de futuros nos mercados chineses. O Goldman Sachs e o Morgan Stanley tinham assumido maioria acionária em seus empreendimentos com títulos chineses. O Citigroup obteve uma cobiçada licença de administrador para atuar como mantenedor de títulos. Em agosto, a BlackRock ganhou o prêmio supremo, uma licença exclusiva de fundo mútuo que lhe permitiria competir pelo direito de gerir o pool de cerca de US$ 27 trilhões de ativos de fundos mútuos domésticos chineses.[48]

Era o crescimento da riqueza da China a atração básica, mas, como Dalio tinha observado, havia também fatores impulsionadores. As enormes intervenções de bancos centrais no Ocidente na primavera de 2020 foram sem dúvida essenciais para estabilizar os mercados, mas seu efeito colateral negativo foi comprimir os rendimentos. Mesmo com uma Guerra Fria no ar, o porto seguro mais compensador para o capital era a dívida soberana chinesa. Oferecendo atrativos rendimentos vários pontos percentuais acima dos disponíveis no Ocidente, a China era a nova "capital mundial do dinheiro duro".[49] No final do verão de 2020, a parcela de investidores estrangeiros na dívida pública chinesa tinha subido para quase 10%.[50] A atração do jogo era duplicada pela força da moeda chinesa. Preocupações com "direitos de propriedade" e "valores ocidentais" não figuravam nessa decisão de investimento. A preocupação não era que Pequim mostrasse suas garras comunistas, mas que ela pudesse recorrer a métodos ocidentais de política econômica e adotar a Flexibilização Quantitativa.[51]

A ideia não era despropositada. Em 22 de maio, a tempo das "duas sessões", o ministro das Finanças da China anunciou que o esforço fiscal conjunto do governo central com os provinciais resultaria na emissão de 8,5 trilhões de yuans (US$ 1,2 trilhão) em novos títulos em 2020, quase o dobro de 2019. Assim como no Ocidente, a questão era como se poderia emitir novas dívidas no valor de 8% do PIB sem elevar taxas de juros e com isso espremer a tomada de empréstimos privados. No final de abril, Liu Shangxi, chefe de um think tank ligado ao Ministério das Finanças, propôs que a China seguisse o exemplo de japoneses, europeus e norte-americanos e deixasse o Banco do Povo da China financiar os gastos públicos, incluindo novos títulos do governo em seu balancete, na prática uma monetização direta do déficit. Era uma sugestão ousada à luz do fato de que na China a lembrança da inflação era próxima, datava dos anos 1990.[52]

Para alívio dos investidores ávidos por grandes rendimentos, a ideia de Liu teve pouco apoio. Ex-membros do comitê monetário do Banco do Povo da China, soando como excêntricos gestores alemães de banco central, alertaram que a flexibilização quantitativa iria solapar a confiança no yuan. Outros advertiram que a inflação iria aparecer, se não nos preços ao consumidor, nos mercados de ativos. Lou Jiwei, ex-ministro das Finanças, observou que a compra direta de novos títulos do governo que viessem a ser emitidos violaria a lei do Banco Central chinês. Podia parecer estranho invocar tais legalidades num Estado de partido único, mas era esse, precisamente, o ponto. "A monetização do déficit iria abolir a 'última linha de defesa' na administração das finanças públicas", alertou Lou.

Foram os conservadores monetários da China que ganharam a parada. Em seus pronunciamentos ao Congresso Nacional do Povo, em 22 de maio, o primeiro-ministro Li Xeqiang insistiu que, a despeito do enorme aumento nos novos empréstimos, a China encontraria meios de manter baixas as taxas de juros. Mas ele não fez menção alguma ao Banco do Povo da China. A liquidez extra seria suprida reduzindo as reservas requeridas de bancos privados.[53] Enquanto isso, a dívida pública da China continuaria a oferecer um spread atraente em relação a suas congêneres no Ocidente.[54] O que permanecia sem ser dito era que a política monetária da China era determinada primordialmente por sua meta de taxa de câmbio. Contra o dólar, o yuan estava subindo, mas, contra a cesta mais ampla de moedas com as quais era cotejado, ele permanecia estável. Com o boom das exportações, era um equilíbrio fácil de alcançar.

Como notaram diplomatas europeus em Pequim, não sem um elemento de despeito, a preocupação com a atividade bancária e as finanças de Hong Kong era eminentemente uma preocupação anglo-americana.[55] Para a Alemanha, a China era acima de tudo um parceiro comercial, o maior desde 2016. Para a indústria automobilística alemã, a recuperação relativamente rápida da China em relação à pandemia era um bote salva-vidas. Em 2020, o fundo do poço tanto da Daimler como da BMW foi salvo pela China. O que o CEO da Damiler saudou como uma "notável" recuperação em V viu as vendas subirem 24% na comparação com o ano anterior.[56] Os lucros eram vitais numa época em que a indústria europeia estava enfrentando os enormes custos da transição para carros elétricos. Em 2020, depois do cancelamento dos salões do automóvel de Genebra e Detroit, Pequim foi anfitriã da única grande exposição de carros do ano.[57] Todos os principais fabricantes optaram por exibir seus modelos elétricos. Eram os consumidores jovens e menos mesquinhos da China e seu ecossistema de fabricantes de baterias e criadores de plataformas movidas a eletricidade que iriam moldar a próxima geração automotiva.

Produtores de commodities eram ainda mais dependentes da China. A China era esmagadoramente o maior comprador de minério de aço e de carvão no mercado internacional. Era a maior fonte de crescimento do mercado de petróleo. E a China não era simplesmente o maior comprador. Cada vez mais, ela estava formatando os mercados também.

A montanha-russa de preços do petróleo foi um dos grandes dramas de 2020. Em abril, preços futuros do petróleo nos Estados Unidos tinham desabado para território negativo. Entre os atingidos mais duramente estavam pequenos investidores chineses que tinham colocado suas economias em "títulos de petróleo cru do Tesouro" altamente especulativos, baseados em derivativos.[58] Teriam feito melhor investindo em mercados de petróleo em seu país. Em 2018, Xangai havia introduzido um novo contrato de futuros em petróleo denominado em yuan. Com ampla capacidade de armazenamento em mãos, em face do choque do coronavírus, isso se mostrou muito mais resiliente que o contrato precificado em dólar. Os preços nunca caíram abaixo de US$ 30 por barril.[59] Ávidos por tirar proveito dos preços mais robustos chineses, navios-tanques foram desviados em massa para portos chineses, ajudando a absorver o excesso e a estabilizar os preços. Dadas as perspectivas de crescimento da China, não havia dúvida de que o petróleo acabaria encontrando um comprador, se não como combustível, então como matéria-prima para a florescente indústria do plástico. No verão de 2020, a Agência Internacional de Energia anunciou que a China em breve ultrapassaria os Estados Unidos como o mais importante refinador de produtos de petróleo do mundo.[60] Os Estados Unidos haviam ostentado essa coroa desde a aurora da era do petróleo, nos anos 1850. Agora estavam sendo suplantados pela nova frota de refinarias petroquímicas chinesas. Responsável por metade de todo o crescimento da indústria química global, a China era um ímã irresistível para gigantes como a alemã Basf — outrora membro fundador do conglomerado IG Farben. Entre 2003 e 2019, o investimento em instalações da Basf na China chegou a US$ 27,8 bilhões, 60% de seu investimento global. Em face da crescente guerra comercial, a Basf deu um passo à frente em dezembro de 2019 em seu último e maior investimento, uma fábrica de US$ 10 bilhões em Guangdong.[61]

Em seus primeiros dias, o crescimento econômico espetacular da China poderia ser saudado como um triunfo da economia de mercado e do livre-comércio. Em 2020 o crescimento quantitativo havia se convertido em mudança qualitativa. Cada vez mais, pesquisas de opinião mostravam que a China era vista como a economia dominante do mundo.[62] Sob o governo de Xi Jinping, a China também emergira como uma superpotência assertiva e cada vez mais autoconfiante. Na Ásia, isso tinha implicações nefastas. Coreia do Sul, Japão, Taiwan e Vietnã tinham séculos de história que atestavam a importância estratégica da China. Tanto quanto banqueiros norte-americanos, industriais europeus ou produtores de petróleo árabes, eles também não podiam escapar da força gravitacional da gigantesca máquina de crescimento da China, mas tinham motivo imediato para se preocupar com a nova postura agressiva chinesa no mar do Sul da China e sua atitude intimidatória em relação a seus parceiros comerciais mais fracos. A nova escala da China não podia ser revertida. Se acontecesse isso, seria um desastre econômico, social e provavelmente político. A questão era como conter, institucionalizar e enquadrar o novo equilíbrio de poder.

Uma opção tinham sido as negociações para a Parceria Transpacífica (TPP, na sigla em inglês), um gigantesco tratado comercial e de investimento regional que excluía a China e que foi impulsionado pelo governo Obama como uma "aliança de contenção de facto da China".[63] Ela contava com o apoio de Japão, Canadá, México e vários Estados latino-americanos. Mas pactos assim são negociações complexas. A TPP despertou controvérsia no Congresso. Ao longo da campanha presidencial de 2016, Hillary Clinton recuou de um acordo que ela própria, como secretária de Estado, tinha ajudado a promover.[64] Sob Trump, foi uma iniciativa natimorta. Em seu primeiro dia de governo, em janeiro de 2017, ele cancelou a participação norte-americana. A Austrália e o Japão tinham investido demais nas negociações para simplesmente abandoná-las por um capricho da Casa Branca. De modo que o acordo foi em frente de toda forma, rebatizado de Acordo Abrangente e Progressivo para a Parceria Transpacífica (CPTPP, na sigla em inglês). Era um grande agrupamento, abarcando do Canadá ao Chile, Austrália e Singapura, mas sem os Estados Unidos o CPTPP carecia de um polo econômico central. Estava aberto um vácuo na política comercial do Pacífico asiático que a China ficou feliz em preencher.

O primeiro movimento de Pequim, em 2013, foi lançar a ideia de um Banco Asiático de Investimento em Infraestrutura que ajudasse a aprimorar as redes de transporte que ligavam as economias da região. Contra as objeções norte-americanas, o banco foi em frente, com a Austrália, a Coreia do Sul e até mesmo o Reino Unido aderindo como membros.

A maior parte das nações comerciais asiáticas já contava com uma teia de acordos bilaterais de livre-comércio para reduzir tarifas alfandegárias. Mas as mercadorias não iriam fluir, mesmo com a melhor das infraestruturas, se fossem obstruídas por regulações nacionais conflituosas e barreiras não tarifárias. Cadeias de suprimento ágeis colocavam uma grande ênfase na velocidade e na confiabilidade de conexões logísticas até o limite. Em 2012, a Associação de Estados do Sudeste Asiático (Asean, na sigla em inglês), deu início a conversações sobre uma zona comercial, objetivando possibilitar uma circulação mais eficiente de produtos semifinalizados e intermediários.[65] A China, devido ao seu papel fundamental nas cadeias de abastecimento, estava no centro dessa visão. As negociações eram intermitentes, mas em 2019 Pequim aumentou a aposta ao convocar uma grande cúpula comercial. No verão de 2020, a Parceria Regional Econômica Abrangente (RCEP, na sigla em inglês) estava finalmente pronta para ser assinada. Em sua apresentação oficial no domingo, 15 de novembro de 2020, foi saudada como o maior acordo comercial da história. A RCEP, centrada na China, tinha um PIB conjunto maior que a CPTPP, o rebatizado bloco comercial de "contenção da China" que juntava Estados Unidos-Canadá-México e a União Europeia.

Mais importante, do ponto de vista econômico, era o novo vínculo forjado entre a China, a Coreia do Sul e o Japão, que representavam 80% do PIB conjunto da RCEP. Mais surpreendente, em termos políticos, era a inclusão da Austrália. Enquanto a Nova Zelândia, que também era signatária, mantinha boas relações com Pequim, o relacionamento entre a Austrália e a China estava se deteriorando rapidamente.[66] Pequim se ofendeu com a postura assertiva da Austrália sobre a interferência política chinesa, sobre excluir a Huawei de suas redes de telecomunicação e sobre a questão da responsabilidade pelo coronavírus. Navios carregados de carvão australiano estavam esperando perto de portos chineses sob boicote. Mas a Austrália não podia se dar ao luxo de ficar de fora de um empreendimento como a RCEP. Em 2019, um terço das exportações australianas foi para a China, o que lhe rendeu um grande superávit comercial. Havia profundos interesses estabelecidos em continuar a exportação de minério de ferro e carvão. Era tão poderosa a atração da integração com a China que o estado australiano de Victoria chegou a se tornar membro da Iniciativa Cinturão e Rota, contra o desejo expresso do governo nacional em Canberra.[67] A Austrália já tinha acordos bilaterais de livre-comércio com todos os membros da RCEP. O que ganhou como signatária foi a vantagem sobre todo o bloco.[68] A China havia desejado que a RCEP se concentrasse exclusivamente no comércio de mercadorias. Por insistência de Canberra e de Tóquio, ela se estendeu ao investimento estrangeiro em saúde, educação, água, energia, telecomunicações, finanças e comércio digital, setores que ofereciam às economias avançadas novas oportunidades lucrativas de crescimento.[69]

A economia asiática importante que estava faltando na RCEP era a Índia. Entre 2014 e 2018, a Índia havia desbancado a China no pódio de economia de crescimento mais rápido do mundo. Havia uma conversa empolgada sobre o novo papel da Índia como a número um da Ásia.[70] Surfando nessa onda de otimismo, a Índia tinha feito parte das conversações originais da RCEP com a Asean, mas em novembro de 2019 ela optou por sair.

A abertura da economia indiana desde os anos 1990 havia beneficiado os consumidores com uma inundação de produtos importados baratos, predominantemente da China. Mas o livre-comércio tinha poucos amigos na política indiana. O compromisso com a política econômica nacional remonta à independência.[71] O ineficiente setor industrial da Índia tinha motivos para temer a concorrência chinesa. Desde 2017, a taxa de crescimento da Índia havia diminuído bruscamente de ritmo.[72] Dada sua população enorme e crescente, a Índia não podia se dar ao luxo de acelerar a tendência à desindustrialização. Os defensores da estratégia de "abertura" argumentaram que o foco da Índia deveria estar no investimento em infraestrutura e nas mudanças regulatórias necessárias para permitir que sua imensa e mal remunerada força de trabalho prosperasse em face da competição global. Embora o choque inicial do aumento das importações tenha sido severo, os custos salariais ascendentes da China ofereceram uma oportunidade histórica para a Índia deslocá-la nos mercados globais. Em vez disso, o governo de Modi optou por sair do RCEP e declarou uma nova era de autossuficiência, ou *atmanirbhar*.[73] Sem surpresa, os lobbies industriais e agrícolas indianos aplaudiram e apreciaram a promessa de proteção. No entanto, a sensação crescente de isolamento regional era palpável.

O ano de 2020 desferiu um rude golpe nas pretensões da Índia à liderança asiática. A resposta de Delhi ao coronavírus foi atrapalhada. Dezenas de milhões de pessoas foram lançadas na penúria. A retração econômica da Índia ficou entre as piores do mundo. Quando soldados indianos e chineses se confrontaram no Himalaia em junho, na pior violência de fronteira desde 1975, a coisa não acabou bem para os indianos. Dezenas deles foram mortos, e a China terminou controlando 1500 quilômetros quadrados de território extra na disputada região de Ladakh.[74] Os protestos patrióticos que se seguiram levaram a um boicote aos celulares e aplicativos chineses, como o TikTok. Mas a Índia não podia arcar com uma Guerra Fria. Mesmo com todo o recente crescimento indiano, o orçamento de defesa de Pequim era quase quatro vezes maior que o da Índia, e sua economia era seis vezes superior. O peso econômico e financeiro da China era simplesmente grande demais e estava se fazendo sentir na vizinhança imediata da Índia.

Sri Lanka, Paquistão e Bangladesh eram todos clientes do programa Cinturão e Rota da China. Esses projetos estavam longe de ser isentos de problemas, mas deixavam na poeira qualquer coisa que a Índia pudesse oferecer. No outono de 2020, Delhi estava nublada por temores sombrios de um cerco estratégico.[75] Havia conversas sobre dar uma dimensão econômica à "Quad" — a aliança militar entre Estados Unidos, Japão, Austrália e Índia —, mas nessa companhia a Índia estava longe de ser número um.[76]

Não era só a Ásia que vivia cada vez mais sob a sombra do crescimento chinês. Em termos de paridade de poder de compra, levando em conta o custo de vida muito diferente, a economia da China provavelmente suplantou a dos Estados Unidos em 2013. Em termos do dólar corrente, refletindo o poder de compra em mercados globais, os Estados Unidos ainda estavam consideravelmente à frente. Não se previa que a China se tornasse a número um antes de meados dos anos 2030. Isto é, até 2020. O impacto diferenciado da crise do coronavírus obrigou os vaticinadores a revisar suas previsões. No fim do ano, esperava-se que a China ultrapassasse o PIB dos Estados Unidos cinco anos mais cedo, possivelmente já em 2028-9.[77] Certamente, nos anos 2030 a China iria dominar o leste da Ásia. Sua economia seria maior que a do Japão e a dos Estados Unidos juntas. O futuro de longo prazo impunha desafios ainda mais amedrontadores de adaptação. Como definiu em 2018 Larry Summers, o último secretário do Tesouro de Clinton: "Podem os Estados Unidos imaginar um sistema global viável em 2050 no qual sua economia é metade do tamanho da maior do mundo? Poderia um líder político reconhecer essa realidade de maneira que permitisse negociação sobre qual seria o aspecto desse mundo? Caso seja inaceitável para os Estados Unidos ver-se ultrapassado tão amplamente na escala econômica, eles acaso têm os meios de frear isso? Pode a China ser detida sem ocasionar conflito?".[78] Como sugeria Summers, era demasiado fácil que a competição comercial resvalasse para o conflito geopolítico. E as apostas não poderiam ser mais altas.

O ano de 2020 havia começado com o governo Trump numa disposição relativamente conciliatória, celebrando a conquista da fase 1 do acordo comercial em que a China se comprometia a aumentar em US$ 200 bilhões suas importações de produtos e serviços dos Estados Unidos. Diferentemente das negociações regulatórias sofisticadas da RCEP e da CPTPP, a fase 1 de Trump era um acordo cru, baseado em cotas. Acima de tudo, era um produto do desejo de Trump de se apresentar como o negociador-mor. Mesmo antes de o coronavírus colocar a fase 1 sob pressão, ela era vista com ceticismo pelos que encaravam a China como uma ameaça estratégica de longo prazo. Convencer a China a comprar mais soja norte-americana nada representou em face desse desafio. À medida que a pandemia golpeava a América, a euforia da fase 1 evaporava e os ataques do governo à China em torno do vírus foram se tornando cada vez mais vociferantes. Num mau augúrio, do ponto de vista de Pequim, agora era o establishment da política de segurança dos Estados Unidos que estava no comando. Em maio de 2020, a Casa Branca publicou o que descrevia como uma "Abordagem Estratégica dos Estados Unidos à República Popular da China".[79] Esse relatório explicitava a doutrina promulgada na Estratégia de Segurança Nacional de dezembro de 2017. Esta havia descrito o Indo-Pacífico como a arena-chave da competição das grandes potências. De acordo com o documento de 2020, cada área do governo, bem como das empresas e da sociedade civil, deveria ser organizada em resposta à ameaça representada por Pequim. A questão não era mais de arrancar concessões para um acordo comercial. O problema era a "ascensão" em si de uma China controlada pelo Partido Comunista.

Essa reavaliação radical tinha implicações imediatas para algumas das maiores empresas de ambos os lados do Pacífico. Firmas norte-americanas como a Apple e a Boeing tinham enormes interesses na China. Do lado da China, a provedora de telecomunicações Huawei estava na mira das autoridades dos Estados Unidos.

Em 2020, a Huawei era a líder mundial do fornecimento de smartphones, com uma parcela de 20% do mercado, à frente tanto da Apple como da Samsung. Era líder mundial também em tecnologia de rede 5G. A Huawei era uma empresa privada, mas seu fundador era também intensamente patriótico. Era difícil para qualquer pessoa no Ocidente acreditar que a Huwaei não respondia em última instância ao Partido Comunista chinês. Uma vez que o que estava em jogo era o controle de dados e as comunicações pessoais, a presença da Huawei nas redes de telecomunicações ocidentais era também uma questão de liberdade pessoal, de direito à privacidade e de controle estratégico da informação. Já em 2012, o governo Obama havia iniciado uma investigação sobre a Huawei e outra firma chinesa de telecomunicações, a ZTE. Isso resultou no banimento de ambas das aquisições públicas dos Estados Unidos. A ZTE foi submetida a sanções específicas. Em 2018, o governo Trump chegou a um acordo com a ZTE, mas aumentou dramaticamente sua pressão sobre a Huawei. Meng Wanzhou, diretora financeira da Huawei e filha do seu fundador, foi detida no Canadá por ordem das autoridades norte-americanas. A Casa Branca emitiu uma ordem executiva banindo a Huawei de todas as redes norte-americanas, mas deixou em suspenso a execução da medida. Em abril de 2020, a proibição de compra de equipamentos da Huawei entrou em pleno vigor. Então, em maio, o Departamento de Comércio dos Estados Unidos aumentou a aposta, exigindo uma licença para qualquer um que usasse equipamento norte-americano para produzir chips se quisesse vendê-los à Huawei. As principais fundições de chips da Ásia, a sul-coreana Samsung e a taiwanesa TSMC, teriam que escolher entre o acesso ao equipamento industrial norte-americano de última geração e seus mercados gigantescos na China.[80] Para dar mais um passo adiante, em setembro o Departamento de Comércio ampliou as sanções da Huawei ao principal fabricante chinês de microchips, a SMIC. Ao mesmo tempo, exercia pressão sobre governos e empresas da Europa para que cessassem de fornecer à SMIC equipamentos essenciais para a produção de chips.[81] Havia um "risco inaceitável", declararam os Estados Unidos, de que o equipamento acabasse chegando às mãos dos militares chineses.

Os Estados Unidos estavam atacando a jugular industrial da China.[82] Os chips são um componente onipresente não apenas na eletrônica, mas em tudo, dos carros ao espaço aéreo, de eletrodomésticos a equipamentos de transmissão de energia novos em folha. A ofensiva de política industrial veio a um preço considerável. Um quarto da receita total da indústria de semicondutores dos Estados Unidos era obtida por meio de vendas à China.[83] Mas o governo Trump estava traçando a linha demarcatória. O comércio não era mais a prioridade. Firmas norte-americanas teriam que aceitar a perda de mercados chineses. O objetivo supremo era barrar o avanço da China na área crucial da tecnologia.

Os Estados Unidos estavam atacando não apenas a Huawei, um triunfo nacional, mas todo um pilar da economia industrial chinesa. Pequim ficou sem outra opção senão repensar sua abordagem da globalização. O novo modelo de desenvolvimento econômico estabelecido nas "duas sessões" em maio de 2020 era a "dupla circulação".[84] Um circuito era a economia do comércio internacional. O outro seria conduzido pelo desenvolvimento econômico nacional. A ideia era reequilibrar a relação entre os dois e tornar o segundo independente do primeiro. Não era um abandono geral da globalização, mas um reequilíbrio que se afastasse da dependência excessiva tanto da demanda estrangeira como dos insumos importados que pudessem ficar vulneráveis às sanções dos Estados Unidos.

Já em 2015 a China havia lançado o programa Made in China 2025 para acelerar a progressão, dentro da cadeia de valor, rumo a uma produção industrial mais avançada. A nova linha agressiva dos Estados Unidos deu àquele programa um ímpeto extra. A tempo para as duas sessões, em maio, Pequim anunciou um novo programa gigantesco de tecnologia com uma autorização para gastar US$ 1,4 trilhão ao longo dos cinco anos seguintes.[85] Seu foco eram áreas estratégicas, como centros de dados, transmissão de energia de alta voltagem, inteligência artificial e as estações de base da nova rede 5G. Mas nada daria certo se os Estados Unidos pudessem cortar o suprimento chinês de microchips de ponta. O ano terminou com uma inclusão de 77 firmas chinesas na lista de sanções, abrangendo, além da Huawei e da SMIC, a DJI, fabricante de drones favorita no mundo.[86]

A declaração de guerra econômica à China pelo governo Trump foi sem dúvida desalentadora para Pequim, mas suas ramificações se expandiram mais ainda. O fato de os Estados Unidos declararem a China, principal locomotiva do crescimento global, uma ameaça à segurança nacional derrubava um dos pressupostos básicos do mundo pós-Guerra Fria. Contra a suposição terraplanista sobre a globalização, os Estados Unidos estavam declarando que a nacionalidade das empresas, chinesas ou não, era fundamental para a disposição de Washington em permitir a elas acesso à tecnologia norte-americana. E embora tivessem agido unilateralmente e sem aviso prévio, os Estados Unidos claramente esperavam que os fornecedores de países amigos aderissem. Alguns assim o fizeram de bom grado. A Austrália se adiantou aos Estados Unidos no banimento da Huawei. O Reino Unido vinha monitorando havia muito tempo o envolvimento da Huawei em suas redes de telecomunicação.[87] Não encontrara nenhuma evidência específica de delito, mas, seguindo o exemplo dos Estados Unidos, anunciou a proibição da instalação de novos equipamentos Huawei a partir de setembro de 2021.[88] Outros foram mais relutantes e tentaram evitar a escolha. A Alemanha, notadamente, recusou-se a aderir a um banimento geral da tecnologia Huawei.[89] A Deutsche Telekom estava desesperada para expandir sua presença na China. As empresas automobilísticas alemãs estavam integradas intimamente demais com a tecnologia chinesa de comunicações para poder cogitar uma interrupção pura e simples.[90] A súbita virada dos Estados Unidos para o modo Guerra Fria estava em desacordo com a forma como as empresas globalizadas vinham operando na China pelas últimas três décadas. Ela suscitava uma pergunta profundamente desconcertante: era a China ou eram os Estados Unidos a maior ameaça ao status quo?

Ao seguir sua nova linha antichinesa, as autoridades norte-americanas gostavam de se descrever como "realistas com princípios".[91] Eles criticavam seus antecessores por não se darem conta da extensão da ameaça chinesa. Mas qual era exatamente a natureza do seu realismo? Estava claro que a ascensão da China era um evento histórico mundial, revertendo uma assimetria de poder que havia balizado o último quarto de milênio. O Partido Comunista Chinês era de fato um antagonista ideológico e sua ambição era tremenda, mas a "contenção" da China era uma perspectiva realista do século XXI ou um eco distorcido da Guerra Fria com a União Soviética? O modo agressivo como o governo Trump enfrentou esse desafio histórico em 2020 era um reflexo dos fatos postos em cena na Ásia ou tinha mais a ver com a tensão crescente dentro dos próprios Estados Unidos?

A campanha anti-China do governo Trump atingiu seu ponto alto no verão de 2020, num momento extraordinário da vida pública norte-americana. Contra um pano de fundo de protestos de âmbito nacional, distúrbios esporádicos e toques de recolher em muitas cidades norte-americanas, figuras de destaque no governo Trump emitiram uma denúncia inflamada não apenas do regime comunista chinês, mas de seus compatriotas viajantes, incluindo empresas norte-americanas. O que em Washington era vendido como um novo realismo era, na verdade, a expressão de uma crise nacional crescente nos Estados Unidos que misturava o alinhamento de forças econômicas e políticas e colocava em questão a própria Constituição da América.

II.
Crise nacional dos Estados Unidos

Em março de 2020, o drama do advento da pandemia havia suscitado temporariamente uma ação rápida e conjunta da sociedade, políticos e governo norte-americanos. Essa civilidade teria vida curta. No final de abril, quando a emergência médica nas Costas Leste e Oeste dos Estados Unidos amainou, o acordo sobre como enfrentar a pandemia desmoronou. Os norte-americanos culpavam uns aos outros. Culpavam a China. Então, deixando exposta a herança mais feia da história nacional norte-americana, eles retornaram à ainda controversa história da escravidão e da guerra civil, antes de começar de novo a brigar em relação às crises que se abatiam sobre eles em 2020. O Congresso, que agira tão prontamente em março, ficou paralisado. E em vez de resolver o impasse, a eleição desencadeou um processo espetacular de decomposição política. Como ficou claro, se uma corrente política, numa democracia agitada pela controvérsia, rompia radicalmente com padrões convencionais de verdade, se não se conseguia chegar sequer a um acordo sobre a realidade de uma pandemia, não havia razão alguma para esperar que uma eleição — um ato de contagem coletiva — fosse suficiente para pacificar a questão de quem governava. Em novembro, a eleição foi suplantada por uma queda de braço mais ampla e abrangente. Todas as forças do país foram chamadas ao palco — os tribunais, os militares, a mídia, os interesses empresariais —, não para enfrentar uma crise de saúde ou um derretimento econômico, mas para obrigar Donald Trump, e se não Trump pelo menos o Partido Republicano, a aceitar a realidade da sua derrota. Enquanto isso, a tensão com a China aumentava, as relações com a Europa se desgastavam quase ao ponto de rompimento, e até mesmo o totem da economia perdia seu poder de organizar a comunidade nacional.

A batalha começou com a discussão sobre a reabertura. Era uma questão controversa em todo o mundo. Havia protestos raivosos na Grã-Bretanha, na Alemanha e na Itália.[1] Mas nos Estados Unidos a questão se fundiu com uma guerra cultural mais ampla que era atiçada a partir do alto. Ignorando seus próprios especialistas em saúde, Trump clamou da Casa Branca para que a vida econômica fosse retomada. Denunciou governadores democratas por suas medidas de lockdown e encontrou uma resposta em meio à multidão de extrema direita que ele cortejara pela primeira vez em Charlottesville em 2017. Um novo capítulo ameaçador se abriu quando milícias paramilitares invadiram a Assembleia Legislativa de Michigan. Embora o objeto de controvérsia fosse, teoricamente, a economia, as grandes empresas preferiam fazer seu lobby nos bastidores. A "economia norte-americana" que os manifestantes buscavam defender era a dos estúdios de tatuagem, barbearias, salões de bronzeamento artificial, bares e academias de ginástica.[2] Dinheiro obscuro dos irmãos Koch jogou seu papel a partir dos bastidores.[3] Era uma estranha forma de luta de classes que alinhava pequenos capitalistas enraivecidos e oligarcas de direita contra o liberalismo empresarial.

Foi então que uma ferida muito mais profunda se abriu na sociedade norte-americana. Em Minneapolis, um policial algemou um homem negro, George Floyd, subjugou-o de encontro ao chão e pressionou o joelho contra seu pescoço até ele morrer.[4] Não era, em si, um evento inabitual. Homens negros morrem com frequência nas mãos da polícia norte-americana. Mas esse incidente desencadeou um efeito de amplificação numa extraordinária irrupção de protestos por todo o país. A população negra norte-americana sofria desproporcionalmente os efeitos da pandemia, e isso aumentava a percepção de uma profunda injustiça. A mobilização em torno do Black Lives Matter serviu como um ponto de aglutinação para toda uma coalizão de forças radicais e progressistas. Ela não se restringiu de modo algum à esquerda. No início de julho, estima-se que entre 15 milhões e 26 milhões de pessoas participaram de manifestações de um tipo ou de outro no BLM.[5] Chefes políticos de mentalidade progressista marcharam com os manifestantes. A liderança do Partido Democrata se vestiu com tecidos *kente*.* Jamie Dimon, da JPMorgan Chase, "ajoelhou-se".[6] O banco se comprometeu a destinar US$ 30 bilhões ao longo de cinco anos para incrementar empréstimos a famílias e empresas das minorias. O Citigroup prometeu US$

---

* *Kente* é um tecido tradicional dos povos Ashanti, da África, geralmente muito colorido e com motivos geométricos. [N. T.]

1 bilhão para o enfrentamento da "disparidade racial da riqueza".[7] *Allyship** era a onda do momento na América empresarial.[8]

Para Trump, isso era como uma bandeira vermelha diante de um touro. Quanto mais os empresários progressistas se mostravam conscientes das injustiças, mais aguerridamente o governo intensificava as guerras culturais, declarando que a América estava sob a ameaça da subversão. Para reprimir os protestos, Trump demandou o uso da força. Fez com que as ruas em torno da Casa Branca fossem desocupadas com violência para encenar uma foto ostentando uma Bíblia, lado a lado com generais de alta patente vestidos em uniforme de combate, como se estivesse em Cabul ou Bagdá. Foram necessárias intervenções da cadeia de comando para barrar o acionamento da 82ª Divisão Aerotransportada.[9] Mas, mesmo sem a declaração da lei marcial, por algumas semanas em julho de 2020 os norte-americanos foram submetidos a um novo e notável regime de disciplina. Numa tentativa de conter saques e distúrbios, pelo menos 23 cidades dos Estados Unidos, incluindo Nova York, Chicago, Los Angeles e San Francisco, sobrepuseram toques de recolher noturnos aos lockdowns do coronavírus.[10] Moradores das cidades, buscando ao ar livre alívio para o calor do verão, eram empurrados de volta para casa por megafones da polícia.

De quem era a culpa? Entre os progressistas, a ignomínia acumulada por Trump alcançou um novo crescendo. Ele era um fascista ou pelo menos um autoritário. Com sua postura grotesca, mussoliniana, no monte Rushmore, em 4 de julho, ele nem sequer parecia querer refutar a acusação.[11] O próprio governo Trump culpava inimigos estrangeiros e domésticos, e cada vez mais diluía a linha divisória entre eles. Antifa, socialismo e consciência antirracista eram a ameaça interna. A elite empresarial liberal fechava os olhos ou encorajava esses movimentos. E o mesmo grupo havia sido responsável, desde a era Clinton, por fomentar o crescimento da China comunista, que agora tinha soltado o vírus contra a América. Altas autoridades abraçavam abertamente teorias conspiratórias sobre a disseminação do vírus. Para Trump e figuras destacadas do governo, o coronavírus era agora simplesmente o "vírus de Wuhan". Eram tão insistentes em sua linguagem pejorativa que uma reunião do G7 com governos do Japão e de

---

* Neologismo em inglês que sugere aliança e designa o conceito e a prática de políticas de diversidade e inclusão, sobretudo étnica, no interior das empresas e instituições. [N.T.]

países europeus terminou sem um comunicado final.[12] Logicamente, organizações internacionais como a OMS também eram entidades dissimuladamente pró-China.[13]

Enquanto isso, falcões belicistas, como o secretário de Estado Mike Pompeo, o assessor de Segurança Nacional Robert O'Brien e o procurador-geral William Barr, esboçavam a agenda para uma nova Guerra Fria, na qual, como os porta-vozes da Bridgewater haviam observado, as cartas eram distribuídas de um modo inusual.[14] Ameaças internas e externas eram fundidas num único bloco. Liberalismo empresarial, alegavam os falcões, eram ao mesmo tempo cúmplices da conciliação com a China e inclinados a enfraquecer a América por dentro. O procurador-geral William Barr, um velho defensor da direita linha-dura cuja carreira havia começado em meio aos protestos contra a guerra do Vietnã nos anos 1960, declarou com todas as letras que "a comunidade empresarial norte-americana tem sido uma grande parte do problema".[15] Em suas relações com a China, muitos líderes empresariais norte-americanos não estavam sequer interessados na "viabilidade de longo prazo de suas empresas"; tudo o que queriam era "lucro a curto prazo, de modo a poder ter suas opções sobre ações e ir morar no resort de golfe". Para Barr, não era um momento para contenção, era um momento de Segunda Guerra Mundial. "Hoje não estamos falando alemão", declarou, porque "os empresários norte-americanos no passado [...] cerraram fileiras com os Estados Unidos. E todos os privilégios e benefícios e a estabilidade e o império da lei e a capacidade de lucrar como eles lucram, como empresas e como indivíduos, vêm da força deste país".[16] Tecnologia e Hollywood, as duas grandes indústrias da liberal Califórnia, eram os bichos-papões particulares de Barr. A tecnologia era cúmplice do estado de vigilância da China. "Atores, produtores e diretores de Hollywood orgulham-se de celebrar a liberdade e o espírito humano", ironizou. "E a cada ano, na cerimônia do Oscar, os norte-americanos ouvem sermões sobre como este país não cumpre os ideais hollywoodianos de justiça social, mas Hollywood hoje censura regularmente seus próprios filmes para satisfazer ao Partido Comunista chinês, o mais poderoso violador de direitos humanos do mundo."[17] Barr chegou notavelmente perto de decretar um divórcio entre sua visão da América e de sua economia e o capitalismo norte-americano de fato existente. Chegou até mesmo a ameaçar que as empresas norte-americanas que se pronunciavam em favor de fazer negócios na China deveriam ser submetidas aos termos da Lei de Registro de Representantes Estrangeiros.[18]

O procurador-geral Barr era inusual na amplitude de sua visão ideológica, mas a tendência a incriminar a China era bastante generalizada no campo de Trump. Ela abrigava o sentimento de que o presidente estava sendo vítima de uma combinação de forças hostis: um vírus importado da China, a incessante perseguição das "fake news", os liberais de Wall Street, o socialismo de Bernie Sanders e *the squad*,* ativistas antirracistas, governadores progressistas que atormentavam a comunidade de pequenos empresários e uma tirania de especialistas em saúde pública que demandavam o uso de máscaras faciais de estilo asiático.

O oposto de tudo isso era nacional, viril, saudável e, seguindo a lógica dos comentários de Barr, era também a América da classe trabalhadora braçal, traída pelas elites empresariais cosmopolitas. Isso, por sua vez, significava, numa atordoante inversão dos fronts habituais, que o Partido Republicano agora defendia a América da classe trabalhadora. Foi um tema que Trump vinha martelando repetidamente desde a eleição de 2016. Nada o agradava mais do que ser fotografado junto a rudes e corpulentos trabalhadores norte-americanos, de preferência de macacão e capacete de proteção. Em 2020, o refrão foi adotado por destacadas figuras mais jovens do partido, notadamente Ted Cruz, do Texas, e Josh Hawley, do Missouri.[19] Eles combinavam seu populismo de direita com ataques cifrados à política antirracista do Black Lives Matter e críticas injuriosas ao Partido Comunista chinês. Como mostravam as pesquisas de opinião, seu apelo não era desprovido de lógica.[20] O apoio de base eleitoral do Partido Republicano era recrutado intensamente na classe trabalhadora branca. Se tomarmos o grau de instrução em vez da classe, o traço mais comum do eleitor de Trump, além da raça, era a falta de educação universitária. O resultado era um partido unificado em torno de temas de identidade cultural e afeto, e profundamente contraditório no que se refere às diretrizes políticas.

Era um partido de autoproclamados conservadores fiscais que priorizava o corte de impostos sobre o equilíbrio orçamentário. Era um partido de autossuficiência que contava com o FED para animar o mercado de capitais. Era um partido de eleitores da classe trabalhadora que apoiava a desregulamentação para as grandes empresas.[21] Era um partido de governo mínimo

---

* Literalmente, "o pelotão" ou "a esquadra": designação de um grupo de seis deputadas e deputados da ala mais à esquerda do Partido Democrata. [N.T.]

que amava mais que tudo um Exército gigantesco, encarceramento em massa e força policial desmesurada e truculenta. Era um partido cuja base se identificava apaixonadamente com Donald Trump, mas cuja liderança no Congresso hesitava em fazer a coisa óbvia para reelegê-lo: lançar uma segunda onda de estímulos fiscais.

Na Europa e na Ásia, o verão de 2020 foi um período de equilibrar os imperativos do controle do vírus e do desejo de retomar a vida normal. Como a segunda e a terceira ondas na Europa iriam mostrar, era um equilíbrio difícil de encontrar. Grandes porções dos Estados Unidos, em especial estados controlados pelos democratas na Costa Leste, estavam engajadas na mesma manobra precária. Na cidade de Nova York, epicentro da crise nos Estados Unidos em março e abril, o distanciamento social sustentado manteve o vírus razoavelmente sob controle. O preço foi a interrupção contínua da vida pública comum e da interação social. Em muitos estados controlados pelos republicanos, porém, e na própria Casa Branca, a atitude foi de negação pura e simples. À medida que a campanha eleitoral esquentava, o presidente queria ter o mínimo possível a ver com a questão do coronavírus. Ele passou a se queixar de que o verdadeiro problema era o volume de testagem. Assessores próximos, como Larry Kudlow, eram dóceis a ele, referindo-se à epidemia no pretérito verbal. "*Foi* terrível. Os impactos na saúde e na economia *foram* trágicos, privações e sofrimento *estavam* em toda parte."[22]

Enquanto isso, Trump encontrou seu próprio caminho de volta para o futuro. No início do ano, a economia tinha sido seu principal motivo de jactância. O que isso significava para Trump eram os números do emprego e o S&P 500. No verão de 2020, a economia parecia estar melhorando. O mercado de trabalho parecia ter se voltado para a direção correta. O mercado de ações se recuperava. Mesmo o menos endinheirado dos norte-americanos viu uma melhora significativa na sua situação até julho. Numa coletiva de imprensa de cair o queixo, Trump invocou o espírito do assassinado George Floyd, que, alegava ele, teria ficado satisfeito com os bons números do emprego.[23] Afinal de contas, eram os homens negros, historicamente, que se beneficiavam de um nível mais baixo de desemprego.

Havia pessimistas e catastrofistas. O entourage de Trump estava de novo atirando a esmo contra Jerome Powell e o FED. "Penso de verdade que o sr. Powell deveria relaxar um pouco quando dá essas coletivas de imprensa", opinou o sempre leal Larry Kudlow. "Sabe como é, um sorriso de vez em quando, um pouquinho de otimismo. Vou falar com ele, e em algum momento vamos ter um pouco de treinamento de mídia." O assessor de política comercial Peter Navarro foi simplesmente desdenhoso: "A melhor estratégia para Jay Powell seguir em frente seria simplesmente [...] nos dizer para onde vão as taxas de juros e depois calar a boca".[24] Mas "seguir em frente", essa frase tão reveladora, era precisamente a questão. Quanto tempo duraria a recuperação em relação à recessão de março e abril e quão forte ela se mostraria?

A evidência dos estados mais gravemente afetados pelo vírus durante o verão de 2020 era mais clara do que nunca. O problema não era a postura sombria de Jerome Powell, nem os lockdowns opressivos impostos por democratas que odiavam a liberdade. Muitos dos estados que foram os primeiros a suspender o lockdown, os fervorosos Estados Vermelhos (republicanos) pró-Trump, estavam vendo uma recaída da atividade econômica. O problema não era o lockdown, mas o vírus.[25] Até que ele pudesse ser controlado e a confiança restaurada, a vida do trabalho, o prazer da vida comunitária, as escolas e creches não podiam voltar a coisa alguma parecida com a normalidade. A recuperação até então se devia muito à escala do estímulo fornecido na primavera, mas ele já estava chegando ao fim. Julho foi o último mês de auxílio federal extra para alívio do desemprego. Para que milhões de famílias não sofressem uma súbita perda de renda, o Congresso precisava concordar com uma extensão do socorro econômico.

Entre as organizações empresariais havia uma percepção generalizada e realista de como a situação permanecia precária. Em maio, a Câmara do Comércio dos Estados Unidos e outros lobbies empresariais instaram o Congresso a prover auxílio aos governos estaduais e locais.[26] A maioria democrata na Câmara dos Deputados concordou e votou por um pacote de estímulo de US$ 3 trilhões.[27] Enquanto isso, no Senado, onde eram minoria, os democratas pressionaram por um programa ainda mais ambicioso, de pagamentos suplementares aos desempregados — chamados de estabilizadores automáticos — que não ficariam à mercê da aprovação no Congresso, mas seriam disparados sempre que o índice subisse acima de 6%.[28] Não era mais que um balão de ensaio, mas iluminava a fragilidade da articulação entre a sociedade norte-americana e a economia: a natureza excludente e de colcha de retalhos daquilo que passava por um estado de bem-estar social.

Para aprovar de fato um estímulo seriam necessários os votos republicanos, e eles estavam em desacordo consigo mesmos. Um grupo de pelo menos vinte senadores linha-dura não queria despesa extra alguma.[29] Eles apoiavam a linha otimista que vinha da Casa Branca. A Lei Cares não poderia expirar logo. Interromper os auxílios-desemprego restaurava os "incentivos" adequados ao trabalho. Aquilo poderia soar como uma política agradável aos empregadores, mas no verão de 2020 o que as organizações empresariais diziam querer não era menos estímulo, e sim mais.

Por seu turno, Mitch McConnell, como líder do Senado, opunha-se a qualquer auxílio financeiro a estados e municípios, o que ele chamava de "socorro dos estados azuis (democratas)" a sindicatos do setor público.[30] Seu próprio projeto de estimação era um escudo de responsabilidade, o que propiciaria um rápido retorno ao trabalho e ao mesmo tempo protegeria os empregadores contra processos relacionados à infecção com o coronavírus. Como licença para a irresponsabilidade das empresas, isso nunca passaria pela maioria democrata na Câmara.[31] O presidente Trump acrescentou ruído às negociações ao insistir em seu projeto favorito, um corte de impostos sobre a folha de pagamentos no qual ninguém mais estava interessado.[32]

Quando a Casa Branca se deu conta de que o impasse no Congresso poderia terminar sem estímulo nenhum, começou a fazer lobby por pelo menos uma extensão do suplemento de US$ 600 aos desempregados propiciado pela Lei Cares. Mas era tarde demais. O establishment republicano não estava disposto a fazer favores a um presidente que se parecia cada vez mais com um pato manco.[33]* Em agosto, o auxílio adicional para 30 milhões de desempregados norte-americanos simplesmente se extinguiu. O melhor que o governo poderia fazer era estender a moratória sobre despejos por meio do CDC. Não era o meio normal de empreender uma grande ação de política de habitação, a moratória tinha uma porção de furos, mas não havia dúvida de que despejos em massa e a falta de moradia espalhariam mais ainda a epidemia.[34]

A essa altura, a iniciativa passou de McConnell e dos republicanos no Senado para o secretário do Tesouro Mnuchin, que se entregou a negociações quase diárias com Nancy Pelosi e os democratas da Câmara. Se McConnell não estivera disposto a considerar a possibilidade de um gasto de mais de US$ 500 bilhões em estímulo, Mnuchin e Pelosi falavam de

---

* Tradução literal da expressão *"lame duck"*, que define o político que permanece em seu cargo, mas com o poder esvaziado e pouca chance de reeleição. [N. T.]

US$ 1,8 trilhão a 2 trilhões. O presidente gostava da ideia de um pacote realmente grande com seu nome, mas, tão perto da eleição, isso poderia ser perigoso dos dois lados. A última coisa que os democratas queriam era conceder a Trump uma vitória de última hora. McConnell receava que um pacote gigantesco de estímulo ocasionasse a rejeição por parte dos eleitores conservadores em matéria fiscal. Temia também que o real interesse de Pelosi fosse o de dividir os republicanos precisamente no momento em que McConnell estava tentando reagrupá-los para conseguir aprovar a toque de caixa a nomeação de Amy Coney Barrett para a Suprema Corte. McConnell deixou claro que se Pelosi e a Casa Branca chegassem a um acordo, ele o deixaria parado no Senado até depois da eleição. Isso daria uma vitória aos democratas, que pintariam os republicanos como destruidores. Então o melhor, do ponto de vista de McConnell, era não haver acordo algum. Havia aqueles na ala esquerda do Partido Democrata que argumentavam que eles deviam obter o que pudessem.[35] Mas Pelosi não estava satisfeita com as quantias oferecidas pela Casa Branca e apostava que a onda de sentimentos contra Trump levaria os democratas ao pleno controle do Congresso.

Emaranhados nessa rede de cálculos políticos, mesmo enquanto a segunda onda da epidemia começava e a recuperação patinava, toda a esperança de uma resposta fiscal em larga escala evaporou. Em face de uma emergência crescente, o sistema político dos Estados Unidos havia perdido sua capacidade de reunir uma maioria para uma ação conjunta. O que restava de política econômica tinha sido deixado nas mãos do FED.

Desde a emergência de março, o FED tinha diminuído seu ritmo de compras de títulos. Nunca havia comprado muitos dos títulos emitidos pelas empresas norte-americanas ou dívidas "municipais" emitidas por estados e prefeituras, mas a disposição do banco central de oferecer auxílio, caso fosse necessário, colocou uma rede de proteção sob Wall Street. Ao fazer sua promessa de comprar títulos de empresas, no auge do pânico de março, o FED cruzara uma fronteira importante, e em 27 de agosto ele cruzou outra.[36] No ano anterior, o FED embarcara numa revisão básica dos parâmetros de sua política monetária. O que se deveria fazer quanto ao repetido fracasso em atingir a meta inflacionária de 2%? Depois de um ano de deliberação, o banco central norte-americano não estava sequer mais perto de uma resposta. Os Estados Unidos, como todas as outras economias avançadas, tinham um problema de inflação baixa. O que o FED podia fazer era mudar o modo como direcionava sua política. Dali em diante, em vez de se comprometer em manter a inflação abaixo de 2%, sua meta seria alcançar um índice médio de inflação de 2%. Se a inflação caísse abaixo dessa meta, como acontecera persistentemente nos anos recentes, o FED compensaria isso puxando a alta do índice de preços acima da meta. Se e quando a inflação por fim subisse acima de 2%, o FED não buscaria restringi-la antecipadamente, mas deixaria a economia "esquentar". Em meio às condições econômicas de 2020, havia pouca probabilidade de que isso acontecesse de fato, mas mudava a perspectiva futura. As taxas de juros oscilaram para cima e aumentou a procura de ouro e prata.[37] A América conservadora estava buscando refúgio e a situação política só aumentava o seu nervosismo.

Contra o pano de fundo da pandemia e da mobilização do Black Lives Matter, a disputa eleitoral de 2020 era um assunto embaçado. Trump encenava sua despreocupação com a doença promovendo comícios de massa. Quando ficou doente, recuperou-se rápido, o que só aumentou a sua bazófia. Os democratas haviam escolhido Joe Biden como candidato mais seguro e tiveram uma campanha segura, grande parte da qual foi conduzida a partir da base dele. Como batalha em torno de diretrizes políticas, era grotescamente inclinada para um lado. Buscando unir ambas as alas do Partido Democrata, trabalhando com Sanders na campanha, Biden engendrou um manifesto que era talvez o mais radical já apresentado por um candidato democrata.[38] Combinava a enorme escala de US$ 3 trilhões de estímulo proposta pelos democratas da Câmara com a agenda do Green New Deal da campanha de Sanders.

A ousadia do programa fiscal era notável, assim como a ênfase na questão climática. Em outros tempos essa teria sido uma agenda radical, mas no verão de 2020 os mercados estavam apaixonados pela Tesla, uma empresa de carros elétricos. Em agosto, a Exxon, outrora o ator dominante na indústria de combustível fóssil, foi desbancada do Índice Industrial Dow Jones.[39] O peso das corporações de energia de combustíveis fósseis no S&P 500, que em 2008 atingiu 16%, caiu em 2020 para meros 2,5%. Wall Street estava aprendendo a amar o capitalismo verde. Se os democratas dominassem o Congresso, bem como a Casa Branca, haveria um enorme aumento na emissão de novas dívidas, mas com o FED como barreira, eles aprenderiam a conviver com isso também. Mais estímulo era esperado. E qual era, afinal de contas, a alternativa? Quando Trump foi posto contra a parede por um âncora amistoso da Fox News para dizer o que pretendia de fato realizar num segundo mandato, ficou sem resposta. Em sua Convenção Nacional, o Partido Republicano simplesmente saiu sem um manifesto. Não se tratava de orientação política. Tratava-se de Trump e sua personificação de certa visão da América.

Não era um bom caminho para conquistar a maioria. A partir da primavera, as pesquisas mostravam uma margem sólida de vitória para Biden e, com a expectativa nervosa de todo o planeta, foi precisamente o que o eleitorado norte-americano decidiu. O que tornou a disputa mais acirrada no colégio eleitoral foi o fato de Trump se sair melhor do que o previsto pelas pesquisas em boa parte dos estados-chave. Além disso, a folgada vitória de Biden na corrida presidencial não se traduziu automaticamente numa clara conquista do Congresso. O controle do Senado ficou em aberto. Dependeria de duas votações extras na Geórgia em 5 de janeiro.

A eleição de 2020 traduziu na política as divisões cada vez mais rígidas na sociedade norte-americana em termos econômicos, sociais, regionais e culturais.[40] Na eleição de 2000, George W. Bush venceu em 2417 condados que geravam 45% do PIB dos Estados Unidos, enquanto Al Gore venceu em 666 condados predominantemente urbanos que geravam 55% do produto nacional.[41] Em 2020, essa divisão havia se tornado ainda mais desequilibrada. Biden venceu em apenas 509 condados, mas eles abrigavam 60% da população norte-americana e geravam 71% do produto nacional. Trump ficou com o resto.[42] Nos 2547 condados que votaram em Trump, os empregos para trabalhadores braçais ultrapassavam os de funcionários de escritórios. Nos condados de Biden, estes últimos predominavam claramente.[43] Dos cem condados norte-americanos com a maior porcentagem de pessoas com formação universitária de quatro anos, Biden conquistou 84, contra dezesseis de Trump. Ainda em 2000, Bush conseguira 49. Em 1984, 80% dos condados com mais alta instrução nos Estados Unidos tinham votado nos republicanos.

Os conflitos irreconciliáveis na política norte-americana refletiam uma polarização entre aqueles que aprovavam as muitas transformações que a América sofrera desde a era da luta pelos direitos civis e que haviam se beneficiado com essas mudanças e aqueles que ansiavam por um retorno aos anos 1950 ou, pelo menos, ao que imaginavam que tinha sido aquela era passada. Trump satisfizera esse anseio e, apesar de ter perdido na votação nacional, a América dos estados republicanos não o repudiara. Ele teve mais votos do que em 2016. Na verdade, teve mais votos que qualquer candidato presidencial antes dele na história, com exceção de Biden. E Trump, sendo Trump, achou que tinha vencido. Para piorar, o Partido Republicano, ainda disputando as duas cadeiras vitais do Senado na Geórgia, recusava-se a romper com o presidente por medo de afastar os seguidores leais de Trump. Enquanto governantes pelo mundo afora reconheciam a vitória de Biden, o ocupante do cargo, os líderes republicanos no Senado e na Câmara, bem como os políticos republicanos eleitos em várias partes do país recusavam-se a fazer o mesmo.

A probabilidade de Trump vir a aceitar o resultado eleitoral sempre foi frágil. Afinal de contas, ele contestara até o resultado de 2016, quando venceu. Se tivesse vencido Biden, não há dúvida de que teria insistido que a margem não era grande o bastante. Mas a incerteza em 2020 era de uma nova qualidade. A recusa de Trump em aceitar o resultado não era meramente uma tática legal. Ela abraçava uma realidade alternativa.[44]

Como então forçar a aceitação de um resultado? Os tribunais eram o caminho óbvio. Os republicanos os haviam preenchido com seus indicados e o presidente não fazia segredo do fato de que esperava um toma lá dá cá. As cortes o desapontaram. Nenhum tribunal da Terra teria discutido seriamente as causas trazidas pela campanha de Trump. Só em um estado, Wisconsin, eles chegaram perto de subverter o resultado.[45]

Poderiam os militares entrar em cena? Sabemos que essa opção foi discutida no círculo de Trump. O grupo aglomerado em torno do general Flynn, recém-liberado da prisão, apelava a Trump para que "cruzasse o Rubicão" e decretasse lei marcial.[46] Mas figuras graduadas na cadeia de comando puxaram o freio, declarando publicamente que seu juramento era à Constituição, não ao comandante em chefe. O Exército norte-americano não se envolveria numa eleição.

No que diz respeito à América corporativa, 2020 confirmou seu desconforto com a cultura política do Partido Republicano, uma tensão que ficou clara pela primeira vez em 2008 com a indicação de Sarah Palin como vice na chapa presidencial de John McCain. Os líderes empresariais norte-americanos sempre estiveram indecisos quanto a Trump. Eles gostavam da redução de impostos de 2017 e de sua agenda de desregulamentação. Alguns bilionários desgarrados mantinham seu apoio, mas poucos líderes empresariais importantes se entusiasmavam com a política cultural reacionária de Trump. O proprietário de uma pequena empresa podia colocar a ênfase onde bem entendesse. A maioria deles era solidamente pró-Trump.

Era quase impensável, por contraste, dirigir uma grande corporação nos Estados Unidos no verão de 2020 e simultaneamente negar a seriedade da pandemia e da injustiça racial. O que a América corporativa desejava não era a guerra civil nem um empurrão darwinista rumo à imunidade de rebanho, mas paz social e uma contenção eficaz da epidemia. O ímpeto agressivo contra a China colocava lenha na fogueira. O sectarismo rachava desse modo qualquer noção coerente de uma economia nacional.

Se os democratas tivessem pendido para a esquerda e escolhido Sanders como seu candidato, as coisas com certeza teriam sido radicalmente diferentes. Há poucas dúvidas de que os empresários teriam aderido à causa republicana. Ou, como mais de um bilionário indicou, eles teriam empreendido uma campanha por um terceiro partido, dividindo o voto anti-Trump.[47] Essa era a chantagem que as grandes empresas exerciam sobre os democratas. Foi a aprovação do lobby dos ricos, tanto quanto a personalidade afável de Biden, que fizeram dele a aposta segura.[48]

Biden não fazia segredo do fato de ser um democrata da velha escola, um regresso aos anos 1980. No que se refere a impostos e redistribuição, conforme ele disse a um grupo de doadores abastados no Carlyle Hotel em junho de 2019, era hora de a classe alta dos Estados Unidos fazer concessões. Biden não tinha intenção alguma de "demonizar" a riqueza, mas "vocês todos sabem nas suas entranhas o que deve ser feito", instou-os. "Podemos discordar no acessório. Mas a verdade é que está tudo dentro da nossa especialidade, e ninguém precisa ser penalizado. Nenhum padrão de vida mudaria. Nada mudaria fundamentalmente. [...] Quando você tem uma desigualdade de renda tão grande quanto a que temos hoje nos Estados Unidos, ela faz fermentar a desavença política e a revolução de base. Permite que os demagogos tirem proveito."[49] Com Trump, o pesadelo demagógico tinha chegado. Se o procurador-geral de Trump havia acusado o empresariado norte-americano de vender a democracia à China, agora era a vez de as grandes empresas demandarem que o presidente e seu partido se conformassem às regras democráticas da América.

Ainda antes da eleição já estava claro que a equipe de Trump pretendia transformar o voto pelo correio, tornado necessário pela pandemia, numa questão legal. Em meados de outubro, um grupo de cinquenta destacados líderes empresariais emitiu uma declaração apelando para que todos os votos fossem contados e pedindo que os veículos de mídia evitassem divulgar prematuramente os resultados de uma eleição que tinha grande chance de se arrastar.[50] À medida que o presidente acirrava sua campanha contra o voto pelo correio, uma coalizão ainda mais ampla revidava. Em 27 de outubro, horas depois de Trump declarar que seria "totalmente inapropriado" as cédulas de votação ainda estarem sendo contadas depois da data da eleição, oito organizações empresariais lideradas pela Câmara do Comércio e pela Business Roundtable tomaram a iniciativa incomum de emitir uma declaração conjunta, refutando o presidente e clamando por "eleições pacíficas e justas", cuja contagem poderia, com toda legitimidade, estender-se por "dias ou mesmo semanas". Jamie Dimon, presidente do conselho e diretor-executivo da JPMorgan Chase, mandou um e-mail circular à equipe do banco enfatizando a importância "suprema" de respeitar o processo democrático. Duzentos e sessenta executivos importantes assinaram uma declaração "alertando que a saúde da economia norte-americana dependia da força de sua democracia". David Barrett, da Expensify, concordava plenamente. Mais quatro anos para Trump, disse ele aos 10 milhões de usuários de seu software, trariam danos tamanhos à democracia norte-americana que ele era "obrigado, no interesse dos acionistas, a tomar qualquer ação ao meu alcance para evitar que isso aconteça".[51] Para sua empresa, era uma questão existencial; afinal "não se preenchem muitos relatórios de despesas durante uma guerra civil".[52]

Quando Trump se recusou a admitir a derrota, figuras de liderança no empresariado intensificaram seus apelos. Num café da manhã em 6 de novembro, uma reunião habitual de CEOs promovida pelo professor Jeffrey Sonnenfeld, da Escola de Administração de Yale, foi regada a alertas de um "golpe de Estado", enunciados por Timothy Snyder, o historiador de Yale conhecido por seu Trump-alarmismo gótico. Como admitia Sonnenfeld, "alguns acharam que ele estava exagerando", mas não havia dúvida de que o alto escalão dos executivos estava preocupado. Líderes empresariais não queriam "uma nação dividida. Eles não querem comunidades fraturadas. Não querem locais de trabalho hostis".[53]

No final de novembro, essa preocupação era cada vez mais concreta. Como seria assegurada a continuidade da governança a não ser que o governo Trump concordasse em cooperar na transição? Mais uma vez, uma coalizão de altos executivos, dessa vez liderados por Larry Fink e David Solomon, os CEOs da BlackRock e do Goldman Sachs, com 160 outros, demandaram que o governo Trump cooperasse: "Reter recursos e informações vitais para um governo que entra coloca em risco a saúde pública e econômica e a segurança da América. [...] A cada dia em que um processo ordeiro de transição presidencial é atrasado, nossa democracia fica mais fraca aos olhos de nossos próprios cidadãos e a estatura da nação no cenário global é diminuída".[54]

Por fim, na semana do Dia de Ação de Graças, começou algo parecido com uma transição normal. Mas a recusa da liderança republicana em reconhecer a vitória de Biden prosseguiu. Os apelos da elite empresarial norte-americana serviam apenas para realçar o abismo que os separava do ocupante da Casa Branca, de seus apoiadores no eleitorado e da ala trumpista do Partido Republicano.

Enquanto isso, a epidemia seguia fazendo estrago. O número de vítimas diárias atingiu um novo pico nas primeiras semanas de dezembro. Los Angeles ultrapassou Nova York como a metrópole mais atingida. E a sociedade norte-americana se tornou cada vez mais polarizada. Aqueles que tinham ações na Bolsa de Valores terminaram o ano em alta, especialmente os que tinham ações da Tesla, cujo valor subiu a ponto de exceder o dos nove maiores fabricantes de carros do mundo.[55] Ao mesmo tempo, a situação dos que dependiam do fragmentado estado de bem-estar social norte-americano era cada vez mais desesperadora.

No início de novembro de 2020, um quarto dos norte-americanos desempregados com crianças em casa não tinha tido o suficiente para comer durante a semana. Os relatos eram de que um quinto da população negra estava passando fome.[56] Fechamentos de escolas e a perda da merenda escolar atingiram mais duramente as crianças de famílias pobres. Em meados de novembro, o Banco de Alimentos North Texas, em Dallas, distribuiu trezentas toneladas de comida a 25 mil pessoas num único fim de semana.[57] Filas de carros e caminhões se estendiam a perder de vista, e a rede de bancos de alimentos de que dependiam os mais desesperados estava chegando ao seu limite. O programa Farmers to Families Food Box (Caixa de Comida de Fazendeiros para Famílias), que havia sido lançado com grande estardalhaço por Ivanka Trump, estava ficando sem dinheiro. Em 2020, até mesmo o programa doméstico de alívio da fome tinha sido enganchado na guerra comercial com a China. O Programa de Compra e Distribuição de Alimentos alocou US$ 7,1 bilhões para compras junto a fazendeiros norte-americanos cujas vendas para o exterior tinham sido atropeladas pela guerra comercial com a China. Esse programa terminou em 31 de dezembro e não foi renovado. Nas últimas semanas do ano, os especialistas dos Estados Unidos no combate à fome alertaram que os bancos de alimentos por todo o país estavam perdendo cerca de 50% da comida que tinham recebido até então do Departamento de Agricultura, ao mesmo tempo que a demanda por parte de clientes desesperados subia rapidamente.[58]

Pais e mães batalhadores que eram obrigados a deixar o trabalho para cuidar dos filhos depois que as creches e pré-escolas fecharam viram-se excluídos dos auxílios-desemprego. A concessão de vales-alimentação era irregular e as filas nos bancos de alimentos eram intermináveis.[59] À medida que o inverno se aproximava e o sistema político permanecia num impasse, a terra dos livres e lar dos bravos era varrida por uma epidemia de roubos de comida nos mercados.

Parte IV

Interregno

12.
Corrida pela vacina

A longamente temida segunda onda atingiu os Estados Unidos e a Europa no outono. A China e seus vizinhos no leste da Ásia tinham demonstrado que era possível vencer até mesmo surtos substanciais mediante distanciamento social e medidas intensivas de saúde pública. Mas na Europa, na América Latina, nos Estados Unidos e no oeste da Ásia as medidas de distanciamento falharam. Houve diferenças de grau, mas nenhum desses lugares tinha conseguido suprimir o vírus. No inverno, mesmo as histórias de sucesso da primavera, Suécia, Alemanha, República Tcheca e Polônia, estavam com problemas. A epidemia estava também avançando na África Subsaariana, notadamente na África do Sul e na Nigéria. Paralisações repetidas, opressivas, prometiam achatar a curva e possibilitar que o sistema de saúde enfrentasse a situação. Mas a única maneira de sair da pandemia seria com uma vacina.

Talvez nunca se tenha dependido tanto de um salto científico. É ponto pacífico, claro, que as economias modernas seriam impossíveis sem as tecnologias modernas. Nos dados econômicos, porém, o impacto de tecnologias específicas pode ser surpreendentemente difícil de localizar com precisão.[1] Toda uma literatura acadêmica é dedicada a debater se a Revolução Industrial teria sido possível sem a máquina a vapor ou as ferrovias. Apesar de sua onipresença, os economistas se empenharam durante muito tempo em medir o impacto da tecnologia da informação sobre a produtividade.[2] Se isso era desconcertante, o oposto certamente era ainda menos confortável. Na segunda metade de 2020 não havia como escapar do fato de que um retorno à normalidade dependia da imunidade de massa. O único meio seguro de alcançá-la seria uma imunização abrangente. Precisávamos de uma vacina.

Os mercados financeiros forneciam um barômetro revelador de nossas esperanças. Trilhões de dólares subiam e desciam dependendo das notícias dos principais laboratórios que desenvolviam a droga. Em setembro, olhando em retrospecto, um estudo do banco suíço UBS constatou que um quarto da recuperação no mercado de capitais desde maio, quando a corrida pela vacina com financiamento público começou pra valer, podia ser atribuído a notícias sobre a vacina.[3] Em novembro, com a notícia do sucesso dos testes da BioNTech/Pfizer, os preços do petróleo e as ações de companhias aéreas subiram de repente. As ações de empresas de entrega de comida e empresas de tecnologia despencaram. Ativos seguros em geral passaram por um *sell-off*, liderados por títulos do Tesouro e ações do setor tecnológico.[4]

O sentimento de alívio era avassalador. Dadas os desalentadores tropeços no enfrentamento da pandemia, era animador saber que nos bastidores algumas pessoas muito inteligentes e bem organizadas estavam trabalhando em busca de uma solução. Mas também não havia como esconder o fato de que normalmente são os ditadores desesperados, em seu último refúgio, que contam com armas milagrosas para sua salvação. Em 2020, devido ao fracasso de nossa política de saúde pública, quem contava com isso éramos nós. Essa aposta incerta num programa de desenvolvimento tecnológico bancado pelo Estado era desconcertante não apenas por suas ressonâncias históricas. Era desconcertante também porque ia contra o dogma vigente de política econômica. Desde os anos 1980, a ideia de praticar uma política industrial conjunta, baseada em incentivos e subsídios para "colher vencedores", tinha sido anatematizada por defensores da revolução do mercado na Europa e nos Estados Unidos. Era melhor, argumentavam, deixar as prioridades de pesquisa e desenvolvimento a cargo do mercado. Na prática, obviamente, em muitos setores da academia e da economia as pesquisas bancadas pelo Estado prosseguiram. Grandes corporações no setor aeroespacial e de microeletrônica privatizavam os lucros, mas isso não se traduzia numa política coerente. Novos desafios, como o programa Made in China 2025, desencadearam um ressurgimento do interesse pela política industrial na União Europeia e nos Estados Unidos.[5] Porém a crise do coronavírus era diferente. Precisávamos de uma vacina, não prioritariamente para incrementar o crescimento de longo prazo, mas para vencer a incerteza e a desgraça da pandemia. A retomada de trilhões de dólares na atividade econômica e de centenas de milhões de empregos dependia dela. A pergunta era: quem iria entregá-la e em que termos?

O que estávamos esperando era, se não um milagre, certamente uma façanha biomédica inédita. Nunca houve uma vacina para um coronavírus.

Nenhuma vacina, de tipo algum, tinha sido desenvolvida, testada, fabricada e distribuída no cronograma que precisávamos em 2020. Mas não era uma fé cega. Havia motivos para ter esperança.

Nas primeiras décadas do século XXI, uma porção de grandes avanços estava transformando o desenvolvimento médico e farmacêutico. Se não tivesse sido pelo coronavírus, as manchetes em 2020 talvez fossem ocupadas por outros triunfos. Em março, um homem em Londres se tornou a segunda pessoa na história a ser curada de HIV/aids. Em 25 de agosto, depois de quatro anos sem um único caso, a África foi declarada livre do vírus selvagem da poliomielite, uma doença que em outros tempos aleijava 75 mil crianças a cada ano. Em novembro, os computadores de uma empresa de inteligência artificial britânica previram com sucesso a forma em 3-D de uma proteína a partir de sua sequência de aminoácidos, prometendo uma enorme aceleração no desenvolvimento de drogas.[6]

Esses eram os frutos, por um lado, de décadas de investimento em saúde pública, e por outro, da convergência entre a biologia molecular e a tecnologia da informação que atingira uma primeira culminância no sequenciamento de um único genoma humano. Esse projeto foi iniciado em 1990. Completou-se em 2003. O orçamento para o projeto como um todo era de US$ 2,7 bilhões. O custo do sequenciamento em si ficou em algum lugar entre US$ 500 milhões e US$ 1 bilhão. Em 2014, o custo do sequenciamento de um genoma humano caíra para US$ 1 mil. Em 2020 havia duas empresas — uma chinesa, uma norte-americana — alegando ser capazes de fazê-lo por apenas US$ 100.[7]

A fusão de biologia molecular e big data (megadados) tinha claramente um potencial enorme. Também inspirava um grande entusiasmo nos mercados financeiros. A revolução biotecnológica era um grande negócio. Em 2011, o gasto em R&D em pesquisa médica proveniente de fontes públicas e privadas tinha chegado a US$ 265 bilhões.[8] O que era menos óbvio era sua eficiência em proporcionar remédios e tratamentos para as doenças mais frequentes no mundo. As patentes eram um obstáculo, bem como os custos e riscos de testagem e a natureza instável dos mercados médicos.[9] Em nenhum lugar isso era mais evidente do que na resposta escandalosamente lenta à pandemia de HIV/aids, particularmente na África Subsaariana. Isso expunha uma desconexão fundamental entre a ciência, as capacidades da indústria farmacêutica e a disponibilização de remédios àqueles que mais precisam deles.

Foi o sentimento de indignação gerado pelo fracasso no enfrentamento da crise da aids na África que obrigou a uma mudança na esfera política, econômica e organizacional, tanto quanto na pesquisa médica.[10] Uma coalizão de grupos da sociedade civil, ONGs, megadoadores, instituições de caridade, entidades da ONU e um punhado de governos nacionais ricos — incluindo os Estados Unidos — juntaram-se para ampliar e acelerar o fornecimento de novas drogas. Os motivos variavam do interesse nacional à justiça global, desenvolvimento econômico, lucro comercial e erradicação generalizada de doenças perigosas. Por fim, até mesmo o setor de gestão de ativos interveio para pedir uma divulgação completa dos dados sobre estudos clínicos.[11] Não era só a reputação da indústria farmacêutica que estava em jogo — o que era importante para sua lucratividade de longo prazo. Uma pandemia iria representar claramente uma ameaça global à acumulação de capital.[12] Estava em andamento um esforço para fazer funcionar o modelo público-privado de desenvolvimento de uma vacina.

A dianteira foi tomada pela Aliança Global para Vacinas e Imunização (Gavi, na sigla em inglês), lançada em janeiro de 2000, com US$ 750 milhões de dotação da Bill and Melinda Gates Foundation. Sua meta era reverter a tendência de queda dos anos 1990 e aumentar rapidamente o índice de imunização dos 74 países mais pobres.[13] Depois de ser um setor retardatário em relação a outros do ramo farmacêutico, o negócio das vacinas teve um boom. As vendas globais saltaram de US$ 10 bilhões em 2005 para mais de US$ 25 bilhões em 2013.[14] Muitas das maiores empresas farmacêuticas preferiram sair dos negócios de alta lucratividade e alta visibilidade, mas as que permaneceram agora eram acompanhadas por firmas menores de biotecnologia e fabricantes de vacinas de baixo custo do mundo em desenvolvimento, em especial da Índia. Nos anos 2010, dois terços das crianças do mundo eram vacinadas com injeções produzidas pelo Serum Institute, da Índia.

O Serum Institute teve seu início no começo dos anos 1970 produzindo vacina contra tétano a partir de sérum (soro) de cavalo para substituir produtos importados inacessíveis.[15] Nos anos 1980, a empresa se afirmou como o principal esteio do Programa de Imunização Universal da Índia, que tem como meta prover anualmente cobertura completa à gigantesca legião de 27 milhões de nascimentos por ano.[16] Como primeiro fabricante do mundo em desenvolvimento a obter status de pré-qualificado da OMS, o Serum se tornou nos anos 1990 um fornecedor global. Nos anos 2010, com 1,3 bilhão de doses por ano, tinha a maior capacidade de fabricação do mundo.

Depois que o HIV/aids deu o pontapé inicial, cada novo susto gerava novas coalizões de saúde pública e ativismo biomédico. Uma das mais poderosas coalizões ativistas, a Coalizão para Inovações em Preparação para Epidemias (Cepi, na sigla em inglês), foi apresentada em janeiro de 2017 em Davos. Seu foco era o desenvolvimento de uma vacinação contra o altamente poderoso Mers-CoV e na construção de "uma plataforma de resposta rápida" que possibilitasse uma pronta reação à emergência de um novo patógeno, rotulado de "Doença X".[17] Parcerias público-privadas como a Cepi não encerraram a disputa em torno de preços, propriedade intelectual e transparência dos contratos, mas o fato é que injetaram mais dinheiro — US$ 706 milhões — em dezenove candidatas a vacina.[18] Antes do prazo previsto, 2020 foi assinalado como ano final do primeiro Plano Decenal de Vacinação Global bancado por doadores como a Gates Foundation, o Wellcome Trust, a fundação GSK e a Cepi. Uma legião de novas vacinas, incluindo para malária e HIV, estavam à vista no horizonte. E então, em janeiro de 2020, a "Doença X" chegou de verdade.

A resposta da comunidade científica ao coronavírus vai entrar para a história como uma das mais notáveis realizações coletivas da humanidade. Depois de quarenta horas de trabalho ininterrupto, em 5 de janeiro, uma equipe comandada pelo professor Yong-Zhen Zhang, na Universidade de Fudan, em Xangai, foi a primeira a completar o sequenciamento do código genético do vírus. Àquela altura, as autoridades chinesas ainda estavam tentando abafar a notícia inconveniente. Para romper o impasse, no sábado, 11 de janeiro, um dos colaboradores australianos de Zhang publicou a sequência online.[19] Zhang foi punido por sua indisciplina, mas a informação estava à solta. O trabalho no que se tornaria a vacina mRNA da Moderna começou em 13 de janeiro. Na Alemanha, a vacina da BioNTech/Pfizer foi mapeada em questão de dias, assim como aquela que estava sendo desenvolvida na Universidade de Oxford.[20]

Muito antes de o surto virar uma pandemia, os cientistas tinham um plano para um antídoto em sua prancheta. Mas ter uma fórmula e ter uma vacina com eficácia e segurança legitimamente testadas e cuja produção fosse feita em larga escala eram coisas muito diferentes. O drama da vacina para o coronavírus era que, pela primeira vez, todos os três processos — desenvolvimento, testes, produção em grande volume — eram realizados simultaneamente, numa escala concebida para, no devido tempo, cobrir toda a população do mundo, quando a pandemia estava ainda em progresso. Os pesquisadores chegaram tão rapidamente a uma solução em parte porque muito da pesquisa básica e dos testes pré-clínicos em modelos animais tinham sido feitos em 2003 em resposta à pandemia de Sars.[21] A crise da Sars refluíra antes do desenvolvimento completo da vacina. Dessa vez, a corrida global pela vacina alcançou um impulso gigantesco.

Os testes da Moderna começaram em 16 de março. A BioNTech/Pfizer iniciou seus testes em 2 de maio. Os primeiros resultados ficaram disponíveis em meados de julho. No final do mês, tanto a Moderna como a Pfizer estavam implementando os testes da fase 3. Na última semana de outubro, 74 mil participantes estavam registrados. Os primeiros resultados da BioNTech/Pfizer surgiram em 9 de novembro. Os da Moderna vieram uma semana depois. Os da AstraZeneca, em 23 de novembro.

As atenções tendem a se concentrar nas vacinas da BioNTech/Pfizer e da Moderna porque foram as primeiras aprovadas no Ocidente e porque sua tecnologia era muito inovadora. O anúncio dos resultados de seus testes mudou o panorama em novembro de 2020, mas elas não eram as únicas. A vacina mais barata e mais robusta da AstraZeneca prometia ter um alcance bem mais amplo. Pelo mundo afora, no início de janeiro de 2021, noventa outras vacinas estavam em vários estágios de testes.[22] Milhões de pesquisadores tinham voltado seus laboratórios e computadores em direção à doença. Em 2020, cerca de 4% de toda a produção de pesquisa publicada era dedicada a problemas do coronavírus.[23]

Essa mobilização é celebrada, com justiça, como um triunfo coletivo do espírito humano, mas era também atravessada pela competição, pela rivalidade e pela batalha por direitos exclusivos de propriedade. O desenvolvimento da vacina era uma corrida, movida não apenas por ambição acadêmica ou humanitária, mas pela busca de poder e lucro. À luz da urgência da necessidade coletiva de uma vacina, isso poderia parecer escandaloso. Na verdade, é a norma. A saúde pública e a indústria farmacêutica moderna são zonas em que os interesses da ciência e da medicina sempre se cruzaram com os dos negócios e os do Estado.[24]

Desde o início da virologia moderna e do desenvolvimento de vacinas, o Exército dos Estados Unidos exerceu um papel central no combate a doenças, abarcando da febre amarela à hepatite. Em 1945, soldados norte-americanos foram as primeiras pessoas do mundo a tomar a vacina contra a gripe.[25] Em 2020, o grande esforço empreendido pelo Estado para desenvolver uma vacina era o norte-americano. Inspirada no projeto Manhattan da Segunda Guerra Mundial, mas ostentando um título saído diretamente de *Star Trek*, a Operação Velocidade de Dobra Espacial foi lançada em 15 de maio de 2020. Era uma colaboração entre biotecnologia, grandes farmacêuticas e duas burocracias governamentais gigantescas — o Pentágono e o Departamento de Saúde e Serviços Humanos. No final do ano, ela havia gastado US$ 12,4 bilhões em acordos para desenvolvimento e fabricação com seis destacados grupos farmacêuticos. Três desses eram norte-americanos (Johnson & Johnson, Moderna e Novavax), dois eram europeus (Sanofi/GSK e AstraZeneca-Oxford), e um era uma colaboração transatlântica (BioNTech/Pfizer). A meta inicial foi estabelecida para outubro. O comando juntava um capitalista empreendedor, ex-diretor de Pesquisa e Desenvolvimento na GlaxoSmithKline e membro do conselho da Moderna, com a expertise logística e o peso político do general de quatro estrelas que dirige a Administração de Equipamentos do Exército dos Estados Unidos. Em Washington, D.C., a Operação Velocidade de Dobra Espacial tinha um nítido aroma militar. No topo da lista de leituras da equipe estava *Freedom's Forge* [A forja da liberdade], uma narrativa incandescente de "como as empresas norte-americanas produziram a vitória na Segunda Guerra Mundial". Não por acaso, o mesmo livro era também popular junto à turma do Green New Deal.[26] Os membros militares da Operação Velocidade de Dobra Espacial chegavam para trabalhar de farda e estabeleceram um "ritmo de batalha" de reuniões diárias.[27]

O sabor podia ser militar, mas ninguém foi recrutado para a Operação Velocidade de Dobra Espacial. Se as empresas quisessem aderir, era uma decisão delas. A Johnson & Johnson já fechara um contrato de US$ 450 milhões em vacinas com o governo Trump no final de março.[28] Dos desbravadores do RNA mensageiro, era a Moderna que mais precisava de ajuda. Era uma líder em matéria de pesquisa, mas tinha apenas oitocentos funcionários e nunca realizara um teste clínico de nível 3. A ajuda administrativa que a Moderna recebeu da Operação foi de não menos que US$ 2,5 bilhões em pesquisa e desenvolvimento e financiamento de suprimento pelo governo norte-americano. O supervisor de equipe da Moderna era um oficial do Departamento de Defesa conhecido apenas como "O Major". Seus serviços incluíam providenciar escolta policial para suplantar os obstáculos impostos pela Covid-19 ao transporte interestadual por caminhões e preparar o transporte aéreo de equipamento industrial vital.[29]

Na condição de uma das empresas farmacêuticas maiores e mais antigas do mundo, com uma reputação temível por suas práticas competitivas, a Pfizer precisava menos desse tipo de ajuda. Mediante sua parceria com a BioNTech, ela havia adquirido todo o know-how científico de que precisava. A Pfizer ficou bem contente, é claro, por pegar dinheiro do governo dos Estados Unidos, assinando um contrato antecipado de US$ 1,95 bilhão por 100 milhões de doses. À parte isso, seu loquaz CEO, o dr. Albert Bourla, preferia manter certa distância em relação à errática política de vacinas do governo Trump. O fomento governamental mais direto para o seu processo de desenvolvimento veio não dos Estados Unidos, mas da Alemanha.[30] Berlim injetou US$ 443 milhões na BioNTech, a parceira da Pfizer em pesquisa e desenvolvimento. Mais US$ 118 milhões vieram do Banco Europeu de Investimento.[31]

No que se referia à política norte-americana, as preocupações da Pfizer eram amplamente justificadas. Enquanto Trump passava boa parte do verão gabando-se de uma vacina iminente, a principal preocupação das farmacêuticas era com a legitimidade do processo de certificação da droga. A ciência lhes dizia que elas dispunham de um remédio que era ao mesmo tempo seguro e eficaz. A batalha era atestar esses fatos acima de qualquer dúvida razoável. No ambiente médico-jurídico moderno isso sempre foi um desafio. Nos Estados Unidos, em 2020, era uma verdadeira batalha ladeira acima.

Num verão de protestos do Black Lives Matter, com pacientes negros e latinos morrendo em consequência da Covid num índice muito mais alto do que o dos pacientes brancos, a diversidade da população submetida aos testes era uma preocupação crucial. No final de agosto, os representantes da Operação Velocidade de Dobra Espacial se deram conta de que a população dos testes da Moderna era branca demais. No último minuto, fundos tiveram que ser mobilizados para recrutar voluntários das minorias para os testes. Isso deu à Pfizer, que investira centenas de milhões de dólares em seus testes, a dianteira na corrida até a linha final.[32]

O que preocupava a Pfizer era a legitimidade do próprio processo da FDA. Quando o presidente começou a atacar a agência, Bourla decidiu traçar uma linha demarcatória. Contatou seu congênere na Johnson & Johnson, e os dois recrutaram apoio suplementar. Na carta aberta divulgada em 8 de setembro, as nove principais empresas da indústria farmacêutica declararam sua intenção de "unir-se para defender a ciência". Como regra de ouro da regulação de medicamentos, eles seguiriam as diretrizes da FDA ao pé da letra.[33] Era mais um exemplo de recusa das grandes empresas a se alinhar à agenda de Trump, e dessa vez com consequências práticas imediatas. Quando se aproximavam a eleição e o momento crítico de revelar os resultados dos testes, a Pfizer pôs o pé no freio.

Em testes de drogas, uma variável crítica é o limite definido como significativo. Entre todos os principais competidores, a Pfizer estabelecera o protocolo mais agressivo. Ela iria conduzir uma checagem de resultados provisórios tão logo 32 participantes no teste com 42 mil pessoas desenvolvessem a Covid-19.[34] Esse limite era significativamente mais baixo que o estabelecido pela Moderna. A FDA deixara claro que era pouco provável que viesse a emitir uma "autorização de uso emergencial" sobre uma base tão exígua. A última coisa que a Pfizer queria era se ver presa entre Trump e a FDA. Em 29 de outubro, a Pfizer pediu à FDA a aprovação para elevar a baliza para 62 casos. Isso na prática frustrava qualquer esperança em um anúncio antes do dia da eleição. Na verdade, a Pfizer nem sequer começou a testar antes de 3 de novembro as amostras que tinha em mãos. Se ela tivesse começado mais cedo, temia ter que divulgar os resultados ao mercado de capitais. Foi só em 9 de novembro que a notícia dos 95% de eficácia da vacina foi finalmente liberada para divulgação pública.

Era, por um lado, uma defesa do devido processo e da autoridade da ciência. Por outro, era um extraordinário apego aos procedimentos formais pelo que eram, no sentido mais amplo da expressão, razões políticas. Trump, é claro, tomou aquilo como algo pessoal, culpando as empresas farmacêuticas por lhe negarem sua vitória. Ele era sem dúvida um fator de risco, e pouca gente na América corporativa pranteou sua saída, mas o que estava em questão de verdade era a legitimidade do ramo empresarial farmacêutico e a autoridade da ciência pública.[35]

No final de 2020 os primeiros 20 milhões de doses da vacina, aproximadamente, estavam começando a ser distribuídos nos Estados Unidos e no Reino Unido. A questão seguinte era como garantir que fossem usadas da maneira mais eficaz. Na Europa e nos Estados Unidos logo começou uma discussão sobre quem deveria receber a vacina primeiro. Na Europa, na primavera de 2021, isso levaria a discórdias amargas entre os países, internamente, e entre a União Europeia e a AstraZeneca, que estava ficando para trás em suas entregas. Estes, entretanto, eram problemas de privilegiados. Mais cedo ou mais tarde, em 2021, os europeus receberiam suas vacinas.

A questão mais básica era saber quando bilhões de pessoas em países de baixa e média rendas sob risco de contrair a doença seriam imunizadas. Do ponto de vista do combate à doença, as vacinas precisavam ser concentradas onde quer que estivessem os focos. Foi manifestamente injusto que os habitantes de baixo risco no Reino Unido recebessem as vacinas antes dos profissionais de saúde da linha de frente na África do Sul ou na Índia. Era também uma questão de prudência política, como observou Jeremy Farrar, do Wellcome Trust: "Se, nos primeiros seis meses, a Europa ocidental e os Estados Unidos forem as únicas regiões que estiverem vacinando as pessoas, e outras partes do mundo não forem vacinadas até o final de 2021, então acho que vamos ter uma situação global muito, muito tensa".[36]

Essa era a preocupação do G20 quando os chefes de governo se reuniram em novembro de 2020 sob a presidência saudita. Foi o que o presidente Macron, da França, quis dizer quando declarou: "Precisamos evitar a todo custo um cenário de um mundo de duas velocidades, em que apenas os mais ricos podem se proteger do vírus e retomar a vida normal".[37] No que se refere ao G20, eram lágrimas de crocodilo. Entre eles, os membros desse clube exclusivo haviam monopolizado na prática o suprimento mundial. Os membros mais ricos do G20 estavam abastecidos com quantidades várias vezes maiores que suas necessidades.

A capa de governança global, que tinha sido estendida sobre a questão da vacina contra a Covid, era um projeto conhecido como Acelerador de Acesso a Ferramentas contra a Covid-19 (ACT, na sigla em inglês) , e seu dedicado programa de vacinas, o Covax Facility.[38] Esses eram frutos diretos dos esforços globais por vacinas que tinham ganhado impulso desde 2000. O Covax era amparado pela Gavi, pela OMS e pela Cepi. O Unicef fornecia suporte logístico. No final de 2020, o Covax havia registrado 189 Estados, representando a ampla maioria da população do mundo. Países pobres aderiam por necessidade. Países ricos, incluindo ricos financiadores como a Alemanha, a Noruega e o Japão, aderiam por um senso de responsabilidade, mas também como meio de diversificar seu portfólio de opções de vacina. Por razões conhecidas só por ele próprio, o governo Trump optou por denunciar o Covax como uma fachada pró-China conduzida pela OMS.[39] Na verdade, a China de início manteve-se à parte. Só aderiu no outono, deixando os Estados Unidos e a Rússia como os principais ausentes.

Sua ausência era lamentável, mas com ou sem eles o Covax era insuficiente. Sua meta era fornecer 2 bilhões de doses até o final de 2021, o bastante para cobrir pelo menos 20% da população dos países participantes. No início de 2021, ele conseguira garantir não mais do que 1,07 bilhão de doses, e sua situação financeira era incerta. Ao todo, cem países de renda mais alta e fundações tinham empenhado US$ 2 bilhões em compromissos. Mas pouco desse montante era de dinheiro na mão, e eram necessários mais US$ 5 bilhões até o final de 2021. Num orçamento apertado de US$ 5 por dose, não havia margem para erro. Na reunião do G20 de novembro de 2020, a União Europeia passou o chapéu, apelando por contribuições para o ACT e o Covax.[40] A chanceler Merkel declarou que a Alemanha havia destinado € 500 milhões (US$ 592,65 milhões) e apelou aos outros para que fizessem sua parte.

Era uma discussão reveladora. Quinhentos milhões de euros eram uma montanha de dinheiro ou, vistos por outro ângulo, uma quantia absurdamente parcimoniosa. Se assim desejasse, a Alemanha poderia ter tomado por empréstimo os fundos necessários para cobrir não apenas as necessidades imediatas do Covax, mas todo o custo estimado de vacinar o mundo, e poderia ter feito isso a taxas de juros negativas. Em vez disso, colocou € 500 milhões na vaquinha e esperou que os outros fizessem o resto.[41] A mesma lógica, evidentemente, valia para todos os outros membros do G20. Com a possível exceção da Argentina e da África do Sul, cada um deles poderia ter justificado o gasto necessário para dar fim à pandemia e reanimar a economia mundial, só por razões de interesse próprio. Na verdade, mesmo para as grandes companhias farmacêuticas, as vacinas não eram uma questão de vida ou morte. A Pfizer tinha receitas excedentes de US$ 50 bilhões por ano antes da crise. A receita estimada de US$ 14,6 bilhões que iria dividir com a BioNTech em 2021 era um acréscimo importante, mas de modo algum decisivo para o futuro de longo prazo da firma.[42] De maior importância a longo prazo era a tecnologia mRNA.

Uma das coisas notáveis do programa de vacina era a disparidade entre os custos modestos e os benefícios extraordinários. De acordo com o FMI, uma imunização rápida e bem direcionada do mundo inteiro iria acrescentar US$ 9 trilhões ao PIB global até 2025.[43] Não obstante, ninguém estava disposto a fazer o gesto ousado e unilateral necessário para financiar um programa global. Países davam US$ 100 milhões aqui, US$ 100 milhões ali, e restava à OMS discutir os modos como poderia impulsionar seu orçamento por meio de uma engenharia financeira. Bruce Aylward, o coordenador do ACT na OMS, relatou que o grupo havia discutido empréstimos concessionários e títulos de catástrofe como meios de levantar fundos. O ACT contratara o Citigroup como consultor para ajudá-lo a administrar os riscos envolvidos no equilíbrio de seu frágil balancete. Como definiu Aylward: "Atualmente, o financiamento é o que se coloca entre nós e a saída mais rápida possível dessa pandemia. É um autêntico desafio no ambiente fiscal de hoje, apesar do fato de que esse é o melhor negócio na praça".[44]

De que maneira, precisamente, o "ambiente fiscal" podia ser um embaraço deve ter sido um mistério. A maioria dos governos pelo mundo todo estava empenhada em gastos emergenciais sem precedentes, diante dos quais a escala do programa todo de vacinas ficava minúscula. Como observou Aylward, "isso se pagará em 36 horas assim que tivermos o comércio e as viagens vigorando de novo". Mas, mesmo no meio de uma pandemia ruinosa, que custava ao mundo trilhões de dólares, quando se tratava de defender gastos globais de saúde pública numa escala adequada, líderes globais ficavam tartamudos.

Uma limitação mais poderosa que o dinheiro eram os gargalos físicos na produção de vacinas. Para produzir bilhões de doses de vacinas com o RNA mensageiro, havia cadeias de suprimentos pesadamente tributadas, como a das nanopartículas de lipídios, as bolhas microscópicas de gordura que transportam o código genético para dentro do corpo. Encher bilhões de frascos com sérum representava em si mesmo um desafio.[45] O governo Trump alardeava o uso de seus poderes de Produção de Guerra da era da Guerra Fria para elevar a produção. Nada saiu dali. Na Europa, gargalos críticos surgiram, especialmente no sistema de produção da AstraZeneca.

Para alavancar a produção, fazia sentido expandir a capacidade produtiva mediante o envolvimento de firmas adicionais.[46] Mas isso requeria um acordo a ser feito com os desenvolvedores originais. Apesar do financiamento público que lhes havia sido fornecido, os direitos de propriedade intelectual das três primeiras vacinas permaneciam com os fabricantes privados. Para Jamie Love, chefe do grupo de advocacia de propriedade intelectual Knowledge Ecology International, "a decisão de não requerer a transferência de direito de know-how desde o início do desenvolvimento das vacinas foi uma falha gigante de política global".[47] Quando um apelo por um consórcio de patentes foi feito, no verão de 2020, encontrou poucos interessados. A Moderna, que não dependia de fundos públicos, chegou a oferecer o compartilhamento de suas patentes. Mas isso tinha pouco significado prático por não estar combinado com informações de fabricação do proprietário. A África do Sul e a Índia lançaram um apelo na Organização Mundial do Comércio reivindicando que todas as proteções de propriedade intelectual fossem suspensas no caso das vacinas e dos tratamentos contra a Covid. Mas sofreram uma oposição bem-sucedida de uma coalizão formada por Estados Unidos, Reino Unido, Canadá e União Europeia.[48] Eles apoiavam a cooperação, mas apenas nos termos estabelecidos pelas companhias farmacêuticas.

No que se refere às vacinas com RNA mensageiro, a dificuldade de compartilhar e expandir a produção estava entranhada nas próprias vacinas. Elas eram inovadoras e caras. Aumentar sua produção seria sempre um desafio. O caminho mais promissor para alcançar uma rápida e abrangente imunização da população mundial era começar com uma vacina mais simples, mais tradicional e mais barata. Esse foi o caminho adotado pela vacina de Oxford, a menos glamorosa das três primeiras vacinas concorrentes. Ela era barata e resistente, o que facilitava seu armazenamento. Em abril, o Jenner Institute da Universidade de Oxford anunciou que tornaria sua vacina acessível na base do licenciamento aberto, mas, sob a pressão da Gates Foundation, que apoia fervorosamente a manutenção de patentes sobre propriedade intelectual — mesmo em relação a drogas que salvam vidas —, o instituto recuou. O Jenner Institute assinou um acordo exclusivo com a AstraZeneca, incrementando uma empresa com fins lucrativos, a Vaccitetch, da qual a Universidade de Oxford e seus principais cientistas detinham a maioria acionária. Por toda a duração da pandemia, eles supririam a vacina a preço de custo.[49] Para expandir a capacidade de produção, a Oxford-AstraZeneca fez acordos de parceria com dez unidades de fabricação pelo mundo afora. A maior de todas era, de longe, o Serum Institute, na Índia. Ele tinha a capacidade de produzir pelo menos 1 bilhão de doses por ano e estava se preparando para expandir rapidamente a produção. No início de 2021, a AstraZeneca se comprometeu a entregar 3,21 bilhões de doses, mais da metade delas para países pobres e de renda média. Isso era mais do que as vacinas da BioNTech/Pfizer e da Moderna juntas, mas ainda estava longe de ser suficiente, e dependia, claro, da eficácia da vacina.

A narrativa da inovação milagrosa do RNA mensageiro da BioNTech/Pfizer e da Moderna — a *Freedom Forge* do século XXI — era ocidente-cêntrica. Como e quando isso se tornaria relevante para o resto do mundo era, na primavera de 2021, uma questão ainda em aberto. No final de março de 2021, os Estados Unidos, que respondiam por aproximadamente um quarto da produção global, concordaram em exportar apenas alguns milhões de doses para seus vizinhos, Canadá e México. A União Europeia era menos "nacionalista". Até a primavera de 2021, os fabricantes na Europa exportaram 40% de sua produção total. Essas entregas foram feitas principalmente para clientes ricos. A primeira remessa de vacinas do lote Covax da ONU chegou a Accra, Gana, no voo 787 da Emirates na manhã de 24 de fevereiro. As doses vieram do gigante Serum Institute, instalado em Pune, na Índia, que, como parceiro da AstraZeneca, foi contratado para produzir 86% do fornecimento total da Covax. Um mês depois, não só havia preocupações crescentes sobre as vacinas da AstraZeneca, como a Índia, enfrentando um aumento assustador de infecções, declarou uma moratória sobre todas as exportações de vacinas. Sua enorme população tinha suas próprias necessidades urgentes. A Covax, que esperava distribuir 350 milhões de doses no primeiro semestre de 2021, teria que aguardar os 90 milhões de doses prometidos pelo Serum Institute para março e abril. Com a produção indiana amarrada e os países ricos se abastecendo, a caça se voltou para outro lugar — as vacinas desenvolvidas na Rússia e na China.

A primeira vacinação oficialmente autorizada contra a Covid em 2020 não aconteceu como parte de um teste de RNA mensageiro estruturado cuidadosamente na Califórnia. Aconteceu na China. Em 29 de fevereiro, a general de divisão Chen Wei, virologista do Exército de Libertação Popular, e seis membros de sua equipe postaram-se diante de uma bandeira do Partido Comunista Chinês para receber suas doses. Chen era celebrada como heroína nacional por seu trabalho em torno de vacinas contra o ebola, seus feitos imortalizados no filme de ação patriótico *Zhan lang 2*. Ela estava em Wuhan participando do esforço conjunto entre a Academia Militar de Ciências Médicas e a empresa farmacêutica sino-canadense CanSino Biologics.[50] Chen e sua equipe se ofereceram como voluntários para os testes, não apenas como uma cena para demonstrar sua lealdade ao Partido Comunista, embora sem dúvida estivessem felizes em fazer isso. Eles enfrentaram o risco porque este parecia ser baixo. A China estava desenvolvendo um tipo de vacina que era simples, mas seguro e confiável. Começando com pessoal militar, no final de 2020 a China vacinou 4,5 milhões de pessoas, mesma quantidade de todo o resto do mundo somado. Até onde as informações disponíveis nos permitem julgar, não houve efeitos colaterais adversos. No final de março de 2021, com mais de

225 milhões de doses, a China liderava a produção geral e exportava quase metade do que produzia.

A Rússia também adotou uma tecnologia testada e aprovada. Em vez de partir da estaca zero e usar a recém-criada tecnologia do RNA mensageiro, ela modificou um tipo de vacina que havia sido bem-sucedido contra o ebola. Era um caminho similar ao da vacina Oxford-AstraZeneca, mas a Sputnik V do Instituto Gamaleya usava diferentes vetores de adenovírus para a primeira e a segunda dose, o que aparentemente elevava sua eficácia a 91,4%, bem acima de sua congênere ocidental. Em agosto, enquanto ainda estava na fase 2 de testes, tornou-se a primeira vacina a ser licenciada no mundo.[51]

Com seu nome, a Sputnik V proclamou a competência russa em ciência e tecnologia. Mas a pergunta era: seria possível confiar numa vacina produzida num país onde as informações básicas sobre a seriedade da epidemia eram suprimidas? Daria para confiar num regime que tinha o hábito de depositar neurotoxinas nas cuecas de seus adversários políticos, como o FSB (Serviço Federal de Segurança) fez com Alexei Navalny em agosto de 2020? Na Rússia, como nos Estados Unidos, laboratórios renomados se manifestavam publicamente demandando que o programa intensivo de testes da vacina aderisse ao padrão reconhecido para os testes de fase 3. O modelo heroico de apressar o uso geral de vacinas depois de testagem ad hoc em corajosos funcionários do laboratório era obsoleto.[52] Nem foi apoiado pela população russa. Quando questionados pelo *The Moscow Times* em uma pesquisa anônima se tomariam a vacina Sputnik V, 60% dos russos disseram que recusariam.[53]

Em 2020, nossos corpos se tornaram a arena de geopolítica científica. Quem tomaria a vacina russa? A resposta, como ficou claro, dependia de onde você estava no mundo, quanto tinha de condições para pagar e se dispunha de outras alternativas.[54] O Instituto Gamaleya estava oferecendo sua vacina Sputnik V por US$ 10 a dose. Na primavera de 2021, ele assinou contratos com dez fabricantes em todo o mundo para produzir 1,4 bilhão de doses. Vinte e nove países, incluindo a Hungria, um membro da União Europeia, emitiram uma autorização de emergência para seu uso.[55]

Os desenvolvedores da vacina russa não tiveram dificuldade em fazer testes da fase 3 em seu próprio território. A epidemia se alastrava e, em seu território, o lançamento da vacina era dolorosamente lento. Na China, a pandemia foi controlada tão rigidamente que as vacinas chinesas tiveram que ser testadas no exterior. Para as principais concorrentes chinesas, a

Sinopharm e a Sinovac, era uma oportunidade de expansão global. Em 2020, elas realizaram testes em catorze países de cinco continentes.

Em 3 de novembro, na semana que precedeu o anúncio dos resultados da BioNTech/Pfizer, o primeiro-ministro dos Emirados Árabes Unidos, o xeque Mohammed bin Rashid Al Maktoum, encenou uma sessão de fotos de sua inoculação com a vacina CNBG, da Sinopharm, contra a Covid-19. Os Emirados eram uma das pedras angulares dos testes de eficácia da CNBG. A força de trabalho cosmopolita dos Emirados permitia que eles testassem suas doses nos cidadãos de 125 países simultaneamente.[56] O envolvimento em testes produzia uma adesão à vacina. Em janeiro, o presidente interino do Peru, o ex-tecnocrata do Banco Mundial Francisco Sagasti, anunciou uma compra de 1 milhão de doses da vacina Sinopharm. Era acessível às condições do país, e depois de ajudar a realizar os testes da fase 3, o Instituto Nacional de Saúde do Peru sentiu-se confiante para aprovar sua eficácia.[57] No início de 2021, Lima havia acertado a compra de 14 milhões de doses da AstraZeneca e 38 milhões da chinesa Sinopharm.[58] Em março de 2021, os Emirados Árabes Unidos foram escolhidos como local para uma fábrica da Sinopharm, com capacidade para produzir 200 milhões de doses por ano, o suficiente para os Emirados e muitos de seus vizinhos.

A rival chinesa da CNBG, a Sinovac, listada na Nasdaq, não olhava para o Golfo, mas para o Brasil em busca de parceiros. Tratando com escárnio a hostilidade do presidente Bolsonaro, o governo de São Paulo prometeu US$ 90 milhões à Sinovac por 46 milhões de doses, um décimo do preço que o governo dos Estados Unidos pagou pelas vacinas de RNA mensageiro da BioNTech/Pfizer e da Moderna. Além disso, a Sinovac se declarou aberta a discutir a transferência de tecnologia para o Instituto Butantan, um estabelecimento de saúde altamente respeitado de São Paulo.[59] Ao mesmo tempo, a Sinovac estava realizando testes de larga escala na Turquia e na Indonésia. Os três países juntos elevaram o número de doses contratadas para mais de 120 milhões. Como observaram autoridades de saúde de Ancara, a Turquia tem "uma boa infraestrutura para os estudos da fase 3" e, diferentemente dos Estados Unidos e de grande parte da Europa, acolheu de bom grado um fabricante de vacinas chinês.[60]

A China não estava apenas empreendendo testes, estava também construindo um sistema de distribuição que alcançaria a maior parte da população mundial. No início de dezembro, o braço logístico da gigante da internet Alibaba, a Cainiao, estava comissionada como principal agente de distribuição de vacinas chinesas. Para lidar com as demandas da mais ampla praça de mercado do mundo, a Cainiao construíra uma gigantesca e enxuta plataforma logística. A Ethiopian Airlines, que havia desempenhado um papel central no transporte de EPIs chineses no início da crise, foi contratada como companhia aérea para transportar doses saídas da China. Ela converteu uma frota ociosa de trinta jatos de passageiros Airbus e Boeing para transportar a carga gelada. Uma unidade especializada de armazenamento foi estabelecida em Adis Abeba e se iniciaram os trabalhos numa fábrica de vacinas no Egito. Enquanto a produção aumentava ali, um serviço bissemanal operaria a partir do aeroporto de Shenzhen, onde a Alibaba estava construindo a primeira unidade médica internacional de cadeia fria da China.[61] Em março, a Ethiopian Airlines fez sua primeira entrega, transportando 2,2 milhões de doses fornecidas pela Covax.

Com o ano chegando ao fim, mais e mais notícias boas vinham dos testes de fase 3 mundo afora; era possível, como se viu, desenvolver em tempo recorde não apenas uma vacina, ou uma família de vacinas, mas muitas. Na corrida pelo desenvolvimento, a maior riqueza dos Estados Unidos e da Europa comprava-lhes uma vantagem medida não em anos, mas em semanas e meses. Eles precisavam disso. Com exceção da América Latina, no início de 2021, foram nos Estados Unidos e na Europa que a segunda e a terceira ondas de infecção eram mais graves. Semanas depois das primeiras notícias sobre as vacinas, foram identificadas no Reino Unido e na África do Sul mutações que aumentavam dramaticamente a capacidade de contaminação do vírus. Era uma fonte de alívio saber que sua letalidade não era maior, mas do ponto de vista da saúde pública, a variável decisiva eram a taxa de contágio e a quantidade de casos. Uma transmissibilidade maior era pior que uma letalidade maior porque a primeira é exponencial, enquanto a última é linear.

Os fabricantes de vacinas estavam otimistas quanto à eficácia de seus imunizantes contra as novas variantes do coronavírus, mas isso iria exigir uma nova rodada de testes. Antes que estes viessem, o temor, no final de 2020, era o mesmo do começo do ano. Os sistemas de saúde entrariam em colapso sob o peso da pandemia antes que as vacinas pudessem dar conta. Mais uma vez, achatar a curva era a prioridade. E a única resposta, fosse na Califórnia, na França, no Reino Unido ou na Alemanha, era parar tudo de novo.

13.
Redução da dívida

Enfrentando uma onda alarmante de infecções, sem condições de esperar pela alocação da Covax, a África do Sul foi o primeiro país a firmar um acordo bilateral por vacina com a AstraZeneca, em janeiro de 2021. Eram apenas 1,5 milhão de doses para uma população de 58 milhões, mas seria o bastante para proteger pelo menos seus trabalhadores da saúde.[1] A União Africana estava trabalhando por um acordo que garantiria 270 milhões de doses da Pfizer, da Johnson & Johnson e da AstraZeneca, fabricadas pelo Serum Institute. Isso não chegava nem perto do suficiente para os 1,3 bilhão de habitantes, mas era o que o dinheiro existente podia pagar. O Banco Mundial e a União Africana estavam negociando um esquema de empréstimo de US$ 5 bilhões para vacinas.[2] O dinheiro viria do fundo de US$ 12 bilhões criado pelo Banco Mundial para financiar compras de vacinas pelos países mais pobres.

O novo crédito ajudava, mas, somando-se à dívida já existente, ameaçava tornar-se inadministrável. O estrago causado às finanças dos países mais pobres em 2020 era grave. Nas exportações, remessas de valores e investimentos previstos, os países de mais baixa renda sofreriam uma perda de US$ 150 bilhões em 2020.[3] Para efeito de comparação, a soma total da Assistência ao Desenvolvimento Internacional em todo o mundo era de US$ 152,9 bilhões.[4] O que os países mais vulneráveis precisavam era de um pacote que combinasse assistência à saúde pública e alívio financeiro.

Em novembro de 2020, falando como presidente da África do Sul e também como presidente da União Africana, Cyril Ramaphosa apelou para um esforço em várias frentes para encarar a situação financeira das nações africanas atingidas mais duramente.[5] A necessidade era tanto maior pelo fato de que 2020 interrompeu o que prometia ser uma virada positiva nos destinos da África. Como Ramaphosa enfatizou, deixar de agir arriscava permitir que a "dinâmica das dívidas de curto prazo descarrilasse" a "marcha da África rumo a um futuro verde, digitalmente capacitado e globalmente conectado".[6] Em vez de acelerar, em 2020, pela primeira vez desde o início dos registros, a economia da África como um todo estava encolhendo.

Os países africanos não estavam sozinhos. Como alertou ao G20 em novembro de 2020 o secretário-geral da ONU, António Guterres, países pobres e altamente endividados estavam "no precipício da ruína financeira, da pobreza crescente, da fome e de sofrimentos indizíveis".[7] O presidente do Banco Mundial, David Malpass, um indicado de Trump que não poderia ser acusado nem de sentimentalismo nem de alarmismo, dobrou a parada. "Deixar de fornecer um alívio mais permanente da dívida" para os países atingidos mais duramente iria "acarretar pobreza crescente e uma repetição dos calotes desordenados dos anos 1980".[8]

Mas apesar do senso de emergência, apesar dos danos, apesar da escala da ação nas economias avançadas, a resposta global a esses apelos foi frustrante. Houve esforços pontuais, mais notadamente da Iniciativa de Suspensão do Serviço da Dívida (DSSI, na sigla em inglês) do G20. O FMI e o Banco Mundial fizeram empréstimos, mas, diferentemente de depois de 2008, não houve nenhuma grande iniciativa liderada pelo G20. Propostas de expandir a capacidade do FMI de combate contra a crise e de embarcar num alívio de larga escala da dívida encalharam. Era profundamente revelador o modo como recursos e poder estavam distribuídos na economia mundial.

Com certeza o fato de o governo Trump e a ala conservadora do Partido Republicano darem as cartas em Washington não ajudava. No verão de 2020, o governo Trump estava em guerra tanto com a OMC quanto com a OMS. Em comparação, tratava o FMI com luvas de pelica. Contribuía para isso o fato de que as relações com o Fundo eram conduzidas pelo Tesouro, e Mnuchin era o menos "trumpista" dos aliados de Trump. Entretanto, continuidade era uma coisa, medidas amplas para enfrentar a crise eram outra bem diferente.

A coalizão de líderes europeus e africanos que se reuniram em abril para clamar por uma ação de larga escala do FMI foi de grande impacto.[9] A ideia de emitir uma grande alocação de Direitos Especiais de Saque (SDRs, na sigla em inglês) tinha um grande apelo junto a um largo espectro de opiniões de especialistas.[10] A referência era a iniciativa lançada em Londres onze anos antes, quando o G20 resolveu triplicar a capacidade habitual de empréstimo do FMI para US$ 750 bilhões e expandir a liquidez global em US$ 250 bilhões mediante uma alocação geral de SDRs.[11] Onze anos depois, o Fundo ainda estava se valendo da capacidade de empréstimo criada em 2009. Para o governo Trump, porém, a conversa sobre os SDRs era uma bandeira vermelha. Embora a proposta afro-europeia contasse com o claro apoio da liderança do FMI e de uma ampla coalizão de acionistas, os Estados Unidos a mataram. Os Estados Unidos guardam ciumentamente seu veto no conselho de governadores do FMI justo para momentos como esse.[12]

A justificativa apresentada era prática. O Tesouro dos Estados Unidos insistia que já havia SDRs mais do que suficientes em circulação. Os US$ 200 bilhões da alocação de 2009 permaneciam não sacados. Se os europeus queriam fazer algo construtivo, deveriam providenciar para que os subsídios existentes fossem tornados acessíveis àqueles que mais precisavam deles.[13] Havia alguma verdade nesse argumento, mas dificilmente seria uma razão para não enfrentar a emergência com uma alocação suplementar. Era um segredo de polichinelo em Washington que o verdadeiro motivo do veto de Mnuchin era a oposição dos republicanos da linha dura.

Em 2020, Ted Cruz ganharia notoriedade como um dos mais vociferantes defensores de Trump no Senado. Cruz era também um linha-dura tanto com relação à Rússia quanto com a China. Ele se destacou em 2013, quando era um recém-eleito senador júnior pelo Texas, ao fazer de tudo para sabotar um elemento-chave da política do FMI para o G20, a mudança de cota em favor dos mercados emergentes, liderados pela China. Essa havia sido uma parte crucial do acordo feito no encontro do G20 em Londres para expandir os recursos do FMI. Cruz tratou pessoalmente de obstruir a ratificação do acordo que havia sido assinado pelo governo Obama.[14] A certa altura, Christine Lagarde, como diretora-geral do Fundo, dispôs-se a fazer uma dança do ventre se isso conquistasse a aprovação de Cruz.[15] Sete anos depois, Cruz ainda comandava a carga contra a China e a Rússia. Em abril de 2020, em plena crise do coronavírus, ninguém no Tesouro de Mnuchin queria incitá-lo a apontar o fogo, mais uma vez, contra o FMI.

Foi só depois da eleição norte-americana que Ramaphosa e outros renovaram seu apelo pela emissão de SDRs.[16] Tudo agora dependia do novo governo Biden e do segundo turno da eleição para o Senado na Geórgia. Se o Partido Republicano mantivesse o controle, o que muitos julgavam provável até bem perto do final do ano, o único caminho era o governo Biden passar ao largo do Congresso. A aprovação do Senado não seria necessária se o aumento não fosse maior do que a alocação vigente de SDRs. Isso permitiria uma nova emissão de cerca de US\$ 650 bilhões.[17] Se combinada com uma realocação de SDRs entre membros do FMI, isso propiciaria um sério estímulo aos países de baixa renda mais pressionados. Mas não foram os trilhões de dólares de financiamento que foram necessários para turbinar o crescimento da baixa renda e cumprir as Metas de Desenvolvimento Sustentável da ONU.

O veto exercido sobre assuntos mundiais pela panelinha conservadora dos Estados Unidos era exasperador e profundamente deslegitimador para instituições como o FMI, mas seria tolo atribuir a apenas isso o impasse sobre a assistência financeira ao mundo em desenvolvimento. Para ter uma visão mais ampla das forças em jogo, basta observar a única medida de alívio de dívida que a comunidade internacional de fato empreendeu em 2020, a Iniciativa de Suspensão do Serviço da Dívida (DSSI, na sigla em inglês).

A DSSI foi lançada em abril com uma proposta que era insuficiente desde o começo.[18] Cobria apenas os países africanos e asiáticos menores e mais pobres. Países de renda média-baixa estavam excluídos. Baseava-se no princípio de que deveria ser de valor atual líquido neutro. Em outras palavras, embora o pagamento da dívida estivesse suspenso no curto prazo, ao longo da vida do empréstimo os emprestadores não sofreriam perda alguma. Para compensá-los por pagamentos adiados em 2020, eles receberiam reembolsos adiantados entre 2022 e 2024. Qualquer devedor que se registrasse na DSSI tinha que pesar cuidadosamente o risco de ter dificuldades de pagar alguns anos depois. Além disso, os únicos pagamentos de serviço da dívida cobertos pela iniciativa eram os devidos a credores bilaterais oficiais. Esses eram os empréstimos sobre os quais os governos do G20 detinham controle imediato. Mas na nova era da dívida do mundo em desenvolvimento, eles eram uma parte cada vez menor do problema geral.

O cenário da dívida em 2020 refletia rodadas anteriores de alívio do débito. A última rodada havia sido iniciada em 1996 pela iniciativa para os Países Pobres Altamente Endividados e pela campanha Jubileu 2000, estrelada por celebridades como Bono Vox e Bob Geldof. Atingiu a culminância na reunião de cúpula Gleneagles 2005, do G8.[19] Isso reduziu drasticamente a proporção da dívida em relação ao PIB dos 35 países de renda mais baixa.[20] Nos anos que se seguiram, empréstimos feitos por governos de países ricos, organizados no Clube de Paris, passaram cada vez mais para segundo plano.[21] Em vez de empréstimos, eles forneciam apoio financeiro sob a forma de subvenções. Os Estados Unidos continuavam sendo a maior fonte individual de ajuda, no montante de US$ 35 bilhões. Mas, como emprestadores bilaterais concessionários, eles tinham encolhido quase à insignificância. Em 2020, a Índia e o Brasil, eles próprios países de renda média, tinham mais empréstimos pendentes aos países mais pobres do que os Estados Unidos.

O novo grande emprestador bilateral na cena financeira do desenvolvimento não era um membro estabelecido do Clube de Paris. Era a China. A escala precisa e a natureza dos empréstimos da China eram muito debatidas, mas eram claramente enormes. Entre 2008 e 2019, de acordo com uma compilação particularmente meticulosa, o Banco de Desenvolvimento da China e o Banco de Exportação e Importação da China emprestaram US$ 462 bilhões a clientes do mundo todo.[22] Isso estava a apenas um fio de cabelo dos US$ 467 bilhões emprestados pelo Banco Mundial ao longo do mesmo período. E os bancos chineses tinham uma maior capacidade de "bombar". Em 2016, o montante de empréstimos feitos pelos bancos chineses de política econômica não apenas excedeu o do Banco Mundial, mas se equiparou aos do Banco Mundial, do Banco Asiático de Desenvolvimento, do Banco Interamericano de Desenvolvimento, do Banco Europeu de Investimento, do Banco Europeu para Reconstrução e Desenvolvimento e do Banco de Desenvolvimento Africano juntos.[23] Mais de 40% dos US$ 30,5 bilhões de pagamentos de serviço da dívida devidos em 2021 pelas nações subsaarianas elegíveis para a DSSI eram devidos ou a credores oficiais chineses ou a bancos de desenvolvimento da China.[24] Os 46 países devedores que se inscreveram para participar da DSSI deviam à China US$ 5,76 bilhões em reembolsos, em comparação com US$ 1,99 bilhão devidos a todos os membros do Clube de Paris juntos. Os maiores destes últimos eram a França, credora de US$ 559 milhões em pagamentos, e o Japão, com crédito de US$ 481 milhões em serviços da dívida. Os Estados Unidos tinham a cobrar apenas US$ 155 milhões, 1/37 do que era devido à China.[25]

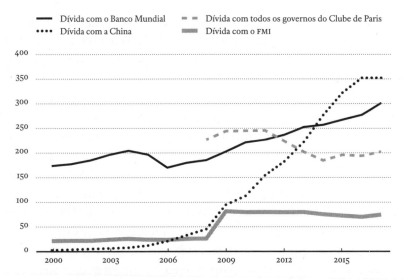

Dívida pública externa agregada devida a diferentes credores oficiais (em bilhões de dólares). A China é o maior credor oficial dos países em desenvolvimento.   Fonte: Baseado em Horn, Reinhart e Trebesch, 2019.

A bandeira sob a qual a China agrupou seus empréstimos para o desenvolvimento estrangeiro depois de 2013 era a iniciativa Um Cinturão, Uma Rota, ou Iniciativa Cinturão e Rota (BRI, na sigla em inglês). Esse título tinha sem dúvida o intuito de transmitir visão e propósito. Justamente por isso, também atraiu suspeitas internacionais e acusações de imperialismo da dívida.[26] Circulavam rumores de exigências chinesas exorbitantes de que tomadores de empréstimos abdicassem da imunidade soberana e empenhassem como garantia recursos nacionais vitais.[27] O malfadado complexo portuário de Hambantota, no Sri Lanka, era amplamente citado como exemplo de um país que caiu na "armadilha da dívida".[28] Quando o Sri Lanka deu o calote, perdeu por confisco uma instalação portuária estrategicamente vital dada como caução, ou pelo menos era o que se dizia. Se era ou não uma política deliberada por parte da China, era uma questão discutida calorosamente, assim como as circunstâncias exatas da transação de Hambantota.[29] O inegável era que vários dos clientes da China estavam com problemas financeiros profundos em 2020. Antes mesmo de o coronavírus atacar, a Venezuela, o Paquistão, Angola e outros oito países corriam o risco de atrasar seus pagamentos à China, mas Pequim não deu sinais de explorar a crise do coronavírus para ganhar mais poder de pressão.

O indicado por Trump para a presidência do Banco Mundial, David Malpass, culpou a China pelo fato de o Banco de Desenvolvimento da China não estar incluído na DSSI.[30] Pequim insistia que era um banco privado, e portanto, não coberto pelos termos da iniciativa do G20. Enquanto isso, como emprestador oficial, Pequim fazia a seus devedores concessões tão grandes quanto as oferecidas por todos os outros emprestadores juntos.

Havia sem dúvida um elemento de artimanha na exclusão do Banco de Desenvolvimento da China, mas isso tinha menos a ver com qualquer estratégia grandiosa da China do que com as brechas criadas pela isenção de credores privados dos termos da DSSI. Dos US$ 35 bilhões em serviços da dívida devidos pelos países elegíveis à DSSI em 2020, US$ 13,5 bilhões eram devidos a emprestadores privados.[31] Cerca da metade disso era devida a bancos de vários tipos. O resto se devia a detentores de títulos. O tamanho desse peso do serviço da dívida refletia o grau em que, desde 2005, os empréstimos privados deslocavam os empréstimos concessionais oficiais para os países de baixa renda.

Em seu apelo original por ação em abril, os governos da União Europeia e da África haviam clamado pelo envolvimento de todos os emprestadores para países de baixa renda, incluindo credores privados. O G20 concordou. O Instituto de Finanças Internacionais (IIF, na sigla em inglês), que age como o grupo de lobby em favor do sistema financeiro global, estendeu devidamente um convite a seus membros para participarem voluntariamente, mas, até o verão, nenhum deles o fizera. Em defesa deles, o IIF acrescentou a reveladora observação de que nenhum devedor abordara seus membros atrás de concessões. O que preocupava os países devedores era o possível impacto em sua classificação de crédito. Por mais que eles precisassem de um alívio da dívida, arriscar seu futuro acesso aos mercados de capital era um preço alto demais a pagar.[32]

A experiência do altamente endividado Camarões nas mãos da agência Moody's era um alerta suficiente. A elegibilidade de Camarões à DSSI do G20 foi confirmada em 19 de maio de 2020, livrando o país de US$ 276 milhões em serviço da dívida. Oito dias depois, a Moody's colocou Camarões em exame para um rebaixamento. A título de explicação, a Moody's observou que o G20 havia vinculado a participação na DSSI a um apelo por concessões semelhantes por parte de credores privados. O mero apelo era suficiente. Foi só em agosto, quando ficou claro não apenas que nenhum progresso havia sido feito no sentido de envolver detentores privados de títulos na DSSI, mas também que caberia aos governos tomadores de empréstimos fazer uma solicitação a seus credores privados e que Camarões não tinha intenção alguma de fazer isso, que a Moddy's retirou sua ameaça de rebaixamento.[33]

As agências de classificação de risco exerciam assim seu controle sobre qualquer tomador de empréstimo com dívidas privadas substanciais. E, espantosamente, sua influência se estendia também aos emprestadores multilaterais como o Banco Mundial.

Para se credenciar ao esquema da DSSI, os países tinham antes que se inscrever num programa do FMI e submeter-se à supervisão do Fundo. Mas, apesar do apelo da União Europeia e dos governos africanos, US$ 12 bilhões em pagamentos de serviço da dívida devidos ao FMI, ao Banco Mundial e a outros emprestadores multilaterais estavam excluídos da DSSI. Quando pressionado a explicar essa posição anômala, Malpass, como presidente do Banco Mundial, apontou o dedo para as agências de classificação de risco.

Desde 1959 o Banco Internacional para Reconstrução e Desenvolvimento (Bird), a parte da organização do Banco Mundial que faz empréstimos a países de renda baixa e média, tinha desfrutado uma classificação de crédito AAA. Em 15 de abril de 2020, no dia do acordo do G20 sobre a DSSI, o banco levantou US$ 8 bilhões de mercados financeiros em títulos de cinco anos, a um rendimento de 0,704%. Eram as maiores e mais baratas ações de levantamento de fundos empreendidas por uma instituição financeira internacional.[34] A razão pela qual o Banco Mundial não aderiu à DSSI era que fazer concessões a seus tomadores de empréstimo, tendo uma perda em seu balanço, por menor que fosse, poderia colocar em risco a classificação AAA do Bird e assim pôr em perigo sua capacidade de fazer empréstimos de baixo custo aos países mais pobres no futuro.[35] A resposta do Banco Mundial à crise não foi suspender ou protelar dívidas existentes, mas oferecer US$ 160 bilhões em nova capacidade de empréstimo até o verão de 2021.

Por parte do Banco Mundial, foi uma abdicação extraordinária. Seu balancete era forte o bastante para absorver facilmente o reescalonamento de pagamentos da dívida permitido sob a DSSI. Era, afinal, de valor atual líquido neutro. Quaisquer perdas poderiam ser compensadas pelos acionistas. Alternativamente, fundos poderiam ser levantados disponibilizando uma pequena fração das detenções em ouro do FMI, ou emitindo SDRs.[36] Nenhuma dessas opções foi apresentada ou explorada em 2020. Para além da obstrução do governo Trump aos SDRs, havia um fracasso geral em mobilizar a vontade política e os recursos que teriam sido necessários para um alívio substancial da dívida. A DSSI continuava sendo uma sombra pálida, da qual os principais beneficiários eram o Paquistão e Angola.[37] No final do ano, o Banco Mundial endossou a iniciativa ao prover US$ 5 bilhões em alívio da dívida.[38] Como solução geral para o problema da dívida, era uma piada.

Ao longo do verão, a Conferência das Nações Unidas sobre Comércio e Desenvolvimento (Unctad, na sigla em inglês), uma das agências mais radicais da ONU, expôs ao ridículo os "trôpegos esforços da comunidade internacional" para proporcionar alívio da dívida. Como disse a Unctad, a inação coletiva "lançou uma luz muito forte sobre a debilitante fragmentação e complexidade dos procedimentos existentes" para enfrentar problemas relacionados à dívida soberana internacional.[39] Para restaurar a ordem e possibilitar um ajustamento rápido e equitativo de demandas, a Unctad propunha uma "autoridade global sobre a dívida soberana, independente tanto dos interesses dos credores (institucionais ou privados) como dos devedores", que poderia presidir de modo imparcial e transparente as reestruturações.

A ideia tinha o apoio entusiástico dos grupos de amparo à dívida. Mas, contra os interesses entrincheirados dos credores, que coalizão teria o poder de tornar real essa agência supranacional? O FMI, o Banco Mundial, o G30 e o G20 não podiam negar a inadequação dos arranjos em vigor. Mas não tinham interesse algum em criar uma nova autoridade global sobre a dívida soberana. Em vez disso, confiaram na persuasão moral e em apelos sinceros para trazer à mesa todos os credores, inclusive os privados. O envolvimento do setor privado era essencial para garantir que a reestruturação de fato propiciasse um alívio substancial aos devedores. Isso eliminaria qualquer discussão sobre quem estava e quem não estava envolvido. Também legitimaria as ações da parte daqueles que estavam sendo instados a fazer concessões. Como definiu um relatório de especialistas para o G30, um influente agrupamento de ex-executivos de bancos centrais e Tesouros, "uma abordagem da resolução da crise da dívida em que alguns credores na prática financiam a restituição para outros é insustentável politicamente, e candidata a fracassar. [...] O fracasso em garantir a participação de todos os credores [...] solaparia o apoio político a uma resposta combinada global à crise e diminuiria o apetite por cofinanciamento oficial no futuro".[40] Se fossem apenas os credores financiados pelo contribuinte que oferecessem concessões, eles efetivamente estariam subsidiando os credores privados.

O apelo dessa agenda de reformas era claro. Desde o final dos anos 1990 tinha havido esforços para criar um regime sistemático de inadimplência soberana que tornasse o processo justo e transparente.[41] Entender-se com credores privados e obrigá-los a aceitar reduções da dívida poderia ser árduo e talvez levasse a uma exclusão temporária do mercado de títulos, mas no devido tempo, como insistiam os especialistas do G30, não se poderia escapar da "realidade econômica". Um país com um peso mais leve de dívidas recomeçaria com uma ficha mais limpa. Estaria numa posição melhor para obter novos empréstimos e investimentos. O medo de ser excluído de mercados de títulos era facilmente exagerado. Como demonstravam inadimplentes em série, como a Argentina, os emprestadores voltavam.

Para dar aos devedores o empuxo de que precisavam para trazer os credores à mesa de negociação, no outono de 2020 o FMI e o Banco Mundial juntaram forças para apelar pela introdução universal de cláusulas de ação coletiva.[42] Na eventualidade de que a tensão do mercado de crédito crescesse a ponto de se tornar uma crise abrangente da dívida soberana, o FMI sugeria propostas mais radicais. Por um lado, o Fundo poderia oferecer dinheiro ou aumento do crédito a emprestadores privados relutantes. Por outro, credores arredios poderiam ser ameaçados com intervenções legislativas específicas em favor de aflitos tomadores de empréstimos de baixa renda.[43] A Bélgica mostrara o caminho em 2015 com a chamada "legislação contra os fundos abutres". Se isso se estendesse à Inglaterra e à jurisdição de Nova York, onde a maioria dos contratos de títulos eram elaborados, alteraria dramaticamente a balança do poder em favor dos devedores.[44] Isso era mais do que o G20 provavelmente engoliria, mas em novembro de 2020 o G20 de fato assinou um "Enquadramento Comum sobre Tratamentos da Dívida além da DSSI".[45] O texto era muito específico, mas declarava de forma transparente que qualquer alívio de dívida concedido por emprestadores públicos deveria ser correspondido por concessões de credores privados. A questão era como fazer cumprir isso. Dado o papel-chave desempenhado por bancos, fundos de investimentos e tribunais norte-americanos no mercado global de títulos, era um assunto em que a liderança dos Estados Unidos era essencial, mas, como uma reportagem indicou timidamente, não estava claro, em meados de novembro, que o alívio da dívida dos países mais pobres do mundo estivesse no "radar" do presidente Trump.[46]

Foi na esperança de forçar a introdução da questão na agenda subsequente à eleição nos Estados Unidos que, em 30 de novembro, Ramaphosa renovou seu apelo por uma nova emissão de SDRs, a extensão da DSSI, o envolvimento de credores privados e medidas para restringir a influência das agências de classificação de risco.[47] Ele sem dúvida esperava uma escuta mais atenta por parte da nova equipe que estava sendo formada em torno de Janet Yellen, a indicada para suceder a Steven Mnuchin no Tesouro, mas havia também outras plateias que precisavam ser conquistadas. A voz mais ruidosa em oposição às propostas de reestruturação da dívida, um tanto surpreendentemente, era Vera Songwe, subsecretária-geral da ONU e chefe da Comissão Econômica das Nações Unidas para a África. Como noticiou o *Financial Times*, na visão dela "a última coisa que os países em desenvolvimento precisam é de um envolvimento forçado do setor privado no alívio da dívida". Para Songwe, um "enquadramento comum da dívida, que confunde tomada de empréstimo concessionário público com acesso ao mercado comercial, solaparia a recuperação da África".[48] Um equilíbrio entre os interesses dos cidadãos contribuintes e os dos detentores de títulos podia ser uma prioridade para economias avançadas, mas por que países em desenvolvimento duramente pressionados deveriam dar boas-vindas a um dia do juízo obrigatório com todos os seus credores ao mesmo tempo? O que importava era que em 2020 o serviço da dívida pago pelos governos do mundo em desenvolvimento aos credores excedeu os novos empréstimos em um total de US$ 167 bilhões.[49] A redução do serviço da dívida podia ajudar, mas para a África se recuperar e acelerar o seu desenvolvimento, o que era realmente necessário era mais investimento financiado por mais empréstimos.

Estavam em questão duas visões diferentes de finanças e desenvolvimento. Os defensores de uma reestruturação abrangente da dívida partiam de uma ideia clara de que a dívida era sustentável e clamavam por um recomeço do zero. A Comissão Econômica das Nações Unidas para a África (Uneca, na sigla em inglês) não negava a necessidade de reestruturação em casos graves, nem a necessidade de engajar credores privados. Apesar das críticas de Songwe, os documentos oficiais da Uneca incorporavam o "Enquadramento Comum" do G20. A diferença era que a aspiração geral da Uneca era pressionar por mais, não por menos crédito.[50] Seu modelo era o chamado regime de financiamento misto, que dependia de uma parceria estreita entre agências públicas e mercados privados. Isso conferia poder aos emprestadores privados e a agências de classificação, mas, como observou a Uneca, apesar de todos os ruídos ameaçadores, nenhuma agência de classificação havia, na verdade, rebaixado um país participante da DSSI.

A necessidade dominante era multiplicar o crédito por meio de todos os canais disponíveis: uma nova emissão de SDRs pelo FMI, empréstimo expandido por bancos de desenvolvimento multilaterais, criação de um mecanismo de liquidez que recomprasse títulos soberanos africanos, transformando-os desse modo, como títulos soberanos de países ricos, em cauções para novos empréstimos. Ao delinear essas propostas, a Uneca valeu-se da assessoria técnica da Pimco, uma das maiores gestoras privadas de títulos. O que a Uneca e a Pimco postulavam era a extensão para a África do modelo de auxílio público ao crédito privado que vigorava nas economias avançadas.[51] Uma parte disso poderia ser feita por autoridades financeiras locais. Em última instância, teria que ser amparada pelos balancetes dos bancos centrais das economias avançadas ou pela emissão de SDRs, se fosse o caso. Era sem dúvida uma construção precária, mas olhando ao redor do mundo, não se podia encontrar nada de incomum nisso. Se a Itália, com uma dívida de 155% do PIB, ainda podia ter acesso a mercados a 0,2% por um título de cinco anos, por que tomadores de empréstimo africanos com proporções bem mais baixas de dívida em relação ao PIB tinham o acesso ao mercado negado? Era uma questão de apoio político e engenharia financeira.

Os defensores de uma reestruturação rigorosa e abrangente da dívida falavam a língua da "realidade econômica" e da "sustentabilidade da dívida", mas, como mostrava a experiência das próprias economias avançadas, se você tomava emprestado numa moeda que você controlava, tratava-se de parâmetros negociáveis, em última instância à disposição dos bancos centrais. Para os arautos de uma nova África, como Songwe, o imperativo reinante era a escala do potencial de seu continente e a imensidão dos desafios que ele tinha pela frente. A realidade econômica que dominava a visão da Uneca era o drama do crescimento populacional da África e sua necessidade urgente de infraestrutura. Em 2040, previa a Uneca, a África teria a maior força de trabalho do mundo. Responderia por 40% dos trabalhadores jovens do planeta.[52] De acordo com a ONU, para alcançar os Objetivos de Desenvolvimento Sustentável, o continente precisava gastar US$ 1,3 trilhão por ano.[53] Não por nada, o lema do Banco Mundial em 2015 era "de bilhões para trilhões".[54] Para chegar lá, do que se precisava era de mais crédito, por praticamente qualquer meio e de qualquer fonte.

Era a mera urgência do imperativo de investimento que tornava a China tão atraente como credor. Na luta para dar o salto de proporções gigantescas, a

China preencheu um vazio. O programa Cinturão e Rota foi o trampolim. Em maio de 2017, Xi Jinping reuniu em Pequim trinta chefes de Estado e representantes de mais de 130 países para proclamar "um projeto do século". A escala da visão chinesa era grandiosa, mas a conversa sobre trilhões de dólares em investimentos não era uma hipérbole. Ao contrário, acabou se mostrando um senso realista de escala.

O fluxo de dinheiro da China custeou obras impressionantes de infraestrutura moderna. Ele vinha com uma visão de desenvolvimento econômico organizada em torno da geração de energia, transportes e exportação de commodities, com a promessa de que isso acabaria se desdobrando nas cadeias de fornecimento industrial e em mais desenvolvimento de alta tecnologia. A pergunta preocupante em 2020, no que se refere a muitos países em desenvolvimento, não era se eles tinham tomado empréstimos demais da China, mas se a China agora estava recuando.[55] Depois do enorme aumento de empréstimos em 2016, a China havia pisado no freio. Pequim estava preocupada com a fuga de capitais. Sua preocupação agora era melhorar a qualidade dos projetos de investimento e administrar os efeitos geopolíticos. Diminuiu a intensidade dos empréstimos para a África e a América Latina.[56] Projetos no Paquistão também estavam ficando mais lentos.[57] No final de 2020, os empréstimos chineses para países da Iniciativa Cinturão e Rota tinha caído 54%, passando para US$ 47 bilhões.[58]

Se a China estava, de fato, recuando, havia alguém que pudesse preencher a lacuna? Podia o Ocidente mobilizar uma resposta estratégica às gigantescas necessidades de investimento do mundo em desenvolvimento? A novidade em relação aos anos imediatamente anteriores a 2020 era que a pergunta estava sendo formulada de fato.

Em janeiro de 2017, ao assumir a presidência do G20, a Alemanha propôs a ideia de um "Plano Marshall com a África" (notem bem: "com", e não "para"), que teria como foco o investimento privado em desenvolvimento.[59] No mesmo ano, o Canadá instituiu o Instituto Canadense de Finanças para o Desenvolvimento (DFIC, na sigla em inglês), também conhecido como FinDev. Na linguagem clichê típica do gênero, o FinDev era descrito como "uma instituição financeira que apoia o crescimento inclusivo do setor privado e a sustentabilidade nos mercados em desenvolvimento".[60] Em 2018, depois de propor inicialmente cancelar por completo o custeio das finanças dos Estados Unidos para o desenvolvimento, o governo Trump colocou seu peso por trás da Better Utilization of Investment Leading to Development [Melhor

Utilização do Investimento para o Desenvolvimento], ou Build Act, um projeto de lei bipartidário que instituía a U.S. Internacional Development Finance Corporation (DFC).[61] Incorporando a já existente Corporação para o Investimento Privado no Exterior (Opic, na sigla em inglês), a nova instituição financeira elevou de US$ 29 bilhões para US$ 60 bilhões o montante que poderia ser colocado em risco no apoio ao empréstimo para o desenvolvimento e estendeu as condições sob as quais os Estados Unidos poderiam fornecer apoio para incluir capital de risco.[62] No verão de 2018, os Estados Unidos, o Japão e a Austrália anunciaram planos para fomentar conjuntamente a infraestrutura na região do Pacífico.[63] Para bancar isso, em 2019 a Austrália lançou seu Programa de Financiamento de Infraestrutura para o Pacífico, com um capital de US$ 2 bilhões.[64] Juntos, os Estados Unidos, o Japão e a Austrália subscreveram a chamada Blue Dot Network [Rede Ponto Azul] para certificar projetos de infraestrutura. A meta era transformar os estimados US$ 94 trilhões de investimentos globais de infraestrutura no mundo em desenvolvimento numa "classe de ativos sustentada em contratos-padrão", à maneira de projetos comerciais imobiliários no mundo desenvolvido.[65]

O propósito estratégico desses empreendimentos era claro. Como observou o ministro alemão do Desenvolvimento, Gerd Müller: "Não podemos deixar a África para os chineses, os russos e os turcos".[66] Mas o que eles também tinham em comum era a modéstia dos recursos públicos empenhados. Os fundos europeus nos quais o Plano Marshall alemão se baseava não passavam, ao todo, de 6,5 bilhões de euros. Para ganhar vulto, esses novos programas só contavam com a mágica da alavancagem e da engenharia financeira para transformar bilhões, se não em trilhões, pelo menos em centenas de bilhões. No espírito das propostas da Uneca, eram parecerias público-privadas, instituições públicas concebidas para absorver risco — risco de país, risco de projeto, risco de taxa de câmbio —, de modo a multiplicar o fluxo de capital privado dos países ricos para os pobres.

No entanto, por mais inusitada que fosse a ambição ocidental de competir com a China, e por mais inebriante que pudesse ser a visão de uma abundância sem fim conduzida pelo mercado, as quantias totais de dinheiro fluindo para os tomadores de empréstimos de baixa renda permaneciam inadequadas. A maioria esmagadora dos fundos privados cumulados pelos chamados esquemas de "finanças mistas" não ia para países de renda baixa, mas para países de renda média.[67] Mesmo com o apoio do "descarrilhamento" dos bancos de fomento, o capital preferiu ir a lugares que já haviam demonstrado a capacidade de gerar crescimento sustentado e lucrativo. Por definição, tais lugares eram as economias no mínimo de renda média. E é também por isso, em última instância, que os países que se qualificaram para a DSSI estavam tão por baixo na agenda de política econômica global.

Cerca de 670 milhões de pessoas podiam viver em países de renda baixa, mas eles representavam menos de 1% do PIB global. Suas agruras eram uma questão humanitária. Mas isso não oferecia um risco sistemático aos centros de poder econômico e político no Norte global, desde que sua miséria não desbordasse em migração em massa. Como o ministro alemão Müller disse com crueza: "O destino da África é um desafio e uma oportunidade para a Europa. Se não resolvermos juntos os problemas, eles virão até nós em algum momento".[68] Mas esse era um temor futuro. No curto prazo, as dificuldades financeiras da Zâmbia ou de Gana eram uma ameaça apenas para uma parte minúscula das carteiras de seus credores. E o mesmo valia para os calotes do Equador e de devedores de renda média, como Argentina e Líbano. O peso deles na economia mundial era simplesmente insignificante demais, seus problemas facilmente descartados como idiossincráticos. Para obrigar de fato a uma mudança institucional em larga escala, teria sido necessária uma crise da dívida muito mais abrangente do que a eclodida em 2020, uma crise que afetasse economias muito maiores. Algo, talvez, na linha da onda de crises dos mercados emergentes entre 1997 e 2001.

Em 2020, havia um bocado de tensão nos mercados de títulos das economias emergentes, mas nenhum gatilho óbvio para uma crise de dívida abrangente. Isso era uma demonstração impressionante de resiliência, mas era enganosa? O ano de 2020 estava deixando uma falsa sensação de confiança?

O Brasil era, de longe, muito maior e mais sistematicamente importante que qualquer uma das economias asiáticas no final dos anos 1990. O Brasil terminou 2021 com uma dívida pública chegando a 90% do PIB, índice muito alto para um mercado emergente ou economia em desenvolvimento.[69] A procura por títulos brasileiros de curto prazo ainda era forte. Nos primeiros quatro meses de 2021, o Tesouro do Brasil teria que rolar mais de US$ 112 bilhões de dívidas.[70] Era uma quantia enorme, mas, considerando que a grande maioria era em reais, que a balança comercial do Brasil era forte, que sua taxa de câmbio era flexível e seu banco central gerido de modo ativo e eficaz, era difícil conceber como uma verdadeira crise poderia se desenvolver. Os temores, no entanto, estavam aumentando.

O governo de Bolsonaro era oportunista, seu gabinete permanecia caótico como sempre, e as eleições mantinham tudo em suspenso até 2022. Os mercados ainda estavam em pânico, mas o real continuou caindo. Em abril de 2021, ele havia voltado aos patamares mais baixos que tinha alcançado na primeira onda da crise. António Guterres, secretário-geral da ONU, alertou no final de março para o vencimento cada vez mais curto dos empréstimos brasileiros. Acima de tudo, a epidemia no Brasil voltou a ficar fora de controle. Uma nova variante altamente infecciosa estava causando estragos. Em abril de 2021, as mortes diárias por Covid subiram para 4 mil, e o total ultrapassou 400 mil. Como Guterres insistia, em uma crise tudo se tornaria interligado — saúde, pobreza, finanças.[71]

Se uma crise financeira geral era iminente, a África do Sul era muito mais vulnerável que o Brasil. Seu histórico de crescimento era pior. Mesmo antes da crise de 2020, o desemprego chegava perto de 30%. O potencial exportador da África do Sul era menos dinâmico que o de seus congêneres latino-americanos. Como admitia o Banco de Reservas sul-africano, o volume de dívida pública doméstica detido pelos bancos e fundos de pensão da África do Sul criava uma ligação perigosa entre os balancetes públicos e privados.[72] Um rebaixamento na classificação da dívida pública repercutia nos balancetes de bancos e fundos de pensão. E a mesma lógica operava em sentido oposto. O governo da África do Sul havia amparado os títulos de sua falida empresa estatal de energia Eskom.[73] Se essas garantias fossem invocadas, isso elevaria subitamente a dívida pública da África do Sul de 2,62 trilhões para perto de 3 trilhões de rands. Mas a África do Sul havia dominado a nova caixa de ferramentas dos mercados emergentes. Embora as dívidas públicas fossem substanciais, não estavam em níveis preocupantes. A taxa de câmbio caíra no início de 2020, mas desde então se recuperara. No final de 2020, as reservas de divisas da África do Sul estavam mais fortes do que tinham estado no início do ano. Considerando o estado de depressão da economia, o Banco de Reservas sul-africano manteve-se firme. Não aumentaria as taxas até que fosse absolutamente necessário.

Em 2020, o teste mais dramático de resiliência dos mercados emergentes foi o da Turquia. Em novembro, o autoritário presidente Erdoğan curvou-se à pressão do mercado, forçou a demissão de seu genro de sua posição no comando da política econômica turca e realizou um giro de 180 graus nas taxas de juros.[74] Era uma rendição. Mas o que tinha sido necessário para que a Turquia chegasse a esse ponto? Durante anos, Erdoğan havia escarnecido e ameaçado os mercados financeiros globais. Intimidara e demitira dois chefes do Banco Central. Empreendia uma política externa extraordinariamente agressiva, tornando inimigos todos os vizinhos da Turquia, incluindo seu principal parceiro comercial, a União Europeia.[75] Além disso, sob o comando do genro não qualificado de Erdoğan, a Turquia violou uma das regras básicas da nova caixa de ferramentas dos mercados emergentes. Quando a lira turca ficou sob pressão, em 2019, em vez de empreender uma ação de protelação, as autoridades turcas bateram o pé e queimaram mais de US$ 140 bilhões em reservas num vão esforço para evitar a desvalorização da lira. Com a inflação disparando, a lira em queda livre e o desemprego aumentando, em setembro de 2020 Erdoğan envolveu a Turquia ao lado do Azerbaijão em sua guerra contra a Armênia. Àquela altura, de acordo com as melhores estimativas de bancos estrangeiros, as reservas de divisas estrangeiras da Turquia haviam desaparecido. Com os empréstimos de curto prazo excedendo em peso quaisquer ativos ainda presentes no balancete, o saldo geral das reservas tornou-se negativo.[76] Como se quisesse bloquear de vez qualquer recurso a ajuda externa, Erdoğan atraiu sanções dos Estados Unidos ao receber uma remessa de mísseis antiaéreos russos. Ele se recusou sem piscar a levar em consideração um programa do FMI, uma vez que isso seria uma volta à última grande crise financeira da Turquia, em 2001, que lançara a carreira de Erdoğan.[77] Aceitar as condições do FMI estava fora de questão. A única fonte remanescente de apoio externo com que Ancara contava eram os catarianos. Estes se cotizaram numa linha de swap de US$ 15 milhões, mas o próprio Catar estava sob bloqueio dos sauditas e dos Emirados.[78] A vitória de Biden não ajudou. Trump era um dos últimos amigos de Erdoğan em Washington. Foi a essa altura, no fim de semana de 7-8 de novembro, enfrentando a pressão no seio de seu próprio partido governante, que Erdoğan puxou o freio de emergência e instalou uma equipe conservadora no Banco Central e no Ministério das Finanças.

A autonomia desfrutada pelos grandes mercados emergentes não era absoluta. O risco de chegar à beira do abismo era real. A economia turca pagaria em taxas de juros duras, durante anos, o preço pela atitude temerária de Erdoğan.[79] Era sem dúvida humilhante para Ancara mudar seu tom diante de investidores estrangeiros. Mas Erdoğan não era nenhuma vítima. Era um jogador. Havia testado a paciência dos mercados até o limite e recuado no último minuto. Os investidores foram surpreendentemente indulgentes. O pânico criava a oportunidade de obter lucros na recuperação.

Com sua base de baixo custo na fronteira da Europa, o potencial da Turquia era enorme. Tão logo as taxas de juros foram elevadas, o capital voltou a entrar e a lira se fortaleceu.[80] A paz, aparentemente, havia irrompido. Mas isso sem levar em conta o inconstante presidente. Sem aviso, no sábado, 20 de março de 2021, Erdoğan demitiu o chefe do Banco Central e depois seu vice. Era quase como se Ancara estivesse se preparando para provocar uma crise. Nos bastidores, para conter o escoamento de fundos internos e externos, o Banco Central recorreu furtivamente ao controle de capitais, limitando a capacidade dos investidores de saírem de suas posições de lira.[81]

A hierarquia da economia mundial tem muitos escalões. Para restaurar a confiança dos detentores de títulos e estabilizar o crescimento de sua dívida abaixo de 100% do PIB, a África do Sul estava se preparando para empreender esforços penosos de consolidação do orçamento.[82] Em 2021, o Brasil iria se defrontar com a escolha entre manter ou não o subsídio às famílias de baixa renda que tinha feito tanta diferença durante a crise do coronavírus. Mas, em comparação com as opções da Zâmbia e do Equador depois de seus calotes, esse era um bom dilema. O fosso entre os países de baixa renda inscritos na DSSI e os que estavam no nível do Brasil ou da Turquia era imenso. Fazer esse salto era exatamente aquilo a que aspiravam as elites ambiciosas de países como Tanzânia ou Etiópia.[83] Mesmo com todo o estrago causado pelo choque do coronavírus, esse sonho se mantinha muito vivo e, no final de 2020, para as elites nos mercados emergentes e economias em desenvolvimento em todo o mundo, os mercados financeiros globais ainda pareciam oferecer a melhor escada disponível.

Se 2020 começou com uma hemorragia de fundos estrangeiros saindo dos mercados emergentes, o ano terminou com um influxo recorde. No final de novembro, semanas depois de o Peru colocar à venda seu *century bond*, a Costa do Marfim emitiu um *eurobond* de doze anos de 1 bilhão de euros. Apesar de oferecer um rendimento de apenas 5%, o mais baixo da história, ele teve cinco vezes mais interessados que a quantidade oferecida. Em 2021, a agência de classificação Fitch previu que a Namíbia, a Nigéria e a África do Sul iriam rolar velhas dívidas. Costa do Marfim, Gana e Quênia talvez empreendessem novas emissões. O Benim, 158º colocado, em 2019, entre os 189 países da tabela de classificação do Desenvolvimento Humano, estava na lista dos que esperavam voltar ao mercado.[84] Os países em questão precisavam urgentemente de dinheiro, e o que estava empurrando dinheiro até mesmo para os cantos mais empobrecidos da economia mundial era a enorme abundância de liquidez do dólar. Era a postura do Sistema de Reserva Federal dos Estados Unidos que dava ao sistema de crédito global a elasticidade extraordinária que este exibia em face da crise do coronavírus. A abundância de dólares retardou o tipo de crise que poderia talvez obrigar a um ajuste de contas geral. Só um enrijecimento da política monetária dos Estados Unidos exporia as limitações dos tomadores de empréstimo de baixa renda. Se e quando viesse uma mudança radical nas condições monetárias globais era algo que dependia não das condições na Costa do Marfim ou no Quênia, mas da situação das economias avançadas, e acima de tudo dos Estados Unidos, entre Wall Street e Washington, D.C.

14.
Economias avançadas: torneiras abertas

Imaginar futuras crises na Argentina, na Turquia ou no Brasil era algo que vinha com relativa facilidade. Na memória recente, eles tinham atravessado profundas turbulências financeiras e mudanças de regime. Era o que os definia como mercados "emergentes". Economias avançadas são tidas como detentoras de maior estabilidade e instituições estabelecidas. Tudo isso torna mais extraordinário o fato de que, nos últimos dias de 2020, o país mais assombrado por rumores de golpe não estava na América Latina, na África, no Oriente Médio nem na Ásia. Eram os Estados Unidos.

Os populistas amam o drama. Amam com tamanha intensidade que tanto os líderes como os liderados podem achar difícil distinguir o que é real do que não é.[1] A linha entre a retórica e a mudança política de fato empreendida se embaça. Suas afrontas provocam os oponentes a responder de modo semelhante, o que leva estes últimos a correr o risco de sua própria perda de realidade. A melhor maneira de responder talvez seja simplesmente ignorar a histrionice. Esse foi o caminho escolhido pela equipe de transição de Biden, ignorando as tentativas cada vez mais maníacas de Trump e seu entourage de negar sua derrota. O resultado, nos meses finais de 2020, foi que o sistema político dos Estados Unidos foi lançado num estado agudo de dissonância cognitiva. O presidente eleito Biden e sua equipe seguiam em frente com a transição. Preparavam respostas ao coronavírus, políticas climáticas e planos para um estímulo à economia. Enquanto isso, uma facção substancial no interior do Partido Republicano continuava a seguir o presidente e sua realidade alternativa.

O grotesco atingiu seu apogeu com a invasão do Capitólio pela turba em 6 de janeiro, incitada pelo presidente, por seu séquito e por vários membros republicanos do Congresso. Na onda de indignação coletiva que se seguiu, as conversas sobre golpes e fascismo atingiram seu auge.[2] Era sempre um exagero, pelo menos se encararmos o fascismo não como uma atitude, mas como uma articulação de forças sociais. Os militares norte-americanos se recusaram a ter qualquer coisa a ver com os trumpistas, e não havia nenhum antagonismo socioeconômico real motivando o movimento. Para reforçar esse argumento, imagine o nível de tensão nos Estados Unidos em 6 de janeiro de 2021 se fosse a vitória de Bernie Sanders que os republicanos estivessem contestando. Isso sim seria um verdadeiro teste de fidelidade à Constituição por parte dos poderes instituídos. Entre Donald Trump e Joe Biden, não se tratava sequer de uma escolha. Mesmo com todo o furor em torno da transição, nas semanas que antecederam 6 de janeiro, a classe política norte-americana atingira um compromisso básico de prevenir a ameaça real do momento — o frágil sistema de previdência social do país.

O baque inicial produzido pelas paralisações tinha sido amortecido pela amplidão da Lei Cares, mas no início de dezembro o tempo e o dinheiro estavam se esgotando. O suplemento generalizado de US$ 600 de seguro-desemprego tinha expirado em julho. Os esquemas suplementares destinados a cobrir os terceirizados e amparar os fundos públicos deveriam terminar em questão de semanas. De acordo com estimativas da Century Foundation, a menos que o Congresso agisse, 13,5 milhões de norte-americanos desocupados perderiam todos os benefícios um dia depois do Natal.[3] Para piorar as coisas, a moratória de despejos declarada pelo Centro para o Controle e Prevenção de Doenças (CDCP, na sigla em inglês) também deveria expirar no final do ano. Milhões encaravam a possibilidade de ser despejados em meio a uma pandemia ressurgente.[4] Mesmo que permanecessem abrigados, de acordo com a Moody's Analytics, em janeiro de 2021, 10 milhões de inquilinos estariam devendo mais de US$ 57 bilhões em aluguéis atrasados.[5]

Apesar da urgência dessa crise iminente, nas semanas que se seguiram à eleição as conversas sobre estímulos ficaram empacadas. Quanto à ajuda aos estados e a um escudo de responsabilidade para o empregador, os dois lados eram irreconciliáveis. Desesperado para superar a queda de braço, um grupo bipartidário de centristas elaborou um compromisso no montante de US$ 900 bilhões que excluía as questões mais controversas para os dois lados. Não era o que desejavam os democratas da Câmara, que tinham votado um estímulo muito maior, mas evitaria, pelo menos, o desastre que se avizinhava. A equipe de transição decidiu apoiar a proposta. O pesadelo de Biden era tomar posse com uma economia em queda livre.[6]

Àquela altura a decisão dependia de Mitch McConnell e do Partido Republicano no Senado. Ao longo de novembro, McConnell havia se mantido alinhado com o presidente. Mas depois que os votos no colégio eleitoral confirmaram a vitória de Biden, em 14 de dezembro, McConnell deu uma virada que se mostraria decisiva para o subsequente curso dos acontecimentos. Ele reconheceu a vitória de Biden e colocou todo o seu peso em favor dos que se preparavam para a transição. Para McConnell, evidentemente, isso não significava preparar-se para a cooperação, mas para obstruir o governo Biden. Manter os assentos republicanos na Geórgia garantiria seu controle do Senado e daria ao Partido Republicano o poder do veto a qualquer movimento legislativo do governo Biden. Para ter alguma chance na Geórgia, o Partido Republicano precisava não dar a impressão de ser o principal obstáculo a um estímulo. Sendo assim, McConnell abriu mão de suas objeções ao projeto de US$ 900 bilhões.

Mesmo isso, no entanto, não selou o acordo. Tão logo um compromisso pareceu possível, outros interesses se mobilizaram em torno do estímulo. Bernie Sanders, na esquerda, e Josh Hawley, na direita, uniram forças para demandar pagamentos de auxílio muito maiores que os cheques de US$ 600 que emergiram das primeiras semanas de negociações. Foi então que o senador conservador Pat Toomey levantou uma questão mais fundamental, o FED.

Desde o final do verão, Toomey vinha movendo uma campanha para restringir a expansão extraordinária do ativismo do FED.[7] E essa campanha adquiriu uma contundência ainda maior à medida que a luta renhida em torno do estímulo se intensificava. Para o caso de os republicanos manterem o controle do Senado, uma opção sugerida à equipe de Biden era usar os fundos remanescentes nas alocações da Lei Cares do FED para lançar programas de empréstimos mais ousados.[8] Nas semanas posteriores à eleição, o secretário do Tesouro Mnuchin havia agido para excluir essa opção.[9] Ele instruiu o FED a "devolver" ao Tesouro as somas não utilizadas alocadas no pacote de estímulos de março. Era um exercício contábil, dinheiro passando de uma conta governamental para outra, mas um exercício contábil com dentes políticos afiados. A questão era garantir que a maioria republicana no Senado mantivesse certo controle da política econômica. Dadas as posições entrincheiradas no Congresso, as implicações da intervenção de Mnuchin eram tão sérias que desencadearam um raro ato de discordância aberta da parte de Jerome Powell. Mnuchin foi em frente do mesmo jeito, e não foi esse o fim da saga. Agarrando sua chance no equilíbrio delicado das negociações em torno do estímulo, em dezembro Toomey lançou-se sobre a presa. Numa emenda de última hora, ele propôs um teto para qualquer novo programa de empréstimos do FED que usasse os recursos já alocados, ou, no futuro, a qualquer programa similar àqueles aprovados durante o pânico de março de 2020.[10] Esse ataque à autonomia do FED foi o suficiente para tirar Ben Bernanke do sossego de sua aposentadoria.[11] Na atmosfera partidária superaquecida, era alarmante a perspectiva de que um dos últimos órgãos que funcionava no governo norte-americano pudesse ser manietado. Só depois de prolongadas negociações com Chuck Schumer, Toomey se dispôs a recuar. Com um palavrório um tanto anódino sobre não clonar os programas de março, o pacote passou.

Era, depois do Cares, o segundo maior estímulo já proporcionado. E era, mesmo pelos padrões da legislação moderna norte-americana, um projeto de lei descomunal. Preparado junto com a lei orçamentária anual, chegava a 5600 páginas. Saído às pressas da gráfica do Departamento de Publicações do governo, foi enviado de avião para a Flórida para receber a assinatura de Trump. Um dos salões de banquetes de Mar-a-Lago foi decorado para a ocasião. O cronograma era apertado. Se o presidente não assinasse até 26 de dezembro, os benefícios expirariam. Os norte-americanos menos afortunados perderiam bilhões em cheques de auxílio. Se ele protelasse até 3 de janeiro, o 116º Congresso chegaria a seu fim estatutário e o laborioso compromisso evaporaria.[12] Em cada estágio das negociações, o secretário do Tesouro Mnuchin insistiu para que Trump fosse mantido atualizado, mas agora o presidente decidia de outro modo. Em 23 de dezembro ele denunciou o projeto de lei como uma "vergonha", demandando que fosse decorado com cheques de estímulo de US$ 2 mil, presumivelmente com seu nome impresso neles.

Foi o último ato de poder real de Trump. Enquanto o presidente jogava golfe, os benefícios de milhões de pessoas eram cortados, o governo encarava uma paralisação, os gastos de defesa estavam no limbo e o frágil compromisso de estímulo começou a se desintegrar. Retornando à agenda mais ambiciosa dos democratas na Câmara, Nancy Pelosi pegou carona atrás do presidente, clamando por cheques maiores. Enquanto isso, o sumo sacerdote do centrismo da era Clinton, Lary Summers, foi à mídia para declarar que cheques de estímulo no valor de US$ 2 mil provavelmente ocasionaria um superaquecimento da economia.[13] Qualquer coisa com a qual Trump,

Sanders e Hawley concordassem estava destinada a ser uma má ideia. Então, em 27 de dezembro, tendo deixado sua derradeira marca, Trump assinou o projeto original, transformando-o em lei.

Era um acordo temporário. Os benefícios expirariam de novo em março. No pé em que as coisas estavam em 27 de dezembro, com as cadeiras da Geórgia no Senado ainda em disputa, os democratas viam-se diante da perspectiva de mais negociações difíceis com uma maioria hostil no Senado. Mas a crise social imediata havia sido evitada e o alcance da ação do FED tinha sido preservado. Enquanto os republicanos da Câmara persistiam em seu estado de negação, a liderança republicana no Senado, onde o partido tinha a responsabilidade de estar em maioria, ajustava-se à realidade da transição. Lutar para manter a maioria envolvia reconhecer a preocupação com a economia como uma coisa que os norte-americanos tinham de fato em comum. Uma comunidade que talvez não estivesse de acordo com respeito a praticamente nenhuma outra coisa podia pelo menos concordar quanto à necessidade que as pessoas tinham de dinheiro.[14]

O acordo de estímulo de dezembro de 2020 reafirmou o papel crucial da política orçamentária na resposta norte-americana à crise. Essa resposta era movida pela política doméstica. Tinha sido tornada necessária devido ao sistema inadequado de previdência social que deixava milhões sob o sério risco da pobreza. Serviu como um terreno de negociação entre campos em conflito em Washington, mas os déficits resultantes tinham implicações que transcendiam em muito os Estados Unidos. Ao longo de 2020 e depois, os Estados Unidos estavam comprometidos com a execução do maior estímulo fiscal do mundo.

Isso era bom não apenas para os Estados Unidos. Com seus generosos déficits, os Estados Unidos bombearam demanda na economia mundial. O efeito geral estava em agudo contraste com 2008-9. Naquela época, o déficit orçamentário governamental também havia explodido, mas, sob o impacto da crise financeira, tanto famílias como empresas tinham apertado o cinto. A taxa de poupança privada disparou, e isso compensou substancialmente o déficit governamental. O déficit de conta-corrente dos Estados Unidos foi reduzido pela metade, sugando o poder de compra dos mercados mundiais. Em 2020, também houve um enorme aumento da poupança familiar, mas graças às políticas de estabilização de março, o balanço setorial empresarial permaneceu estável e o déficit federal recebeu um impulso positivo gigantesco. Numa época em que o comércio em todo o mundo estava implodindo, a conta-corrente dos Estados Unidos teve uma ligeira ampliação.

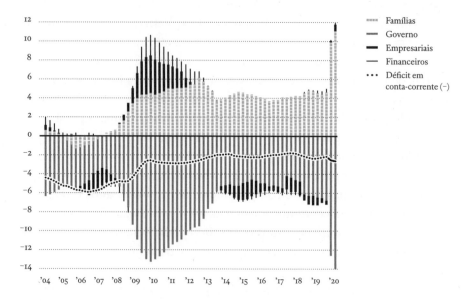

Estados Unidos como locomotiva da demanda mundial, conforme balanço poupança-investimento por setor, em % do PIB. Média móvel trimestral: últimos dados indicam terceiro trimestre de 2020.   Fonte: IIF.

Mesmo com todo som e fúria das guerras comerciais de Trump, as importações líquidas dos Estados Unidos em relação à China na verdade aumentaram em 2020. Os fabricantes chineses mal podiam suprir a demanda por exportações.[15] Fábricas disputavam trabalhadores oferecendo salários maiores que as outras. No porto de Xangai, as tarifas de frete de contêineres dispararam.[16]

O desconcertante na política econômica dos Estados Unidos no final de 2020, e isso valia também para muitos outros aspectos da vida pública norte-americana, era a fragilidade de seus alicerces políticos. Depois da rápida passagem da Lei Cares na primavera, foram necessários meses de intensas negociações para finalmente colocar de pé o segundo acordo de estímulo em dezembro de 2020, que ficou então em suspenso à espera da assinatura de Trump. Do lado democrata, a principal razão de fechar mais cedo o acordo do segundo estímulo era a expectativa de que, tão logo Biden tomasse posse, o Partido Republicano daria uma guinada. O partido que sob Trump votara alegremente por enormes déficits iria redescobrir a probidade fiscal e insistir no equilíbrio orçamentário. Tentaria sabotar Biden como havia feito com Obama. Se os republicanos mantivessem a maioria no Senado, a política fiscal seria paralisada, e todo o ônus da política econômica recairia sobre o FED.

Os instrumentos do FED eram poderosos, mas também abruptos. O efeito mais potente da flexibilização quantitativa se dava por meio de mercados de ativos. Grandes intervenções de política monetária inflavam o mercado de capitais, beneficiando a pequena minoria que detinha quantidades substanciais de títulos e ações. Se em 2021 a política monetária fosse deixada desacompanhada de uma política fiscal de redistribuição, seria uma receita certeira para uma desigualdade progressivamente crescente. No início de 2021, os mercados de capitais pareciam estar entrando num verdadeiro cenário de bolha, com os preços disparando. Sabichões alertaram para uma espiral viciosa na qual diferenças sociais crescentes atiçavam ressentimentos que inflamariam mais ainda a reação populista antielite.[17]

Uma dependência assimétrica em relação ao FED também teria consequências para o mundo em geral. Enquanto a política fiscal dos Estados Unidos tendia a alimentar a demanda por importações, beneficiando países como Alemanha ou China, um FED com a válvula sempre aberta tinha um efeito bem diferente. Ele enfraquecia o dólar e facilitava a política monetária mundo afora, puxando para baixo as taxas de juros. Testes econométricos feitos desde o advento da era da flexibilização quantitativa mostravam que esta exercia um efeito de rede altamente positivo sobre a economia mundial.[18] Ela facilitava o crédito e reduzia o preço em moeda local de muitas commodities que eram comercializadas em dólares.[19] Mas o efeito não era igualmente positivo em todas as economias do mundo. Enquanto as exportações de commodities do Brasil tendiam a ser precificadas em dólares e, portanto, se beneficiavam de uma desvalorização, para as exportações de manufaturados asiáticos e europeus ocorriam o contrário. Se os países quisessem resistir à valorização de suas moedas em relação ao dólar, como fizeram vários concorrentes de mercados emergentes em 2020, seriam forçados a adotar contramedidas. Poderiam fazer isso comprando dólares e acumulando reservas cambiais estrangeiras.[20] O risco era que isso desencadeasse uma reação hostil da parte dos Estados Unidos. No final de 2020, o estranho par formado por Suíça e Vietnã seria apontado por Washington como um manipulador de moedas.[21]

Dois cenários muito diferentes tanto para os Estados Unidos como para a economia mundial estavam pendentes do equilíbrio de poder no Congresso norte-americano, que se configurou finalmente em 6 de janeiro com o anúncio do resultado do segundo turno na Geórgia. Essa eleição de âmbito estadual foi uma das disputas mais caras da história. No total, os dois lados gastaram mais de US$ 937 milhões na campanha.[22] O resultado dependia, no final, do resultado combinado das venetas de Trump, de uma mobilização eleitoral permanente dos ativistas do Partido Democrata liderados por Stacey Abrams, e de algumas centenas de milhares de votos nos subúrbios de Atlanta. Com os democratas ganhando as cadeiras que confirmavam sua maioria, e o Partido Republicano profundamente rachado pelo comportamento infame de Trump, o equilíbrio do poder, e com ele o direcionamento da política econômica, finalmente estava decidido.

Foi isso que ocasionou a estridente justaposição em 6 de janeiro. No mesmo momento em que a turba se precipitava para dentro dos salões do Congresso nas transmissões de TV ao vivo, o S&P 500 subia abruptamente. Como comentou Rana Foroohar do *Financial Times*: "Normalmente, quando o mercado financeiro sobe em meio a um golpe ou a uma instabilidade política extrema, é porque os esquerdistas estão fora do páreo e o espírito animal dos negócios foi liberado".[23] O que animou os mercados em 6 de janeiro foi a consciência de que, mesmo com Nancy Pelosi e seus colegas tendo que se proteger sob a guarda armada, uma coisa agora estava clara: as torneiras fiscais continuariam abertas.

Entre novembro de 2020 e janeiro de 2021, os Estados Unidos atravessaram uma profunda crise política nacional. A única outra nação ocidental a vivenciar algo semelhante foi o Reino Unido. O Brexit e a presidência de Trump nasceram juntos, em 2016. Havia uma dolorosa simetria no fato de terminarem juntos também.

À maneira de todo o psicodrama do Brexit, as negociações com a União Europeia foram esticadas até o limite. Na véspera de Natal, um acordo foi firmado.[24] O que emergira das conversações tinha sido um Brexit muito "duro", muito mais duro do que a maioria imaginara, ou votara a favor. Os britânicos haviam imaginado que o caminho para um acordo vantajoso repousaria numa cisão entre os europeus ao longo de divisórias econômicas, com exportadores alemães de automóveis brigando com os franceses, mas isso se revelou uma visão equivocada. Preservar a integridade do mercado único, a força motriz fundamental da União Europeia, que o governo de Margaret Thatcher fizera mais do que qualquer Estado-membro para colocar em movimento, acabou sendo o interesse dominante da União Europeia. No final era o Reino Unido, não a União Europeia, que mais precisava do acordo, e quando a pandemia se agravou de novo, passou a precisar mais ainda.

O choque sofrido pela economia britânica em 2020 foi espetacular. A suscetibilidade dos estatísticos britânicos pode ter exagerado um pouco o impacto da queda ao pintar o declínio da contribuição do serviço público em termos particularmente sombrios.[25] No entanto, a queda do consumo das famílias era real, e as perspectivas para 2021 eram duras. Foi, de acordo com o Bank of England, a pior recessão em trezentos anos.[26]

O Brexit acarretou uma barafunda de atrasos e burocracia. Isso se tornou óbvio quase imediatamente. No início de 2021, o comércio com a União Europeia e, em particular, com a Alemanha despencou. As consequências de logo prazo para o investimento eram imprevisíveis, mas provavelmente ruins. E, com tudo isso, o impacto do coronavírus foi amplamente maior. À medida que a nova cepa do vírus corria solta por Londres, boa parte do Reino Unido fechava as portas, em alguns casos pela terceira vez. Também na Grã-Bretanha a resposta essencial de política econômica para evitar uma catástrofe social e econômica imediata foi mais incentivo fiscal.

Em seu incansável esforço pelo Brexit, os Tories, assim como os republicanos nos Estados Unidos, deixaram de lado seu tradicional alinhamento com as empresas britânicas. A City de Londres foi posta de lado nas negociações do Brexit. Questões simbólicas, como direitos de pesca, ocuparam o centro do palco. Os únicos interesses que agora eles pareciam servir eram redes de velhos cupinchas.[27] Diferentemente dos republicanos, porém, os Tories gabavam-se de um histórico de imposição de disciplina fiscal nos seus períodos de governo. A austeridade havia sido a marca registrada da política econômica da gestão de David Cameron entre 2010 e 2016. Depois do desenlace surpresa do referendo do Brexit, tinha havido uma mudança. Theresa May falara em termos de uma nova política de bem-estar nacional.[28] Muito foi feito dos ganhos tóris em distritos eleitorais da classe trabalhadora no Norte em 2019. As medidas abrangentes de contingência que o governo adotou rapidamente em março de 2020 tinham um sabor incongruentemente "europeu".[29] De início, declarou-se que seriam temporárias, mas, conforme se aproximava o momento crucial de outubro, o governo fez um giro de 180 graus e estendeu o programa 2021 adentro.

Na verdade, em meio ao caos de 2020 era difícil discernir qualquer padrão claro. Boris Johnson e sua turma pareciam ao mesmo tempo oportunistas e em pânico, eram mais uma equipe de campanha do que um governo. Quanto ao equilíbrio fiscal, porém, podia haver muito pouco desacordo. Para o ano orçamental de 2020-1, em vez dos £ 55 bilhões em empréstimos esperados em março de 2020, o total chegou a £ 300 bilhões. Isso era sem precedentes em tempos de paz. No início de 2021, falava-se em Westminster sobre a necessidade de "restaurar a ordem" nas finanças públicas e retornar aos verdadeiros princípios fiscais tóris.[30] Num esforço para cortar custos, os salários do setor público, incluindo os de enfermeiras, foram congelados e o orçamento de ajuda externa do Reino Unido foi reduzido. A simples mesquinhez das medidas trouxe lembranças da virada para a austeridade em 2010, com sua combinação de cortes de gastos públicos e prêmios para as empresas. Mas quando o orçamento foi anunciado ao Parlamento em março de 2021, ofereceu-se o contrário. Embora não tenha havido nenhum novo estímulo, os principais pilares da resposta à crise da Covid permaneceram em vigor pelo menos até setembro. Com a campanha de vacina em andamento e a reabertura do verão à vista, o Tesouro estimou que os gastos totais da crise do Reino Unido chegariam a enormes 16% do PIB.[31] Quando os impostos aumentassem, as corporações seriam atingidas primeiro e com mais força. E havia outra coisa importante faltando em 2020 no cenário de austeridade: qualquer conversa sobre pânico no mercado de títulos. Em 2010, no contexto da crise grega, foi fácil evocar o espectro dos vigilantes do mercado de títulos. Em 2020, alguém poderia ter pensado que os déficits descomunais e as conversas difíceis do Brexit teriam assustado os mercados financeiros, mas nada do tipo aconteceu. A gigantesca campanha de endividamento foi acompanhada por uma política monetária aberta, cortesia do Bank of England. O banco negou veementemente que seu padrão de compra de títulos tivesse alguma relação com a política fiscal. Os olhos dos banqueiros centrais, eles insistiram, estavam fixos em garantir que a Grã-Bretanha não escorregasse para a deflação. Se eles estavam comprando títulos, era para manter as taxas de juros sob controle. Ninguém nos mercados se importou. O banco estava sustentando a emissão de dívida, e nenhum dos principais participantes do mercado de ouro viu nada de errado nisso.[32] Com o mundo inundado de liquidez, em janeiro de 2021, o Tesouro do Reino Unido estava vendendo *gilts* com juros negativos.

A crise do coronavírus confirmou o que já tinha ficado claro quatro anos antes, na época do referendo de 2016. Uma das ironias do slogan pró-Brexit, "Retomar o Controle", era que ele apareceu num momento em que, devido à gigantesca liquidez dos mercados de capital e dinheiro, economias avançadas como o Reino Unido estavam sob menos coação financeira externa do que em qualquer momento anterior da história moderna. O desafio não era, como sugeria o slogan, livrar-se dos grilhões externos. O desafio era tirar o máximo proveito das amplas opções disponíveis.

Dos muitos erros de cálculo cometidos pelos defensores do Brexit em suas negociações com Bruxelas, o mais básico foi presumir que o Reino Unido era sempre o primeiro item de negócios, fosse em Bruxelas ou em Berlim. Não era. Não em 2016, quando a União Europeia estava se recuperando de sua "policrise", que incluía a Ucrânia, a Grécia e a onda de refugiados vindos da Síria, e tampouco em dezembro de 2020, mesmo quando a hora da verdade do Brexit chegou. À medida que 2020 se aproximava do fim, as preocupações principais da União Europeia eram a pandemia, o assunto não terminado do compromisso de julho e a incerteza que cercava as relações com a China e os Estados Unidos.

O investimento político da União Europeia no pacote fiscal NextGen da União Europeia de julho de 2020 foi imenso. O compromisso, ainda que continuasse no papel, havia mudado a narrativa política e acalmado os mercados. Antes de poder ser implementado, tinha que ser ratificado pelo cada vez mais assertivo Parlamento europeu. No Parlamento, uma coalizão de forças, abarcando de centro-direita à esquerda, estava alarmada com a ideia de dezenas de bilhões de euros indo para os governos da Polônia e da Hungria, países que tinham minado a independência de seu Judiciário, ameaçado a liberdade de expressão, atacado os direitos civis das minorias, restringido direitos reprodutivos e resistido ao Green Deal. Para piorar, o regime de Victor Orbán na Hungria estava evoluindo para uma notória cleptocracia. Como salvaguarda, o Parlamento insistia em acrescentar cláusulas sobre o estado de direito ao compromisso de julho.[33] Previsivelmente, os nacionalistas em Varsóvia e em Budapeste sentiram-se ofendidos.[34] Eles se enrolaram na bandeira da resistência, acusando seus oponentes de solapar valores ocidentais tradicionais e usar a União Europeia para promover *lawfare* contra governos nacionais legitimamente eleitos. A Polônia e a Hungria haviam aderido à União Europeia para escapar de sua amarga história de dominação estrangeira. Agora elas levantavam de novo a bandeira da resistência.

Meses de negociação foram infrutíferos. O muito celebrado pacote Next-Gen da União Europeia permanecia em suspenso. No início de dezembro, a União Europeia estava começando a se parecer preocupantemente com os Estados Unidos não apenas no que se refere aos números do vírus. Em ambos os lados do Atlântico, o populismo nacionalista estava paralisando a resposta da política econômica à crise. Felizmente para a União Europeia, os análogos de Trump na Europa estavam numa posição frágil. A Hungria e a Polônia queriam o dinheiro da União Europeia. No Conselho Europeu elas estavam isoladas e em desvantagem militar. Quando se aproximava o encontro decisivo dos chefes de governo, em 10 de dezembro, Angela Merkel ofereceu aos dois países um acordo que eles não poderiam recusar.[35] As cláusulas do Parlamento sobre o estado de direito entrariam em vigor, mas apenas depois que seus oponentes tivessem a chance de questioná-las no Tribunal Europeu de Justiça. Era honroso e conveniente.[36] Para Orbán, crucialmente, as cláusulas não teriam efeito antes da próxima eleição geral na Hungria. Enquanto isso, o dinheiro europeu continuaria a fluir.[37]

Um encontro menos ambicioso talvez tivesse terminado ali mesmo, no início da noite de 10 de dezembro, mas a presidência alemã tinha outros itens na sua agenda. Depois do ousado anúncio de Pequim sobre mudança climática, a União Europeia precisava elevar seus compromissos quanto à redução de emissão de carbono até 2030. Mais uma vez, isso encontrou a oposição da Europa Oriental. Ninguém era mais apegado ao carvão que os poloneses. Mais do que um combustível, os nacionalistas tinham transformado o carvão num totem nacional.[38] Mais uma vez, o primeiro-ministro da Polônia, Mateusz Morawiecki, se entrincheirou. Se ele voltasse para casa tendo cedido tanto na questão do estado de direito quanto no carvão, alertou os colegas europeus, seu governo seria derrubado por seus parceiros de coalizão ainda mais direitistas. Às 2h30, um diplomata da União Europeia mandou ao serviço de notícias *Politico* um texto que consistia em um simples emoji: uma cabeça explodindo.[39] Como Merkel lembrou na reunião, fracassar em elevar seus compromissos de Paris seria um "desastre" para a União Europeia.[40] Por fim, no início da manhã de 11 de dezembro, a Polônia acabou conseguindo o que queria. Mais dinheiro para encerrar a produção de carvão. Os detalhes teriam que esperar por novas conversações, mas um acordo estava feito, em três frentes ao mesmo tempo: finanças, estado de direito e clima.

As próprias autoridades da União Europeia estavam surpresas. "É completamente diferente de dez anos atrás", comentou um membro da Comissão, "e não acho que seja porque somos melhores formuladores de políticas, mas porque o mundo mudou completamente."[41] A acumulação da ciência, uma geração de jovens manifestantes, as transformações da teoria econômica e o coronavírus tinham deslocado a janela de Overton. Como raciocinou a principal negociadora espanhola do clima, Teresa Ribera: "Tendo chegado a este ponto de inflexão, o coronavírus obrigou o mundo a encarar as 'contradições' em sua economia". Ou, como resumiu uma alta autoridade, no característico inglês desajeitado da União Europeia: "Francamente, sem a pandemia não sei se tivemos [sic] chegado a uma solução".[42]

Politicamente, podia ser impressionante, mas como intervenção macroeconômica o acordo orçamentário da União Europeia não chegava a tanto. O esforço fiscal do bloco estava ainda bem aquém do estímulo governamental norte-americano. E isso era visível.

À medida que a OCDE revia o registro de crescimento de 2020, os resultados iam ficando mais moderados. Em 2020, o PIB da Zona do Euro caiu 7,6%. Era uma retração muito pior do que a sofrida pela Europa em 2008-9 ou nos piores anos da crise da Zona do Euro. Era pior também que nos Estados Unidos, onde o PIB encolheu 3,5% em 2020. A formação bruta de capital fixo na Zona do Euro caiu mais de 10% contra uma queda de apenas 1,7% nos Estados Unidos. Para colocar isso em números redondos, a Comissão Europeia e o Banco Europeu de Investimento estimavam que a defasagem em investimento privado chegaria a € 831 bilhões em 2020 e 2021, mais do que todo o pacote de Recuperação.[43] De modo mais preocupante, o impacto era pior no sul da Europa, que vinha padecendo de investimentos cronicamente baixos desde 2010.

Em 2021, os orçamentos nacionais continuariam suportando o peso maior do combate à crise na Europa.[44] O problema do desemprego, que os europeus tinham abordado com sucesso mediante esquemas de trabalho em turno reduzido, assomava com força, e as perspectivas de crescimento eram desalentadoras. Com a configuração fiscal vigente, os prognósticos para a economia europeia eram pouco menos que deprimentes. De acordo com a OCDE, no final de 2021, o PIB da Zona do Euro ainda estaria 3% abaixo de onde estava no final de 2019. Em contraste, no final de 2021 previa-se que os Estados Unidos estivessem plenamente recuperados. A China estaria 10% à frente de onde estava no final de 2019.[45] A Zona do Euro como um todo não tinha perspectiva de retomar seu nível de 2019 antes de 2022. O muito alardeado programa NextGen da União Europeia iria, de acordo com os cálculos do FMI, elevar a linha do crescimento em no máximo 1,5% do PIB, e mais provavelmente em metade disso.[46] Além do mais, a recuperação seria preocupantemente desigual. Enquanto a Alemanha, a campeã europeia, tinha a expectativa de em 2022 estar 1,5% à frente de onde estava no final de 2019, a OCDE estimava que o PIB da Espanha estaria, ainda em 2022, 3% abaixo de seu nível pré-crise.

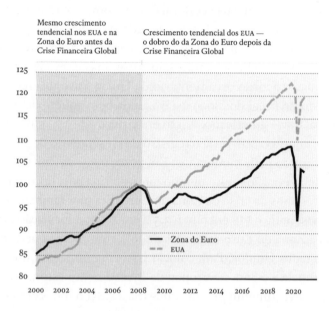

Discrepância nas tendências de crescimento entre os Estados Unidos e a Zona do Euro antes da Crise Financeira Global (PIB, 2008 = 100).   Fonte: IIF.

Olhando retrospectivamente para o ano 2000, uma divisão radical se tornou evidente. Até 2008, os Estados Unidos e a Zona do Euro vinham crescendo em paralelo. Desde então suas trajetórias divergem. A Europa nunca recuperou as perdas da recessão de duplo mergulho depois de 2008. A profunda recessão de 2020 e a modesta resposta fiscal da Europa à crise do coronavírus se combinaram para aumentar a discrepância no crescimento. No início de 2021, enquanto os Estados Unidos estavam oferecendo outra rodada de incentivo fiscal, a Europa estava adotando medidas de lockdown cada vez mais rígidas. Uma segunda recessão era iminente.

O que preservou o verniz de satisfação da Europa foi a calma nos mercados de títulos. Ao longo do outono, o Banco Central Europeu havia observado de perto os planos de gastos dos governos nacionais. Em 10 de dezembro, dia da queda de braço com a Polônia e a Hungria no Conselho Europeu, o BCE anunciou que estava aumentando em 37% seu programa de emergência de compra de dívidas, passando para € 1,85 trilhão. Mesmo que, como previam alguns economistas, a emissão de títulos da União Europeia em 2021 chegasse a € 1,25 trilhão (US$ 1,5 trilhão), o BCE teria capacidade de compra para poupar. Previa-se que no final de 2021 o Banco Central Europeu detivesse 40% ou mais da dívida tanto da Alemanha como da Itália. Era o suficiente para fixar as taxas de referência alemãs de dez anos seguramente em território negativo e criar condições de financiamento inauditamente fáceis para o resto da Europa. A União Europeia emitiria € 225 bilhões em títulos verdes, o maior volume jamais vendido. Mas não havia risco de que isso inundasse o mercado. O governo holandês era notório por sua postura avarenta diante das finanças europeias, mas, como observou Elvira Eurlings, a diretora da Agência Estatal do Tesouro da Holanda: "O apetite por títulos AAA é enorme e a oferta está muito abaixo da demanda".[47]

No começo de 2021, os Estados Unidos, o Reino Unido e os governos da União Europeia estavam todos às voltas com enormes déficits. Suas economias estavam debilitadas. A situação política era tensa, no caso dos Estados Unidos e do Reino Unido, às vezes de modo insustentável. Isso era política democrática e diplomacia intergovernamental em estado bruto. Era uma constelação que se poderia esperar que inflamasse as moedas e mercados de títulos, mas eles mal tremeluziram. Com base nos registros financeiros, não daria para saber que alguma coisa relevante estava acontecendo. Inversamente, havia pouca turbulência financeira que aumentasse as batalhas políticas de dezembro e janeiro.

Isso não quer dizer que a política democrática estivesse livre do poder do dinheiro. Crucialmente, nos três casos não havia opção alguma de esquerda sobre a mesa. A batalha era entre populistas de direita e centristas, e os centristas estavam em vantagem. Era desconcertante, sem dúvida, ouvir o senador Hawley vociferando sobre uma conspiração da elite empresarial para roubar a eleição. Nenhum primeiro-ministro britânico, de partido algum, menos ainda um tóri, havia mandado empresas britânicas "se foder".[48] Mas, por mais desagradável que o populismo de direita pudesse ser, não era o mesmo que encarar um militante Bernie Sanders empenhado em levar a social-democracia para os Estados Unidos, ou um governo trabalhista radical determinado a transformar o Brexit em Lexit.

Porém, mesmo levando em conta a derrota da esquerda, as apostas eram enormes, a situação econômica e financeira era ruim, e os mercados financeiros, ainda assim, permaneciam calmos. A combinação da volumosa liquidez global comandada pelo FED e a disposição óbvia de todos os bancos centrais de estabilizar os mercados de títulos, caso eles ficassem instáveis, simplesmente removeu o embaraço representado pela pressão do mercado de títulos. Com o início do novo ano e a aproximação do aniversário da pandemia, o problema não era dinheiro. O problema era como usá-lo.

O maior recebedor do fundo de recuperação do NextGen da União Europeia era a Itália. Tinha que ser. Ela havia sido golpeada duramente pelo vírus. Sua dívida se elevara a níveis ainda mais preocupantes. Sua economia estava em declínio havia mais de uma década. O ano de 2020 derrubou a Itália ainda mais. No pé em que as coisas estavam no final de 2020, o PIB italiano estava 10% abaixo do que era no início de 2008.[49] Para enfrentar esse prolongado mal-estar, a União Europeia tinha alocado 200 bilhões de euros em fundos para a Itália — 10% do PIB italiano ao longo de cinco anos —, 80 bilhões deles em subvenções.[50] Era potencialmente uma oportunidade histórica para reavivar os investimentos. Para destravar os fundos, Roma tinha que escrever um Plano de Recuperação Nacional e submetê-lo à Comissão e aos desconfiados governos norte-europeus no Conselho.[51] Para a classe política italiana era um desafio espetacular ao qual ela se esforçou para corresponder. Em dezembro, enquanto Berlim e Bruxelas se engalfinhavam com a Hungria e a Polônia, a coalizão que sustentava o governo do primeiro-ministro Giuseppe Conte se despedaçou. Liderados pelo ex-primeiro-ministro Matteo Renzi, críticos atacaram o governo por deixar de concentrar os gastos em educação e saúde.[52] Confindustria, o poderoso lobby empresarial italiano, demandava "reformas", a começar pelo sistema previdenciário. Na esperança de clarear os fronts e capitalizar em favor de sua própria popularidade, o primeiro-ministro Conte renunciou, mas nenhuma nova maioria emergiu.[53] Novas eleições eram um pesadelo, não apenas por causa da pandemia, mas também do crescimento do apoio à direita, não em favor de Berlusconi, ou mesmo de Salvini, da Liga Norte, mas do partido abertamente pós-fascista Fratelli d'Italia. Em 3 de fevereiro de 2021, o presidente italiano Sergio Mattarella voltou-se para mãos mais seguras na Itália: o sr. "o que for preciso" Mario Draghi — que tinha sido anteriormente do Tesouro italiano, do Goldman Sachs, do Banco da Itália e do Banco Central Europeu. Era, por um lado, a confirmação do papel emblemático dos gestores de bancos centrais como os tecnocratas da era moderna e, por outro lado, um teste de impacto desse modelo. Nem os políticos italianos nem a economia do país iriam responder às palavras fortes de Draghi como os mercados de títulos faziam em outros tempos. Com os céticos países do Norte europeu assistindo, era um teste não apenas para a Itália, mas para o projeto da União Europeia como um todo. Se a Itália arruinasse o programa NextGen, o argumento em favor de aprofundar a união fiscal sofreria um revés, talvez de modo irreparável.[54] E, enquanto 2021 começava, a Itália não era sequer o problema mais urgente que a Europa encarava.

A questão que preocupava os governos em todo o mundo rico não era como gastar centenas de bilhões, ou como planejar as décadas seguintes; a questão era como levar doses de vacina, cada uma delas custando não mais que um prato num restaurante, aos braços mais vulneráveis o mais rápido possível. As vacinas estavam saindo dos laboratórios, mas o vírus estava sofrendo mutações, e era claramente crucial imunizar bilhões de pessoas o quanto antes. Os países ricos tinham monopolizado a maior parte da oferta. No início de 2021 a pergunta era: eles poderiam usá-la?

No Reino Unido e nos Estados Unidos, a vacinação começou em dezembro. Houve um aumento gradual, mas no final de janeiro ambos estavam atingindo um ritmo acelerado de imunização. Em contraste, na Europa as vacinas não estavam chegando. A União Europeia tinha sido ambiciosa. A rivalidade nacional teria sido um desastre para o bloco. Assim como no desenvolvimento do pacote de recuperação NextGen, a ênfase tinha sido na unidade. A União Europeia foi a única parte do mundo em que o dinheiro não ditou os índices nacionais de imunização. A Bulgária e a Alemanha recebiam, cada uma, suas cotas. Isso representou uma conquista notável, mas não foi acompanhada por uma energia semelhante no que se refere a garantir as encomendas nem a entrega. A aprovação das vacinas também era lenta. Em termos de custos, as compras da União Europeia tinham favorecido a AstraZeneca, que acabou tendo dificuldades tanto nos testes como na produção. Ursula von der Leyen e o resto da comissão tentaram corrigir a narrativa. Como ressaltaram, ao contrário dos Estados Unidos ou do Reino Unido, a União Europeia era um grande exportador líquido de vacinas. Uma das primeiras ações de Mario Draghi no cargo foi interromper os embarques de vacinas fabricadas na Itália para a Austrália, onde o vírus foi amplamente suprimido. Apesar de seu início lento, o programa europeu estava acelerando. No verão, a população vulnerável estaria imunizada. Mas como todas as grandes cidades do continente fecharam de novo e as famílias foram mais uma vez confrontadas com o estresse do fechamento de escolas e do confinamento, essas promessas tiveram pouco efeito. No aniversário do desastre de saúde pública da primavera de 2020, a máquina governamental da Europa estava novamente fracassando no teste do coronavírus. À luz dos escombros, a exclamação de John Maynard Keynes de que podemos nos permitir tudo aquilo que de fato temos condições de fazer ganhou um gosto decididamente amargo.

Conclusão

Em democracias, a transmissão do poder é uma questão delicada. Em muitos países ela é realizada de modo bastante natural, um aperto de mãos no salão do Parlamento, uma rodada de aplausos, um caminhão de mudança para levar embora os pertences pessoais de quem sai. Nos Estados Unidos, a transição é agonizantemente prolongada e culmina com pompa e circunstância naquilo que é quase uma coroação democrática. É sempre um show, mas nenhuma cerimônia de posse jamais foi aguardada com tanta ansiedade quanto a de Joe Biden como 46º presidente dos Estados Unidos, em 20 de janeiro de 2021.

Em seu primeiro discurso como presidente, Biden apresentou sua chegada ao poder como o resultado de uma batalha perene entre o "ideal americano de que todos somos criados iguais" e a "realidade bruta e feia de que o racismo, o nativismo, o medo e a demonização por muito tempo nos separaram".[1] Sua vitória, afirmou, confirmava o fato de que "a história, a fé e a razão mostram o caminho". Citou Abraham Lincoln quando da proclamação da emancipação no dia de Ano-Novo de 1863. Evocou as *suffragettes* de 1919 e Martin Luther King Jr. Parafraseou também, sem citar a fonte, a conclamação de Bill Clinton à presidência de Barack Obama: a América deveria liderar "não meramente pelo exemplo de nosso poder, mas pelo poder do nosso exemplo".[2]

Mas que exemplo os Estados Unidos tinham a oferecer?[3] Biden falou a uma plateia com distanciamento social, protegida por arame farpado e 25 mil soldados contra a ameaça de violência de norte-americanos contra norte-americanos. E qual América Biden representava? Nascido em 1942, Biden estava entre os adolescentes que ouviram John F. Kennedy declarar que a "tocha" havia passado para uma "nova geração". Isso foi em 1961. Biden concorrera pela primeira vez à presidência em 1988. Na posse em 2021, a diferença de idade entre ele e a vice Kamala Harris era tão grande que era difícil não pensar nos casais presidencial e vice-presidencial como um grupo familiar — filhos adultos e seus pais idosos ativos. Uma imagem de consolação para os norte-americanos que votaram neles, mas também atávica, um eco das dinastias Trump, Clinton e Bush.

A questão de como seu governo iria reagir aos desafios imediatos que se apresentavam ao país entrou em seu discurso de posse apenas incidentalmente. A resposta veio nas bem preparadas torrentes de ordens executivas emitidas pela Casa Branca nos dias que se seguiram — sobre a pandemia, sobre clima, moradia, meio ambiente e imigração.[4] Ao longo da campanha, Biden evocara repetidamente as quatro crises convergentes ou sobrepostas — sua versão da policrise: o vírus, a economia, o apelo por justiça racial e o clima.[5] Em seu discurso de posse ele acrescentou "a postura da América no mundo". Enquanto os rituais da religião cívica norte-americana continuavam a ser praticados, a magia estava se desgastando. O modelo de globalização conduzido pelos norte-americanos que Biden e seus antecessores haviam moldado estava em apuros já fazia algum tempo.

Foi no primeiro mandato de Biden como vice-presidente, entre 2008 e 2012, que uma crise financeira existencial coincidiu e se somou a um estilhaçamento de normas convencionais da política democrática dos dois lados do Atlântico. O mesmo momento viu uma súbita elevação da tensão geopolítica com a Rússia. Depois de quatro anos de frenéticas iniciativas de apaziguamento dos dois lados do Atlântico, houve um breve período de estabilização entre 2012 e 2014, demarcado pelo "o que for preciso" de Draghi, a reeleição de Obama e o avanço rumo aos acordos climáticos de Paris. Mas essa estabilização se mostrou efêmera: entre 2014 e 2016, o status quo foi sacudido pela crise da Ucrânia, pelo colapso dos preços das commodities, pela crise dos refugiados da Síria, pelo quase calote da Grécia, pelo quase derretimento financeiro da China, pela inesperada força de Bernie Sanders na disputa com Hillary Clinton, pelo Brexit, pela vitória de Trump e pela explosão dos Coletes Amarelos na França. Dado o extraordinário alívio trazido pela chegada das vacinas e pela saída de Trump da presidência, era tentador pensar em janeiro de 2021 como um momento de culminância. A própria equipe de Biden pensava diferente. Eles não apenas tinham herdado uma catástrofe, como estavam no meio dela.

As prioridades imediatas do governo eram controlar a pandemia e enfrentar a crise econômica. De Trump, o governo Biden herdou uma epidemia descontrolada e um programa de vacinação que estava prestes a decolar. Para seu crédito, a equipe de Biden tirou o melhor proveito da situação.

Ele dobrou a aposta no distanciamento social e forçou a implantação da vacina em alta velocidade. Também aplicou consistentemente as disposições da Lei de Produção de Defesa, o que garantiu que os pedidos de vacinas dos Estados Unidos fossem atendidos primeiro. Até abril de 2021, esperando que as vacinas estivessem disponíveis gratuitamente para todos os americanos, os Estados Unidos praticamente não exportaram vacinas para o resto do mundo. A Moderna e a Pfizer apoiaram essa política porque queriam evitar a responsabilidade por quaisquer problemas de segurança que pudessem surgir com as vacinas de RNA mensageiro ultramodernas fora dos Estados Unidos. Era uma política de "*America first*", para deixar Donald Trump orgulhoso, ainda mais eficaz pelo fato de que o governo Biden evitou fanfarronices nacionalistas. Em vez disso, o governo se autoproclamou o "arsenal de vacinas", mas apenas depois que as próprias necessidades dos Estados Unidos fossem totalmente atendidas.

No que se refere à economia, a equipe de Biden mostrava todos os sinais de estar determinada a não repetir os erros de 2009. Eles haviam lido as autópsias do governo Obama. Não seriam tímidos. Não seriam intimidados pelos republicanos. Atuariam com grandeza. Começariam com o Plano de Resgate Americano de US$ 1,9 trilhão e, em seguida, um programa de infraestrutura de US$ 2,3 trilhões e o Plano de Famílias Americanas, ao custo de US$ 1,8 trilhão. Somado aos US$ 3,6 trilhões de estímulo liberados em 2020, era algo inteiramente sem precedentes em gastos do governo em tempos de paz. Ao contrário da Cares em março de 2020, o Plano de Resgate de US$ 1,9 trilhão foi diretamente focado na classe média e de baixa renda americana e em pequenas empresas, fornecendo um mínimo de benesses para as grandes empresas e os ricos. A opinião dos especialistas divergiu, mas o estímulo do Plano de Resgate de US$ 1,9 trilhão sozinho excedeu a quantidade de ociosidade econômica, o chamado hiato do produto, por uma margem considerável.[6] Isso implicava deliberadamente aquecer a economia. De forma previsível, essa abordagem ousada de política fiscal esbarrou em críticas. Os republicanos obrigaram os democratas a esquivar-se deles no Senado, e o plano foi também atacado por vozes do centro, como Larry Summers, e economistas de reputação internacional, como Olivier Blanchard.[7] Eles o consideravam excessivo e mal direcionado, desprovido de um foco no investimento. Significativamente, um lugar de onde não partiu nenhuma crítica relevante foi de Wall Street.[8] O lobby empresarial tinha uma exigência: reduzir o salário mínimo nacional de US$ 15 por hora. Superado isso, os CEOs do país se alinharam prontamente. Assim também fez o FED.

Era difícil acreditar, mas parecia que finalmente, após décadas de quiescência no mercado de trabalho, o FED estava despertando para as implicações da derrota histórica do trabalho organizado na década de 1980 e o início de uma nova era de globalização. Isso significava que ele poderia se dar ao luxo de manter a economia aquecida sem medo de uma espiral descontrolada de salários-preços. Claro, se a economia ganhasse fôlego, o mesmo aconteceria com os preços, mas não havia nada a temer. Quando indagado, numa coletiva de imprensa em 27 de janeiro de 2021, se considerava a inflação um risco, a resposta de Powell foi digna de nota. "Francamente, uma inflação ligeiramente mais alta seria bem-vinda. [...] O tipo de inflação perturbadora com a qual gente como eu conviveu enquanto chegava à idade adulta parece muito distante e improvável tanto no contexto doméstico como no global em que estamos há algum tempo."[9] Claro que os investidores poderiam vender títulos, à medida que ajustassem suas carteiras para um crescimento mais rápido nos próximos anos. A emissão da dívida do Tesouro seria imponente, especialmente porque precisaria atingir o segmento mais longo do mercado, o que havia em grande parte evitado em 2020. Mas como todo mundo sabia muito bem, o FED poderia, se necessário, incrementar suas próprias compras de ativos. Poderia haver um cabo de guerra, mas a implicação das metas políticas reformuladas pelo FED em agosto de 2020 era que agora ele estava comprometido em tolerar a inflação acima de 2%, pelo menos por um tempo. Era hora de os mercados se ajustarem a isso.

O resultado desse cabo de guerra seria crítico não apenas para os Estados Unidos. O equilíbrio da economia mundial dependia do quadrilátero que ligava o estado do mercado de trabalho dos Estados Unidos, seu mercado de títulos, a política fiscal e as intervenções do FED. Se a economia norte-americana se aquecesse e as taxas de juros subissem drasticamente, isso ocasionaria o aperto que os tomadores estrangeiros de empréstimos em dólares haviam temido por muito tempo. Seria um verdadeiro teste da capacidade da nova caixa de ferramentas de administrar os riscos de financeirização global.

Nos mercados emergentes ninguém havia esquecido o *taper tantrum* de 2013, quando o anúncio de Bernanke de que o FED talvez encerrasse sua flexibilização dera início a um período prolongado de pressão. Embora

Bernanke tenha recuado, para muitos mercados emergentes o *taper tantrum* marcou o fim dos anos bons. Na época, Jay Powell estava em seu primeiro ano como membro do Conselho do FED e Janet Yellen era a vice de Bernanke. A questão de como elevar as taxas com segurança dominou os períodos dos dois na presidência do banco. Em setembro de 2015 foi a vez de Yellen recuar do aperto quando a China parecia estar à beira da crise. Ela seria acompanhada durante os anos posteriores pelos rumores de que o FED e o Banco Popular da China tinham celebrado em segredo um "Acordo de Xangai".[10] Quando o FED finalmente elevou de fato as taxas, em dezembro de 2015, a economia estava desacelerando mais rápido que o esperado, e Yellen recebeu críticas ferozes de Bernie Sanders. Depois de 2017, Jerome Powell tentou continuar a "normalização" das taxas de juros, mas logo se viu à beira da guerra total com a Casa Branca de Trump. Em 2019, em vez de elevar as taxas, o FED reduziu-as três vezes. O ano de 2020 encerrou as conversas sobre normalização num futuro próximo. Como administradores do sistema global do dólar, os gestores do Banco Central dos Estados Unidos estavam andando sobre uma corda bamba e, como ficou claro, essa corda bamba não tinha fim.

O apuro do FED concentrava em forma destilada a situação que se apresentava aos governos de modo geral no rastro de 2020. Nenhuma das forças que haviam se conjugado para tornar 2020 um momento de crise global havia se exaurido. Longe disso.

Os historiadores ambientais falam da "grande aceleração" que tem impulsionado a transformação radical na relação da humanidade com nosso habitat natural.[11] Eles datam o momento da decolagem em 1945, com uma nova aceleração na década de 1970. Apesar dos sinais de um retorno a algo parecido com a normalidade em 2021, a grande aceleração é o quadro histórico adequado para situar o momento de 2020: uma crise excepcional e transitória, sem dúvida, mas também uma estação intermediária em uma curva ascendente de mudança radical.[12]

Recorrer à história ambiental parece ainda mais adequado porque foi um choque biológico que dominou os acontecimentos de 2020. Embora tenha sido pressagiado, o coronavírus expôs cruelmente a profunda incapacidade da maioria das sociedades ocidentais de lidar com o tipo de desafio que a era do Antropoceno vai nos lançar com cada vez mais força. Como os esforços desastrados para conter a segunda onda demonstraram, isso era tão verdadeiro na Europa quanto nos Estados Unidos e na América Latina. Na primavera de 2021 (no hemisfério Norte), a epidemia estava se acelerando de forma alarmante no Brasil e na Índia. O número enorme de casos em ambos os países aumentou o temor de novas mutações perigosas que colocariam em risco a estabilização alcançada em outros lugares.

Dada a limitação de nossas capacidades sociais, culturais e políticas de enfrentamento, dependemos, em última instância, de soluções tecnocientíficas. Gerá-las depende de nossa disposição e capacidade real de mobilizar os recursos científicos e técnicos à nossa disposição e desenvolvê-los a uma escala ainda maior no futuro. O que é espantoso na experiência de 2020 nesse aspecto é não apenas o sucesso no desenvolvimento da vacina, mas a desproporção entre a escala da crise e os meios usados para resolvê-la. Dezenas de trilhões em prejuízos. Dezenas de bilhões na vacina. Muito menos para garantir sua implantação eficiente e distribuição justa.

Quanto ao futuro estabelecido em 2020, o desafio parece claro. Ou encontramos meios de converter em trilhões os bilhões investidos em pesquisa, desenvolvimento e tecnologias futuristas, ou levamos a sério a necessidade de construir economias e sociedades mais sustentáveis e resilientes que possibilitem uma resposta rápida a crises imprevisíveis, ou então seremos subjugados pelo contragolpe do ambiente natural. Esses são os tipos de demandas facilmente descartadas como irrealistas. Mas depois do choque de 2020, de quantas evidências mais precisamos? O que precisa de ajuste é o nosso entendimento comum da realidade em que realmente estamos. Foram aqueles que durante décadas alertaram sobre os megarriscos sistêmicos que foram esmagadoramente justificados. Gostemos ou não, estamos no que Ulrich Beck já nos anos 1980 chamava de "segunda modernidade", um mundo completamente convulsionado e transformado por nossas próprias atividades.[13] Para encarar os desafios ambientais à nossa frente, temos que tomar em mãos o potencial inovador da ciência e da tecnologia que foi revelado pelos primeiros séculos de modernização, e de fato destravá-lo e mobilizá-lo num âmbito global. Caso contrário, há todos os motivos para pensar que 2020 terá sido apenas o primeiro de uma série cada vez mais incontrolável de desastres. De um modo ou de outro, para o bem ou para o mal, não há como escapar do fato de que "grandes coisas" vão acontecer. A continuação do status quo é a única opção que não temos.

A importância dos bancos centrais como uma arena para o desenvolvimento da governança moderna está no fato de que se trata de uma área na qual as autoridades começaram a se dar conta da escala dos desafios diante de nós. O nível da resposta política em 2020 obscurece até mesmo a de 2008. Mas em outros aspectos, também é um alerta. O que move essas intervenções é, em última instância, a dinâmica frágil e desigual do crescimento que tem a dívida como combustível. O que as torna possíveis em termos políticos é o fato de que os bancos centrais operam no vácuo criado pela evisceração da mão de obra organizada, pela ausência de pressão inflacionária e, de modo mais amplo, pela falta de uma ameaça antissistêmica. As intervenções podem ser grandes assim porque, embora tenham enormes consequências materiais, e embora o próprio mercado de títulos tenha uma presença mundial real na forma de navios mercantes, computadores e documentos legais, as compras de ativos pelos bancos centrais equivalem a mover uma varinha de condão digital. O feitiço monetário lançado em 2020 foi dramático como foi porque a crise afetou o mercado mais importante de todos, o mercado de ativos seguros do Tesouro. O que ameaçava era uma avalanche ainda maior do que a desencadeada pelo Lehman. Acabou ficando claro que, no mundo das finanças baseadas no mercado, nenhum ativo é realmente seguro a não ser que conte com um esteio maciço.

A escala das intervenções governamentais foi tão grande em 2020 que suscitou comparações com modelos de finanças de guerra. A compra de títulos pelo Banco Central era o gêmeo funcional da política fiscal. Mas por mais tentadora que seja essa ideia, não podemos voltar ao tempo do keynesianismo do pós-guerra. E essa certamente não é a ambição dos banqueiros centrais do século XXI, que estão longe de ser revolucionários. Sua prática é a dos conservadores bismarckianos da segunda metade do século XIX: "Tudo deve mudar para que tudo permaneça como está".[14] Em 2020, pelo menos no que diz respeito ao sistema financeiro, o gerencialismo voltou a prevalecer, mas foi menos um exercício de manipulação tecnocrática todo-poderosa do que um esforço árduo para preservar um status quo perigoso. "Grande demais para fracassar" tornou-se um imperativo sistêmico total. O efeito é subscrever sucessivas rodadas de crescente especulação e de crescimento que tem a dívida como combustível. Isso pode prosseguir? Não há nenhum limite macroeconômico que se possa discernir. A verdadeira questão é se a sociedade e a política são capazes de lidar com isso. A governança democrática pode se adaptar? Pode ser democratizada? Caso não possa, poderá pelo menos ser legitimada? E podemos encontrar meios de absorver ou compensar as desigualdades que esse modelo de crescimento produz?

A plena força dessas perguntas foi reconhecida pela primeira vez em 2008. Depois de 2020 elas ainda esperam por respostas.

Graças à preponderância do dólar como a moeda global de facto, a expansão do crédito é de alcance global. Os dólares despejados na economia mundial propiciaram uma notável demonstração de autonomia por parte dos mercados emergentes mais bem posicionados. Isso confirma uma das tendências que já eram evidentes em 2008: o surgimento dos Estados de mercados emergentes como pontos-chave no sistema global das finanças dolarizadas. Hoje, a economia global está estabilizada em muitos pontos. Cada vez mais, ela deixa de estar centralizada no Ocidente. Isso cria um problema de perspectiva. O que pode parecer ao Ocidente um obstáculo fundamental para uma maior globalização — a dificuldade crescente de negociar acordos comerciais, por exemplo —, pode não ter mais do que uma importância local. Nos mais importantes polos de crescimento, o comércio e o investimento prosseguem em ritmo acelerado. Se esse reequilíbrio ainda não era evidente antes de 2020, o enorme gradiente Oriente-Ocidente no enfrentamento da crise do coronavírus tornou-o muito claro. Em grande parte como resultado da recuperação na Ásia, o comércio mundial em 2020 se contraiu muito menos do que a OMC havia conjecturado em suas previsões apocalípticas anteriores. Para o ano como um todo, o volume do comércio de mercadorias em 2020 caiu não mais do que 5,3%. Mas essa nova economia mundial multipolar ainda está, em um aspecto fundamental, pelo menos ligada ao Velho Mundo. Ela continua sendo um sistema baseado em dólares. Um aperto rígido na política monetária dos Estados Unidos, ou mesmo um pleno *taper tantrum*, colocaria à prova essa resiliência global. O mesmo efeito teria uma violenta escalada de tensão geopolítica em uma das principais regiões da economia mundial.

A nova era de globalização tem uma tendência a gerar uma multipolaridade centrífuga. Importantes potências regionais proliferam, em aliança e em conflito umas com as outras, e depois prosperam ou murcham. Em 2008, o principal motor do conflito foi o ressurgimento da Rússia de Putin em confronto com as potências da Otan. Em 2020, o mais dinâmico desses campos de força está no Oriente Médio ampliado — o aumento do eixo Arábia Saudita × Irã pelos Emirados Árabes Unidos de um lado e pelo Catar e a Turquia do outro. Suas guerras diretas e por procuração, elevando-se dos escombros da política norte-americana e europeia na região, têm trazido infortúnio a dezenas de milhões de pessoas na Líbia, na Síria, no

Iraque e no Iêmen. Eles estão montados sobre as reservas cruciais de combustíveis fósseis. Em 2020, pelo menos, as consequências globais desse conflito regional multicentralizado permaneceram contidas. Os oligarcas regionais sentiram a pressão da queda do preço do petróleo. A Europa e os Estados Unidos se preocuparam. A China não está fortemente envolvida (ainda). Confrontado com o risco muito real de crise financeira em 2020, Erdoğan brincava de gato e rato com os mercados.

De longe, o deslocamento mais significativo produzido por esse processo combinado e desigual de crescimento econômico global foi a ascensão da China. Seu crescimento é de uma ordem de magnitude jamais visto. Como outras economias de mercados emergentes, o desenvolvimento econômico da China tem se dado no interior de um campo monetário global estabelecido pelos Estados Unidos, mas suas capacidades de combater crises não têm paralelo. A agressividade de suas intervenções regulatórias domésticas excede amplamente tanto as da Europa como as dos Estados Unidos. Sua escala geral é tamanha que desafia fundamentalmente qualquer ideia de primazia norte-americana. Essa perspectiva foi percebida por planejadores dos Estados Unidos já nos anos 1990. Depois de deixar a presidência, Bill Clinton observou sensatamente que a tarefa-chave para a diplomacia norte-americana era "criar um mundo em que gostaríamos de viver quando não formos mais a única superpotência do mundo".[15] O momento unipolar veio e passou. Mesmo no auge de seu poder, a ideia de que os Estados Unidos podiam remodelar o mundo a seu bel-prazer sempre foi presunçosa e arrogante. Em 2020, o mundo em que os Estados Unidos viviam não parecia ser de modo algum do agrado dos estrategistas norte-americanos. No último ano de Trump, o desconforto quanto à ascensão da China desbordou em algo que equivalia a uma declaração de guerra econômica. Em seus passos iniciais, o governo Biden dava indícios de continuidade a essa campanha. Em sua primeira entrevista coletiva como presidente, em 25 de março de 2021, Biden declarou sem rodeios: "A China tem uma meta geral e não os critico por isso, mas eles têm uma meta de se tornar o país líder do mundo, o país mais rico do mundo e o país mais poderoso do mundo. Isso não vai acontecer sob meu governo, porque os Estados Unidos vão continuar a crescer e a se expandir".[16]

Biden não apenas declarou sua recusa categórica em aceitar as prováveis consequências do crescimento econômico composto, como também sustentava uma visão de política interna expressa em termos da era do choque do *Sputnik* e da corrida espacial. O programa de infraestrutura de Biden com gastos em tudo, desde pontes e estradas até energia verde e atendimento aos idosos, evocou explicitamente os "grandes projetos do passado" dos Estados Unidos. Como eles, o Plano de Emprego Americano, conforme estabelecido em 31 de março de 2021, foi planejado para "unificar e mobilizar o país para enfrentar os grandes desafios de nosso tempo: a crise climática e as ambições de uma China autocrática".[17]

O resto do mundo seguiria a América de volta ao futuro? Enfrentando a escalada de tensão do governo Trump com a China, em 2019 a União Europeia havia trilhado um caminho diferente. No documento de estratégia de março de 2019 sobre as relações União Europeia-China, a União Europeia designou pela primeira vez a China como rival sistêmico, mas, ao mesmo tempo, também a reconheceu como um concorrente econômico convencional, um parceiro com quem negociar e cooperar.[18] Sensatamente, a União Europeia se absteve de colocar a questão da primazia, muito menos de anunciar uma luta para manter a preeminência ocidental em face da ascensão da Ásia. Foi em plena consonância com essa estratégia multifacetada que Bruxelas e Pequim encerraram 2020 anunciando em 30 de dezembro o Acordo Abrangente sobre Investimento (CAI, na sigla em inglês) União Europeia-China, que visava impulsionar o investimento direto estrangeiro para níveis mais proporcionais ao tamanho dos dois blocos econômicos.[19] Para Pequim, após a conclusão do RCEP com seus vizinhos asiáticos, o CAI foi um golpe. Em Washington, o acordo foi considerado uma afronta. O anúncio veio no mesmo dia em que o Reino Unido — um dos mais entusiásticos novos aliados dos Estados Unidos no confronto com a China — concluiu sua saída da União Europeia.[20] Os defensores norte-americanos de uma linha antitotalitária evocavam fantasias sombrias de uma Europa neutralizada e amoral, oscilando à deriva entre os blocos.[21] Outros desdenhavam do acordo sino-europeu como o ato final de uma era de conciliação com a China que, com Angela Merkel, estava saindo de cena.[22] A equipe de transição de Biden deixou claro que não estava muito satisfeita. E, na verdade, o CAI também correu contra a maré da opinião pública na Europa. Para Berlim, Paris e Bruxelas, no entanto, a prioridade era elaborar os termos de um modus vivendi mutuamente vantajoso.[23] A integração econômica com a China já era profunda demais para ser revertida, e provavelmente se aprofundaria ainda mais. A China era crucial para as novas tecnologias de transição para a energia verde. Longe de marcar um momento de desvinculação, graças à queda do Ocidente e ao crescimento contínuo da China, 2020 foi o primeiro ano em que a China suplantou todos os seus rivais para se tornar o destino favorito para o investimento estrangeiro direto.[24]

A lógica da estratégia multifacetada da União Europeia, no entanto, tem dois lados. Por mais claro que seja o imperativo de um acordo negociado sobre o CAI, não menos óbvia era a necessidade de ele ser contrabalançado por outras considerações. Sim, a China era um parceiro com o qual se podia negociar, mas também era um regime profundamente estranho e hostil. A questão mais imediata, descobriu-se, não era se o governo Biden poderia viver com a política de equilíbrio da União Europeia, mas se Pequim poderia.

O CAI teria de ser ratificado pelo Parlamento europeu, e havia uma indignação bem justificada a respeito da repressão em curso em Xinjiang e da pressão cada vez maior da China em Hong Kong. Quando os governos europeus, em uma ação coordenada com os Estados Unidos, impuseram sanções a um punhado de oficiais chineses juniores responsáveis pelo regime repressivo de Xinjiang, Pequim poderia ter encarado isso como uma trivialidade sem significado estratégico. Em vez disso, a China respondeu impondo sanções a alguns de seus principais críticos no Parlamento europeu, bem como ao Mercator Institute for China Studies da Alemanha e a uma ONG dinamarquesa. O resultado foi lançar as relações União Europeia-China em um congelamento profundo, deixar o CAI em espera e empurrar a Europa em direção aos Estados Unidos. Enquanto isso, analistas ocidentais se perguntavam o que estava impulsionando a escalada de Pequim. A liderança chinesa foi imprudente e ingênua ou estava presa em uma narrativa de propaganda nacionalista criada por ela mesma? Ou a reação de Pequim foi um indicativo de algo mais sinistro? Pequim estava convencida de que o declínio dos Estados Unidos e da Europa estava entrando em um estágio terminal? Após o fiasco da resposta ocidental à Covid, será que agora era o momento de Pequim mostrar sua vantagem e exigir aceitação e respeito por seu regime implacavelmente eficaz?[25]

No verão de 2021, o Partido Comunista chinês celebrou seu centésimo aniversário. E fez isso em grande estilo. Em 24 de novembro de 2020, os últimos distritos remanescentes foram retirados da lista de regiões pobres da China.[26] Em 4 de dezembro, Xi anunciou que o partido havia cumprido sua meta de erradicar a pobreza "absoluta e regional" na China.[27] Numa campanha de oito anos envolvendo a mobilização de 2,9 milhões de quadros do partido e um investimento de RMB 1,5 trilhão, 99 milhões de chineses extremamente pobres da zona rural tinham sido alçados acima da linha da pobreza básica.[28] Críticos ocidentais observaram que o critério chinês de pobreza estabelecia um padrão muito baixo de avaliação.[29] O foco em obter o básico para o interior desviava o olhar do problema de integrar o vasto exército de trabalhadores urbanos migrantes numa moderna rede social de proteção.[30] Pequim não deixou que isso turvasse sua mensagem. Num ano em que, de acordo com o Banco Mundial, 100 milhões de pessoas em todo o mundo foram lançadas de volta à pobreza abjeta, nenhum outro Estado podia se jactar de uma conquista semelhante.

Como disse Xi Jinping numa plenária do Comitê Permanente do Politburo em janeiro de 2021, "a hora e o momentum" estavam do lado da China.[31] Qualquer ideia de convergência com as normas liberais acalentada em algum momento pela teoria ocidental da modernização estava claramente obsoleta. Defensores da armadilha da renda média — uma versão negativa da teoria da modernização que enfatiza as grandes dificuldades enfrentadas pelos países de renda média para dar o salto ao status de economia avançada — podiam talvez aferrar-se a sua doxa.[32] Mas, como os próprios chineses gostam de apontar, se a ciência social é uma questão de dados, a modernização da China, por meio de sua enorme escala, produz mais pontos de dados do que qualquer episódio anterior de crescimento econômico. É o maior experimento social de todos os tempos. Esse é o alicerce materialista que Pequim chama de marxismo do século XXI.[33] A questão não é que a teoria da modernização esteja errada, mas só quando incorporar a transformação da China ela será realmente efetiva. Isso não significa que administrar o desenvolvimento da China seja isento de riscos. O que 2020 demonstrou foram as tensões geradas pelo crescimento surpreendente da China, as falhas no aparato de poder chinês e sua resiliência, potência e ambição.[34] Pequim também está andando em uma corda bamba sem fim.[35]

Em todo caso, não foi na China que 2020 trouxe um momento de profunda crise nacional. Foi nos Estados Unidos. É tentador dizer, na verdade, que foi nos Estados Unidos que visões liberais simplórias de modernização ruíram de modo mais conclusivo. Num mundo de desigualdade, é nos Estados Unidos que a desarmonia entre desenvolvimento político, econômico e social é mais extrema e plena de consequências.[36]

Os Estados Unidos do século XXI são um país em que o poder político é dividido entre dois partidos, um dos quais, o Partido Republicano, tem estado há décadas empenhado em bloquear a construção de um aparato estatal adequado a uma sociedade avançada e em desmantelá-lo onde ele porventura já exista. Além disso, como 2008 demonstrou e 2020 confirmou, em momentos de crise nacional ele não é mais um partido com uma visão de governo a longo prazo e nem mesmo a curto prazo. Revelou-se mais como um veículo para a busca indisciplinada de interesses particulares e a expressão de paixões em vez de uma política nacional sensata.

Existem, claro, robustas forças modernizadoras em ação nos Estados Unidos. Para o bem ou para o mal, elas estão alinhadas, de modo cada vez mais inequívoco, com o Partido Democrata. Como têm demonstrado em sucessivas eleições presidenciais, os democratas são majoritários, mas graças à Constituição norte-americana do século XVIII e à ação defensiva do Partido Republicano manipulando regras e suprimindo eleitores, o controle sobre o poder por parte dessa coalizão modernizadora é frustrantemente frágil. Os programas de investimentos do governo Biden em seus primeiros cem dias sugerem um esforço para superar esse impasse. Sugerem o esboço de um plano para consolidar uma coalizão nacional em torno de um reequilíbrio social geral modesto, intervenções direcionadas para atender à demanda urgente por justiça racial, modernização verde e competição sistêmica com a China. Este não é o Green New Deal ou a visão social-democrata oferecida por Bernie Sanders. Tirar o salário mínimo do Plano de Resgate Americano foi significativo. Quanto à infraestrutura e ao Plano de Família de Biden, sua retórica é radical. Os números dos principais gastos são impressionantes. Mas, ao contrário da Cares em 2020 ou do Plano de Resgate de março de 2020, que desembolsaram trilhões em questão de meses, esses são programas de longo prazo que se estendem por um horizonte de oito a dez anos. De forma aspiracional, antes de começar a pechinchar com o Congresso, eles representavam cerca de 2% do PIB americano por ano. Espalhados por prioridades que vão desde o cuidado das crianças à transição energética, isso era muito pouco para efetuar uma transformação da sociedade americana ou para colocar os Estados Unidos no caminho para a estabilização do clima. Especialmente no que diz respeito à transição energética, eles pareciam basear-se em suposições otimistas sobre o investimento privado que seria desencadeado por um estímulo público modesto combinado com uma mudança regulatória. Quando se tratava de política de longo prazo, a Bidenomics era uma continuação das políticas público-privadas, finanças combinadas, políticas públicas Frankenstein, que haviam sido tão típicas do combate à crise em 2020.

Por que os programas de gastos não foram maiores? O apoio do Congresso foi o fator limitante da taxa. Na esperança de ganhar o apoio dos centristas do Partido Democrata, o plano de infraestrutura e o Plano de Famílias foram vinculados a compensações (*"pay fors"*). Para agradar a ala esquerda do partido, eles se concentraram nos impostos corporativos e nos ganhos de capital auferidos pelos mais ricos. Isso atendeu às duas agendas de estabilização fiscal e justiça social, mas o resultado geral foi paralisar o programa. A prioridade absoluta era manter o ímpeto político. O pesadelo do governo Biden é uma repetição dos devastadores reveses de médio prazo sofridos por Obama em 2010 e Clinton em 1994. Mesmo sem uma maioria, os republicanos podem contar com a aplicação de todos os freios e contrapesos da Constituição dos Estados Unidos para seu pleno efeito. Como está cada vez mais aparente, seu futuro político depende de resistir à lógica do governo da maioria por todos os meios necessários. Dada sua incapacidade de formular uma visão política que pudesse abranger a maioria do eleitorado americano, sua melhor aposta é consolidar o tipo de acordo constitucional fraudulento mais comumente associado ao século XIX.

Mas as estruturas políticas herdadas da Constituição americana também produzem outro efeito. O governo nos Estados Unidos está construído sobre a divisão e, quando sob pressão, pode continuar a funcionar de um modo dividido. Foi isso que vimos em 2020: os Estados Unidos funcionando como um Estado desarticulado. O circo da política de Trump e a luta de McConnell para consolidar o poder no Senado foram remendados com compromissos fiscais. Eles foram refreados pela compra em enorme escala das próprias dívidas dos Estados Unidos pelo FED. Em 2020, assim como em 2008, o Tesouro e o FED colaboraram com os democratas no Congresso para manter o show em movimento, driblando grandes parcelas dos congressistas republicanos e até mesmo, às vezes, a própria Casa Branca. Enquanto isso, declarações agressivas de política externa eram emitidas pelo entourage de Trump, mas as forças armadas norte-americanas faziam o possível para ignorar o comandante em chefe.[37]

A primeira ordem do dia do governo Biden é tentar restaurar a coerência. Essa é uma tarefa difícil, e dada a falta de cercas de proteção, o equilíbrio precário dos partidos políticos e o futuro incerto do Partido Republicano, é um jogo arriscado. Com Trump na presidência, o pluralismo e a incoerência eram uma graça salvadora. À luz da experiência de 2020, é difícil saber se os norte-americanos e o mundo em geral têm mais a temer de um governo unificado sujeito ao risco de captura pela direita nacionalista ou de um regime norte-americano mais incoerente, no qual as alavancas centrais de poder permanecem sob atribuição de elites funcionais, interesses globalizados e coalizões modernizadoras em centros-chave, como Nova York e o Vale do Silício. A maneira educada de enquadrar isso, por exemplo, quando a conversa se volta para o último impasse na política climática americana, é argumentar que um futuro progressivo para os Estados Unidos depende do dinamismo dos "atores subnacionais".[38] Por todo o entusiasmo em torno dos meses iniciais do governo Biden, a pergunta persistente permanece: os Estados Unidos, como Estado-nação, são capazes de responder de forma coerente e de longo prazo aos desafios da grande aceleração?

Qualquer desses vetores de mudança global — ambiental, econômico, político, geopolítico — sugeriria, por si só, que, longe de ser uma culminância, 2020 é meramente um momento num processo de escalada. Tomados em conjunto, eles formam um paralelogramo dinâmico de forças que torna difícil, se não impossível, imaginar uma reversão da escalada. A grande aceleração continua.

Num período anterior da história, esse tipo de diagnóstico talvez pudesse ser acompanhado pela antevisão da revolução. Se há alguma coisa irrealista hoje, certamente é essa. De fato, falar em reforma radical é um exagero. O ano de 2020 não foi um momento de vitória para a esquerda. Assim, a principal força de contraposição à escalada de tensão nos terrenos político, econômico e ecológico é a gestão de crise, numa escala cada vez maior, movida unicamente pela crise e voltada só para ela. Isso pode carecer da grandeza ou da ambição da política transformadora, mas não é isento de consciência histórica. É a escolha entre a terceira e a quarta melhores opções e, como tal, importa de verdade.

O lugar onde essa nova era de ações ad hoc foi explicitada mais claramente foi na caixa de ferramentas de política econômica desenvolvida pelos mercados emergentes. E nada menos que o FMI colocou seu selo de autoridade nesse desenvolvimento, ao publicar em 2020 o que chamou de "Abordagem Política Integrada". Abandonando qualquer compromisso doutrinário com a liberdade de movimento do capital ou com taxas de juros livremente flutuantes, o Fundo delineou uma visão tática de política econômica que reconhecia a necessidade de intervenção. O desafio era mapear e racionalizar um caminho entre "um tamanho serve para todos" e "vale tudo".[39]

A condição de liberdade de manobra desfrutada pelos mercados emergentes em 2020 foi o gigantesco dilúvio de dinheiro liberado pelas economias avançadas. Também isso foi resultado de aprendizado. A lembrança dos anos 1930 obscurecia a resposta das autoridades norte-americanas à crise de 2008. A lembrança do governo Obama nublava o governo Biden que começaria em 2021. Ainda mais espetacular foi o efeito de aprendizado na União Europeia. O malogro da Europa depois de 2010 teve dimensões históricas. O ano de 2020 poderia ter sido o mesmo. Não foi. Numa determinação consciente de evitar uma repetição do desastre, a classe política europeia definiu como nova a crise de 2020. O mínimo que se pode dizer é que eles encontraram novos modos de fracassar. Assumiram a missão de uma política comum pela vacina e transformaram seu lançamento numa crise de legitimação. Construíram uma nova capacidade fiscal que foi subdimensionada para a tarefa. Outra intervenção do Tribunal Constitucional alemão, dessa vez sobre a legalidade do financiamento conjunto do fundo da NextGen da União Europeia, notificou que a base legal das instituições federais da Europa permanecia instável. Enquanto isso, não apenas os Estados Unidos estavam implementando um programa de vacinação eficaz, mas o Plano de Resgate de Biden prometia catapultar o crescimento econômico do país. A Europa enfrentou a perspectiva de ter que relançar seu relançamento.

É um trabalho de Sísifo. E se as evidências das últimas décadas servirem de referência, a última rodada do gerenciamento de crises é uma fórmula ainda inexistente.

A luta contra a crise é implacável e frenética. É impulsionada pela urgência da situação imediata. Está presa em uma teia emaranhada de interesses e deve construir seus instrumentos à medida que avança. No entanto, também é orientada pela reflexão sobre o combate a crises no passado. Seja na forma de livros, artigos ou "narrativas folclóricas", a história contemporânea faz parte desse processo de aprendizagem coletiva. A escrita da história é parte integrante da construção da história.

O relato histórico apresentado neste livro é crítico em seu objetivo. Mas seria tolice negar que está emaranhado ao (e é de fato cúmplice com) seu tema — os esforços das elites ao redor do mundo para dominar a crise. É uma questão de política pessoal, biografia, vínculo institucional e identidade social. A força desses fatores não deve ser negada por nenhum escritor autoconsciente. Em uma pandemia, esse emaranhamento adquire uma qualidade mais material. O modo como cada um de nós superou a crise foi definido em grande parte pelos eventos e pelas decisões descritos neste livro. Eu e minha família mais próxima fomos todos beneficiários da Operação Warp Speed do presidente Trump e dos esforços das autoridades americanas em todos os níveis para implementar a imunização em massa. *De te fabula narratur* — é de ti que trata esta história. Para nós, os sortudos, o medo da pandemia desvaneceu já em 2021.

Mas, para além dessas condições materiais, que definem a escrita e a recepção de qualquer livro, uma narrativa histórica desse tipo se enreda em um nível intelectual mais profundo com o exercício do poder. Isso porque, na modernidade, poder e conhecimento se constituem juntos. Nenhum dos choques de 2020 — a própria pandemia, a turbulência no mercado de operações de repos que ameaçava a hegemonia global dos títulos do Tesouro dos Estados Unidos, as crises da União Europeia, as limitações da DSSI do G20 ou as possibilidades da diplomacia climática sino-europeia — seria compreensível sem o recurso à perícia técnica gerada de dentro do aparato de poder e dinheiro. Esse conhecimento interno não pode ser apenas tomado pelo valor aparente. Não é o bastante. Mas é indispensável. Uma história crítica do poder moderno deve penetrar nos emaranhados de análise, informação e conhecimento produzidos dia a dia no interior do aparato de poder enquanto seus protagonistas lutam para lidar com as situações radicais que seus sistemas estão produzindo.[40]

A fronteira desse conhecimento técnico não é apenas assustadoramente complexa e opaca, mas está em constante evolução. Para acompanhá-lo, temos que correr para ficar parados. Gostemos ou não, estamos *inmedias res*.[41] Até certo ponto, podemos escolher como nos relacionamos com essa condição. Existem muitos quadros diferentes com os quais podemos situar nossa experiência imediata e nossa imersão nos campos técnicos do poder. Podemos estar próximos da ação cotidiana e de seus protagonistas, podemos construir para nós mesmos uma torre de vigia destacada e superior, podemos posar de cartógrafos, mapeando os grandes contornos da história, podemos imaginar uma alavanca arquimediana e um agente histórico para movê-la, mas todos esses autoposicionamentos intelectuais devem ser vistos pelos gestos estilizados que são — todos eles são condicionados por nossa situação no aqui e agora, por nossa história nos "tempos passados", por nossa expectativa atual do futuro. Tudo isso se aplica a este livro e aos conceitos e enquadramentos narrativos que ele emprega, quando, por exemplo, evoca a ideia da grande aceleração ou época do neoliberalismo. Cada um desses movimentos implica uma história e uma política que devem, até certo ponto, ser pressupostas — temos que começar de algum lugar —, mas, ao mesmo tempo, devem estar abertos à crítica e ao debate. Se 2020 nos ensinou alguma coisa é como devemos estar prontos para revisar nossa visão de mundo. O Green New Deal foi brilhantemente correto, mas imaginou o clima como a ameaça mais urgente do Antropoceno. Também foi devastado pela pandemia. Essas revisões não implicam uma falta de princípio intelectual ou político. São simplesmente a abertura compatível com a época em que vivemos.

Portanto, este é o projeto de *Portas fechadas*, assim como foi o dos meus livros anteriores: lutar corpo a corpo com o poder e o conhecimento no decorrer do tempo. Desvelando conhecimento arcano, situando-o e interpretando-o, desconstruindo conceitos e rearranjando as narrativas que o poder tece incessantemente sobre si próprio, reconhecer e direcionar para propósitos críticos as inovações que o saber-poder produz.

Este livro, como os outros, assume a forma de "grande narrativa". Espero desse modo transmitir a gravidade e a complexidade das transformações que estão em curso e a importância das questões em jogo. Por tudo isso, cada retrato histórico, cada arranjo das peças, não é provisório, heurístico, experimental. Se não estamos além do fim da história, é isso o que escrever história envolve. Não um pronunciamento definitivo, mas escrever para ser corrigido.

Eu me formei na faculdade em 1989. Dava para sentir a Cortina de Ferro sacudindo. Foi também o verão de Fukuyama e da praça Tiananmen. Minha primeira pesquisa histórica — sobre economistas e estatísticos alemães em meio ao violento tumulto da República de Weimar e do Terceiro Reich — foi feita no arquivo da então recém-extinta República Democrática da Alemanha (Alemanha Oriental), abrigado num quartel deteriorado na Potsdam semiocupada pelo Exército Vermelho. Encarei aquele arquivo, como gerações de aprendizes de historiadores antes de mim, com lápis, caneta e fichas de anotação. Trinta anos mais tarde, em Manhattan, paralisado por lockdown e toque de recolher, mas livre para navegar pelo mundo no laptop que nunca sai de perto de mim, topei com a análise dos "seis efeitos" por um dos conselheiros mais próximos de Xi Jinping. Este livro começa se referindo a pronunciamentos de Chen Yixin não apenas por seu interesse intrínseco, mas para marcar uma posição mais ampla. O fato de o mapa de Chen das crises convergentes ser tão pertinente, de ser mais iluminador que o modelo de policrise da União Europeia, ou da preocupação solipsista norte-americana com sua crise nacional, deveria nos fazer parar para pensar. Os intelectuais do regime chinês são leais ao projeto político do seu partido. Estão trabalhando em sua própria versão da história. Nessa história, gostemos ou não, estamos todos envolvidos. E a esse respeito também nós estamos apenas começando.

Se nossa reação a 2020 foi de incredulidade, nossa palavra de ordem para enfrentar o futuro deveria ser: "Ainda não vimos nada".

Agradecimentos

Este livro não foi planejado. Sou ainda mais grato do que habitualmente a Sarah Chalfant e James Pullen, da Wylie Agency, que se empenharam pela ideia de realizar um "livro de 2020", e a Wendy Wolf e Simon Winder, meus editores nos Estados Unidos e no Reino Unido, por terem feito *Portas fechadas* acontecer. Foi uma colaboração extraordinariamente rápida e intensa. Agradeço a Terezia Cicel e a toda a equipe de produção por concretizá-la. Um obrigado especial a Detlef Felken, da Beck, com quem este é meu primeiro livro.

Graham Weaver foi de inestimável ajuda para que eu concluísse o manuscrito a tempo. Eu não seria capaz de administrar minha vida digital sem o apoio de Kate Marsh. Tenho uma profunda dívida com os dois.

O ano de 2020 foi de inflamados debates e discussões. Parceiros de Twitter, numerosos demais para ser mencionados, reconhecerão nestas páginas momentos de trocas de ideias ziguezagueantes, e mais que todos o fenômeno que atende pelo nome de Albert Pinto, também conhecido como @70sBachchan.

Na revista *Foreign Policy*, meu editor, Cameron Abadi, foi um colaborador e caixa de ressonância ideal. Obrigado, Jonathan Tepperman, por me contratar. Agradeço a Jonathan Shainin, Yohann Koshy e David Wolf do *The Guardian*, a Paul Myerscough da *London Review of Books*, e a Henning Meyer e Robin Wilson do SocialEurope.com.

Quando o manuscrito surgiu, tive mais uma vez a felicidade de contar com a camaradagem intelectual de um grupo de amigos junto aos quais, ao longo dos anos, fui acumulando dívidas intelectuais que já nem tenho como enumerar devidamente. Ter Matt Inniss, Ted Fertik, Stefan Eich, Nick Mulder, Barnaby Raine e Grey Anderson como primeiros leitores é um autêntico privilégio. Sou particularmente grato a Daniela Gabor por sua indispensável orientação técnica quanto a vários capítulos cruciais, fornecida com eficácia e rapidez. Se este livro acrescenta alguma coisa ao projeto coletivo de microfinanças críticas, Daniela merece a maior parte do crédito.

Durante todo o ano aprendi muito em workshops e seminários organizados por Joerg Haas na Fundação Heinrich Böll, no contexto do projeto Transformative Responses [Respostas Transformadoras]. A sala online de bancos centrais orquestrada por Leah Downey e Stefan Eich foi uma alegria. Foi um deleite conversar com Paul Tucker. Keith Breckenridge reuniu um grupo notável de colegas nos três seminários online ancorados no WiSER, o Wits Institute for Social and Economic Research [Instituto de Pesquisa Econômica e Social da Wits — Universidade Witwatersrand, em Johanesburgo, na África do Sul]. Obrigado, Jakob Vogel, meu velho amigo de Berlim, por um seminário formidável no Centre Marc Bloch. Martijn Konings organizou um superdebate na Universidade de Sydney para a Wheelwright Lecture. Eu me beneficiei enormemente de uma mesa-redonda ad hoc com Vera Songwe e Bartholomew Armah, da Uneca. Josh Younger me instruiu sobre mercados de títulos, e Lev Menand sobre o FED. Megan Greene me ensinou sobre taxa de juros dual. Robin Brooks e a equipe do IIF são uma fonte essencial de dados e análises. Os gráficos deste livro trazem as impressões digitais deles.

Por conversas fascinantes ao longo do ano, eu gostaria de agradecer, sem nenhuma ordem particular, Eric Levitz, Gilliant Tett, David Pilling, Gideon Rachman, Michael Pettis, Robert Harris, Georg Diez, Karin Pettersson, Joe Weisenthal, Tracey Alloway, Nathan Tankus, Benjamin Braun, Mark Sobel, Rohan Grey, Alex Doherty, Mark Schieritz, Menaka Doshi, Brad Setser, Ezra Klein, Elisabeth von Thadden, Ben Judah, Matt Klein, Jordan Schneider, Helen Thompson, David Runciman, Hugo Scott-Gall, Lisa Splanemann, Eric Graydon, David Wallace-Wells, Aaron Bastani, Lee Vinsel, Kaiser Kuo, Noah Smith, Ian Bremmer, Wolfgang Schmidt, Ole Funke, Moritz Schularick, David Beckworth, Christian Odendahl, Ewald Engelen, John Authers, Luis Garicano.

Aconteceu de eu estar de licença na primeira metade de 2020, pelo que sou grato à Universidade Columbia. Na época, Adam Kosto atuava como chefe de departamento. Gostaria de expressar minha sincera gratidão a ele pelo que fez por nosso departamento. Adam não é apenas um intelectual fabuloso. É um líder acadêmico extraordinário: animado, determinado, lúcido, concentrado naquilo que deve fundamentar um departamento universitário: ideias e livros. Precisamos de pessoas como Adam. Somos afortunados quando conseguimos encontrá-las no lugar certo, na hora certa.

O abalo de 2020 foi profundo, atingindo praticamente todo mundo no planeta em sua existência cotidiana, desfazendo projetos e o delicado arranjo de nossa vida familiar. Cada um dos meus livros dos últimos vinte anos esteve entrelaçado com os estágios do crescimento de minha filha Edie. Este é o primeiro que escrevi sobre um choque que abalou sua vida, junto com a minha e a de todos aqueles que conhecemos e amamos. Uma das maneiras pelas quais senti mais profundamente o abalo foi por meio de Edie, como seu pai. Nunca me esquecerei da evacuação urgente de seu dormitório estudantil e das estranhas semanas de calmaria que se seguiram. O ano foi de infortúnio para tantos e tantos jovens no mundo todo. Um ano passado em lockdown é uma perda irrecuperável. Você não consegue ter de volta seu segundo ano de faculdade. Fico profundamente impressionado pelo modo como Edie e seus pares fizeram o melhor possível nas circunstâncias.

Quanto a meu próprio modo de enfrentar a situação, tenho uma grande dívida com dois terapeutas, dr. Donald Moss e dr. Montie Mills Meehan. Embora um treinamento para a vida seja o mínimo que uma boa terapia faz por você, não sei se eu seria capaz de escrever este livro sem eles. Minha grande sorte foi a de nem ter precisado tentar.

A pior coisa em 2020 era estar sozinho. Eu nunca estive. Houve multidões de amigos e familiares em incontáveis conversas via Zoom. Glória a meu primo Jamie por juntar todo o clã estendido Wynn-Tooze. Foi ótimo me reconectar com James Thompson e Max Jones. Houve conversas memoráveis com Paul Solman, David Edgerton, Hans Kundnani, Danilo Scholz.

Mas, como constatamos, nada como ver de verdade as pessoas em carne e osso. Praticamente todos os dias tínhamos nossos amigos de cachorros "no morro" do Riverside Park, para compartilhar, tanto nas manhãs de sol como nas de lama, dúvidas sobre a vida e o progresso deste livro. Mando um grito aqui para a turma dos cachorros — Jim e Merrill, Simon e Meredith, Terry e Adrian, Arisa, Ali e, acima de tudo, Michelle Lehrman, nossa camarada do peito — e para as criaturas alegres e despreocupadas que nos aproximam: Yan Yan, Effi, Rocket, Betty Boo, Iro, Keila, Apollo e a nossa própria Ruby, também conhecida como "ladra de corações", nossa sempre hilária e adorável companheira.

E havia o ritual semanal dos jantares com distanciamento social com Simon e Jane — com EPIs e nada de compartilhar pratos ou talheres — no corredor em frente ao elevador no sétimo andar do nosso prédio. O afeto caloroso das amizades de todo dia nos ajudaram a atravessar tempos difíceis em Nova York. Estou feliz que tenhamos ficado. Mas foi intenso. Precisávamos escapar. Temporadas com nossos amigos queridos Brent Donovan, Isabel Barzun e Gavin Parfit, e Janet e Ed Wood proporcionavam um respiro e companhia prazerosa.

Vivi ao longo desse ano de 2020 com Dana Conley, do início ao fim, o que não é algo que conseguimos dizer normalmente. Dana leu e comentou em minúcias praticamente cada página do manuscrito, mas acima de tudo Dana me inspirou. O setor de viagens foi a vítima mais direta da paralisação geral. Foi profundamente impressionante estar ao lado de Dana enquanto ela enfrentava a crise, dia após dia, trabalhando com colegas de todo o mundo para deixar a vida em suspenso, lidando coletivamente com desemprego, perda de renda, ansiedade e abalo psicológico. Imaginar isso acontecendo não apenas a nós, mas a todos que conhecemos no mundo de viagens de Dana — Julian e Sophie, Lionel e Dominique, Tim e Tek, Robert e Seph; do Reino Unido a França, Itália, Tanzânia e Camboja; em hotéis, restaurantes, adegas de vinho, reservas de caça e pontos turísticos — era atordoante. Ainda mais impressionante era observá-la juntando de novo essa comunidade online, apresentando talentos, adicionando novos amigos — um brinde a vocês, Ross e Craig —, abrindo conversas que se estendiam por todo o planeta. Vi a energia, o entusiasmo, a gentileza e o charme de Dana exercer sua mágica em muitíssimos lugares. O extraordinário em 2020 foi ver esse sentimento de prazer compartilhado e sociabilidade se refletir de volta, dessa vez a partir de dezenas de telas de Zoom — virtuais, mas inequivocamente reais. É ao espírito dessa comunidade, trazido à vida por Dana, minha extraordinária esposa, que este livro é dedicado.

Notas

Introdução [pp. 9-31]

1. FMI, *World Economic Outlook Update*, jun. 2020. Disponível em: <https://www.imf.org/Publications/WEO/Issues/2020/06/24/WEOUpdateJune2020>.
2. O. D. Westad, "The Sources of Chinese Conduct: Are Washington and Beijing Fighting a New Cold War". *Foreign Affairs*, v. 98, n. 5, p. 86, 2019.
3. FMI, *World Economic Outlook*, jan. 2020. Disponível em: <https://imf.org/en/Publications/WEO/Issues/2020/01/20/weo-update-january2020>.
4. J. Londono, S. Ma. e B. A. Wilson, "Quantifying the Impact of Foreign Economic Uncertainty on the U.S. Economy", FED Notes, *Board of Governors of the Federal Reserve System*, 8 out. 2019.
5. P. Commins, "Uncertainty Remains as Long as Trump Tweets", *Financial Review*, 14 out. 2019.
6. "Veranstaltungsbericht 'Westlessness' — Die Münchner Sicherheitskonferenz 2020". Disponível em: <https://securityconference.org/news/meldung/westlessness-die-muenchner-sicherheitskonferenz-2020/>.
7. A. Fotiadis, "Greece's Refugee Plan Is Inhumane and Doomed to Fail. The eu Must Step In", *The Guardian*, 16 fev. 2020.
8. Strategy, Policy, and Review Department, World Bank, "The Evolution of Public Debt Vulnerabilities in Lower Income Economies", FMI, 10 fev. 2020.
9. A. Tooze, "The Fierce Urgency of COP26", *Social Europe*, 20 jan. 2020.
10. B. Milanovic, *Capitalism, Alone: The Future of the System That Rules the World*. Cambridge: Harvard University Press, 2019.
11. M. Kelly, "The 1992 Campaign: The Democrats — Clinton and Bush Compete to Be Champion of Change; Democrat Fights Perception of Bush Gain", *The New York Times*, 31 out. 1992.
12. T. Blair, "Tony Blair's Conference Speech 2005", *The Guardian*, 27 set. 2005.
13. A. Tooze, *Crashed: How a Decade of Financial Crises Changed the World*. Nova York: Viking, 2018.
14. Ver, por exemplo, Janet Yellen, em fev. 2020: S. Lane, "Yellen Pins Rise of Populismo, Trade Skeptcism on Economic Inequality", *The Hill*, 4 fev. 2020.
15. B. Latour, *Down to Earth: Politics in the New Climatic Regime*. Cambridge, Reino Unido: Polity, 2018.
16. M. Wucker, *The Gray Rhino: How to Recognize and Act on Obvious Dangers We Ignore*. Nova York: St. Martin's, 2016.

17. "The Hunt for the Origins of SARS-COV-2 Will Look Beyond China", *The Economist*, 25 jul. 2020.

18. D. H. Autour, D. Dorn e G. H. Hanson, "The China Shock: Learning from Labor-Market Adjustment to Large Changes in Trade", *Annual Review of Economics*, v. 8, n. 1, pp. 205-40, 2016.

19. ILO, "COVID-19 and the World of Work", *International Labor Organization*, 15. ed., 30 jun. 2020.

20. V. Strauss, "1.5 Billion Children Around the Globe Affected by School Closure. What Countries Are Doing to Keep Kids Learning During the Pandemic", *The Washington Post*, 27 mar. 2020.

21. "COVID-19 Could Lead to Permanent Loss in Learning and Trillions of Dollars in Lost Earnings", World Bank, 18 jun. 2020.

22. H. Else, "How a Torrent of COVID Science Changed Research Publishing — in Seven Charts", *Nature*, 16 dez. 2020. Disponível em: <www.nature.com/articles/d41586-020-03564-y>.

23. Para um exemplo brilhante do gênero, ver G. Packer, "We Are Living in a Failed State", *The Atlantic*, jun. 2020.

24. J. Konyndyk, "Exceptionalism Is Killing Americans", *Foreign Affairs*, 8 jun. 2020.

25. E. Morin e Anne-Brigitte Kern, *Homeland Earth: A Manifesto for the New Millennium* (*Advances in Systems Theory, Complexity and the Human Sciences*). Nova York: Hampton, 1999. [Ed. bras.: *Terra-Pátria*. Trad. de Paulo Neves. Porto Alegre: Sulina, 2003.]

26. J.-C. Juncker, "Speech at the Annual General Meeting of the Hellenic Federation of Enterprises", 21 jun. 2016. Disponível em: <https://ec.europa.eu/commission/presscorner/detail/en/SPEECH_16_2293>.

27. Para uma análise clássica que destrincha brilhantemente um momento anterior de crise, ver S. Hall, C. Critcher, T. Jefferson, J. Clarke e B. Roberts, *Policing the Crisis: Mugging, the State and Law and Order*. Londres; Nova York: Macmillan International Higher Education, 2013.

28. W. Wo-Lap Lam, "Xi Jinping Warns against the 'Black Swans' and 'Gray Rhinos' of a Possible Color Revolution", Jamestown Foundation, 20 fev. 2019.

29. M. Hart e J. Link, "Chinese President Xi Jinping's Philosophy on Risk Management", Center for American Progress, 20 fev. 2020.

30. J. Cai, "Beijing Pins Hopes on 'Guy with the Emperor's Sword' to Restore Order in Coronavirus-Hit Hubei", *The South China Morning Post*, 12 fev. 2020.

31. M. Hart e J. Link, op. cit.

32. Para um mapa notável, ver: <https://www.creosotemaps.com/blm2020/>.

33. M. Wolf, "What the World Can Learn from the COVID-19 Pandemic", *Financial Times*, 24 nov. 2020.

34. M. Stott e G. Long, "'This Is a Real World War': Ecuador's President on the Virus", *Financial Times*, 15 jun. 2020.

35. "The Vocabularist: Where Did the Word 'Crisis' Come from?", BBC, 15 set. 2020; R. Koselleck, "Crisis", Trad. Michaela W. Richter, *Journal of the History of Ideas*, v. 67, n. 2, pp. 357-400, 2006. Disponível em: JSTOR, <www.jstor.org/stable/30141882>.

36. G. George, "Covid-19 and the Tussle Between Coercion and Compliance", *Daily Maverick*, 4 maio 2020.

37. B. G. Rivas, "The OAS Must Condemn Repressive Measures Taken to Combat the Pandemic", Anistia Internacional, 7 set. 2020.

38. U. Beck, *Risk Society: Towards a New Modernity*. Nova York: Sage, 1992. [Ed. bras.: *Sociedade de risco: Rumo a uma outra modernidade*. Trad. de Sebastião Nascimento. São Paulo: Editora 34, 2010.]

39. Sobre o agnotoceno [neologismo derivado de agnotologia, estudo das políticas de produção de ignorância], ver "agnotologia", em C. Bonneuil e J.-B. Fernbach, *The Shock of the Anthropocene: The Earth, History and Us*, Londres; Nova York: Verso, 2016.

40. A. Tooze, "The Sociologist Who Could Save Us from Coronavirus", *Foreign Policy*, 1 ago. 2020.

41. L. Lenel, "Geschichte ohne Libretto", *H-Soz-Kult*, 12 maio 2020; L. Lenel, "Public and Scientific Uncertainty in the Time of COVID-19", *History of Knowledge*, 13 maio 2020.

42. A. Roberts, *The Logic of Discipline: Global Capitalism and the Architecture of Government*. Nova York: Oxford University Press, 2011.

43. Paradigmaticamente, G. R. Krippner, *Capitalizing on Crisis: The Political Origins of the Rise of Finance*. Cambridge, MA: Harvard University Press, 2011.

44. A. Kapczynski e G. Gonsalves, "Alone against the Virus", *Boston Review*, 13 mar. 2020.

45. FT Series, The New Social Contract. Disponível em: <https://www.ft.com/content/774f3aef-aded-47f9-8abb-a523191flc19>.

46. A. Pettifor, *The Case for the Green New Deal*. Londres; Nova York: Verso, 2020; K. Aronoff, A. Battistoni, D. I. A. Cohen e T. Riofrancos, *A Planet to Win: Why We Need a Green New Deal*. Londres; Nova York: Verso, 2019.

47. Popularizada em 2020 por S. Kelton, *Deficit Myth: Modern Monetary Theory and the Birth of the People's Economy*. Nova York: PublicAffairs, 2020.

48. J. M. Keynes, 1942 BBC Address. (Collected Works XXVII).

49. BIS Annual Economic Report, 30 jun. 2019. Disponível em: <https://www.bis.org/publ/arpdf/ar2019e2.htm>.

50. S. Hannan, K. Honjo e M. Raissi, "Mexico Needs a Fiscal Twist: Response to Covid-19 and Beyond", IMF Working Papers, 13 out. 2020.

51. A. Doherty, "Has the Coronavirus Crisis Killed Neoliberalism? Don't Bet On It", *The Guardian*, 16 maio 2020; C. Crouch, *The Strange Non-Death of Neoliberalism*. Cambridge, Reino Unido: Polity, 2011; P. Mason, "Day One of UK'S Suppression Strategy", *The Waves*, 17 mar. 2020.

52. D. Harvey, *A Brief History of Neoliberalism*. Nova York: Oxford University Press, 2007.

53. Tal como examinado de modo exemplar por D. Gabor, "Three Myths about EU's Economic Response to the COVID-19 Pandemic", *Critical Macro Finance*, 15 jun. 2020.

54. Id., "The Wall Street Consensus", SocArXiv, 2 jul. 2020.

55. Id., "Revolution Without Revolutionaries: Interrogating the Return of Monetary Financing", Transformative Responses to the Crisis, 2020. Disponível em: <https://transformative-responses.org/wp-content/uploads/2021/01/TR_Report_Gabor_FINAL.pdf>.

56. Seguindo uma lógica delineada brilhantemente por D. Gabor, "Critical Macro-Finance: A Theoretical Lens", *Finance and Society*, v. 6, n. 1, pp. 45-55, 28 maio 2020.

57. Devo a conversas com Barnaby Raine a compreensão desse ponto.

58. Rudi Dornbusch Essays 1998/2001. Disponível em: <http://web.mit.edu/15.018/attach/Dornbusch,%20R.%20Essays%201998-2001.pdf>.

59. R. Picket, "U.S. Household Net Worth Surged in Closing Months of 2020", *Bloomberg*, 11 mar. 2021.

60. J. Henley, "European Elections: Triumphant Greens Demand More Radical Climate Action", *The Guardian*, 21 maio 2019.

61. Associated Press, "Japan Adopts Green Growth Plan to Go Carbono Free by 2050", *Politico*, 25 dez. 2020. Para a campanha de Biden, ver: <https://joebiden.com./build-back-better/. https://ec.europa.eu/info/strategy/priorities-2019-2024/european-green-deal_en>.

62. Y. Yang e C. Shepherd, "WHO Investigators Probe Wuhan Virology Lab", *Financial Times*, 3 fev. 2021.

63. G. G. Chang, "China Deliberately Spread the Coronavirus: What Are the Strategic Consequences?", Hoover Institution, 9 dez. 2020.

64. Javier C. Hernández e James Gorman, "On W.H.O. Trip, China Refused to Hand Over Important Data", *The New York Times*, 12 fev. 2021.

65. "Fact Sheet: Advancing the Rebalance to Asia and the Pacific", The White House, Office of the Press Secretary, 16 nov. 2015. Disponível em: <https://obamawhitehouse.archives.gov/the-press-office/2015/11/16/fact-sheet-advancing-rebalance-asia-and-pacific>; Comentários de B. Obama, "Remarks by President Obama to the Australian Parliament", The White House, Office of the Press Secretary, 17 nov. 2011.

66. National Security Strategy of the United States of America, 17 dez. 2020. Disponível em: <https://trumpwhitehouse.archives.gov/wp-content/uploads/2017/12/NSS-Final-12-18-2017-0905.pdf>.

67. "EU-China: A Strategic Outlook", European Commission, 12 mar. 2019. Disponível em: <https://ec.europa.eu/info/sites/info/files/communication-eu-china-a-strategic-outlook.pdf>.

68. França: <https://www.diplomatie.gouv.fr/country-files/asia-and-oceania/the-indo-pacific-region-a-priority-for-france/>; Alemanha: <https://www.auswaertiges-amt.de/blob/2380514/f9784f7e3b3fa1bd7c5446d274a4169e/200901-indo-pazifik-leitlinien—1—data.pdf>. Para uma comparação, ver: M. Duchâtel e G. Mohan, "Franco-German Divergences in the Indo-Pacific: The Risk of Strategic Dilution", Institut Montaigne, 20 out. 2020.

69. Sobre a virada da City de Londres em relação à China: J. Green, "The City's Pivot to China in a Post-Brexit World: A Uniquely Vulnerable Policy", London School of Economics, 15 jun. 2018. Sobre a virada dos planos de defesa do Reino Unido contra a China em 2020, ver: H. Warrell, "Britain's Armed Forces Pivot East to Face Growing China Threat", *Financial Times*, 3 jul. 2020.

70. G. Yu, "Beijing Observation: Xi Jinping the Man", China Change, 26 jan. 2013; T. Greer, "Xi Jinping in Translation: China's Guiding Ideology", *Palladium*, 31 maio 2019.

71. USTR, "Investigation: Technology Transfer, Intellectual Property, and Innovation". Dis ponível em: <https://ustr.gov/issue-areas/enforcement/section-301-investigations/section-301-china/investigation>.

72. K. Mattson, *"What the Heck Are You Up To, Mr. President?": Jimmy Carter, America's Malaise, and the Speech That Should Have Changed the Country*. Londres; Nova York: Bloomsbury, 2010.

73. D. Kurtzleben, "Rep. Alexandria Ocasio-Cortez Releases Green New Deal Outline", *All Things Considered*, NPR, 7 fev. 2019.

74. R. O. Paxton, "I've Hesitated to Call Donald Trump a Fascist, Until Now", *Newsweek*, 11 jan. 2021.

75. J. A. Russell, "America's Forever Wars Have Finally Come Home", *Responsible Statecraft*, 4 jun. 2020.

76. J. Iadarola, "What if Bernie Has Already Won This Thing?", *The Hill*, 23 fev. 2020; S. Hamid, "The Coronavirus Killed the Revolution", *The Atlantic*, 25 mar. 2020.

77. G. Ip., "Businesses Fret Over Potential Bernie Sanders Presidency", *Wall Street Journal*, 1 mar. 2020; B. Schwartz, "Mike Bloomberg Prepares Media Onslaught against Democratic Front-Runner Bernie Sanders", CNBC, 24 fev. 2020.

78. A. Tooze, "We Are Living Through the First Economic Crisis of the Anthropocene", *The Guardian*, 7 maio 2020.

79. A melhor introdução compacta ao assunto é C. Bonneuil e J.-B. Fernbach, op. cit.

80. B. Croce, *History: Its Theory and Practice*. Nova York: Russel & Russell, 1960. [Ed. bras.: *A História: Pensamento e ação*. Trad. de Darcy Damasceno. Rio de Janeiro: Zahar, 1962.]

1. Irresponsabilidade organizada [pp. 35-55]

1. Institute for Health Metrics and Evaluation, *Financing Global Health 2019: Tracking Health Spending in a Time of Crisis* (IHME, 2020). Disponível em: <http://healthdata.org/sites/default/files/policy_report/FGH/2020/FGH_2019_Interior_Final_Online_2020.09.18.pdf>.

2. "Soziale Unterschiede in Deutschland: Mortalität und Lebensewartung", Robert Koch Institute. Disponível em: <https://www.rki.de/DE/Content/Service/Presse/Pressemitteilungen/2019/03_2019.html>.

3. A. Lövenich, "Lebenserwartung PKV-GKV versichert", 6 ago. 2018. Disponível em: <www.hcconsultingag.de/lebenserwartung- pkv-gkv-versichert>.

4. A. Wilper et al., "Health Insurance and Mortality in US adults", *American Journal of Public Health*, v. 99, n. 12, pp. 2289-95, 2009.

5. J. L. Hadler, K. Yousey-Hindes, A. Pérez et al., "Influenza-Related Hospitalizations and Poverty Levels — United States", 2010-2012. *Morbidity and Mortality Weekly Report*, v. 65, n. 5, pp. 101-5, 2016.

6. "Relative Share of Deaths in the United States, 1999 to 2016", Our World in Data. Disponível em: <https://ourworldindata.org/grapher/relative-share-of-deaths-in-usa>.

7. R. W. Fogel, *The Escape from Hunger and Premature Death, 1700-2100: Europe, America, and the Third World*. Cambridge, Reino Unido: Cambridge University Press, 2004.

8. W. Nordhaus, "The Health of Nations: The Contribution of Improved Health to Living Standards", fev. 2020. Disponível em: <https://cowles.yale.edu/sites/default/files/pub/d13/d1355.pdf>.

9. A. R. Omran, "The Epidemiologic Transition: A Theory of the Epidemiology of Population Change", *Milbank Memorial Fund Quarterly*, v. 49, n. 4, pp. 509-38, 1971.

10. M. A. Brazelton, *Mass Vaccination: Citizens' Bodies and State Power in Modern China*. Ithaca, NY: Cornell University Press, 2019.

11. M. Davis, *The Monster at Our Door: The Global Threat of Avian Flu*. Nova York: Macmillan, 2006.

12. J. Iliffe, *The African AIDS Epidemic: A History*. Athens: Ohio University Press, 2005.

13. UNAIDS, "Global HIV & AIDS Statistics — 2020 Fact Sheet". Disponível em: <https://www.unaids.org/en/resources/fact-sheet>.

14. S. S. Morse, "Regulating Viral Traffic", *Issues in Science and Technology*, v. 7, n. 1, pp. 81-4, outono 1990.

15. W. Anderson, "Natural Histories of Infectious Disease: Ecological Vision in Twentieth-Century Biomedical Science", *Osiris*, v. 19, pp. 36-61, 2004; N. B. King, "Security, Disease, Commerce: Ideologies of Postcolonial Global Health", *Social Studies of Science*, v. 32, n. 5-6, pp. 763-89, 2002; C. E. Rosenberg, "Pathologies of Progress: The Idea of

Civilization as Risk", *Bulletin of the History of Medicine*, v. 72, n. 4, pp. 714-30, inverno 1998.

16. J. R. Rohr, C. B. Barrett, D. J. Civitello et al., "Emerging Human Infectious Diseases and the Links to Global Food Production", *Nature Sustainability*, v. 2, pp. 445-6, 2019.

17. M. Davis, op. cit.

18. OMS, Programme Budget 2020-1. Disponível em: <https://www.who.int/publications/i/item/programme-budget-2020-2021>; S. K. Reddy, S. Mazhar e R. Lencucha, "The Financial Sustainability of the World Health Organization and the Political Economy of Global Health Governance: A Review of Funding Proposals", *Globalization and Health*, v. 14, n. 1, pp. 1-11, 2018.

19. M. Liverani e R. Coker, "Protecting Europe from Diseases: From the International Sanitary Conferences to the ECDC", *Journal of Health Politics, Policy and Law*, v. 37, n. 6, pp. 915-34, dez. 2012.

20. S. Gebrekidan, K. Bennhold, M. Apuzzo e D. D. Kirkpatrick, "Ski, Party, Seed a Pandemic: The Travel Rules That Let Covid-19 Take Flight", *The New York Times*, 30 set. 2020.

21. T. Neale, "World Health Organizaton Scientists Linked to Swine Flu Vaccine Makers", ABC News, 4 jun. 2020.

22. J. Farrarr, "All Is Not Wella t the World Health Organization", *Wall Street Journal*, 22 jan. 2015.

23. A. Benjamin, "Stern: Climate Change a 'Market Failure'", *The Guardian*, 29 nov. 2007.

24. A. Toscano, "Beyound the Plague State", Socialist Project, 14 maio 2020.

25. A. Lakoff, *Unprepared: Global Health in a Time of Emergengy*. Berkeley, CA: University of California Press, 2017.

26. "Pandemic Influences Preparedness in WHO Member States", OMS, jun. 2019.

27. U. Beck, *Gegengifte: Die Organisierte Unverantwortlichkeit*. Frankfurt am Main: Suhrkamp, 1988.

28. A. Desanctis, "How Much Is a Human Life Worth?", *National Review*, 7 maio 2020.

29. A Mische, "Projects and Possibilities: Researching Futures in Action", *Sociological Forum*, v. 24, pp. 694-704, set. 2009.

30. B. Adam e C. Groves, *Future Matters: Action, Knowledge, Ethics*. Leiden; Boston: Brill, 2007.

31. D. A. Harvey, "Fortune-Tellers in the French Courts: Antidivination Prosecutions in France in the Nineteenth and Twentieth Centuries", *French Historical Studies*, v. 28, n. 1, pp. 131-57, 2005; C. Corcos, "Seeing It Coming Since 1945: State Bans and Regulations of Crafty Sciences Speech and Activity", Louisiana State University Law Center, 2014. Disponível em: <https://digitalcommons.law.lsu.edu/cgi/viewcontent.cgi?article=1407&context=faculty_scholarship>.

32. D. Adam, "Special Report: The Simulations Driving the World's Response to COVID-19", *Nature*, 2 abr. 2020. Disponível em: <www.nature.com/ articles/ d41586- 020- 010036>.

33. D. Cutler e L. Summers, "The COVID-19 Pandemic and the $16 Trillion Virus", *JAMA*, v. 324, n. 15, pp. 1495-6, 2020.

34. W. K. Viscusi e C. J. Masterman, "Income Elasticities and Global Values of a Statistical Life", *Journal of Benefit-Cost Analysis*, v. 8, n. 2, pp. 226-50, 2017. Disponível em: <https://law.vanderbilt.edu/phd/faculty/w-kip-viscusi/355_Income_Elasticities_and_Global_VSL.pdf>.

35. L. A. Robinson, "COVID-19 and Uncertainties in the Value Per Statistical Life", *The Regulatory Review*, 5 ago. 2020. Disponível em: <www.theregreview.org/2020/08/05/robinson-covid19uncertainties-value-statistical-life/>.

36. C. Landwehr, "Depoliticization and Politicization in the Allocation of Health Care: Decision-Making Procedures in International Comparison". Disponível em: <ecpr.eu/ Filestore/ PaperProposal/ 0dac228d-63fb-45c6-8384-21d764abaf6a.pdf>.

37. A. Folley, "Texas Lt Gov: 'Grandparents "Don't Want the Whole Country Sacrificed" Amid Coronavirus Closures'", *The Hill*, 23 mar. 2020.

38. C. Landwehr, "Deciding How to Decide: The Case of Health Care Rationing". *Public Administration*, v. 87, n. 3, pp. 586-603, 2009.

39. Calder, The Myth of the Blitz. Londres: Random House, 1992; D. Egerton, "When It Comes to National Emergencies, Britain Has a Tradition of Old Calculation", *The Guardian*, 17 mar. 2020.

40. S. Roberts, "Flattening the Coronavirus Curve", *The New York Times*, 27 mar. 2020.

41. S. Kaufman, *And a Time to Die: How American Hospitals Shape the End of Life*. Chicago, Illinois: University of Chicago Press, 2006.

42. M. Foucault, *Discipline and Punish: The Birth of the Prison*. Trad. de A. Sheridan. Londres: Penguin, 1977. [Ed. bras.: *Vigiar e punir: Nascimento da prisão*. Trad. de Raquel Ramalhete. Petrópolis: Vozes, 1987.]

43. Sobre a história da economia, ver Desrosières, Alain. *The Politics of Large Numbers: A History of Statistical Reasoning*. Cambridge, MA: Harvard University Press, 1998; J. A. Tooze, *Statistics and the German State, 1900-1945: The Making of Modern Economic Knowledge*. Cambridge, Reino Unido: Cambridge University Press, 2001; T. Mitchell, *Rule of Experts: Egypt, Techno-Politics, Modernity*. Berkeley, CA: University of California Press, 2002; Goswami, Manu. *Producing India: From Colonial Economy to National Space*. Chicago, Illinois: University of Chicago Press, 2004.

44. M. Gorsky, M. Vilar-Rodríguez e J. Pons-Pons, *The Political Economy of the Hospital in History*. Huddersfield, Reino Unido: University of Huddersfield Press, 2020.

45. G. Winant, *The Next Shift: The Fall of Industry and the Rise of Health Care in Rust Belt America*. Cambridge, MA: Harvard University Press, 2021.

46. L. Spinney, *Pale Rider: The Spanish Flu of 1918 and How It Changed the World*. Nova York: PublicAffairs, 2017; J. M. Barry, *The Great Influenza*. Londres: Penguin, 2005, p. 37.

47. R. Peckham, "Viral Surveillance and the 1968 Hong Kong Flu Pandemic", *Journal of Global History*, v. 15, n. 3, pp. 444-58, 2020; J. Fox, "Solving the Mystery of the 1957 and 1968 Flu Pandemics", *Bloomberg*, 11 mar. 2021.

48. D. J. Sencer e J. D. Millar, "Reflections on the 1976 Swin Flu Vaccine Program", *Emerging Infectious Diseases*, v. 12, n. 1, pp. 29-33, 2006. R. E. Neustadt e H. V. Fineberg, *The Swine Flu Affair: Decision-Making on a Slippery Disease*, Honolulu, Havaí: University Press of the Pacific, 1978.

49. C. McInnes e A. Roemer-Mahler, "From Security to Risk: Reframing Global Health Threats", *International Affairs*, v. 93, n. 9, pp. 1313-37, 2017.

50. C. McInnes, "Crisis! What Crisis?: Global Health and the 2014-15 West African Ebola Outbreak", *Third World Quarterly*, v. 37, n. 3, pp. 380-400, 2016.

51. K. Mason, *Infectious Change: Reinventing Chinese Public Health after an Epidemic*. Palo Alto, CA: Stanford University Press, 2016.

52. F. Keck, *Avian Reservoirs: Virus Hunters and Birdwatchers in Chinese Sentinel Posts*. Durham, Carolina do Norte: Duke University Press, 2020.

53. S. H. Liam e K. Sziarto, "When the Illiberal and the Neoliberal Meet Around Infectious Diseases: An Examination of the MERS Response in South Korea", *Territory, Politics, Governance*, v. 8, n. 1, pp. 60-76, 2020.

54. S. Lee, "Steering the Private Sector in COVID-19 Diagnostic Test Kit Development in South Korea", *Frontiers in Public Health*, v. 8, p. 563525, 2020.

55. J. H. Wang, T.-Y Chen e C.-J. Tsai, "In Search of an Innovative State: The Development of the Biopharmaceutical Industry in Taiwan, South Korea and China", *Development and Change*, v. 43, n. 2, pp. 481-503, 2012.

56. J. C. Kile, R Ren, L. Liu et al., "Update: Increase in Human Infections with Novel Asian Lineage Avian Influenza (H7N9) Viruses During the Fifth Epidemic: China, October 1, 2016-August 7, 2017", *Morbidity and Mortality Weekly Report*, v. 66, n. 35, pp. 928-32, 2017.

57. M. M. Kavanagh, H. Thirumurthy, R Katz et al., "Ending Pandemics: U.S. Foreign Policy to Mitigate Today's Major Killers, Tomorrow's Outbreaks, and the Health Impacts of Climate Change", *Journal of International Affairs*, v. 73, n. 1, pp. 49-68, 2019.

58. S. Harman e S. Davis, "President Donald Trump as Global Health's Displacement Activity", *Review of International Studies*, v. 45, n. 3, pp. 491-501, 2018.

2. Wuhan, não Chernobyl [pp. 56-70]

1. T. Mitchell, C. Shepherd, R. Harding et al., "China's Xi Jinping Knew of Coronavirus Earlier Than First Thought", *Financial Times*, 16 fev. 2020.

2. C. Buckley, D. D. Kirkpatrick, A. Qin e J. C. Hernández, "25 Days that Changed the World: How Covid-19 Slipped China's Grasp", *The New York Times*, 30 dez. 2020.

3. "China Didn't Warn Public of Likely Pandemic for 6 Key Days", CNBC, 15 abr. 2020.

4. G. Shih, "In Coronavirus Outbreak, China's Leaders Scramble to Avert a Chernobyl Moment", *The Washington Post*, 29 jan. 2020; J. Anderlini, "Xi Jinping Faces China's Chernobyl Moment", *Financial Times*, 10 fev. 2020. "Coronavirus 'Cover-up' Is China's Chernobyl — White House Advisor", Reuters, 24 maio 2020.

5. J. Li, "Chinese People Are Using 'Chernobyl' to Channel Their Anger about the Coronavirus Outbreak", *Quartz*, 27 jan. 2020.

6. J. Mai e M. Lau, "Chinese Scholar Blames Xi Jinping, Communist Party for Not Controlling Coronavirus Outbreak", *South China Morning Post*, 6 fev. 2020.

7. L. Zhou e K. Elmer, "China Coronavirus: Thousands Left Wuhan for Hong Kong, Bangkok or Tokyo Before Lockdown", *South China Morning Post*, 27 jan. 2020.

8. K. Nakazawa, "Party's Half-Baked Admission Misses Xi's Biggest Problem", *Nikkei Asia*, 6 fev. 2020.

9. J. Mai, "Beijing Braced for 2020 of Managing Risks, with Xi Jinping's Feared 'Swans and Rhinos' Yet to Disperse", *South China Morning Post*, 1 jan. 2020.

10. C. Buckley, "Xi Jinping Assuming New Status as China's 'Core' Leader", *The New York Times*, 4 fev. 2016.

11. P. M. Thornton, "Crisis and Governance: SARS and the Resilience of the Chinese Body Politic", *The China Journal*, v. 61, pp. 23-48, 2009.

12. M. Levinson, "Scale of China's Wuhan Shutdown Is Believed to Be Without Precedent", *The New York Times*, 22 jan. 2020.

13. J. Page, W. Fan e N. Khan, "How It All Started: China's Early Coronavirus Missteps", *The Wall Street Journal*, 6 mar. 2020.

14. J. Kynge, S. Yu e T. Hancock, "Coronavirus: The Cost of China's Public Health Cover-Up", *Financial Times*, 6 fev. 2020.

15. M. Levinson, "Scale of China's Wuhan Shutdown Is Believed to Be without Precedent", *The New York Times*, 22 jan. 2020.

16. R. McGregor, "China's Deep State: The Communist Party and the Coronavirus", Lowy Institute, 23 jul. 2020.

17. T. Heberer, "The Chinese 'Developmental State 3.0 and the Resilience of Authoritarianism", *Journal of Chinese Governance*, v. 1, n. 4, pp. 611-32, 2016.

18. "China Declares 'People's War' On COVID-19", *All Things Considered*, NPR, 13 fev. 2020.

19. D. Weinland, "Chinese Developers Hit by Coronavirus Sales Ban", *Financial Times*, 15 fev. 2020.

20. A. J. He, Y Shi e H. Liu, "Crisis Governance, Chinese Style: Distinctive Features of China's Response to the Covid-19 Pandemic", *Policy Design and Practice*, v. 3, n. 3, pp. 242-58, 2020.

21. R. Zhong e P. Mozur, "To Tame Coronavirus, Mao-Style Social Control Blankets China", *The New York Times*, 15 fev. 2020.

22. R. McGregor, "China's Deep State: The Communist Party and the Coronavirus", Lowy Institute, 23 jul. 2020.

23. D. Weinland, "Chinese Villages Build Barricades to Keep Coronavirus at Bay", *Financial Times*, 7 fev. 2020.

24. T. Mitchell, D. Weinland e B. Greeley, "China: An Economy in Coronavirus Quarantine", *Financial Times*, 14 fev. 2020.

25. L. Yutong, B. Yujie e Z. Xuan, "Railway Passenger Volumes Plummet More Than 70% Amid Coronavirus Outbreak", *Caixin*, 1 fev. 2020.

26. W. Jing e D. Jia, "Coronavirus Costs China's Service Sector US$ 144 Billion in a Week", *Caixin*, 1 fev. 2020.

27. "Carmakers Brace for Crisis as Virus Wreaks Havoc in China", *Caixin*, 1 fev. 2020.

28. H. Lockett, J. Rennison e P. Geordiadis, "Coronavirus Fears Rattle Shares and Oil Market", *Financial Times*, 27 jan. 2020.

29. K. Bradsher, "'Like Europe in Medieval Times': Virus Slows China's Economy", *The New York Times*, 10 fev. 2020; L. Che, H. Du e K. W. Chan, "Unequal Pain: A Sketch of the Impact of the Covid-19 Pandemic on Migrant's Employment in China, Eurasian Geography and Economics", *Eurasian Geography and Economics*, v. 61, n. 4-5, pp. 448-63, 2020.

30. "Xi Chairs Leadership Meeting on Epidemic Control", *Xinhua*, 3 fev. 2020.

31. H. Lockett e S. Yu, "How the Invisible Hand of the State Works in Chinese Stocks", *Financial Times*, 4 fev. 2020.

32. M. Mackenzie, "A Dicey Period for Risk Sentiment", *Financial Times*, 3 fev. 2020.

33. H. Lockett, N. Liu e S. Yu, "Chinese Stocks Suffer Worst Day since 2015 on Coronavirus Fears", *Financial Times*, 3 fev. 2020.

34. X. Hui, B. Zhiming, C. Lijin e M. Walsh, "Intensive Doctor Tells of a Hospital Teetering on Collapse in Wuhan", *Caixin*, 14 fev. 2020.

35. J. Kynge e N. Liu, "Coronavirus Whistleblower Doctor Dies in Wuhan Hospital", *Financial Times*, 6 fev. 2020.

36. S. Yu, "Coronavirus Death Tolls Tops Sars as Public Backlash Grows", *Financial Times*, 9 fev. 2020.

37. V. Yu e E. Graham-Harrison, "'This May Be the Last Piece I Write': Prominent Xi Critic Has Internet Cut after House Arrest", *The Guardian*, 16 fev. 2020.

38. M. Zanin et al., "The Public Health Response to the COVID-19 Outbreak in Mainland China: A Narrative Review", *Journal of Thoracic Disease*, v. 12, n. 8, pp. 4434-49, 2020.

39. F. Tang, "Coronavirus Prompts Beijing Residential Lockdown as Millions Return to Work", *South China Morning Post*, 10 fev. 2020.

40. R. McMorrow, C. Shepherd e T. Mitchell, "China Struggles to Return to Work after Coronavirus Shutdown", *Financial Times*, 10 fev. 2020.

41. K. Bradsher, "'Like Europe in Medieval Times': Virus Slows China's Economy", *The New York Times*, 10 fev. 2020.

42. "Editorial: Coronavirus Epidemic Poses Test for Rule of Law", *Caixin*, 18 fev. 2020.

43. Ibid.

44. L. Che, H. Du e K. W. Chan, op. cit.

45. R. McMorrow e N. Liu, "Chinese Shun People from Centre of Coronavirus Outbreak", *Financial Times*, 12 fev. 2020.

46. S. Fan e F. Yingzhe, "Fewer Than a Third of China's Nearly 300 Million Migrant Laborers Have Returned to Work", *Caixin*, 18 fev. 2020.

47. M. Funke e A. Tsang, "The People's Bank of China's Response to the Coronavirus Pandemic: A Quantitative Assessment", *Economic Modeling*, v. 93, pp. 465-73, 2020.

48. T. Mitchell, D. Weinland e B. Greeley, op. cit.

49. F. Tang, "Coronavirus: China's Firms Face Grim Reality as Help from Beijing Could Take Too Long to Trickle Down", *South China Morning Post*, 11 fev. 2020.

50. T. Mitchell, D. Weinland e B. Greeley, op. cit.

51. R. McMorrow, K. Hille e T. Mitchell, "Foxconn Recalls Workers in Phases Following Coronavirus Shutdown", *Financial Times*, 11 fev. 2020.

52. J. Mai, "China Postpones Year's Biggest Political Gathering Amid Coronavirus Outbreak", *South China Morning Post*, 17 fev. 2020.

53. R. McMorrow, K. Hille e N. Liu, "Coronavirus Hits Return to Work at Apple's Biggest iPhone Plant", *Financial Times*, 18 fev. 2020.

54. T. Ng, Z. Xin e F. Tang, "Help China's Key Manufacturers Plug Back into Global Supply Chain, Xi Jinping Says", *South China Morning Post*, 21 fev. 2020.

55. D. Yi e H. Shujing, "Foxconn Allows Henan Workers to Return to Its Zhengzhou Complex", *Caixin*, 21 fev. 2020.

56. Y. Ruiyang e L. Yutong, "China's Roads to Be Toll-Free Until Epidemic Ends", *Caixin*, 17 fev. 2020.

57. "Coronavirus Wednesday Update: China Gradually Gets Back to Work in Face of Worker, Material Shortages", *Caixin*, 19 fev. 2020.

58. W. Zheng, "Coronavirus Is China's Fastest-Spreading Health Crisis, Xi Jinping Says", *Politico*, 23 fev. 2020.

59. "With Its Epidemic Slowing, China Tries to Get Back to Work", *The Economist*, 27 fev. 2020.

60. "Xinhua Headlines: Xi Stresses Unremitting Efforts in COVID-19 Control, Coordination On Economic, Social Development", *Xinhua*, 24 fev. 2020.

61. "WHO Director-General Opening Remarks at the Media Briefing on COVID-19", OMS, 23 fev. 2020.

62. F. Tang, "Coronavirus: Xi Jinping Rings Alarm on China Economy as Country Shifts Priority to Maintain Growth", *South China Morning Post*, 24 fev. 2020.

63. R. McMorrow, N. Liu e K. Hille, "China Eases Quarantine and Lays on Transport to Get People Back to Work", *Financial Times*, 25 fev. 2020.

64. N. Sun, "Virus Hits China's Economic Heart — Its Small Businesses", *Nikkei Asia*, 21 fev. 2020.

65. F. Tang, "Coronavirus: China Grants Banks Extra Funding to Spur Loans to Hard Hit Small Businesses", *South China Morning Post*, 26 fev. 2020.

66. E. Barrett, "The Mystery of China's Unemployment Rate", *Fortune*, 24 maio 2020.

67. C. Deng e J. Cheng, "Some Economists Question Strength of China's Labor Market", *The Wall Street Journal*, 7 jun. 2020.

68. L. Che, H. Du e K. W. Chan, op. cit.

69. F. Tang, "Coronavirus: Small Business Sentiment Sinks To An All-Time Low as Outbreak Knocks China's Economy, Survey Shows", *South China Morning Post*, 27 fev. 2020.

70. C. Zhang, "Covid-19 in China: From 'Chernobyl Moment' to Impetus to Nationalism", *Made in China Journal*, 4 maio 2020.

71. Mais tarde resumida como Fighting COVID-19: China in Action, 7 jun. 2020. Disponível em: <http://www.xinhuanet.com/english/2020-06/07/c_139120424.htm>.

3. Fevereiro: Perdendo tempo [pp. 71-84]

1. A. Wilkinson, "The 2011 Film *Contagion* Is Even More Relevant in 2020, and Not Just Because of Coronavirus", *Vox*, 4 fev. 2020.

2. D. M. Herszenhorn e S. Wheaton, "How Europe Failed the Coronavirus Test", *Politico*, 7 abr. 2020.

3. D. MacKenzie, *COVID-19: The Pandemic that Never Should Have Happened and How to Stop the Next On*. Nova York: Hachette, 2020.

4. S. Sem, "How China Locked Down Internally for COVID-19, but Pushed Foreign Travel", *Financial Times*, 30 abr. 2020.

5. S. Nebehay, "WHO Chief Says Widespread Travel Bans Not Needed to Beat China Virus", Reuters, 3 fev. 2020.

6. C. Shepherd, "Coronavirus: Chinese Carmakers Struggle with Disruption", *Financial Times*, 24 fev. 2020.

7. W. Boston, "The Company That Fought the Coronavirus and Won", *The Wall Street Journal*, 6 mar. 2020.

8. D. Shepherd, "Why Coronavirus Is Pushing Down The Oil Price", *Financial Times*, 23 jan. 2020.

9. A. Woodhouse, P. Wells, M. Rocco et al., "Coronavirus: WHO Warns of 'Concerning' Transmissions in Europe — As It Happened", *Financial Times*, 10 fev. 2020.

10. B. Elder, "Markets Not Live, Monday 24th February 2020", *Financial Times*, 24 fev. 2020.

11. S. LaFranerie, K. Thomas, N. Weiland et al,. "Politics, Science and the Remarkable Race for a Coronavirus Vaccine", *The New York Times*, 21 nov. 2020.

12. J. Cohen, "China's Vaccine Gambit", *Science*, v. 370, n. 6522, pp. 1263-7, 2020.

13. "The New Virus Was Crowned in the Kremlin", *Kommersant*, 30 jan. 2020.

14. Peter Navarro, "Memorandum to the Task Force", 9 fev. 2020. Disponível em: <https://www./sciencemag.org/sites/default/files/manhattan%20project%20bright%20exhibit%202021.pdf>.

15. R. Morin, "Trump Aide Peter Navarro Warned 'as Many as 1,2 Million Souls' Could Be Lost to Coronavirus: Report", *USA Today*, 7 abr. 2020.

16. S. Geimann, "Trump Aide Accuses China of Using Travelers to 'Seed' Virus", *Bloomberg*, 17 maio 2020.

17. M. Ward, "15 Times Trump Praised China as Coronavirus Was Spreading Across the Globe", *Politico*, 15 abr. 2020.

18. G. Sherman, "Inside Donald Trump's and Jared Kushner's Two Months of Magical Thinking", *Vanity Fair*, 28 abr. 2020.

19. R. Siegal, "Commerce Secretary Wilbur Ross Says China's Coronavirus 'Will Help' Bring Jobs Back to the U.S.", *The Washington Post*, 30 jan. 2020.

20. M. Fletcher, "Britain and Covid-19: A Chronicle of Incompetence", *New Statesman*, 1 jul. 2020.

21. S. Gray e A. MacAskill, "Special Report: Johnson Listened to His Scientists about Coronavirus — but They Were Slow to Sound the Alarm", Reuters, 7 abr. 2020.

22. Pronunciamento de B. Johnson, "PM Speech in Greenwich: 3 February 2020", 3 fev. 2020. Disponível em: <https://www.gov.uk/government/speeches/pm-speech-in-greenwich-3-february-2020>; F. O'Toole, "The Fatal Delusions of Boris Johnson", *New Statesman*, 1 jul. 2020.

23. Pronunciamento de B. Johnson, op. cit.

24. M. Liverani e R. Coker, "Protecting Europe from Diseases: From the Internacional Sanitary Conferences to the ECDC", *Journal of Health Politics, Policy and Law*, v. 37, n. 6, pp. 915-34, 2012.

25. D. M. Herszenhorn e S. Wheaton, op. cit.

26. B. Riegert e J. C. Gonzalez, "Coronavirus Containment in Europe Working 'So Far', Says Germany's Spahn", DW, 13 fev. 2020.

27. M. Birnbaum, J. Hudson e L. Morris, "At Munich Security Conference, an Atlantic Divide: U.S. Boasting and European Unease", *The Washington Post*, 15 fev. 2020.

28. K. Martin, "Markets Face Fresh Joly of Coronavirus Nerves", *Financial Times*, 24 fev. 2020.

29. S. Donnan, J. Randow, W. Horobin et al., "Committee to Save World Is a No-Show, Pushing Economy to Brink", *Bloomberg*, 13 mar. 2020.

30. "Coronavirus: Iran Cover-Up of Deads Revealed by Data Leak", BBC, 3 ago. 2020.

31. J. Horowitz, "The Lost Days That Made Bergamo a Coronavirus Tragedy", *The New York Times*, 29 nov. 2020.

32. M. Johnson, "Italy Quarantines Northern Towns in Coronavirus Outbreak", *Financial Times*, 23 fev. 2020.

33. D. M. Herszenhorn e S. Wheaton, op. cit.

34. B. Elder, op. cit.

35. K. Martin, op. cit.

36. C. Smith e C. Henderson, "US 10-Year Treasure Yield Nears Record Low", *Financial Times*, 24 fev. 2020.

37. M. MacKenzie, "In No Mood for Catching a Falling Knife", *Financial Times*, 25 fev. 2020.

38. R. Wigglesworth, K. Martin e T. Stubbington, "How the Coronavirus Shattered Market Complacency", *Financial Times*, 28 fev. 2020.

39. M. MacKenzie, op. cit.

40. S. Johnson, "Global Inventories at 7-Year Low Prior to Coronavirus Hit", *Financial Times*, 24 fev. 2020.

41. L. Du, "Tourism Hotspot Locks Down as Japan's Hokkaido Fights Virus", *Bloomberg*, 28 fev. 2020.

42. C. Terhune, D. Levine, H. Jin et al., "Special Report: How Korea Trounced U.S. in Race to Test People for Coronavirus", Reuters, 18 mar. 2020.

43. J. Cohen, "The United States Badly Bungled Coronavirus Testing — but Things May Soon Improve", *Science*, 28 fev. 2020.

44. E. Lipton, A. Goodnough et al., "The C.D.C. Waited 'Its Entire Existence for This Moment'. What Went Wrong?", *The New York Times*, 3 jun. 2020.

45. G. Lee, "South Korea Approves First Four COVID-19 Test Kits Under Urgent-Use License", *BioWorld*, 17 mar. 2020; D. Lee e J. Lee, "Testing on the Move: South Korea's Rapid Response to the COVID-19 Pandemic", *Transportation Research Interdisciplinary Perspectives*, v. 5, pp. 100 III, 2020.

46. D. M. Herszenhorn e S. Wheaton, op. cit.

47. L. Kudlow e K. Evans, transcrição de entrevista à CNBC, 25 fev. 2020. Disponível em: <https://www.cnbc.com/2020/02/25/first-on-cnbc-cnbc-transcript-national-economic-council-director-larry-kudlow-speaks-cnbcs-kelly-evans-on-cnbcs-the-exchange-today.html>.

48. E. Luce, "Inside Trump's Coronavirus Meltdown", *Financial Times*, 14 maio 2020.

49. S. Donnan, J. Randow, W. Horobin et al., op. cit.

50. K. Martin, op. cit.

51. C. Henderson, C. Smith e P. Georgiadis, "Markets Tumble as Fed Rate Cut Fails to Ease Fears", *Financial Times*, 3 mar. 2020.

52. "Transcript: Donald Trump Visits CDC, Calls Jay Inslee a 'Snake'", *Rev*, 6 mar. 2020.

53. D. Agren, "Mexican Governor Prompts Outrage with Claim Poor Are Immune to Coronavirus", *The Guardian*, 26 mar. 2020.

54. "Mexico: Mexicans Need Accurate COVID-19 Information", Human Rights Watch, 26 mar. 2020.

55. F. Ng'wanakilala, "Tanzanian President Under Fire for Worship Meetings Aid Virus", *Bloomberg*, 22 mar. 2020.

56. L. Lenel, "Public and Scientific Uncertainty in the Time of COVID-19", *History of Knowledge*, 13 maio 2020.

57. S. Grey e A. MacAskill, op. cit.

58. J. Horowitz, op. cit.

4. Março: Lockdown global [pp. 85-97]

1. P. Smith, "An Overview and Market Size of Tradable Commodities", The Tradable.

2. IEA Oil Market Report — February 2020, IEA, Paris, 2020. Disponível em: <https://www.iea.org/reports/oil-market-report-february-2020>.

3. A. Ward, "The Saudi Arabia-Russia Oil War Sparked by Coronavirus, Explained", *Vox*, 6 mar. 2020; J. Yaffa, "How the Russian-Saudi Oil War Went Awry — for Putin Most of All", *The New Yorker*, 15 abr. 2020.

4. C. Ballentine e V. Hajric, "U.S. Stocks Plunge Most Since Financial Crisis: Markets Wrap", *Bloomberg*, 8 mar. 2020.

5. R. Costa, J. Dawsey, J. Stein e A. Parker, "Trump Urged Mnuchin to Pressure Fed's Powell on Economic Stimulus in Explosive Tirade about Coronavirus", *The Washington Post*, 11 mar. 2020.

6. "WHO Director-General's Opening Remarks at the Media Briefing on COVID-19", OMS, 11 mar. 2020.

7. J. Sexton e J. Sapien, "Two Coasts. One Virus. How New York Suffered Nearly 10 Times the Number of Deaths as California", *ProPublica*, 16 maio 2020.

8. Bob Woodward, *Rage*. Nova York: Simon & Schuster, 2020, p. 277. [Ed. bras.: *Raiva*. Trad. de Pedro Maia, Bernardo Ajzenberg, Rosiane Correia de Freitas e José Geraldo Couto. São Paulo: Todavia, 2020.]

9. "France Pledges Support for State-Backed Firms, Sees Virus Fallout Costing Billions", Reuters, 13 mar. 2020.
10. S. Donnan, J. Randow, W. Horobin e A. Speciale, "Committee to Save World Is a No-Show, Pushing Economy to the Brink", *Bloomberg*, 13 mar. 2020.
11. H. Stewart, K. Proctor e H. Siddique, "Johnson: Many More People Will Lose Loved Ones to Coronavirus", *The Guardian*, 12 mar. 2020.
12. M. Fletcher, "Britain and Covid-19: A Chronicle of Incompetence", *New Statesman*, 1 jul. 2020.
13. S. Jones, "How Coronavirus Took Just Two Weeks to Overwhelm Spain", *The Guardian*, 25 mar. 2020.
14. M. Fletcher, op. cit.
15. F. O'Toole, "The Fatal Delusions of Boris Johnson", *New Statesman*, 1 jul. 2020.
16. SPI-B Insights on Public Gatherings, 12 mar. 2020. Disponível em: <https://assets. publishing.service.gov.uk/government/uploads/system/uploads/attachment_data/file/ 874289/13-spi-b-insights-on-public-gatherings-1.pdf>; L. Freedman, "The Real Reason the UK Government Pursued 'Herd Immunity' — and Why It Was Abandoned", *New Statesman*, 1 abr. 2020.
17. S. Grey e A. MacAskill, "Special Report: Johnson Listened to His Scientists about Coronavirus — but They Were Slow to Sound the Alarm", Reuters, 7 abr. 2020.
18. J. Macías, "School Meals: A Reflection of Growing Poverty in LA", *Cal Matters*, 8 out. 2020.
19. J. Sexton e J. Sapien, op. cit.
20. C. Pietralunga e A. Lemarié, "Coronavirus: L'Exécutif réfléchit au confinement des Français", *Le Monde*, 16 mar. 2020.
21. Id., "'Nous Sommes en Guerre': Face au coronavirus, Emmanuel Macron sonne la 'mobilisation générale'", *Le Monde*, 17 mar. 2020; F. Rousseaux, "Coronavirus: 35 millions de Français devant l'allocution de Macron, un record d'audience absolu", *Le Parisien*, 17 mar. 2020.
22. N. Aspinwall, "Coronavirus Lockdown Launches Manila Into Pandemonium", *Foreign Policy*, 14 mar. 2020.
23. K. Varagur, "Indonesia's Government Was Slow to Lock Down, So Its People Took Charge", *National Geographic*, 13 maio 2020.
24. M. Afzal, "Pakistan Teeters on the Edge of Potential Disaster with the Coronavirus", Brookings, 27 mar. 2020.
25. M. Mourad e A. Lewis, "Egypt Declares Two-Week Curfew to Counter Coronavirus", Reuters, 24 mar. 2020.
26. D. Pilling, "No Lockdown, Few Ventilators, but Ethiopia Is Beating Covid-19", *Financial Times*, 27 maio 2020.
27. V. Mallet e R. Khalaf, "FT Interview: Emmanuel Macron Says Its Time to Think the Unthinkable", *Financial Times*, 16 abr. 2020.
28. V. Strauss, "1.5 Billion Children Around Globe Affected by School Closure. What Countries Are Doing to Keep Their Kids Learning During Pandemic". *The Washington Post*, 27 mar. 2020.
29. N. Ferguson, D. Laydon et al., "Report 9: Impact of Non-Pharmaceutical Interventions (NPIs) to Reduce COVID-19 Mortality and Healthcare Demand", Imperial College Response Team, 16 mar. 2020.

30. M. Claeson e S. Hanson, "COVID-19 and the Swedish Enigma", *The Lancet*, v. 397, n. 10 271, pp. 259-61, 2021; G. Vogel, "'It's Been So, So Surreal.' Critics of Sweden's Lax Pandemic Policies Face Fierce Backlash", *Science*, 6 out. 2020.

31. S. Grey e A. MacAskill, op. cit.

32. M. Fletcher, op. cit.

33. E. Luce, "Inside Trump's Coronavirus Meltdown", *Financial Times*, 14 maio 2020.

34. M. McGraw e C. Oprysko, "Inside the White House During '15 Days to Slow the Spread'", *Politico*, 29 mar. 2020.

35. J. White, "Temporary Work Stoppage at Fiat Chrysler's Warren Truck Plant as Wildcat Strikes Spread in Global Auto Industry", World Socialist Web Site, 17 mar. 2020.

36. D. DiMaggio, "Organizing around the World for PTO: Pandemic Time Off", *Labor Notes*, 16 mar. 2020.

37. G. Coppola, D. Welch, K. Naughton e D. Hull, "Detroit Carmakers Close Plants While Musk Keeps Tesla Open", *Bloomberg*, 18 mar. 2020.

38. A. Wilen e D. Hipwell, "European Retail Braces for Slump as Epicenter Shifts from China", *Bloomberg*, 16 mar. 2020.

39. J. Emont, "Retailers Cancel Orders from Asian Factories, Threatening Millions of Jobs", *The Wall Street Journal*, 25 mar. 2020.

40. D. Biller e D. Rodrigues, "Rio's Christ Statue Closes and State of Emergency Decreed", ABC News, 18 mar. 2020.

41. J. L. Anderson, "In Brazil, Jair Bolsonaro, Trump's Close Ally, Dangerously Downplays the Coronavirus Risk", *The New Yorker*, 1 abr. 2020; P. Asmann, "What Does Coronavirus Mean for Criminal Governance in Latin America", *InSight Crime*, 31 mar. 2020.

42. M. McGraw e C. Oprysko, op. cit.

43. V. Chandrashekhar, "1.3 Billion People. A 21-Day Lockdown. Can India Curb the Coronavirus?", *Science Magazine*, 31 mar. 2020.

44. Ibid.

45. K. Komireddi, "Modi's India Isn't Prepared for the Coronavirus", *Foreign Policy*, 10 abr. 2020.

46. P. Sinha, Twitter, 20 mar. 2020.

47. R. Venkataramakrishnan, "Coronavirus: Did India Rush into a Lockdown? Or Is This a Difficult but Needed Move to Fight Covid?", Scroll.in, 24 mar. 2020.

48. Organização Internacional do Trabalho, "ILO Monitor, COVID-19 and the World of Work. Third Edition", 29 abr. 2020. Disponível em: <https://www.ilo.org/wcmsp5/groups/public/—-dgreports/—-dcomm/documents/briefingnote/wcms_743146.pdf>.

49. Os ensaios de Giorgio Agamben sobre a crise estão reunidos em *Where Are We Now?: The Epidemic as Politics*, disponível em: <https://eris.press/Where-Are-We-Now>.

50. F. O'Toole, op. cit.

51. M. Margolis, "China Laps U.S. in Latin America With Covid-19 Diplomacy", *Bloomberg*, 24 jun. 2020.

52. L. Paraguassu e J. McGreever, "Brazil Government Ad Rejects Coronavirus Lockdown, Saying #BrazilCannotStop", Reuters, 27 mar. 2020.

53. "Federal Judge Bans Bolsonaro's 'Brazil Cannot Stop' Campaign", teleSUR, 28 mar. 2020.

54. D. Agren, "Mexican Governor Prompts Outrage with Claim Poor Are Immune to Coronavirus", *The Guardian*, 26 mar. 2020.

55. "'Escuchen al presidente, yo nunca los voy a enganar': López Obrador pidió confianza ante amenaza de coronavirus en México", *infobae*, 20 mar. 2020.

56. Entrevista matinal com A. M. López Obrador, "Versión estenográfica de la conferencia de prensa matutina", 11 mar. 2020.
57. T. Phillips, "Mexican President Ignores Coronavirus Restrictions to Greet El Chapo's Mother". *The Guardian*, 30 mar. 2020.
58. R. Costa e P. Rucker, "Inside Trump's Risky Push to Reopen the Country Amid the Coronavirus Crisis", *The Washington Post*, 28 mar. 2020.
59. R. Costa, L. Vozzella e J. Dawsey, "Inslee Clashes with Trump over His Leadership on Coronavirus Aid: 'We Need a Tom Brady'", *The Washington Post*, 26 mar. 2020.
60. P. Rucker, J. Dawsey, Y. Abutaleb et al., "34 Days of Pandemic: Inside Trump's Desperate Attempts to Reopen America", *The Washington Post*, 2 maio 2020.
61. J. Lemire, J. Colvin e Z. Miller, "What Changed Trump's Mind about Reopening on Easter?", *York Dispatch*, 30 mar. 2020.
62. M. D. Shear, M. Crowley e J. Glanz, "Coronavirus Death Toll May Reach 100.000 to 240.000 in U.S., Officials Say", *The New York Times*, 31 mar. 2020.

5. Queda livre [pp. 101-15]

1. D. Chronopoulos, M. Lukas e J. Wilson, "Real-Time Consumer Spending Responses to the Lockdown", VoxEU, 6 maio 2020.
2. V. Carvalho, J. R. García et al., "Tracking the COVID-19 Crisis Through Transactions", VoxEU, 27 abr. 2020.
3. FMI, World Economic Outlook Reports, "World Economic Outlook, October 2020: A Long and Difficult Ascent", out. 2020.
4. P. Brinca, J. B. Duarte e M. F. Castro, "Is the COVID-19 Pandemic a Supply or a Demand Shock?", *Economic Synopses*, n. 31, 2020.
5. L. Kilian, "Not All Oil Price Shocks Are Alike: Disentangling Demand and Supply Shocks in the Crude Oil Market", *American Economic Review*, v. 99, n. 3, pp. 1053-69, 2009.
6. K. Schive, "How Safe Is Air Travel?", MIT Medical, 23 jul. 2020.
7. S. Hodge, "Private Jet Use Skyrockets During Coronavirus Pandemic — Luxury No Longer Seen as a Splurge", *Paper City*.
8. "Industry Losses to Top $84 Billion in 2020", IATA, 9 jun. 2020; "What if Aviation Doesn't Revover from Covid-19?", *The Economist*, 2 jul. 2020.
9. "Air Travel's Sudden Colapse Will Reshape a Trillion-Dollar-Industry", *The Economist*, 1 ago. 2020.
10. E. Balibar, "Mi-Temps de la crise expériences, questions, anticipations (1ère partie)", 2020. Disponível em: <aoc.media/opinion/2020/07/14/ce-que-devient-le-politique-mi-temps-de-la-crise-1-3/>.
11. C. Flaherty, "Women Are Falling Behind", *Insight Higher Ed*, 20 out. 2020.
12. O Departamento de Saúde da cidade de Nova York também defendia *glory holes* (buracos na parede que permitem que duas pessoas façam sexo sem se ver) como opção sexual segura. Ver NYC Health, "Safer Sex and Covid-19". Disponível em: <www1.nyc.gov/assets/doh/downloads/pdf/imm/covid-sex- guidance.pdf>.
13. Statista, "Number of Fixed Broadband Internet Subscriptions Worldwide from 2005 to 2019". Disponível em: <https://www.statista.com/statistics/268673/number-of-broadband-internet-subscriptions/>.
14. S. Vibert, "Children without Internet Access During Lockdown", Children's Commissioner, 18 ago. 2020.

15. "Two Thirds of the World's School-Age Children Have No Internet Access at Home, new Unicef-ITU Report Says", Unicef, 30 nov. 2020.
16. K. Purohit, "Coronavirus: India's Outsourcing Firms Struggle to Serve US, British companies Amid Lockdown", *South China Morning Post*, 31 mar. 2020; S. Phartiyal e S. Ravikumar, "India's Huge Outsourcing Industry Struggles with Work-from-Home Scenario", Reuters, 25 mar. 2020; L. Frayer e S. Pathak, "India's Lockdown Puts Strain On Calls Centers", NPR, 24 abr. 2020.
17. A. Tanzi, "Half the Labor Force in Major U.S. Cities Is Working from Home", *Bloomberg*, 24 nov. 2020; K. Weise, "Pushed by Pandemic, Amazon Goes on a Hiring Spree without Equal", *The New York Times*, 27 nov. 2020; "FedEx Tries to Think Beyond the Pandemic", *The Economist*, 2 jul. 2020.
18. A. Wilkinson, "How the Coronavirus Outbreak Is Roiling the Film and Entertainment Industries", VoxEU, 23 set. 2020; A. Barker e A. Nicolaou, "The Unhinged Bet to Jump-Start the Movie Business", *Financial Times*, 16 jun. 2020; A. Kaul, "The Six Sigma to Rescue 1 Million COVID-Affected Film Industry Workers", Exchange4media, 2 maio 2020; A. Chopra, "How the Pandemic Hit Bollywood", *The New York Times*, 15 maio 2020; A. Dhillon, "India's Bollywood Cuts Kissing Scenes, Epic Dance Routines under New Coronavirus Rules", *South China Morning Post*, 4 jun. 2020.
19. E. Schwartzel, "Covid-19 Derails China's Push to Be Biggest Movie Market", *The Wall Street Journal*, 6 jul. 2020.
20. P. Fronstin e S. A. Woodbury, "How Many Americans Have Lost Jobs with Employer Health Coverage During the Pandemic?", The Commonwealth Fund, 7 out. 2020.
21. H. Meyers-Belkin, "'Today Is Wonderful': Relief in Lagos as Nigeria Emerges from Covid-19 lockdown", France24, 5 maio 2020.
22. E. Akinwotu, "People Are More Scared of Hunger': Coronavirus Is Just One More Threat in Nigeria, *The Guardian*, 15 maio 2020.
23. O. Sunday, "Gangs Terrorised Africa's Largest City in Coronavirus Lockdown. Vigilantes Responded", *South China Morning Post*, 18 maio 2020; N. Orjinmo e A. Ulohotse, "Lagos Unrest: The Mystery of Nigeria's Fake Gangster Attacks", BBC, 15 abr. 2020.
24. S. Maheshwari, "With Department Stores Disappearing, Malls Could Be Next", *The New York Times*, 5 jul. 2020; M. Bain, "The US Shopping Mall Was Already in Trouble — Then Came Covid-19", *Quartz*, 26 maio 2020.
25. R. Clough e J. Hill, "Brooks Brothers Goes Bust with Business Clothes Losing Favor", *Bloomberg*, 8 jul. 2020.
26. L. Abboud e D. Keohane, "Parisian Retail Stalwart Tati Bites the Dust", *Financial Times*, 10 jul. 2020.
27. Id., "Troubles of Famed Paris Bookshop Expose French Retail Shift", *Financial Times*, 2 dez. 2020.
28. "A Wave of Bankruptcies Is Coming in Europe", *The Economist*, 16 maio 2020.
29. H. Ziady, "25,000 Jobs at Risk as Debenhams Closure Follows Topshop Colapse", CNN, 1 dez. 2020.
30. H. Gupta, "Why Some Women Call This Recession a 'Shecession'", *The New York Times*, 9 maio 2020.
31. R. Siegal, "Women outnumber men in the American workforce for only the second time", *The Washington Post*, 10 jan. 2020.

32. T. Alon, M. Doepke, J. Olmstead-Rumsey e M. Tertilt, "The Shecession (She-Recession) of 2020: Causes and Consequences", VoxEU, 22 set. 2020.

33. J. Hurley, "COVID-19: A Tale of Two Service Sectors", Eurofound, 3 fev. 2021.

34. A. Olson e C. Bussewitz, "Child Care Crisis Pushes US Mothers Out of the Labor Force", *Detroit News*, 5 set. 2020.

35. M. Paxton, "The Coronavirus Threat to Wildlife Tourism and Conservation", United Nations Development Programme, 21 abr. 2020; "Global Wildlife Tourism Generates Five Times More Revenuel Than Ilegal Wildlife Trade Annually", World Travel and Tourism Council, 8 dez. 2019.

36. "Share of GDP Generated by the Travel and Tourism Industry Worldwide from 2000 to 2019", Statista, 4 fev. 2021.

37. M. Paxton, op. cit.

38. J. K. Elliot, "Thailand's 'Monkey City' Overrun by Gangs of Hungry, Horny Macaques", *Global News*, 24 jun. 2020.

39. D. Jones, "The Coronavirus Pandemic Has Halted Tourism, and Animals Are Benefiting from It", *The Washington Post*, 3 abr. 2020.

40. M. Toyana, "Jobs Gone, Investments Wasted: Africa's Deserted Safaris Leave Mounting Toll", Reuters, 11 jun. 2020.

41. Conversation with D. Mogajane, "South Africa Looks Toward Inclusive Recovery to Stabilize Debt", FMI, 3 ago. 2020.

42. L. Frayer, "For Bangladesh's Struggling Garment Workers, Hunger Is A Bigger Worry Than Panemic", NPR, 5 jun. 2020.

43. J. Emont, "Developing World Loses Billions in Money from Migrant Workers", *Wall Street Journal*, 5 jul. 2020.

44. L. Frayer, "1 Million Bangladeshi Garrment Workers Lose Jobs Amid COVID-19 Economic Fallout", NPR, 3 abr. 2020; A. Becker, "Coronavirus Disruptions Deal Severe Blow to Bangladesh's Garment Industry", *DW News*, 23 jun. 2020.

45. FAO e WFP, "FAO-WFP Early Warning Analysis of Acute Food Insecurity Hotspots", jul. 2020. Disponível em: <www.wfp.org/publications/fao-wfp-early-warning-analysis-acute-food-insecurity-hotspots>.

46. K. Hearst, "COVID-19 and the Garment Industry's Invisible Hands", Open Democracy, 20 jul. 2020. Disponível em: <www.opendemocracy.net/en/oureconomy/covid-19-and-the-garment-industrys-invisible-hands/>.

47. Z. Ebrahim, "'Moving Mountains': How Pakistan's 'Invisible' Women Won Workers' Rights", *The Guardian*, 1 dez. 2020.

48. G. Flynn e M. Dara, "Garment Workers Cornered by Job Loss, Virus Fears and Looming Debt", VOD, 16 abr. 2020.

49. K. Brenke, R. Ulf e K. F. Zimmermann, "Short-Time Work: The German Answer to the Great Recession", *International Labour Review*, v. 152, n. 2, pp. 287-305, 2013.

50. EIB Investment Report 2020. Disponível em: <https://www.eib.org/attachments/efs/eib_investment_report_advance_copy.pdf>.

51. OECD, Economic Outlook, v. 2020. Disponível em: <https://www.oecd-ilibrary.org/economics/oecd-economic-outlook_16097408>.

52. R. Carroll, S. Jones, L. Tondo, K. Connolly e K. Gillet, "Covid-19 Crisis Stokes European Tensions Over Migrant Labour", *The Guardian*, 11 maio 2020; M. Andriescu, "Under Lockdown Amid COVID-19 Pandemic, Europe Feels the Pinch from Slowed Intra-EU Labor Mobility", Migraton Policy Institute, 1 maio 2020.

53. M. Weisskircher, J. Rone e M. S. Mendes, "The Only Frequent Flyers Left: Migrant Workers in the EU in Times of Covid-19", Open Democracy, 20 abr. 2020.

54. S. Jha, "Migrant Workers Head Home in Coronavirus Lockdown, Exposed and Vulnerable", *Business Standard*, 26 mar. 2020.

55. A. K. B. Basu e J. M. Tapia, "The Complexity of Managing COVID-19: How Important Is Good Governance?", Brookings, 17 nov. 2020.

56. "21 Days and Counting: Covid-19 Lockdown, Migrant Workers, and the Inadequacy of Welfare Measures in India", Stranded Workers Action Network, 15 abr. 2020.

57. "The Jobs Bloodbath of April 2020", Centre for Monitoring Indian Economy, 5 maio 2020.

58. "Policy Basics: How Many Weeks of Unemployment Compensation Are Available?", Center on Budget and Policy Priorities, 1 fev. 2021.

59. M. Haag, "To Reach a Single A.T.M., a Line of Unemployed Stretches a Block", *The New York Times*, 7 jul. 2020.

60. V. Stracqualursi e A. Kurtz, "Trump Administration Asking States to Delay Release of Unemployment Numbers", CNN, 20 mar. 2020.

61. G. Iacurci, "Job Losses Remain 'Enormous': Coronavirus Unemployment Claims Are Worst in History", CNBC, 9 jul. 2020.

62. "2020: Charts from a Year Like No Other", *Financial Times*, 29 dez. 2020.

63. S. Matthews, "U.S. Jobless Rate May Soar to 30%, Fed's Bullard Says", *Bloomberg*, 22 mar. 2020.

64. Comentários de D. G. Azevêdo, "Trade Set to Plunge as COVID-19 Pandemic Upends Global Economy", OIT, 8 abr. 2020.

65. H. Tan, "Thousands of Seafarers Are Stranded as Coronavirus Shuts Down Borders — That Could Hurt Trade", CNBC, 24 jun. 2020.

66. "Why the Philippines Is a Magnet for Idled Cruise Ships", *The Economist*, 23 maio 2020.

67. "Cargo-Ship Crews Are Stuck at Sea", *The Economist*, 20 jun. 2020; J. Emont, "Developing World Loses Billions in Money from Migrant Workers", *The Wall Street Journal*, 15 jul. 2020.

68. N. Ghani e G. Platten, "Shopping on Black Friday?: Remember the Stranded Seafarers Who Made It Possible", *The Guardian*, 27 nov. 2020.

69. "Is the World Economy Recovering?", *The Economist*, 19 set. 2020.

6. "Tudo o que for preciso", de novo [pp. 116-36]

1. A. Samson, P. Geordiadis et al., "US Stocks Fall 10% in Worst Day Since 1987 Crash", *Financial Times*, 12 mar. 2020.

2. Z. He e A. Krishnamurthy, "Are US Treasury Bonds Still a Safe Haven?", National Bureau of Economic Research, The Reporter, out. 2020; P. Mehrling, "Financialization and Its Discontents", *Finance and Society*, v. 3, pp. 1-10, 2017.

3. D. Duffie, "Still the World's Safe Haven?: Redesigning the U.S. Treasury Market after the Covid-19 Crisis", Brookings, 22 jun. 2020.

4. "Holistic Review of the March Market Turmoil", Financial Stability Board, 17 nov. 2020.

5. A. Samson, R. Wigglesworth, C. Smith e J. Rennison, "Strains in US Government Bond Market Rattle Investors", *Financial Times*, 12 mar. 2020.

6. L. Norton, "How the Pandemic Will Change Financial Markets Forever", *Barron's*, 22 jul. 2020.

7. A. Tooze, *Crashed: How a Decade of Financial Crises Changed the World*. Nova York: Nova York: Viking, 2018; A. Sufi e A. Mian, *House of Debt: How They (and You) Caused the Great Recession, and How We Can Prevent It from Happening Again*. Chicago, Illinois: University of Chicago Press, 2015.

8. J. Harper, "Global Housing Markets 'Overheating' Amid Pandemic Stimulus?", DW, 15 nov. 2020.

9. "Global Financial Stability Report: Markets in the Time of COVID-19", FMI, abr. 2020; "Financial Stability Report", Board of Governors of the Federal Reserve System, nov. 2020.

10. "How Resilient Are the Banks?", *The Economist*, 2 jul. 2020.

11. "Financial Stability Review", European Central Bank, maio 2020.

12. "Navigating Monetary Policy Challenges and Managing Risks", FMI, abr. 2015. "Market Fragility and Interconnectedness in the Asset Management Industry", Pronunciamento de S. W. Bauguess, diretor interino e economista-chefe interino, DERA, U.S. Securities and Exchange Commission, 20 jun. 2017.

13. S. Avdjiev, P. McGuire e G. von Peter, "International Dimensions of EME Corporate Debt", *BIS*, 3 jun. 2020.

14. As melhores explicações do sistema de repos são D. Gabor, "The (Impossible) Repo Trinity: The Political Economy of Repo Markets", *Review of International Political Economy*, v. 23, n. 6, pp. 967-1000, 2016; e C. Sissoko, "The Collateral Supply Effect on Central Bank Policy", 21 ago. 2020. Disponível em SSRN: <https://ssrn.com/abstract=3545546 ou http://dx.doi.org/10.2139/ssrn.3545546>.

15. G. B. Gorton e A. Metrick, "Securitized Banking and the Run on Repo", *NBER Working Paper Series*, ago. 2009.

16. D. Duffie, "Still the World's Safe Haven?: Redesigning the U.S. Treasury Market after the COVID-19 Crisis", Brookings, 2020. Disponível em: <https://brookings.edu/research/still-the-worlds-safe-haven/>.

17. "Holistic Review of the March Market Turmoil", Financial Stability Board, 17 nov. 2020.

18. A. Etra, "2020 UST March Madness", *Money: Inside and Out*, 13 jan. 2021.

19. A. Samson, R. Wigglesworth et al., "Strains in US Government Bond Market Rattle Investors", *Financial Times*, 12 mar. 2020.

20. D. Beckworth, "Carolyn Sissoko on the Collateral Supply Effect and Other Concerns in the Money Market", Mercatus Center, George Mason University, 21 set. 2020.

21. K. Brettell e K. Pierog, "Treasury Liquidity Worsens, Worries Build about Broad Selling Pressures", Reuters, 12 mar. 2020.

22. "Financial Stability Review", op. cit.

23. A. Hauser, "From Lender of Last Resort to Market Maker of Last Resort Via the Dash for Cash: Why Central Banks Need New Tools for Dealing with Market Dysfunction", Bank of England, Londres, 2021. Disponível em: <www.bankofengland.co.uk/-/media/boe/files/speech/2021/january/why-central-banks-need-new-tools-for-dealing-with-market-dysfunction-speech-by-andrew-hauser.pdf>.

24. R. Costa, J. Dawsey et al., "Trump Urged Mnuchin to Pressure Fed's Powell on Economic Stimulus in Explosive Tirade about Coronavirus", *The Washington Post*, 11 mar. 2020.

25. "Trump Presses 'Pathetic' Fed to Cut Rates More Aggressively", Reuters, 10 mar. 2020.

26. S. Donnan, J. Randow et al., "Committee to Save the World Is a No-Show, Pushing Economy to Brink", *Bloomberg*, 13 mar. 2020.

27. S. O'Grady, "Janet Yellen: The Treasury Who Trump Thought Was 'Too Political' — and 'Too Short'", *The Independent*, 1 fev. 2020.

28. D. Borak, "How Jerome Powell Stopped a US Default — in 2011", CNN, 19 jul. 2019.

29. Sobre Powell: T. L. Hogan, "Can the Fed Reduce Inequality", American Institute for Economic Research, 18 ago. 2020; J. L. Yellen, "Perspectives on Inequality and Opportunity from the Survey of Consumer Finances", Board of Governors of the Federal Reserve System, 17 out. 2014; sobre as ambiguidades da posição de Yellen, ver R. V. Reeves, "Janet Yellen's, Inequality Speech Revealed a 'Closet Conservative'", Brookings, 14 out. 2014.

30. N. Timiraos, "New York Fed Names New Leadership for Top Markets Jobs", *Wall Street Journal*, 19 dez. 2019.

31. R. Kuttner, "Liberalish: The Complex Odyssey of Lael Brainard", *The American Prospect*, 23 set. 2020.

32. C. Torres e L. McCormick, "Fed Dissent and Bond Volatility Are in Powell's Taper Future", *Bloomberg*, 2 fev. 2021.

33. J. Cox, "Fed Boosts Money It's Providing to Banks in Overnight Repo Lending to $175 Billion", CNBC, 11 mar. 2020.

34. "Federal Reserve Issues FOMC Statement", Federal Reserve Press Release, 15 mar. 2020.

35. C. Jones, "Why FX Swap Lines Are Back", *Financial Times*, 17 mar. 2020; "The Successes of the Fed's Dolar-Swap Lines", *The Economist*, 20 jun. 2020; B. W. Setser, "How Asia's Life Insurers Could 'Shelter-In-Place'", Council on Foreign Relations, 22 mar. 2020.

36. A. Tooze, "This Is the One Thing That Might Save the World from Financial Collapse", *The New York Times*, 20 mar. 2020.

37. P. LeBlanc, "Trump Congratulates Federal Reserve for Slashing Interest Rates: 'It Makes Me Very Happy'", CNN, 15 mar. 2020.

38. Y. Li, "Plunging Stocks Triggered a Key Market 'Circuit Breaker' — Here's What That Means", CNBC, 16 mar. 2020.

39. H. Lambert, "The Adults in the Room", *New Statesman*, 15 jul. 2020.

40. A. Debnath, M. Hunter e S. Barton, "Currency Liquidity Vanishes on Mounting Fears of London Hub Slamming Shut", *Bloomberg*, 18 mar. 2020.

41. J. Surane, P. Seligson et al., "Key Source of Corporate Cash Seizing Up Amid Credit Market Rout", *Bloomberg*, 15 mar. 2020.

42. N. Kumar, "Bridgewater Makes $14 Billion Short against European Stocks", *Bloomberg*, 16 mar. 2020.

43. S. Potter e J. Lee, "Diary of a Crisis: Inside Wall Street's Most Volatile Week Ever", *Bloomberg*, 20 mar. 2020.

44. Ibid.

45. T. Stubbington e C. Smith, "Investment Veterans Try to Get to Grips with 'Broken' Markets", *Financial Times*, 20 mar. 2020.

46. C. Giles, "BoE Compelled to Act as Coronavirus Pummels Economy", *Financial Times*, 19 mar. 2020.

47. E. Conway, "Coronavirus: Bank of England Rescued Government, Reveals Governor", Sky News, 22 jun. 2020.

48. H. Lambert, op. cit.

49. Ibid.

50. S. Potter e J. Lee, op. cit.

51. "COVID-19 and Global Capital Flows", OECD, 3 jul. 2020.

52. C. Torres, "Meet Fed's Nine New Offspring, Each with Different Market Role", *Bloomberg*, 16 abr. 2020.

53. "VW Urges ECB to Buy Short-Term Debt to Stabilise Markets", Reuters, 27 mar. 2020.

54. M. J. Lee e T. Hasengawa, "BOJ Becomes Biggest Japan Stock Owner with $434 Billion Hoard", *Bloomberg*, 6 dez. 2020.

55. "Federal Reserve Issues FOMC Statement", op. cit.

56. D. Beckworth, op. cit.

57. C. Peterson-Withorn, "The World's Billionaires Have Gotten $ 1,9 Trillion Richer In 2020", *Forbes*, 16 dez. 2020.

7. A economia respirando por aparelhos [pp. 137-61]

1. C. Hulse e E. Cochrane, "As Coronavirus Spread, Largest Stimulus in History United a Polarized Senate", *The New York Times*, 26 mar. 2020.

2. B. Battersby, W. R. Lam e E. Ture, "Tracking the $9 Trillion Global Fiscal Support to Fight Covid-19", FMI, 20 maio 2020; V. Gaspar, P. Medas, J. Ralyea e E. Ture, "Fiscal Policy for an Unprecedented Crisis", FMI, 14 out. 2020.

3. Martin e J. Younger, "War Finance and Bank Leverage: Lessons from History", Yale School of Management, 8 set. 2020.

4. C. Giles, "Central Bankers Have Been Relegated to Second Division Of Policymakers", *Financial Times*, 1 out. 2020.

5. Para essa percepção essencial, ver D. Gabor, "Revolution Without Revolutionaries: Interrogating the Return of Monetary Financing", Transformative Responses to the Crisis, 2020.

6. IMF Fiscal Monitor, out. 2020, figura 1.1.

7. Cepal, "Addressing the Growing Impact of COVID-19 with a View to Reactivation with Equality: New Projections", 15 jul. 2020. Disponível em: <http://repositorio.cepal.org/bitstream/handle/11362/45784/1/S2000470_en.pdf>.

8. O. Sunday, "Gangs Terrorized Africa's Largest City in Coronavirus Lockdown, Vigilantes Responded", *South China Morning Post*, 18 maio 2020.

9. S. Dixit, Y. K. Ogundeji, O. Onwujekwe, "How Well Has Nigeria Responded to COVID-19", Brookings, 2 jul. 2020.

10. A. Rettman, "Merkel defends EU Legacy on Refugees and Austerity", EUobserver, 16 maio 2019.

11. OECD Economic Outlook, v. 2020, n. 1.

12. M. Schieritz, "Was traut er sich?", *Die Zeit*, 13 nov. 2019.

13. M. Ashworth, "Germany's 'Black Zero' Rule May Be Gone Forever", *Bloomberg*, 26 fev. 2020.

14. M. Nienaber, "German Parliament Suspends Debt Brake Do Fight Coronavirus Outbreak", Reuters, 25 mar. 2020.

15. G. Chazan, "Scholz Insists Record German Borrowing Manageable", *Financial Times*, 17 jun. 2020; "Germany Opens the Money Tap", *The Economist*, 13 jun. 2020.

16. D. Adler e J. Roos, "If Coronavirus Sink the Eurozone, the 'Frugal Four' Will Be to Blame", *The Guardian*, 31 mar. 2020; H. Von Der Burchard, I. Oliveira e E. Schaart, "Dutch Try to Calm North-South Economic Storm Over Coronavirus", *Politico*, 27 mar. 2020.

17. D. Gutensohn, "Kliniken schließem — wenn sie am nötigsten gebraucht werden", *Die Zeit*, 7 abr. 2020.

18. B. Tanjangco, Y. Cao et al., "Pulse 1: Covid-19 and Economic Crisis — China's Recovery and International Response", *ODI Economic Pulse*, nov. 2020.

19. J. Sipalan, "Malaysia Announces $58-Billion Stimulus Package to Cushion Impact of Coronavirus", Reuters, 27 mar. 2020.

20. J. Follain, "Italian Leader Takes to Basement to Plot How to Fight Virus", *Bloomberg*, 9 mar. 2020.

21. J. Ford, "The New Wartime Economy in the Era of Coronavirus", *Financial Times*, 25 mar. 2020; "How to Battle the Coronavirus and Win: A Historians' Roundtable". Disponível em: <https://www.bloomberg.com/opinion/articles/2020-03-29/history-s-coronavirus-lessons-going-to-war-against-covid-19>.

22. E. Levitz, "This Recession Is a Bigger Housing Crisis Than 2008", *Intelligencer*, 13 jul. 2020.

23. M. Konczal, "Our Political System Is Hostile to Real Reform", *Dissent*, 26 mar. 2020.

24. A. Tooze, *Crashed: How a Decade of Financial Crises Changed the World*. Nova York: Viking, 2018; A. Mian e A. Sufi, *House of Debt: How They (and You) Caused the Great Recession, and How We Can Prevent It from Happening Again*. Chicago, Illinois: University of Chicago Press, 2015.

25. J. Politi, "US Heads for Fiscal Cliff as Stimulus Fades", *Financial Times*, 11 jul. 2020.

26. R. Chetty, J. N. Friedman, N. Hendren et al., "The Economic Impacts of Covid-19: Evidence from a New Public Database Built Using Private Sector Data", *National Bureau of Economic Research Working Paper*, v. 27431, nov. 2020.

27. U.S. Bureau of Economic Analysis, Personal Saving Rate [PSAVERT], Retrieved from FRED, Federal Reserve Bank of St. Louis, 10 fev. 2021. Disponível em: <https://fred.stlouisfed.org/series/PSAVERT>.

28. A. Madgavkar, T. Tacke, S. Smit e J. Manyika, "COVID-19 Has Revived the Social Contract in Advanced Economies — for Now. What Will Stick Once the Crisis Abates?", McKinsey Global Institute, 10 dez. 2020.

29. Ibid.

30. "Job Retentions Schemes During the COVID-19 Lockdown and Beyond", OECD, 12 out. 2020.

31. M. Konczal, "Unemployment Insurance Is a Vital Part of Economic Freedom", *The Nation*, 15-22 jun. 2020.

32. "Income Has Risen Through the COVID Recession But That May Soon Change", Committee for a Responsible Federal Budget, 20 jul. 2020.

33. A. Jäger e D. Zamora, "'Welfare without the Welfare State': The Death of the Postwar Welfarist Consensus", *New Statesman*, 9 fev. 2021.

34. P. Baldwin, *The Politics of Social Solidarity: Class Bases of the European Welfare State, 1875-1975*. Cambridge, Reino Unido: Cambridge University Press, 1990.

35. "State Aid: Commission Adotps Temporary Framework to Enable Member States to Further Support the Economy in the COVID-19 Outbreak", European Commission, 19 mar. 2020; D. Boffey, "Von der Leyen Warns State Aid 'Unlevelling the Playing Field' in Europe", *The Guardian*, 13 maio 2020.

36. OECD Economic Outlook, v. 2020, n. 1.

37. D. Autor, D. Cho et al., "An Evaluation of the Paycheck Protection Program Using Administrative Payroll Microdata", MIT Department of Economics, 22 jul. 2020.

38. G. Hubbard e M. R. Strain, "Has the Paycheck Protection Program Succeeded?", *Brookings Papers on Economic Activity*, 24 set. 2020.

39. L. Schalatek, "Urgently Wanted: A US Stimulus Package in Which More Than the Dollar Bills Are Green", Heinrich-Böll-Stiftung, 2 jul. 2020.
40. T. Healey, S. B. Herman et al., "COVID-19 Update: US Senate Passes $61 Billion Relief Package for Aviation Industry", *National Law Review*, v. 11, n. 72, 26 mar. 2020.
41. "COVID-19 and the Aviation Industry: Impact and Policy Responses", OECD, 15 out. 2020.
42. J. Drucker, "The Tax-Break Bonanza Inside the Economic Rescue Package", *The New York Times*, 24 abr. 2020.
43. C. Giles, "The Expensive Promise of England's Covid Test and Trace", *Financial Times*, 15 out. 2020.
44. J. Bradley, S. Gebrekidan e A. McCann, "Waste, Negligence and Cronyism: Inside Britain's Pandemic Spending", *The New York Times*, 17 dez. 2020.
45. "Sovereign Borrowing Outlook for OECD Countries 2020", OECD, 2020.
46. Ibid.
47. K. Seibel e H. Zschäpitz, "11,6 Milliarden Euro — Bund macht Rekordgewinn mit neuen Schulden", *Welt*, 7 dez. 2020.
48. Moody's Analytics, Financial Markets Have Largely Priced-In 2021's Positive Outlook. Disponível em: <https://www.moodysanalytics.com/-/media/article/2020/weekly-market-outlook-financial-markets-have-largely-priced-in-2021s-positive-outlook.pdf>.
49. L. H. Summers, "Why Stagnation Might Prove to Be the New Normal", 15 dez. 2013; J. Furman e L. Summers, "A Reconsideration of Fiscal Policy in the Era of Low Interest Rates", 20 nov. 2020. Disponível em: <https://www.brookings-edu/wp-content/uploads/2020/11/furman-summers-fiscal-reconsideration-discussion-draft.pdf>.
50. O. Blanchard, "Public Debt and Low Interest Rates", *American Economic Review*, v. 109, n. 4, pp. 1197-229, 2019.
51. Id., "Italian Debt Is Sustainable", Peterson Institute of International Economics, 18 mar. 2020.
52. De fato, o próprio Tesouro amealhou uma montanha de dinheiro no processo: L. McCormick, E. Barrett e K. Grelfield, "American Investors Are Plugging the U.S.'s Record Budget Deficit", *Bloomberg*, 12 jul. 2020.
53. T. Stubbington e C. Giles, "Investors Sceptical Over Bank of England QE Programme", *Financial Times*, 4 jan. 2021.
54. B. Holland, L. McCormick e J. Ainger, "Coronavirus Bills Are So Big, Only Money-Printing Can Pay Them", *Bloomberg*, 15 maio 2020.
55. A. P. Lerner, "Functional Finance and the Federal Debt", *Social Research*, v. 10, n. 1, pp. 38-51, 1943.
56. Para abordagens contrastantes, ver S. Kelton, *The Deficit Myth: Modern Monetary Theory and the Birth of the People's Economy*. Nova York: PublicAffairs, 2020; e G. Selgin, *The Menace of Fiscal QE*. Washington, D.C.: Cato Institute, 2020.
57. F. Coppola, *The Case for People's Quantitative Easing*. Hoboken, NJ: John Wiley & Sons, 2019.
58. B. Bernanke, "What Tools Does the Fed Have Left? Part 3: Helicopter Money", Brookings, 2016.
59. E. Bartsch, J. Boivin, S. Fischer e P. Hildebrand, "Dealing with the Next Downturn: From Unconventional Monetary Policy to Unprecedented Policy Coordination", SUERF, out. 2019.
60. A. Yablon, "Wall Street Has Always Been Progressives' 'Big Bad'. But a New Generation in the Finance Industry Is Starting to Sound More Like Allies Than Enemies", *Insider*, 6 dez. 2020.

61. C. Goodhart, A. Eric e M. Pradhan, "The Great Demographic Reversal: Ageing Societies, Waning Inequality, and an Inflation Revival". Disponível em: <www.suerf.org/policynotes/17385/the-great-demographic-reversal-ageing-societies-waning-inequality-and-an-inflation-revival>.
62. T. Stubbington e C. Giles, op. cit.
63. Discurso de I. Schnabel, "The Shadow of Fiscal Dominance: Misconceptions, Perceptions and Perspectives", European Central Bank, 11 set. 2020.
64. T. Stubbington e C. Giles, op. cit.
65. Bank of England, "Quantitative Easing". Disponível em: <https://www.bankofengland.co.uk/monetary-policy/quantitative-easing>.
66. B. Braun, "Central Banking and the Infrastructural Power of Finance: The Case of ECB Support for Repo and Securitization Markets", *Socio-Economic Review*, v. 18, n. 2, pp. 395-418, 2020.
67. Sobre a revolução incompleta de Lerner, ver M. Buchanan e Richard E. Wagner, *Democracy in Deficit: The Political Legacy of Lord Keynes*. Indianápolis, IN: Liberty Fund, 2000.
68. Discurso de A. Haldane, "What Has Central Bank Independence Ever Done for Us?", Bank of England, 28 nov. 2020.
69. A. Tooze, *Crashed: How a Decade of Financial Crises Changed the World*. Nova York: Viking, 2018.
70. B. Dudley, "When the Fed Tapers, the Market Will Have a Tantrum", *Bloomberg*, 21 jan. 2021; "Raghuram Rajan Says Another 'Taper Tantrum' Possible. What Is It?", CNBC, 22 jan. 2021.
71. J. Smialek, "How the Fed's Magic Machine Will Turn $454 Billion Into $4 Trillion", *The New York Times*, 27 mar. 2020.
72. J. B. Bolzani, "Has the CARES Act Expanded the Red's Legal Mandate", The FinReg Blog, 26 out. 2020; G. Selgin, "The Constitutional Case for the Fed's Treasury Backstops", Alt-M, 13 abr. 2020.
73. G. Robb, "Fed Will Make Up to $4 Trillion in Loans to Businesses to Rescue the U.S. Economy, Mnuchin Says", *Market Watch*, 28 mar. 2020.
74. L. De Pillis, J. Elliott e P. Kiel, "The Big Corporate Rescue and the America That's Too Small to Save", *ProPublica*, 12 set. 2020.
75. J. Rennison, "US Credit Market Off to a Record Start in 2021", *Financial Times*, 6 jan. 2021.
76. "Companies Have Raised More Capital in 2020 Than Ever Before", *The Economist*, 10 dez. 2020.
77. A. Tangel e D. Cameron, "Boeing Asks for US$ 60 Billion in Aid for U.S. Aerospace Industry", *Wall Street Journal*, 17 mar. 2020.
78. Y. Torbati e A. Gregg, "How a $17 billion Bailout Fund Intended for Boeing Ended Up in Very Different Hands", *The Washington Post*, 25 nov. 2020.
79. K. Duguid, J. Franklin e D. Shepardson, "How Boeing went from Appealing for Government Aid to Snubbing It", Reuters, 1 maio 2020.
80. D. Gates, "Boeing to Cut Thousands More Employees as Losses Mount", *Seattle Times*, 28 out. 2020.
81. Periodic Report: Update on Outstanging Lending Facilities Authorized by the Board under Section 13(3) of the Federal Reserve Act, 7 set. 2020. Disponível em: <https://www.federalreserve.gov/publications/files/pdcf-mmlf-cpff-pmccf-smccf-talf-mlf-ppplf-msn-lf-mself-mslpf-nonlf-noelf-9-820.pdf#page=3>.

82. D. Scugliuzzo, S. Bakewell e G. Gurumurthy, "Carnival Boosts Bond Sale after 12% Yield Attracts $17 Billion", *Bloomberg*, 1 abr. 2020.
83. N. Randewich, "Big Tech Drives S&P 500 to Record High in Coronavirus Rally", Reuters, 18 ago. 2020.
84. M. Rubinstein, "The Stock Market as Entertainment", *Net Interest*, 5 jun. 2020.
85. M. Fitzgerald, "Many Americans Used Part of Their Coronavirus Stimulus Check to Trade Stocks", cnkbc, 21 maio 2020.
86. E. Wolff-Mann, "43% of Retail Investors Are Trading with Leverage", Yahoo!, 9 set. 2020.

8. A caixa de ferramentas [pp. 162-80]

1. J. Wheatley e A. Schipani, "Bolsonaro, Brazil and the Coronavirus Crisis in Emerging Markets", *Financial Times*, 19 abr. 2020; "COVID-19 and Global Capital Flows", OECD, 3 jul. 2020.
2. Disponível em: <http://www.worldgovernmentbonds.com/cds-historical-data/brazil/5-years/>.
3. J. Wheatley e A. Schipani, op. cit.
4. "Global Financial Stability Report", FMI, out. 2019.
5. D. Gabor, "The Wall Street Consensus", SocArXiv, 2 jul. 2020.
6. H. Rey, "Dilemma Not Trilemma: The Global Financial Cycle and Monetary Policy Independence", *National Bureau of Economic Research Working Paper*, v. 21162, 2015.
7. International Monetary Fund press Release, "The IMF Executive Board Discusses 'The Evolution of Public Debt Vulnerabilities in Lower Income Economics'". Disponível em: <https://www.imf.org/~/media/Files/Publications/PP/2020/English/PPEA2020003.ashx>.
8. I. Grabel, *When Things Don't Fall Apart*. Cambridge, MA: MIT Press, 2017.
9. "Just in Case", *The Economist*, 10 out. 2013.
10. A parte seguinte se baseia no Relatório Econômico Anual do Banco de Compensações Internacionais (BIS, na sigla em inglês), "Monetary Policy Frameworks in EMES: Inflation Targeting, the Exchange Rate and Financial Stability", Bank for International Settlements, 30 jun. 2019.
11. G. Benigno, J. Hartle et al., "Credible Emerging Market Central Banks Could Embrace Quantitative Easing to Fight COVID-19", VoxEU, 29 jun. 2020.
12. FMI, World Bank Group, Staff Note for the International Financial Architecture Working Group, "Recent Developments on Local Currency Bond Markets in Emerging Economies", 27 jan. 2020. Disponível em: <http://documents1.worldbank.org/curated/en/129961580334830825/pdf/Staff-Note-for-the-G20-International-Financial-Architecture-Working-Group-IFAWG-Recent-Developments-On-Local-Currency-Bond-Markets-In-Emerging-Economies.pdf>.
13. A. Castens e H. S. Shin, "Emerging Markets Aren't Safe Yet", *Foreign Affairs*, 15 mar. 2019.
14. L. Borodovsky, "Stock Valuation Metrics Look Increasingly Stretched", *The Daily Shot*, 12 jan. 2021.
15. O. Negus, "The Chiang Mai Initiative Multilateralization (CMIM): If Not Now, then When?", Center for Strategic and International Studies, 1 set. 2020; W. N. Kring e W. W. Grimes, "Leaving the Nest: The Rise of Regional Financial Arrangements and the Future of Global Governance", *Development and Change*, v. 50, n. 1, pp. 72-95, 2019.

16. B. Steil, "Central Bank Currency Swaps Tracker", Council on Foreign Relations, 5 nov. 2019.
17. J. Frost, H. Ito e R. van Stralen, "The Effectiveness of Macroprudential Policies and Capital Controls against Volatile Capital Inflows", *BIS Working Papers*, 2 jun. 2020.
18. I. Grabel, "The Rebranding of Capital Controls in an Era of Productive Incoherence", Review of International Political Economy, v. 22, n. 1, pp. 7-73, 2015; Id., "Capital Controls in a Time of Crisis". In: G. A. Epstein et al., *The Political Economy of International Finance in an Age of Inequality*. Cheltenham, Reino Unido: Edward Elgar, 2018, pp. 69-105.
19. BIS Annual Economic Report, "Monetary Policy Frameworks in EMEs: Inflation Targeting, the EXCHANGE RATE and Financial Stability", Bank for International Settlements, 30 jun. 2019.
20. I. Grabel, "The Rebranding of Capital Controls in an Era of Productive Incoherence", op. cit.
21. FAO, IFAD, Unicef, WFP e OMS, *The State of Food Security and Nutrition in the World 2020. Transforming Food Systems for Affordable Healthy Diets*, 2020.
22. "Transcript of IMF Press Briefing", FMI, 21 maio 2020.
23. Extraordinary G2 Leaders' Summit: Statement on Covid-19, 26 mar. 2020. Disponível em: <http://www.g20.utoronto.ca/2020/2020-g20-statement-0326.html>.
24. "The Great Lockdown: Worst Economic Downturn Since the Great Depression", FMI, 23 mar. 2020.
25. "Only Victory in Africa Can End the Pandemic Everywhere", *Financial Times*, 14 abr. 2020.
26. K. Georgieva, "Statement on The United States Congress Move to Strengthen the IMF's Resources", FMI, 27 mar. 2020.
27. OECD Economic Outlook, v. 2020, n. 1.
28. Tabela 3: I. Fresnillo, "Shadow Report on the Limitations of the G20 Debt Service Suspension Initiative: Draining Out the Titanic with a Bucket?", Eurodad, 14 out. 2020.
29. K. Georgieva, op. cit.
30. P. Bolton, L. Buchheit, P.-O. Gourinchas et al., "Born Out of Necessity: A Debt Standstill for COVID-19", Centre for Economic Policy Research, abr. 2020.
31. T. Stubbs, W. Kring et al., "Whatever It Takes?: The Global Financial Safety Net, Covid-19, and Developing Countries", *World Development*, v. 137, n. 105171, 2021.
32. D. Munevar, "Arrested Development: International Monetary Fund Lending and Austerity Post Covid-19", Eurodad, 26 out. 2020; S. Ambrose, "In the Midst of the Pandemic, Why Is the IMF Still Pushing Austerity on the Global South?", Open Democracy, 13 out. 2020.
33. Y. Arslan, M. Drehmann e B. Hofmann, "Central Bank Bond Purchases in Emerging Market Economics", *BIS Bulletin*, 2 jun. 2020; "Emerging Markets' Experiments with QE Have Not Turned Out Too Badly", *The Economist*, 29 out. 2020.
34. G. Beningo, J. Hartley et al., "Credible Emerging Market Central Banks Could Embrace Quantitative Easing to Fight COVID-19", VoxEU, 29 jun. 2020.
35. OECD Policy Responses to Coronavirus (COVID-19) "COVID-19 and Global Capital Flows", 3 jul. 2020.
36. Ibid.
37. A. W. Akhlas, "Bank Indonesia in Talks with US, China on Currency Swaps", *Jakarta Post*, 2 abr. 2020; "Indonesia Central Bank Says in Talks with U.S. Fed, China on Swap Lines", Reuters, 2 abr. 2020; K. Salna e T. Sipahutar, "Indonesia Says New York Offers $60 Billion Credit Line", *Bloomberg*, 7 abr. 2020.

38. Disponível em: <http://www.worldgovernmentbonds.com/cds-historical-data/brazil/5-years/>.
39. C. Goko, "Africa's Junk Bonds Among Hottest Investments with Big Yelds", *Bloomberg*, 4 jun. 2020.
40. P. Naidoo, "After More Than 25 Years S. Africa Is Now Junk with Moody's Too", *Bloomberg*, 27 mar. 2020.
41. "South Africa Borrows from the IMF for the First Time Since Apartheid", *The Economist*, 1 ago. 2020.
42. International Monetary Fund African Dept., "Regional Economy Outlook, October 2020, Sub-Saharian Africa: A Difficult Road to Recovery", FMI, 22 out. 2020.
43. Eurodad, "A Debt Pandemic", Briefing Paper, mar. 2021.
44. G. Long, "Ecuador's Virus-Hit Guayaquil Is Grim Warning for Region", *Financial Times*, 5 abr. 2020.
45. R. Dube e J. de Córdoba, "Ecuador City Beat One of World's Worst Oubreaks of Covid-19", *The Wall Street Journal*, 30 jun. 2020.
46. K. Brown, "Coronavirus Pandemic Exposes Inequality in Ecuador's Guayaquil", Al Jazeera, 27 maio 2020.
47. "Latin America's Health Systems Brace for a Battering", *The Economist*, 11 abr. 2020.
48. G. Long, "Peru Tries to Emerge from Shadow of Corruption Scandal", *Financial Times*, 12 mar. 2020.
49. Id., "Ecuadorean Bonds Drop as Government Calls for Time", *Financial Times*, 24 mar. 2020.
50. G. Long e C. Smith, "Ecuador Reaches Deal to Postpone Debt Repayments Until August", *Financial Times*, 17 abr. 2020.
51. G. Long, "Ecuador Takes Far-Reaching Measures to Save Economy", *Financial Times*, 20 maio 2020.
52. M. Stott, "Coronavirus Set to Push 29m Latin American into Poverty", *Financial Times*, 27 abr. 2020.
53. "Peru Is Heading Towards a Dangerous New Populismo", *The Economist*, 25 jul. 2020.
54. G. Long, "Venezuelan Migrants Face Tough Choices as Virus Spreads", *Financial Times*, 23 abr. 2020.
55. Ibid.
56. "COVID-19 Hastens Changes to Chile's Market-Led Economic Model", *The Economist*, 18 jul. 2020.
57. Ibid.; M. Stott e A. Schipani, "Fears Mount of a Fresh Latin American Debt Crisis", *Financial Times*, 21 jul. 2020.
58. E. Marin, "IMF Builds a $107 Billion Safety Net Under Key Latin Economies", *Bloomberg*, 19 jun. 2020.
59. M. B. Sheridan, "Mexico's Pandemic Policy: No Police. No Curfews. No Fines. No Regrets", *The Washington Post*, 26 jan. 2021.
60. S. Pérez e A. Harrup, "Mexico's Leftist President Becomes Fiscal Hawk in Midst of Pandemic", *The Wall Street Journal*, 2 dez. 2020.
61. O. Dyer, "Covid-19: Mexico Acknowledges 50,000 More Deaths Than Oficial Figures Show", *BMJ*, v. 371, n. m4182, 2020.
62. L. Nassif-Pires, L. Carvalho e E. Rawet, "Multidimensional Inequality and Covid-19 in Brazil", Levy Economics Institute of Bard College, Public Policy Brief, n 153, set. 2020.

63. B. Harris e A. Schipani, "Virus Compounds Brazil's Prolonged Economic Slump", *Financial Times*, 17 jun. 2020.
64. "Brazil Faces Hard Spending Choices in 2021", *The Economist*, 16 dez. 2020.
65. M. Viotti Beck e A. Fosati, "Brazil's Coronavirus Splurge Is Sparking a Rebellion in Markets", *Bloomberg*, 27 out. 2020.
66. B. Harris, "Brazil's Economy Rebounds in Third Quarter", *Financial Times*, 3 dez. 2020.
67. ECLAC Special Report, n. 5, "Addressing the Growing Impact of COVID-19 with a View to Reactivation with Equality: New Projections", 15 jul. 2020. Disponível em: <https://repositorio.cepal.org/bitstream/handle/11362/45784/1/S2000470_en.pdf>.
68. C. Smith e G. Long, "Peru Joins Select Group of Nations Selling Century Bonds", *Financial Times*, 23 nov. 2020.
69. M. Margolis, "Covid-19's Toll Will Rewrite Latin America's Future", *Bloomberg*, 1 jul. 2020.
70. M. Stott, "Coronavirus Set to Push 29m Latin Americans Into Poverty", op. cit.
71. S. Pérez e A. Harrup, op. cit.
72. M. Viotti Beck, "Brazil Economy Chief Vows Fiscal Control If Virus Hits Again", *Bloomberg*, 10 nov. 2020.
73. B. Harris, op. cit.
74. M. Sergio Lima e C. Lucchesi, "Fraga Warns 'Combustible' Situation Brewing in Brazilian Markets", *Bloomberg*, 15 out. 2020.

9. O NextGen da União Europeia [pp. 183-97]

1. R. J. Samuelson, "Opinion: Why Italy's Debt Matters for Everybody", *The Washington Post*, 24 maio 2020.
2. M. Ashworth, "Italy's Debt Is Less Terrifying Than It Looks", *Bloomberg*, 9 abr. 2020.
3. A. Tooze, *Crashed: How a Decade of Financial Crises Changed the World*. Nova York: Viking, 2018.
4. R. Olivares-Caminal, "The New EU Architecture to Avert a Sovereign Debt Crisis: EFSM, EFSF & ESM", out. 2011. Disponível em: <https://www.oecd.org/daf/fin/48887542.pdf>.
5. J. Detrixhe, "Europe's 'Doom Loop' of Government Debt Is Salive and Well", *Quartz*, 13 maio 2020.
6. "Financial Stability Review", European Central Bank, maio 2020.
7. Eurostat, "First Quarter of 2020 Compared with Fourth Quarter of 2019". Disponível em: <https://ec.europa.eu/eurostat/documents/2995521/11129607/2-22072020-AP-EN.pdf/ab6cd5ff-ec57-d984-e85a-41a351dfiffd>.
8. L. van Middelaar, *Alarums and Excursions: Improving Politics on the European Stage*. Nova York: Agenda Publishing, 2019.
9. ECB Press Conference, 12 mar. 2020. Disponível em: <https://www.ecb.europa.eu/press/pressconf/2020/html/ecb.is200312~f857a21b6c.en.html>.
10. J. Randow e P. Skolimowski, "Christine Lagarde's $810 Billin U-Turn Came in Just Four Weeks", *Bloomberg*, 6 abr. 2020.
11. "Loose Lips Cost Ships: Lagarde's Language and Italy's EUR14 Billion Bill", The General Theorist, 15 maio 2020. Disponível em: <https://thegeneraltheorist.com/category/lagarde/>.
12. "ECB announces €750 Billion Pandemic Emergency Purchase Programme (PEPP)", press release, European Central Bank, 18 mar. 2020.
13. F. Canepa e B. Koranyi, "Exclusive: ECB's Lagarde Overruled German and Dutch Resistance to 'No-Limits' Pledge — Sources", Reuters, 19 mar. 2020.

14. D. Dombey, G. Chazan e J. Brunsden, "Nine Eurozone Countries Issue Call for 'Coronabonds'", *Financial Times*, 15 mar. 2020.

15. D. M Herszenhorn, J. Barigazzi e R. Momtaz, "Virtual Summit, Real Acrimony: EU Leaders Clash Over 'Corona Bonds'", *Politico*, 27 mar. 2020.

16. M. Karnitschnig, "The Inconveniente Truth about Ursula von der Leyen", *Politico*, 2 jul. 2019; B. Judah, "The Rise of Mrs. Europe", *The Critic*, out. 2020.

17. Entrevista com Emmanuel Macron, "Macron: Coronavirus Is Europe's 'Moment of Truth'", *Financial Times*, 16 abr. 2020. Disponível em: <https://www.ft.com/video/96240572-7e35-4fcd-aecb-8f503d529354>.

18. N. de Boer e J. V. Klooster, "The ECB, the Courts and the Issue of Democratic Legitimacy after Weiss", *Common Market Law Review*, v. 57, n. 6, pp. 1689-724, 2020.

19. J. Collings, Democracy's Guardians, Oxford University Press, 2015.

20. D. Grimm, "A Long Time Coming", *German Law Journal*, v. 21, n. 5, pp. 944-9, 2020.

21. A. Tooze, "The Death of the Central Bank Myth", *Foreign Policy*, 13 maio 2020.

22. J. Goldstein, "A Gold Bug's Moment in The Political Sun", *Planet Money*, NPR, 23 jan. 2012; R. Paul, *End the Fed*. Nova York: Grand Central Publishing, 2009; R. Sharma, "Will Bitcoin End the Dollar's Reign?", *Financial Times*, 9 dez. 2020. M. Stoller, "How the Federal Reserve Fights", *Naked Capitalism*, 12 dez. 2011.

23. Dois exemplos destacados estão em: <https://www.positivemoney.eu/> e <https://dezernatzukunft.org/en/category/monetarypolicy/>.

24. P. Tucker, *Unelected Power: The Quest for Legitimacy in Central Banking and the Regulatory State*. Princeton, NJ: Princeton University Press, 2018.

25. S. Kinkartz, "Corona-krise: Was haben die deutschen gegen Eurobonds?", DW, 22 abr. 2020.

26. S. Klusmann, "Germany Must Abandon Its Rejection of Eurobonds", *Der Spiegel*, 4 abr. 2020.

27. "Merkel: Keine Eurobonds, 'solange ich lebe'", *Der Tagesspiegel*, 26 jun. 2012.

28. P. Pancevski e L. Norman, "How Angela Merkel's Change of Heart Drove Historic EU Rescue Plan", *The Wall Street Journal*, 21 jul. 2020.

29. S. Amaro, "EU Unveils Plan to Borrow 750 Billion Euros to Aid Economic Recovery", CNBC, 27 maio 2020.

30. G. Chazan, S. Fleming, V. Mallet e J. Brunsden, "Coronavirus Crisis Revives Franco-German Relations", *Financial Times*, 13 abr. 2020.

31. A. Tooze, "It's a New Europe — if You Can Keep It", *Foreign Policy*, 7 ago. 2020.

32. C. Pazzanese, "Angela Merkel, the Scientist Who Became a World Leader", *The Harvard Gazette*, 28 maio 2019.

33. H. von der Burchard e E. Schaart, "Dutch Face Friendly Fire as Corona Bond Bad Cops", *Politico*, 30 mar. 2020.

34. "EU 'Frugals' Formally Oppose Merkel-Macron Plan for Coronavirus Grants", CNBC, 23 maio 2020.

35. D. Herszenhorn, L. Bayer e R. Momtaz, "The Coronavirus Plan That Von der Leyen Built", *Politico*, 15 jul. 2020.

36. Id., "EU Leaders Agree on €1.82T Budget and Coronavirus Package", *Politico*, 21 jul. 2020.

37. EU Commission, Recovery and Resilience Facility. Disponível em: <https://ec.europa.eu/info/business-economy-euro/recovery-coronavirus/recovery-and-resilience-facility_en>.

38. European Council Conclusions, 17-21 jul. 2020. Disponível em: <https://www.consilium.europa.eu/press/press-releases/2020/07/21/european-council-conclusions-17-21-july-2020/>; G. Claeys e S. Tagliapietra, "Is the EU Council Agreement Aligned with the Green Deal Ambitions?", Bruegel Blog, 23 jul. 2020.

39. L. Guttenberg, J. Hemker e S. Tordoir, "Everything Will Be Different: How the Pandemic Is Changing EU Economic Governance", Hertie School, Jacques Delors Centre, 11 fev. 2021.

40. O. Konotey-Ahulu e J. Ainger, "Big Bond Traders Double Down on Their Bet on Europe", *Bloomberg*, 4 ago. 2020.

41. O. Konotey-Ahulu e N. Jagadeesh, "Euro Skeptics Are Now Believers and It's Driving Markets Higher", *Bloomberg*, 24 jul. 2020.

42. Z. Davras, "Next Generation EU Payments Across Countries and Years", Bruegel Blog, 12 nov. 2020.

43. A. Consiglio e S. Zenios, "Growth Uncertainty, European Central Bank Intervention and the Italian Debt", Bruegel Blog, 28 out. 2020.

44. M. Huertas, H. Schelling e C. von Berg, "Resolving Karlsruhe — What's Happened Since?", *JD Supra*, 7 jul. 2020.

45. K. Hempel, "Anleihekäufe erneut Thema in Karlsruhe", *Tagesschau*, 8 maio 2020; C. Siedenbiedel, "Ultimatum abgelaufen — die EZB sheint aus dem Schneider", *Frankfurter Allgemeine Zeitung*, 8 maio 2020.

46. E. Lonergan, "European Central Bank Has One Item Left in Its Toolkit: Dual Rates", *Financial Times*, 1 jan. 2020.

47. J. Sindreu, "In Europe, Monetary Policy Is All about Giving Banks Free Money", *The Wall Street Journal*, 10 dez. 2020.

48. Disponível em: <www.ecb.europa.eu/press/key/date/2021/html/ecb.sp210325~e424a 7f6cf.en.html>.

49. L. Alderman, "Lagarde Vows to Put Climate Change on the E.C.B.'s Agenda", *The New York Times*, 4 set. 2019.

50. "Christine Lagarde Meets with Positive Money Europe", *Positive Money Europe*, 4 dez. 2019; M. Arnold, "ECB to Consider Using Climate Risk to Steer Bond Purchases", *Financial Times*, 14 out. 2020.

51. C. Look, "Lagarde Says ECB Needs to Question Market Neutrality on Climate", *Bloomberg*, 14 out. 2020.

52. K. Oroschakoff e K. Mathiesen, "How the EU's Green Deal Survived the Coronavirus Pandemic", *Politico*, 17 dez. 2020.

53. O melhor guia contínuo para esse conjunto de catástrofes em 2020 e há muitos anos tem sido o <twitter.com/70sBachchan>.

54. A. Thompson, "A Running List of Record-Breaking Natural Disasters in 2020", *Scientific American*, 22 dez. 2020.

55. T. Fuller, "Coronavirus Limits California's Efforts to Fight Fires with Prison Labor", *The New York Times*, 22 ago. 2020.

56. J. Poushter e C. Huang, "Despite Pandemic, Many Europeans Still See Climate Change as Greatest Threat to Their Countries", Pew Research Center, 9 set. 2020.

57. A. Tooze, "The Fierce Urgency of COP26", *Social Europe*, 20 jan. 2020.

58. European Commission, "Regulation of the European Parliament and of the Council Establishing the Framework for Achieving Climate Neutrality". Disponível em: <https://eur-lex.europa.eu/legal-content/EN/TXT/?uri=CELEX:52020PC0080>.

59. C. Farand, "Poland Bails Out Coal, Yet Wins Access to EU Climate Funds", *Climate Change News*, 21 jul. 2020.

60. M. Karnitschnig, D. M. Herszenhorn, J. Barigazzi e A. Gray, "Merkel Rebuffs Trump Invitation to G7 Summit", *Politico*, 29 maio 2020.

61. "VW to put $17.5bn into China's Electric Cars", *Asia Times*, 28 set. 2020.
62. C. Early, "The EU Can Expect Heavy Pushbacks on Its Carbono Border Tax", *China Dialogue*, 1 set. 2020; "Commission Launches Public Consultations on Energy Taxation and a Carbono Border Adjustment Mechanism", European Commission, 23 jul. 2020.
63. D. Sheppard, "Price of Polluting in EU Rises as Carbon Price Hits Record High", *Financial Times*, 11 dez. 2020.
64. "China Eyes Launch of National Emissions Trade Scheme Within Five Years", Reuters, 28 out. 2020; H. Slater, "Despite Headwinds, China Prepares for World's Largest Carbon Market", Lowy Institute, 5 maio 2020. Disponível em: <https://ec.europa.eu/clima/policies/ets/markets_en>; K. Appun, "Emission Reduction Panacea or Recipe for Trade War?: The EU's Carbon Border Tax Debate". *Clean Energy Wire*, 30 nov. 2020; E. Krukowska e J. Shankleman, "Carbon Border Tax: Europe May Not Need a Climate Levy as Biden Targets Pollution", *Bloomberg*, 16 nov. 2020.
65. F. Simon, "MEP Canfin: EU's Carbono Border Adjustment Mechanism 'Is Not a Tax'", Euractiv, 17 dez. 2020.

10. China: momentum [pp. 198-218]

1. "U.S.-China Joint Presidential Statement on Climate Change", 25 set. 2015. Disponível em: <https://obamawhitehouse.archives.gov/the-press-office/2015/09/25/us-china-joint-presidential-statement-climat-change>.
2. Pronunciamento do presidente Trump à 75ª Sessão da Assembleia Geral das Nações Unidas, 22 set. 2020. Disponível em: <https://it.usembassy.gov/remarks-by-president-trump-to-the-75th-session-of-the-united-nations-general-assembly-september-22-2020/>.
3. "Statament by H. E. Xi Jinping President of the People's Republic of China At the General Debate of the 75th Session of The United Nations General Assembly", 22 set. 2020. Disponível em: <https://www.fmprc.gov.cn/mfa_eng/zxxx_662805/t1817098.shtml>.
4. "The Secret Origins of China's 40-Year Plan to End Carbon Emissions", *Bloomberg Green*, 22 nov. 2020.
5. A. Weeden e S. Yang, "China's Carbono Neutral by 2060 Pledge Has Wowed Some, but Where Is the Detail?", ABC News, 24 set. 2020.
6. H. Spross, "China: An Unpopular Winner in the Year of the Coronavirus", DW, 27 out. 2020.
7. T. Nordhaus e S. Wang, "China Breaks Decades of Climate Gridlock", *Foreign Policy*, 11 jan. 2021.
8. J. McCurry, "South Korea Vows to Go Carbono Neutral by 2050 to Fight Climate Emergency", *The Guardian*, 28 out. 2020.
9. L. Silver, K. Devlin e C. Huang, "Unfavorable Views of China Reach Historic Highs in Many Countries", Pew Research Center, 6 out. 2020.
10. S. L. Myers, K. Bradsher, S.-L. Wee e C. Buckley, "Power, Patriotism and 1,4 Billion People: How China Beat the Virus and Roared Back", *The New York Times*, 5 fev. 2021.
11. M. Wilson, "The Untold Origin Story of the N95 Mask", *Fast Company*, 24 mar. 2020.
12. K. Bradsher e L. Alderman, "The World Needs Masks. China Makes Them, but Has Been Hoarding Them", *The New York Times*, 13 mar. 2020.
13. H. Mowbray, "Trending in China: Wholesale Mask Prices Fall Over 90% and Raw Materials Fall to Franction of Peak Price", CX Tech, 15 jul. 2020.

14. D. Stojanovic, "China's 'Mask Diplomacy' Wins Support in Eastern Europe", AP News, 14 abr. 2020.
15. A. Lo, "Beijing Loses Face with 'Face-Mask Diplomacy'", *South China Morning Post*, 23 abr. 2020.
16. A. Frachon, "Dissecting China's Failed Experiment at Face Mask Diplomacy", Worldcrunch, 7 abr. 2020; L. Jacinto, "Can the Unmasking of China's Covid-19 'Mask Diplomacy' Stem Beijing's Global Power Grab", France24, 5 jan. 2020.
17. S. Denyer, "Japan Pays 87 Companies to Break from China after Pandemic Exposed Overreliance", *The Washington Post*, 21 jul. 2020.
18. R. Baldwin e S. Evenett, "COVID-19 and Trade Policy: Why Turning Inward Won't Work", VoxEU, 29 abr. 2020.
19. A. Beattie, "Coronavirus-Induced 'Reshoring' Is Not Happening", *Financial Times*, 30 set. 2020.
20. "Is a Wave of Supply-Chain Reshoring Around the Corner?", *The Economist*, 16 dez. 2020.
21. Vyacheslav Polovinko, "Russia Feeds China", *Novaya Gazeta*, 27 mar. 2020.
22. H. Le Thu, "Vietnam: A Successful Battle against the Virus", Council on Foreing Relations, 30 abr. 2020.
23. L. Schlein, "UN Begins Airlift to Help Africa Fight Coronavirus", *Voice of America*, 14 abr. 2020.
24. C. Sanborn, "Latin America and China in Times of COVID-19", Wilson Center, 2020.
25. M. Paarlberg, "China Was Already Winning Over the US's Neighbors. Trump's COVID-19 Response Just Makes Beijing's Job Easier", Business Insider, 27 ago. 2020.
26. G. Wu, "Continuous Purges: Xi's Control of the Public Security Apparatus and the Changing Dynamics of CCP Elite Politics", *China Leadership Monitor*, 1 dez. 2020.
27. "Ant Group announces Plans to List in Shanghai and Hong Kong", *The Economist*, 25 jul. 2020.
28. N. Somasundaram e N. Sun, "China Inc.'s Role in Hong Kong Grows after Security Law", *Nikkei*, 18 nov. 2020.
29. "Government Should Increase Recurrent Expenditure by HK$36.7", Oxfam. Disponível em: <www.oxfam.org.hk/en/news-and-publication/inequality-alarming-as-city-s-richest-earn-4-times-more- than-poorest>.
30. P. Ngai, "Reflecting on Hong Kong Protests in 2019-2020". Chicago, Illinois: University of Chicago Press Journals, outono 2020; "The Turmoil in Hong Kong Stems in Part from Its Unaffordable Housing", *The Economist*, 24 ago. 2019.
31. S. Tiezzi, "Hong Kong's Elections Were Already Rigged. Now They Won't Happen", *Diplomat*, 1 ago. 2020.
32. "Why Business in Hong Kong Should Be Worried", *The Economist*, 18 jul. 2020.
33. "Nathan Law Says the Battle Is Not Over in Hong Kong", *The Economist*, 17 nov. 2020.
34. "Leaving in Despair — Hong Kong's Legislature Has Been Stripped of a Vocal Opposition", *The Economist*, 12 nov. 2020.
35. "Why Business in Hong Kong Should Be Worried", *The Economist*, 18 jul. 2020.
36. P. Riordan, "Hong Kong's Bourse Reaps Benefits of China Homecomings", *Financial Times*, 7 jul. 2020.
37. H. Lockett, "Chinese Investors Flood Hong Kong's Bruised Stock Market with Cash", *Financial Times*, 12 jan. 2021.
38. P. Riordan, "HSBC and StanChart Publicly Back China's Hong Kong Security Law", *Financial Times*, 3 jun. 2020.

39. T. Kihara, "Hong Kong Tilts Further Toward Beijing with Carrie Lam's Trip", *Nikkei*, 7 nov. 2020.

40. T. Summers, "China's Greater Bay Area Has Real Economic Power", Chatham House, 20 set. 2018.

41. "Xi Jinping Is Trying to Remake the Chinese Economy", *The Economist*, 15 ago. 2020.

42. "China Rises to Top Engine of Global Economic Growth in 70 Years", *Xinhua*, 29 ago. 2020.

43. Jingshan Report 2020 Release China's New Advantage of the Super-Large Market. Disponível em: <http://new.cf40.org.cn/uploads/2020_Jingshan_Report.pdf>.

44. J. Garber, "Ray Dalio on China: 'This Ain't Your Grandfather's Communism'", Fox Business, 22 jan. 2020.

45. "Bridgewater's Dalio Supports Ant IPO Suspension, Bullish on China", Reuters, 11 nov. 2020.

46. R. Kapadia, "The Biggest Investment Opportunity for Americans Is China, Bridgewater's Karen Karniol-Tambour Says", *Barron's*, 4 dez. 2020.

47. "Is Wall Street Winning in China?", *The Economist*, 5 set. 2020.

48. L. Wei, B. Davis e D. Lim, "China Has One Powerful Friend Left in the U.S.: Wall Street", *The Wall Street Journal*, 2 dez. 2020.

49. G. Wilson, "China's Digital Currency Is a Game Changer (Part 1)", *Money Inside and Out*, 3 jan. 2021.

50. A. Galbraith, "Explainer: Foreign Access to China's $16 Trillion Bond Market", Reuters, 23 set. 2020.

51. Y. Hairong, Z. Yuzhe e D. Jia, "In Depth: Should China's Central Bank Buy Treasury Bonds?", *Caixin*, 25 maio 2020.

52. "China's Economists Debate Deficit Monetization", *The Economist*, 30 maio 2020.

53. Ibid.

54. Ibid.

55. "China's Rulers Will Pay a High Price for Repression in Hong Kong", *The Economist*, 22 ago. 2020.

56. J. Miller, "Daimler Chief Hails 'V-Shaped' Recovery in China Car Sales", *Financial Times*, 3 dez. 2020.

57. A. Pandey, "Auto China 2020: German Carmakers Look to Switch Gears", DW, 25 set. 2020.

58. X. Yu, F. Yoon e J. Yang, "When Oil Prices Went Negative, Investors in China Took a Hit", *The Wall Street Journal*, 23 abr. 2020.

59. H. Sanderson, "China Aims for More Sway Over Copper Prices with Future Launch", *Financial Times*, 18 nov. 2020.

60. S. Sundria, G. Freitas Jr. e R. Graham, "China to Take Oil-Refining Crown Held by U.S. Since 19th Century", *Bloomberg*, 21 nov. 2020.

61. S. Shehadi, "Basf's $10bn China Plant Followed 'Market Logic Not Trade War'", *fDi Intelligence*, 8 jan. 2019; J. Zhu, "BASF Kicks Off China Megaproject", *fDi Intelligence*, 16 dez. 2019.

62. L. Silver, K. Devlin e C. Huang, op. cit.

63. M. Lander, *Alter Egos: Hillary Clinton, Barack Obama, and the Twilight Struggle Over American Power*. Londres: Random House, 2016.

64. D. Palmer, "Clinton Raved about Trans-Pacific Partnership Before She Rejected It", *Politico*, 8 out. 2016.

65. S. Baliño, "With RCEP Agreement Signed, Eyes Turn to Interactions Among Trade Deals in the Asian-Pacific Region", IISD, 25 nov. 2020. Disponível em: <https://sdg.iisd.org/commentary/policy-briefs/with-rcep-agreement-signed-eyes-turn-to-interactions-among-trade-deals-in-the-asia-pacific-region/>.

66. M. Ryan, "China-Australia Clash: How It Started and How It's Going", *Nikkei Asia*, 9 dez. 2020.

67. J. Varano, "Most Read of 2020: The State of Victoria and China's Belt and Road Initiative: Where Does It Leave Victorians?", Australian Institute of International Affairs, 6 jan. 2021.

68. P. Ranald, "We've Just Signed the World's Biggest Trade Deal, but What Exactly Is the RCEP?", *The Conversation*, 16 nov. 2020.

69. R. Intan, "What RCEP Can Tell Us about Geopolitics in Asia", *The Interpreter*, 1 dez. 2020.

70. N. Blarel, "Rising India: Status And Power", *International Affairs*, v. 95, n. 4, pp. 957-8, 2019.

71. M. Goswani, *Producing India: From Colonial Economy to National Space*. Chicago, Illinois: University of Chicago Press, 2004.

72. C. Jaffrelot, "From Slowdown to Lockdown, India's Economy and the COVID-19 Shock", Institut Montaigne, 11 jun. 2020.

73. S. Gupta e S. Ganguly, "Why India Refused to Join the RCEP, the World's Biggest Trading Bloc", *Foreign Policy*, 23 nov. 2020; S. Chatterjee, "India's Inward (Re)Turn: Is It Warranted? Will It Work?", Ashoka Centre for Economic Policy, out. 2020.

74. S. Singh, "Why China Is Winning against India", *Foreign Policy*, 1 jan. 2021.

75. M. Billah, "Is Bangladesh Growing Closer to China at the Expense of Its Relations with India?", *Diplomat*, 23 set. 2020.

76. C. R. Mohan, "India's Growing Strategic and Economic Interests in the Quad", 1 dez. 2020. Disponível em: <https://valdaiclub.com/a/highlights/india-s-growing-strategic-and-economic-interests>.

77. "China to Overtake US as Largest Global Economy by 2028: Report", DW, 26 dez. 2020. Disponível em: <https://p.dw.com/p/3nE83>.

78. L. Summers, "Can Anything Hold Back China's Economy?", 5 dez. 2018. Disponível em: <http://larrysummers.com/2018/12/05/can-anything-hold-back-chinas-economy>.

79. United States Strategic Approach to The People's Republic of China, 20 maio 2020. Disponível em: <https://www.defense.gov/Newsroom/Releases/Release/Article/2193725/united-states-strategic-approach-to-the-peoples-republic-of-china>.

80. C. Bown, "How Trump's Export Curbs on Semiconductors and Equipment Hurt the US Technology Sector", 28 set. 2020. Disponível em: <https://www.piie.com/blogs/trade-and-investment-policy-watch/how-trumps-export-curbs-semiconductors-and-equipment-hurt-us>.

81. A. Kharpal, "U.S. Sanctions on Chipmaker SMIC Hit the Very Heart of China's Tech Ambitions", CNBC, 28 set. 2020.

82. C. Bown, "How the United States Marched the Semiconductor Industry into Its Trade War with China", dez. 2020. Disponível em: <https://www.piie.com/sites/default/files/documents/wp20-16.pdf>.

83. Id., "How Trump's Export Curbs on Semiconductors and Equipment Hurt the US Technology Sector", op. cit.

84. J. Crabtree, "China's Radical New Vision of Globalization", *Noema*, 10 dez. 2020.

85. "China's Got a New Plan to Overtake the U.S. in Tech", *Bloomberg*, 20 maio 2020.

86. Disponível em: <https://www.federalregister.gov/documents/2020/12/22/2020-28031/addition-of-entities-to-the-entity-list-revision-of-entry-on-the-entity-list-and-removal-of-entities>.

87. "Britain Lets Huawei into Part Of Its 5G Networks", *The Economist*, 24 abr. 2019.

88. A. Timsit, "The UK Will Ban Huawei from Its 5G Network Earlier Than Expected", *Quartz*, 27 nov. 2020.

89. W. Boston e S. Woo, "Huawei Gets Conditional Green Light in Germany as Government Approves Security Bill", *The Wall Street Journal*, 16 dez. 2020.

90. K. Bernhold e J. Ewing, "In Huawei Battle, China Threatens Germany 'Where It Hurts': Automakers", *The New York Times*, 16 jan. 2020.

91. United States Strategic Approach to The People's Republic of China, 20 maio 2020.

11. Crise nacional dos Estados Unidos [pp. 219-34]

1. K.Bernhold, "Germany's Coronavirus Protests Anti-Vaxxers, Anticapitalists, Neo-Nazis", *The New York Times*, 18 maio 2020; "Protests against Coronavirus Lockdown Spread in the UK and Across Europe", ABC News, 16 maio 2020; W. Callison e Q. Slobodian, "Coronapolitics from the Reichstag to the Capitol", *Boston Review*, 12 jan. 2021.

2. A. Abad-Santos, "How Hair Became a Culture War in Quarantine", *Vox*, 10 jun. 2020.

3. I. Graves, "Who's Behind the 'Reopen' Protests?", *The New York Times*, 22 abr. 2020.

4. E. Levitz, "Is This What a Recovery Looks Like?", *Intelligencer*, 6 jun. 2020.

5. L. Buchanan, Q. Bui e J. K. Patel, "Black Lives Matter May Be the Largest Movement in U.S. History", *The New York Times*, 3 jul. 2020.

6. T. McErney, "Jamie Dimon Drops into Mt. Kisco Chase Branch, Takes a Knee with Staff", *New York Post*, 5 jun. 2020.

7. "Serious Help May Be on the Way for America's Black Entrepreneurs", *The Economist*, 10 dez. 2020.

8. E. Levitz, "Corporate American Loves Increasing Racial Inequality", *Inteligencer*, 16 jun. 2020.

9. L. Seligman, "Esper Orders Hundreds of Troops from 82nd Airborne Home from D.C. Area", *Politico*, 4 jun. 2020.

10. A. Nally, "The Curfews in Place in US Cities and States after the Death of Black Man George Floyd", ABC News, 3 jun. 2020.

11. F. Finchelstein, "Trump's Mount Rushmore Speech Is the Closest He's Come to Fascism", *Foreign Policy*, 8 jul. 2020.

12. D. Choi, "G7 Countries Fail to Deliver a Joint Statement Because US Insists on Saying 'Wuhan Virus' for the Coronavirus", *Insider*, 25 mar. 2020.

13. D. J. Lynch e E. Rauhala, "Trump says U.S. to Withdraw from World Health Organization and Announces New Broadsides against Beijing", *The Washington Post*, 29 maio 2020.

14. G. Schimitt, "Pompeo's China Speech at Odds with Trump's 'America First' Foreign Policy", *The Hill*, 25 jul. 2020.

15. L. Green, "America's Top Cop Is a Rightwing Culture Warrior Who Hates Disorder. What Could Go Wrong?", *The Guardian*, 6 jun. 2020.

16. T. Czuezka, "Barr Says U.S. Businesses 'Part of Problem' in Battling China", *Bloomberg*, 21 jun. 2020.

17. AG William Barr China Policy Speech Transcript, 16 jul. 2020. Disponível em: <https://www.rev.com/blog/transcripts/ag-william-barr-china-policy-speech-transcript-july-16>.

18. A. Viswanatha e W. Maudlin, "Barr Warns Company Executives on Pushing Policies at Behest of China", *The Wall Street Journal*, 16 jul. 2020.
19. E. Green, "Josh Hawley's Vision for the Post-Trump GOP", *Atlantic*, 24 nov. 2019.
20. E. Levitz, "The GOP Coalition Is Getting More Working-Class. Its Agenda Isn't", *Intelligencer*, 18 jul. 2020.
21. E. Levitz, op. cit.
22. Id., "On Night Two, the RNC Went on Offense against Reality", *Intelligencer*, 26 ago. 2020.
23. K. Rogers, "Trump Says Jobs Report Made It a 'Great Day' for George Floyd, Stepping on Message", *The New York Times*, 5 jun. 2020.
24. E. Levitz, "White House: Stocks Are Plunging Because Jerome Powell Doesn't Smile", *Intelligencer*, 11 jun. 2020.
25. J. Valentino-DeVires, E. Koeze e S. Mahewshwari, "Virus Alters Where People Open Their Wallets, Hinting at a Halting Recovery", *The New York Times*, 18 ago. 2020.
26. S. Hansen, "Business Leaders Urge Congress to Send $1 Trillion In Relief To States and Local Governments", *Forbes*, 19 maio 2020.
27. E. Werner, "House Democrats Pass $3 Trillion Coronavirus Relief Bill Despite Trump's Veto Threat", *The Washington Post*, 15 maio 2020.
28. E. Levitz, "GOP Hopes to Revive Economy by Making Life Harder for Unemployed", *Intelligencer*, 1 jul. 2020.
29. Id., "The GOP's Procrastination on COVID Relief Is Inexcusable", *Intelligencer*, 25 jul. 2020.
30. "The Fiction of Mitch McConnell's 'Blue State Bailout'", *Chicago Sun-Times*, 27 abr. 2020.
31. E. Levitz, "Send Money to the States Already", *Intelligencer*, 18 jun. 2020.
32. Id., "Trump Calls for Limiting COVID Relief to Less Needy", *Intelligencer*, 16 jul. 2020.
33. Id., "Trump and the GOP Establishment Are Falling Out of Love", *Intelligencer*, 1 ago. 2020.
34. C. Arnold, "Why The CDC Eviction Ban Isn't Really A Ban: 'I Have Nowhere To Go'", The Coronavirus Crisis, NPR, 20 dez. 2020.
35. E. Levitz, "3 Reasons Pelosi Should Take Trump's $1.8 Trillion Stimulus Deal", *Intelligencer*, 13 out. 2020.
36. Pronunciamento de J. H. Powell, "New Economic Challenges and the Fed's Monetary Policy Review", Board of Governors of the Federal Reserve, 27 ago. 2020.
37. J. Dizard, "Don't Bet on the Silver Boom", *Financial Times*, 3 jul. 2020.
38. S. Detrow, "Democratic Task Forces Deliver Biden a Blueprint For a Progressive Presidency", *Morning Edition*, NPR, 8 jul. 2020.
39. P. Stevens, "Exxon Mobil Replaced by a Software Stock after 92 Years in the Dow Is a 'Sign of the Times'", CNBC, 8 ago. 2020.
40. A. I. Abramowitz, *The Great Alignement: Race, Party Transformation, and the Rise of Donald Trump*. New Haven, CT: Yale University Press, 2018.
41. A. Van Dam e H. Long, "Biden Won Places That Are Thriving. Trump Won Ones That Are Hurting", *The Washington Post*, 15 nov. 2020.
42. M. Muro, E. Byerly Duke, Y. You e R. Maxim, "Biden-Voting Counties Equal 70% of America's Economy. What Does This Mean for the Nation's Political-Economic Divide?", Brookings, 10 nov. 2020.
43. A. Zitner e D. Chinni, "How the 2020 Election Deepened America's White-Collar/Blue Collar-Split", *The Wall Street Journal*, 24 nov. 2020.

44. Axios, "Off the Rails" Series. Disponível em: <https://www.axios.com/off-the-rails-episodes-cf6da824-83ac-45a6-a33c-ed8b00094e39.html>.

45. E. Kilgore, "Wisconsin Supreme Court Was Close to Flipping State to Trump", *Intelligencer*, 15 dez. 2020.

46. K. Wehle, "No, Flynn's Martial Law Plot Isn't Sedition. But It's Not Necessarily Legal Either", *Politico*, 24 dez. 2020.

47. E. Luce, "The Audacity of America's Oligarchy", *Financial Times*, 31 jan. 2019.

48. E. Levitz, "Biden 2020: Change That Wall Street Liberals Can Believe In?", *Intelligencer*, 8 set. 2020.

49. J. Epstein, "Biden Tells Elite Donors He Doesn't Want to 'Demonize' the Rich", *Bloomberg*, 18 jun. 2019.

50. A. Edgecliffe-Johnson, "US Business Leaders Warn of Disruption in Event of Disputed Election", *Financial Times*, 14 out. 2020.

51. A. Edgecliffe-Johnson, "US Business Lobby Groups for Patience Over Election Result", *Financial Times*, 27 out. 2020.

52. C. Cutter, "Expensify CEO Urges Customers to Vote against Trump", *The Wall Street Journal*, 23 out. 2020.

53. A. Edgecliffe-Johnson e M. Vandevelve, "Stephen Schwarzman Defended Donald Trump at CEO Meeting on Election Results", *Financial Times*, 14 nov. 2020.

54. Id., "US Business Leaders Press Donald Trump to Start Transition to Joe Biden", *Financial Times*, 23 nov. 2020.

55. M. Wayland e L. Kolodny, "Tesla's Market Cap Tops the 9 Largest Automakers Combined — Experts Disagree about if that Can Last", CNBC, 14 dez. 2020.

56. T. Frankel, B. Martin, A. Van Dam e A. Fowers, "A Growing Number of Americans Are Growing Hungry", *The Washington Post*, 25 nov. 2020.

57. M. Alonso e S. Cullinane, "Thousands of Cars Form Lines to Collect Food in Texas", CNN, 16 nov. 2020.

58. L. Reiley e G. Jaffe, "A $4.5 Billion Trump Food Program Is Running Out of Money Early, Leaving Families Hungry and Food Assistance Charities Scrambling", *The Washington Post*, 8 dez. 2020.

59. A. Bhattarai e H. Denham, "Stealing to Survive: More Americans Are Shoplifting Food as Aid Runs Out During the Pandemic", *The Washington Post*, 10 dez. 2020.

12. Corrida pela vacina [pp. 237-53]

1. P. A. David, "The Dynamo and the Computer: An Historical Perspective on the Modern Productivity Paradox", *The American Economic Review*, v. 80, n. 2, pp. 355-61, 1990.

2. R. Solow, "We'd Better Watch Out", *The New York Times Book Review*, p. 36, 12 jul. 1987.

3. L. Light, "Good Vaccine News Has Immediate Impact on the Stock Market", Chief Investment Officer, 2 set. 2020.

4. A. Scaggs, "High-Yield Bonds Are Surging While Treasuries Slump on Vaccine News", *Barron's*, 2 nov. 2020; G. Campbell e J. Turner, "How Has the News of a Vaccine Affected World Stock Markets", *Economics Observatory*, 13 nov. 2020.

5. M. Mazzucato, *The Entrepreneurial State: Debunking Public vs. Private Sector Myths*. Nova York: PublicAffairs, 2015.

6. "Triumph of Science Is Cause for Festive Cheer", *Financial Times*, 24 dez. 2020.

7. "The Cost of Sequencing a Human Genome", National Human Genome Research Institute, 7 dez. 2020.

8. H. Moses III, D. Matheson and S. Cairns-Smith, "The Anatomy of Medical Research: US and International Comparisons", JAMA, v. 313, n. 2, pp. 174-89, 2015.

9. A. S. Rutschman, "The Vaccine Race in the 21st Century", *Arizona Law Review*, v. 61, n. 4, p. 729, 2019.

10. T. Bollyky e C. Bown, "Vaccine Nationalism Will Prolong the Pandemic", *Foreign Affairs*, 29 dez. 2020.

11. E. Silverman, "Funds Join Campaign to Pressure Pharma to Disclose Trial Data", *The Wall Street Journal*, 22 jul. 2015.

12. "Institutional Investors Tell Big Pharma to Cooperate on Coronavirus", Reuters, 7 abr. 2020.

13. R. Brugha, M. Starling e G. Walt, "GAVI, the First Steps: Lessons for the Global Fund", *The Lancet*, v. 359, n. 9304, pp. 435-8, 2 fev. 2002.

14. R. G. Douglas e V. B. Samant, "The Vaccine Industry". In: S. Plotkin, W. Orenstein, P. Offit et al. *Plotkin's Vaccines*. Amsterdam: Elsevier, 2018.

15. M. Balachandran, "Serum Institute: How an Indian Horse Breeder Built Asia's Largest Vaccine Company", *Quartz India*, 22 set. 2015.

16. S. H. E. Kaufmann, "Highly Affordable Vaccines Are Critical for Our Continued Efforts to Reduce Global Childhood Mortality", *Human Vaccines & Immunotherapeutics*, v. 15, n. 11, pp. 2660-5, 2019.

17. "CEPI Survey Assesses Potential COVID-19 Vaccine Manufacturing Capacity", Coalition for Epidemic Preparedness Innovations, 5 ago. 2020.

18. B. Hunneycut, N. Lurie, S. Rotenberg et al., "Finding Equipoise: CEPI Revises Its Equitable Access Policy", Science Direct, 24 fev. 2020.

19. I. Sample, "The Great Project: How Covid Changed Science Forever", *The Guardian*, 15 dez. 2020.

20. A. Bastani, "The Rapid Development of Covid Vaccines Shows How Healthcare Will Completely Change. But Who Will Benefit?", Novara Media, 28 dez. 2020.

21. D. Wallace-Wells, "We Had the Vaccine the Whole Time", *Intelligencer*, 7 dez. 2020.

22. I. Sample, op. cit.

23. H. Else, "How a Torrent of COVID Science Changed Research Publishing — in Seven Charts", *Nature*, 16 dez. 2020.

24. M. Wadman, *The Vaccine Race: Science, Politics, and the Human Costs of Defeating Disease*. Londres: Penguin, 2017; A. S. Rutschman, "The Vaccine Race in the 21st Century". Disponível em: <https://scholarship.law.slu.edu/cgi/viewcontent.cgi?article=1288&context=faculty>.

25. S. Ratto-Kim, I-K Yoon et al., "The US Commitment to Vaccine Development: A Century of Successes and Challenges", Frontiers in Immunology, 21 jun. 2018.

26. P. Mason, "Alexandria Ocasio-Cortez's Green New Deal Is Radical but It Needs to Be Credible Too", *New Statesman*, 13 fev. 2019.

27. S. LaFranerie e K. Thomas et al., "Politics, Science and the Remarkable Race for a Coronavirus Vaccine", *The New York Times*, 21 nov. 2020.

28. D. Diamond, "The Crash Landing of 'Operation Warp Speed'", *Politico*, 17 jan. 2021.

29. S. LaFranerie, K. Thomas et al., op. cit.

30. B. Pancevski, "Germany Boosts Investment in Covid-19 Vaccine Research", *The Wall Street Journal*, 15 set. 2020.

31. "Germany: Investment Plan for Europe — EIB to Provide BioNTech with Up to €100 Million in Debt Financing for COVID-19 Vaccine Development and Manufacturing", European Investment Bank, 11 jun. 2020.

32. S. LaFranerie, K. Thomas et al., op. cit.

33. L. Facher, "Amid Broad Mistrust of FDA and Trump Administration, Drug Companies Seek to Reassure Public about Covid-19 Vaccine Safety", *Stat*, 8 set. 2020.

34. M. Herper, "No News on Pfizer's Covid-19 Vaccine Is Good News — and Bad News", *Stat*, 27 out. 2020.

35. D. Wallace-Wells, "We Had the Vaccine the Whole Time", *Intelligencer*, 7 dez. 2020.

36. J. Cohena e K. Kupfershmidt, "As Vaccines Emerge, a Global Waiting Game Begins", *Science*, v. 370, n. 6523, pp. 1385-7, 2020.

37. R. Jalabi, R. Woo e A. Shalal, "G20 Leaders Seek to Help Poorest Nations in Post-COVID World", Reuters, 20 nov. 2020.

38. "More Than 150 Countries Engaged in COVID-19 Vaccine Global Access facility", OMS, 15 jul. 2020.

39. J. H. Tanne, "Covid-19: US Will Not Join WHO in Developing Vaccine", *British Medical Journal*, v. 370, p. m3396, 2020.

40. R. Jalabi, R. Woo e A. Shalal, op. cit.; A. Mullard, "How COVID Vaccines Are Being Divided Up Around the World", *Nature*, 30 nov. 2020; J. Cohen e K. Kupfershmidt, "As Vaccines Emerge, a Global Waiting Game Begins", *Science*, 18 dez. 2020; H. Dempsey e T. Wilson, "WHO Head Warns of Global 'Moral Failure' on Vaccines", *Financial Times*, 18 jan. 2021.

41. M. Peel and A. Jack, "Cost of Vaccinating Billions against Covid-19 Put at More Than $20bn", *Financial Times*, 3 maio 2020.

42. "Where Do Covid-19 Vaccine Stocks Go from Here?", *The Wall Street Journal*. Disponível em: <https://www.wsj.com/graphics/covid19-vaccine-stocks>.

43. "$9 Trillion: The Potential Income Boost from Coronavirus Vaccine", Al Jazeera, 16 out. 2020.

44. S. Nebehay e E. Farge, "New Kinds of Loans and Bonds Could Fill $28 Billion COVID Funding Gap", Reuters, 15 dez. 2020; F. Guarascio, "Exclusive WHO Vaccine Scheme Risks Failure, Leaving Poor Countries with No COVID Shots until 2024", Reuters, 16 dez. 2020.

45. H. Kuchler, J. Miller e K. Stacey, "Us Offers to Help Increase Production of Pfizer/ BioNTech Covid Vaccine", *Financial Times*, 11 dez. 2020.

46. A. Acharya e S. Reddy, "It's Time to Use Eminent Domain on the Coronavirus Vaccines", *Foreign Policy*, 29 dez. 2020.

47. A. Beattie, "The Struggle to Defuse the Global Vaccine Conflict", *Financial Times*, 28 jan. 2020.

48. Id., "Impending Row Over Covid Vaccine Patents at WHO", *Financial Times*, 8 out. 2020; "Pfizer and Moderna Vaccines Can Only Be Scaled Up Globally if Many More Suppliers Can Produce", ReliefWeb, 8 dez. 2020; M. Rathod e K. Barot, "India and South Africa's COVID Vaccine Proposal to the WHO: Why Patent Waiver Must Be Considered Over Compulsory Licensing", IPWatchdog, 2 jan. 2021.

49. J. Hancock, "They Pledged to Donate Rights to Their COVID Vaccine, Then Sold Them to Pharma", *Kaiser Health News*, 25 ago. 2020; J. Strasburg, "If Oxford's Covid-19 Vaccine Succeeds, Layers of Private Investors Could Profit", *The Wall Street Journal*, 2 ago. 2020.

50. J. Cohen, "China's Vaccine Gambit", *Science*, v. 370, n. 6522, pp. 1263-7, 2020; G. Chazan, S. Neville e L. Abboud, "European Leaders Under Pressure to Speed Up Mass Vaccination", *Financial Times*, 1 jan. 2021.

51. C. Shepherd e M. Seddon, "Chinese and Russian Vaccines in High Demand as World Scrambles for Doses", *Financial Times*, 18 jan. 2021.

52. "Pharmaceutical Companies Urged the Ministry of Health to Postpone Registration of Vaccine against COVID-19", RBC, 10 ago. 2020. Disponível em: <https://www.rbc.ru/society/10/08/2020/5f3120959a79472536bda2db>.

53. C. Baraniuk, "Covid-19: What Do We Know about Sputnik V and Other Russian Vaccines?", *British Medical Journal*, v. 372, n. n743, 2021.

54. R. Dube e G. Kanthev, "Argentina Is a Testing Ground for Moscow's Global Vaccine Drive", *The Wall Street Journal*, 18 jan. 2021.

55. C. Baraniuk, op. cit.

56. J. Cohen, op. cit.

57. "Peru Inks Deal with Sinopharm for COVID-19 Vaccines", *Xinhua*, 7 jan. 2021.

58. J. Wheatley, "Lower-Income Countries Fall Behind in Race for Vaccines", *Financial Times*, 20 jan. 2021.

59. J. Cohen, op. cit.

60. J. Mardell, "China's Vaccine Diplomacy Assumes Geopolitical Importance", Mercator Institute for China Studies, 24 nov. 2020; C. Tan e E. Maulia, "Red Pill?: Behind China's COVID-19 Vaccine Diplomacy", *Nikkei Asia*, 4 nov. 2020.

61. R. Liao, "Alibaba and Ethiopian Airlines to Launch Cold Chain Exporting China's COVID Vaccines", TechCrunch, 3 dez. 2020.

13. Redução da dívida [pp. 254-72]

1. A. Winning, "South Africa to Pay $5,25 a Dose for AstraZeneca Vaccine from India's SII", Reuters, 21 jan. 2021.

2. H. Dempsey e T. Wilson, "WHO Head Warns of Global 'Moral Failure' on Vaccines", *Financial Times*, 18 jan. 2021.

3. "Sovereign Debt and Financing for Recovery", Group of Thirty, out. 2020. Disponível em: <https://group30.org/images/uploads/publications/G30_Sovereign_Debt_and_Financing_for_Recovery_after_the_COVID-19_Shock_1.pdf>.

4. OECD, "Official Development Assistance". Disponível em: <https://oecd.org/dac/financing-sustainable-development/development-finance-standards/official-development-assistance.htm>.

5. C. Ramaphosa, "Global Response Is Needed to Prevent a Debt Crisis in Africa", *Financial Times*, 30 nov. 2020.

6. Ibid.

7. R. Jalabi, R. Woo e A. Shalal, "G20 Leaders Seek to Help Poorest Nations in Post-COVID World", Reuters, 20 nov. 2020.

8. Ibid.

9. "Only Victory in Africa Can End the Pandemic Everywhere", *Financial Times*, 14 abr. 2020.

10. A. Nye, "The G20's Impasse on Special Drawing Rights (SDRs)", Yale School of Management, 11 ago. 2020.

11. IMF Annual Report 2009.

12. A. Tooze, "The IMF Was Organizing a Global Pandemic Bailout — Until the Trump Administration Stopped It", *Foreign Policy*, 17 abr. 2020.

13. "U. S. Treasury Secretary Steven T. Mnuchin's Joint IMFC and Development Committee Statement", U.S. Department of the Treasury, 16 abr. 2020.

14. M. Lewis, "How Ted Cruz Killed IMF Expansion: A Timeline", *The Daily Caller*, 26 mar. 2014; C. Hooks, "Ted Cruz Tanks a Major Diplomatic Effort", *Texas Observer*, 3 abr. 2014.

15. J. Trindle, "Lagarde Pushes U.S. Lawmakers to Pass IMF Reforms", *Foreign Policy*, 29 out. 2014.

16. C. Ramaphosa, op. cit.

17. K. Gallagher, J. A. Ocampo e U. Volz, "Special Drawing Rights: International Monetary Support for Developing Countries in Times of the COVID-19 Crisis", De Gruyter, 17 ago. 2020.

18. Quadro 5 in Fresnillo, "Shadow Report on the Limitations of the G20 Debt Service Suspension Initiative: Draining out the Titanic with a Bucket?", Eurodad, 14 out. 2020.

19. A. Payne, "Blair, Brown and the Gleneagles Agenda: Making Poverty History, or Confronting the Global Politics of Unequal Development?", *International Affairs*, v. 82, n. 5, pp. 917-35, 2006; E. Helleiner e G. Cameron, "Another World Order?: The Bush Administration and HIPC Debt Cancellation", *New Political Economy*, v. 11, n. 1, pp. 125-40, 2006.

20. M. Arnone e A. F. Presbitero, *Debt Relief Initiatives: Policy Design and Outcome*. Londres: Routledge, 2016; C. A. Primo e D. Dömeland, *Debt Relief and Beyond: Lessons Learned and Challenges Ahead*. Washington, D.C.: World Bank Group, 2009.

21. "After Gleneagles What Role for Loans in ODA?". Disponível em: <https://www.oecd-ilibrary.org/development/after-gleneagles_186548656812>.

22. R. Ray e B. A. Simmons, "Tracking China's Overseas Development Finance", Boston University Global Development Policy Center, 7 dez. 2020.

23. J. Kynge e J. Wheatley, "China Pulls Back from the World: Rethinking Xi's 'Project of the Century'", *Financial Times*, 11 dez. 2020.

24. K. Strohecker e J. Bavier, "As New Debt Crisis Looms, Africa Needs More Than World Is Offering", Reuters, 19 nov. 2020.

25. P. Fabricius, "How to Get Africa Out of Debt", South African Institute of International Affairs, 25 nov. 2020.

26. B. Chellaney, "China's Debt-Trap Diplomacy", *The Strategist*, 24 jan. 2017.

27. D. Brautigam e W. Kidane, "China, Africa, and Debt Distress: Fact and Fiction about Asset Seizures", SAIS China-Africa Research Initiative, jun. 2020.

28. U. Moramudali, "The Hambantota Port Deal: Myths and Realities", *The Diplomat*, 1 jan. 2020.

29. L. Jones e S. Hameiri, "Debunking the Myth of 'Debt-Trap Diplomacy'", Chatham House, ago. 2020.

30. "Confronting the Economic and Financial Challenges of Covid-19: A Conversation with World Bank Group President David Malpass", World Bank, 14 dez. 2020.

31. A. Nye e J. Rhee, "The Limits of the G20's Debt Service Suspension Initiative", Yale Program on Financial Stability, 18 maio 2020.

32. P. Fabricius, op. cit.

33. "Rating Action: Moody's Places Cameroon's B2 Rating on Review for Downgrade", Moody's, 27 maio 202; "Rating Action: Moody's Confirms Cameroon's Rating, Outlook Stable", Moody's, 7 ago. 2020; Fresnillo, op. cit.

34. "World Bank Raises Record-breaking USD8 Billion from Global Investors to Support its Member Countries", World Bank, 15 abr. 2020.
35. "World Bank Group President David Malpass: Remarks to G20 Finance Ministers", Declaração, World Bank, 15 abr. 2020.
36. I. Fresnillo, op. cit.
37. "Sovereign Debt and Financing for Recovery", Group of Thirty, out. 2020.
38. "COVID-19: Debt Service Suspension Initiative", World Bank, 12 jan. 2021.
39. "Trade and Development Report 2020", United Nations, 2020.
40. "Sovereign Debt and Financing for Recovery", op. cit.
41. Pronunciamento de Anne Krueger, "A New Approach to Sovereign Debt Restructuring", FMI, 26 nov. 2001.
42. I. Fresnillo, op. cit.
43. "The International Architecture for Resolving Sovereign Debt Involving Private-Sector Creditors — Recent Developments, Challenges, and Reform Options", FMI, 1 out. 2020.
44. K. Pistor, *The Code of Capital: How the Law Creates Wealth and Inequality*. Princeton, NJ: Princeton University Press, 2019.
45. "Statement Extraordinary G20 Finance Ministers and Central Bank Governors' Meeting November 13", 2020". Disponível em: <https://www.sciencespo.fr/psia/sovereign-debt/wp-content/uploads/2020/11/English_Extraordinary-G20-FMCBG-Statement_November-13.pdf>.
46. A. Karni e A. Rappeport, "G20 Summit Closes With Little Progress and Big Gaps Between Trump and Allies", *The New York Times*, 22 nov. 2020.
47. ·C. Ramaphosa, op. cit.
48. J. Wheatley, "Why the Developing World Needs a Bigger Pandemic Response", *Financial Times*, 19 nov. 2020.
49. UNDAD, "A Debt Pandemic", Briefing Paper, mar. 2021.
50. United Nations, "Innovative Finance for Private Sector Development in Africa", United Nations Economic Commission for Africa, 2020.
51. D. Gabor, "The Wall Street Consensus", SacArXiv, 22 dez. 2020.
52. Uneca, "Building Forward Together". Disponível em: <https://www.uneca.org/archive/sites/default/files/PublicationFiles/building_forward_together.pdf>.
53. United Nations, Economic Commission for Africa", Economic Report on Africa 2020: Innovative Finance for Private Sector Development in Africa". Disponível em: <https://repository.uneca.org/handle/10855/43834>.
54. *From Billions to Trillions: MDB Contributions to Financing for Development*. Washington, D.C.: World Bank Group. Disponível em: < http://documents.worldbank.org/curated/en/602761467999349576/From-billions-to-trillions-MDB-contributions-to-financing-for-development>.
55. J. Kynge e J. Wheatley, op. cit.
56. B. Tangjanco, Y. Cao et al., "Pulse 1: Covid-19 and Economic Crisis — China's Recovery and International Response", *ODI Economic Pulse*, nov. 2020.
57. F. M. Shakil, "China Slowly Retreating from Pakistan's Belt and Road", *Asia Times*, 26 dez. 2020.
58. C. Shepherd, "China Pours Money into Green Belt and Road Projects", *Financial Times*, 26 jan. 2021.
59. J. P. Pham, "Germany's 'Marshall Plan' for Africa", *Atlantic Council*, 23 jan. 2017.

60. Disponível em: <https://www.findevcanada.ca/en>.

61. D. F. Runde e R. Bandura, "The BUILD Act Has Passed: What's Next?". Center for Strategic and International Studies, 12 out. 2018.

62. "BUILD Act: Frequently Asked Questions about the New U.S. International Development Finance Corporation", *CRS Report*, 15 jan. 2019.

63. OPIC, "US-Japan-Australia Announce Trilateral Partnership for Indo-Pacific Infrastructure Investment", press release, 30 jul. 2018.

64. S. Hameiri, "Debunking the Myth of China's 'Debt-Trap Diplomacy'", *Interpreter*, 9 set. 2020.

65. M. P. Goodman, D. F. Runde e J. E. Hillman, "Connecting the Blue Dots", Center for Strategic and International Studies, 26 fev. 2020.

66. J. P. Pham, op. cit.

67. S. Attridge e L. Engen, "Blended Finance in the Poorest Countries", Overseas Development Institute, abr. 2019.

68. J. P. Pham, op. cit.

69. B. Harris, "Brazil's Economic Dilemma: Public Debt Restraint or Sluggish Recovery", *Financial Times*, 28 jan. 2021.

70. J. McGeever, "Analysis: Brazil Faces $112 Billion Refinancing Cliff in Early 2021", Reuters, 24 nov. 2020.

71. J. Wheatley, "UN Chief Warns of Coming Debt Crisis for Developing World", *Financial Times*, 29 mar. 2021.

72. R. Henderson e P. Naidoo, "S. Africa's Rising Debt Is 'Major' Threat to Finance Sector", *Bloomberg*, 24 nov. 2020.

73. A. Sguazzin, R. Naidoo e L. Pronina, "Eskom Bailout Emerging as Equity Swap by Biggest Bondholder", *Bloomberg*, 16 dez. 2020.

74. L. Pitel, "Scale of Turkey's Economic Crisis Triggered Erdogan Family Implosion", *Financial Times*, 13 nov. 2020.

75. Id., "Erdogan's Great Game: Soldiers, Spies and Turkey's Quest for Power", *Financial Times*, 12 jan. 2021.

76. Id., "Turkey's Lira Sinks to 8 against US Dollar for the First Time", *Financial Times*, 26 out. 2020; B. W. Setser, "The Changing Nature of Turkey's Balance Sheet Risks", Council on Foreign Relations, 23 out. 2020. L. Pitel, "Erdogan Gambles on Fast Recovery as Turkey Burns Through Reserves", *Financial Times*, 3 ago. 2020.

77. B. Ghosh, "Erdogan Should Break His IMF Taboo", *Bloomberg*, 19 abr. 2020; A. Erdemier e J. A. Lechner, "Why Erdogan Won't Ask the IMF for Help", *Foreign Policy*, 1 jun. 2020.

78. A. Kucukgocmen e O. Coskun, "Qatar Offers Turkey Relief by Tripling FX Swap Line to $15 Billion", Reuters, 20 maio 2020.

79. L. Pitel, "Turkey Raises Interest Rates Again in Bid to Rebuild Credibility", *Financial Times*, 24 dez. 2020.

80. C. Ostorff, "Turkish Markets Bounce Back as Foreign Investors Return", *The Wall Street Journal*, 6 jan. 2021; "Investors Back in Turkey for Short Term Only as Erdogan Record Questioned", Ahval, 7 jan. 2021.

81. "Investors Left Shocked After Erdogan Upends Turkey's Markets", *Financial Times*, 25 mar. 2021.

82. P. Naidoo, "South Africa Treasury Denies That Budget Cuts Will Stifle Growth", *Bloomberg*, 6 nov. 2020.

83. J. Ott, "Tanzanians Debate the Meaning of New 'Lower-Middle-Income' World Bank Status", Global Voices, 13 jul. 2020.

84. "Debt Markets Re-Open for Sub-Saharan Issuers", FitchRatings, 29 nov. 2020.

14. Economias avançadas: torneiras abertas [pp. 273-90]

1. B. McClendon, "Lost Lost Causes", *n+1*, 9 jan. 2021.

2. T. Snyder, "The American Abyss", *The New York Times*, 9 jan. 2021.

3. H. Shierholz, "Unemployment Claims Hit Highest Level in Months: Millions More Jobs Will Be Lost if Congress Doesn't Act", Economic Policy Institute, 10 dez. 2020.

4. R. Rainey e E. Mueller, "'We're Already Too Late': Unemployment Lifeline to Lapse Even with an Aid Deal", *Politico*, 11 dez. 2020.

5. J. Parrott e M. Zandi, "Averting an Eviction Crisis", Urban Institute, jan. 2021.

6. Relatos contrastantes de como foi feito o acordo no Congresso foram apresentados pelo *Washington Post* (J. Stein e M. DeBonis, "How Moonshine, Muiti-Hour Zooms and a Deadly Pandemic Pushed Congress to Approve New Stimulus", *The Washington Post*, 22 dez. 2020) e pelo *New York Times* (C. Hulse, "Coronavirus Stimulus Bolsters Biden, Shows Potential Path for Agenda", *The New York Times*, 21 dez. 2020).

7. Disponível em: <https://www.youtube.com/watch?v=OOPzkHF6yc>. N. Rummell, "Intercession of FED Brings Some Calm to Rocky Markets", *Courthouse News*, 16 jun. 2020.

8. M. C. Klein, "Divided Government May Push the Fed to Go Bigger. Here's What That Might Look Like", *Barron's*, 9 nov. 2020.

9. J. Smialek e A. Rappeport, "Mnuchin to End Key Fed Emergency Programs, Limiting Biden", *The New York Times*, 19 nov. 2020.

10. E. Cochrane e J. Smialek, "Lawmakers Resolve Fed Dispute as They Race to Close Stimulus Deal", *The New York Times*, 19 dez. 2020.

11. "Stimulus Talks Bogged Down on Fed Lending Powers", *FR 24 News*, 20 dez. 2020. Disponível em: <www.fr24news.com/a/2020/12/stimulus-talks-bogged-down-on-fed-lending-powers.html>.

12. E. Cochrane e L. Broadwater, "Answering Trump, Democrats Try and Fail to Jam $2.000 Payments Through House", *The New York Times*, 24 dez. 2020.

13. L. H. Summer, "Trump's $2.000 Stimulus Checks Are a Big Mistake", *Bloomberg*, 27 dez. 2020.

14. Parafraseando o brilhante artigo de A. Jäger e D. Zamora, "'Welfare without the Welfare State': The Death of the Postwar Welfarist Consensus", *New Statesman*, 9 fev. 2021.

15. "China's Manufacturers Are Forced to Up Wages to US$ 1.500 a Month, with Workers Unwilling to Return Ahead of Lunar New Year", *South China Morning Post*, 21 dez. 2020.

16. W. Richter, "Holy-Cow Spikes in China-US Container Freight Rates & US Consumer Spending on Goods Trigger Mad, Possibly Illegal Scramble for Empties. US Framers Twist in the Wind". *Wolf Street*, 20 dez. 2020.

17. E. Luce, "America's Dangerous Reliance on the Fed", *Financial Times*, 3 jan. 2021.

18. B. Erik, M. J. Lombardi, D. Mihaljek e H. S. Shin, "The Dollar, Bank Leverage and real Economic Activity; an Evolving Relationship", *BIS Working Papers*, n. 847, 17 mar. 2020.

19. G. Gopinath, E. Boz, C. Casas, F. J. Díez, P.-O. Gourinchas e M. Plagborg-Møller, "Dominant Currency Paradigm", *American Economic Review*, v. 110, n. 3, pp. 677-719, 2020.

20. B. W. Setser, "Weaker Dollar Means More Dollar Reserves", Council on Foreign Relations, 12 ago. 2020.

21. M. Sobel, "US Treasury's Vietnam Problem", Official Monetary and Financial Institutions Forum, 27 ago. 2020; Id., "Treasury FXR Struggles with Realities of Manipulation", Official Monetary and Financial Institutions Forum, 17 dez. 2020.

22. C. Joyner, "Record Fundraising in Georgia Senate Races the New Norm, Experts Say", *Atlanta Journal-Constitution*, 5 fev. 2021.

23. R. Foroohar, "Why Investors Shrugged Off the Capitol Riots", *Financial Times*, 10 jan. 2021.

24. G. Parker, P. Foster, S. Fleming e J. Brundsen, "Inside the Brexit Deal: The Agreement and the Aftermath", *Financial Times*, 22 jan. 2021.

25. M. Haynes, "Is Economic Output an Accurate Measure of the Covid-19 Impact?", UK in a Changing Europe, 25 ago. 2020.

26. S. P. Chan, "Bank of England Warns of Sharpest Recession on Record", BBC News, 7 maio 2020; W. Park, "Is There Such a Thing as a 'Good' or 'Bad' Recession?", BBC News, 11 ago. 2020.

27. D. Edgerton, "The Tories Aren't Incompetent on the Economy", *The Guardian*, 11 set. 2020.

28. R. Espiet-Kilty, "Cameron and Big Society. May and Shared Society. Same Party: Two Visions?", *Observatoire de la Société Britannique*, v. 21, pp. 213-33, 2018.

29. M. Sandbu, "Shock Therapy: How the Pandemic Is Resetting Britain's Whole Free Market Model", *Prospect*, 6 dez. 2020.

30. G. Parker e C. Giles, "Sunak Tells Tory MPs There Is No 'Magic Money Tree'", *Financial Times*, 21 jan. 2021.

31. T. Subbington e C. Giles, "Investors Sceptical Over Bank of England's QE Programme", *Financial Times*, 4 jan. 2021.

32. G. Parker e C. Giles, op. cit.

33. M. Khan, M. Peel e V. Hopkins, "EU Reaches Deal to Suspend Funds to Member States That Breach Rule of Law", *Financial Times*, 5 nov. 2020.

34. M. de la Baume, H. von der Burchard e D. M. Herszenhorn, "Poland Joins Hungary in Threatening to Block EU's Budget and Coronavirus Recovery Package", *Politico*, 18 set. 2020.

35. L. Bayer, "EU Leaders Back Deal to End Budget Blockade by Hungary and Poland", *Politico*, 10 dez. 2020.

36. M. Pardavi, "After the Crisis, Before the Crisis: The Rule of Law Headache that Won't Go Away", Heinrich-Böll-Stiftung, 18 dez. 2020.

37. M. Karnitschnig, "Angela Merkel's Rule-of-Law Legacy: A Divided Europe", *Politico*, 18 dez. 2020.

38. Piotr Żuk, Paweł Żuk e Przemysław Pluciński, "Coal Basin in Upper Silesia and Energy Transition in Poland in the Context of Pandemic: The Socio-Political Diversity of Preferences in Energy and Environmental Policy", *Resources Policy*, v. 71, p. 101 987, 2021.

39. D. M. Herszenhorn, "At Summit, EU Leaders Dial Back to Edge Forward", *Politico*, 11 dez. 2020.

40. M. Khan e D. Hindley, "EU Leaders Strike Deal on 2030 Climate Target after All-Night Talks", *Financial Times*, 11 dez. 2020.

41. K. Oroschakoff e K. Mathiesen, "How the EU's Green Deal Survived the Coronavirus Pandemic", *Politico*, 17 dez. 2020.

42. Ibid.

43. "Investment Report 2020/2021", European Investment Bank, 2020. Disponível em: <https://www.eib.org/attachments/efs/economic_investment_report_2020_2021_en_pdf>;

<https://ec.europa.eu/info/files/economy-finance/assessment_of_economic_and_investment_needs.pdf>.

44. S. Haroutunian, S. Hauptmeier e S. Osterloh, "Draft Budgetary Plans for 2021: A Review in Times of the Covid-19 Crisis", *ECB Economic Bulletin*, ago. 2020.

45. OECD Economic Outlook, v. 2020, n. 2.

46. "Euro Area Policies: 2020 Consultation on Common Euro Area Policies — Press Release; Staff Report; and Statement by the Executive Director for Member Countries", FMI, European Dept., 22 dez. 2020.

47. J. Hirai, "Bond-Guzzling ECB Will Shield the Market from the Next Debt Tsunami", *Bloomberg*, 31 dez. 2020.

48. "Boris Johnson Challenged Over Brexit Business 'Expletive'", BBC, 26 jun. 2018.

49. Tuíte de @RobinBrooksIIF, 23 jan. 2021. Disponível em: <twitter.com/RobinBrooksIIF/status/1352999427334660096?s=20>.

50. M. Johnson e S. Fleming, "Italy Crisis Raises Concerns about EU Recovery Spending", *Financial Times*, 28 jan. 2021.

51. M. Khan, D. Ghiglione e I. Mount, "EU Recovery Plan Faces Bottleneck, Economist Warn", *Financial Times*, 5 jan. 2021.

52. M. Khan, "'Demolition Man' Renzi Roils Rome", *Financial Times*, 14 jan. 2021.

53. M. Johnson, "Italy's PM Conte Resigns as Government Crisis Intensifies", *Financial Times*, 26 jan. 2021.

54. J. Pisani-Ferry, "Europe's Recovery Gamble", 25 set. 2020. Disponível em: <https://www.bruegel.org/2020/09/europes-recovery-gamble>.

Conclusão [pp. 291-309]

1. J. R. Biden, Jr., "Inaugural Address by President Joseph R. Biden, Jr." (Discurso, Washington, D.C., 20 jan. 2021). Disponível em: <https://www.whitehouse.gov/briefing-room/speeches-remarks/2021/01/20/inaugural-address-by-president-joseph-r-biden-jr>.

2. B. Clinton, "Transcript: Bill Clinton's Prime-Time Speech", NPR, 27 ago. 2008.

3. J. Kirshner, "Gone But Not Forgotten", *Foreign Affairs*, mar.-abr. 2021.

4. Veja a lista de atos presidenciais no website da Casa Branca: <https://www.whitehouse.gov/briefing-room/presidential-actions/>.

5. G. Korte, "Biden Plans 10 Days of Action on Four 'Overlapping' Crises", *Bloomberg*, 16 jan. 2021; R. Beitsch, "Biden Calls Climate Change One of America's Four Major Crises", *The Hill*, 21 ago. 2020.

6. "How Much Would the American Rescue Plan Overshoot the Output Gap?", Committee for a responsible Federal Budget, 3 fev. 2021.

7. L. H. Summers, "Opinion: The Biden Stimulus Is Admirably Ambitious. But It Brings Some Big Risks, Too", *The Washington Post*, 4 fev. 2021; N. Irwin, "The Clash of Liberal Wonks That Could Shape the Economy, Explained", *The New York Times*, 8 fev. 2021; L. H. Summers, "Opinion: My Column on the Stimulus Sparked a Lot of Questions. Here Are MY ANSWERS", *The Washington Post*, 7 fev. 2021.

8. J. Mackintosh, "Markets Don't Think Biden's US$ 1,9 Trillion Covid Relief Is Too Much", *The Wall Street Journal*, 9 fev. 2021.

9. "Transcript of Chair Powell's Press Conference", 27 jan. 2021. Disponível em: <www.federalreserve.gov/ medi acenter/ files/ FOMCpresconf20210127.pdf>.

10. S. Sjolin, "Did Central Bankers Make a Secret Deal to Drive Markets?: This Rumor Says Yes", *Market Watch*, 21 mar. 2016; "Janet Yellen on Monetary Policy, Currencies, and Manipulation", Dollar and Sense Podcast, Brookings Institution, 19 fev. 2019. Disponível em: <https://www.brookings.edu/wp-content/uploads/2019/02/Janet-Yellen-on-monetary-policy-currencies-and-manipulation.pdf>.

11. J. R. McNeil, *The Great Acceleration: An Environmental History of the Anthropocene since 1945*. Cambridge, MA: Belknap Press of Harvard University Press, 2014.

12. M. E. Mann, *The Hockey Stick and the Climate Wars: Dispatches from the Front Lines*. Nova York: Columbia University Press, 2013.

13. U. Beck e C. Lau, "Second Modernity as a Research Agenda: Theoretical and Empirical Explorations in the 'Meta-Change' of Modern Society", *The British Journal of Sociology*, v. 56, n. 4, pp. 525-57, 2005; B. Latour, "Is *Re*-Modernization Occurring — and if So, How to Prove It?: A Commentary on Ulrich Beck", *Theory, Culture & Society*, v. 20, n. 2, pp. 35-48, 2003.

14. H. A. Kissinger, "The White Revolutionary: Reflections on Bismarck", Daedalus, v. 97, n. 3, pp. 888-924, 1968.

15. D. H. Chollet e J. Goldgeier, *America Between the Wars: From 11/9 to 9/11; The Misunderstood Years Between the Fall of the Berlin Wall and the Start of the War on Terror*. Nova York: PublicAffairs, 2008, p. 318.

16. Discurso do presidente Biden em entrevista coletiva, 25 mar. 2021. Disponível em: <www.whitehouse.gov/briefing-room/speeches-remarks/2021/03/25/remarks-by-president-biden-in-press- conference/>.

17. "Fact Sheet: The American Jobs Plan, March 31, 2021". Disponível em: <www.whitehouse.gov/ briefing-room/statements-releases/2021/03/31/fact-sheet-the-american-jobs-plan/>.

18. European Commission, "EU-China—A Strategic Outlook", 12 mar. 2019. Disponível em: <ec.europa.eu/info/sites/info/files/communication-eu-china-a-strategic-outlook.pdf>.

19. "Key Elements of the EU-China Comprehensive Agreement on Investment", Europe Commission, 30 dez. 2020.

20. K. Nakazawa, "Analysis: China Splits Atlantic with Game-Changing EU Investment Deal", *Nikkei Asia*, 7 jan. 2021.

21. M. Karnitschnig, "Europe Gives Biden a One-Finger Salute", *Politico*, 29 jan. 2020.

22. E. Solomon e G. Chazan, "'We Need a Real Policy for China': Germany Ponders Post-Merkel Shift", *Financial Times*, 5 jan. 2021.

23. H. Thompson, "The New EU-China Trade Deal Is Driven by a Comercial Realpolitik — and the World Knows It", *New Statesman*, 27 jan. 2021.

24. "China Was Largest Recipient of FDI in 2020: Report", Reuters, 24 jan. 2021.

25. "China Is Betting That the West Is in Irreversible Decline", *The Economist*, 3 abr. 2021. Disponível em: <www.economist.com/china/2021/04/03/china-is-betting-that-the-west-is-in-irreversible-decline>.

26. "China Announces Eradication of Extreme Poverty in Last Poor Counties", Reuters, 24 nov. 2020.

27. A. Lee, "China's Xi Jinping Declares Victory on Poverty Alleviation, but Warns of 'Unbalanced' Development", *South China Morning Post*, 4 dez. 2020.

28. K. Looney, "The Blunt Force of China's Mobilisation Campaigns", *Financial Times*, 26 jan. 2020. Para uma avaliação crítica, ver T. Sicular, "Will China Eliminate Poverty in 2020?", *China Leadership Monitor*, 1 dez. 2020.

29. I. Gill, "Deep-Sixing Poverty in China", Brookings, 25 jan. 2021.
30. J. Richardson, "China's Policy Dilemma: Raising Local Demand While Protecting Exports", *ICIS*, 13 set. 2020.
31. K. Lo e K. Huang, "Xi Jinping Says 'Time and Momentum on China's Side' as He Sets Out Communist Party Vision", *South China Morning Post*, 12 jan. 2021.
32. T. Taylor, "Will China Be Caught in the Middle-Income Trap?", *Conversable Economist*, 26 out. 2020.
33. Jiang Shigong: "Philosophy and History: Interpreting the 'Xi Jinping Era' Through Xi's Report to the Nineteenth National Congress of the CCP". Introdução de David Ownby e Timothy Cheek. Disponível em: <https://www.readingthechinadream.com/jiang-shigong-philosophy-and-history.html>.
34. K. Looney, op. cit.
35. Michael Pettis tem sido o crítico mais consistente desses desequilíbrios: M. Pettis, "China's Economy Can Only Grow with More State Control Not Less", *Financial Times*, 26 abr. 2020; Id., "Xi's Aim to Double China's Economy Is a Fantasy", *Financial Times*, 22 nov. 2020.
36. A. Tooze, *The Deluge: The Great War, America and the Remaking of the Global Order, 1916-1931*. Londres: Penguin, 2015.
37. H. Cooper, "Top General Declines to Endorse Trump's Afghan Withdrawal Timeline", *The New York Times*, 12 out. 2020.
38. N. Hultman e S. Gross, "How the United States Can Return to Credible Climate Leadership", 1 mar. 2021. Disponível em: <www.brookings.edu/research/us-action-is-the-lynchpin-for-successful-international-climate-policy-in-2021/>.
39. "Towards an Integrated Policy Framework", FMI, 8 out. 2020.
40. Três analistas exemplares trabalhando nessa linha são Daniela Gabor, Nathan Tankus e Carolyn Sissoko, todos eles entrevistados por D. Beckworth, "Daniela Gabor on Financial Globalization, Capital Controls, and the Critical Macrofinance Framework", Mercatus Original Podcast, Mercatus, 22 jun. 2020; D. Beckworth, "Nathan Tankus on Public Finance in the COVID-19 Crisis: A Consolidated Budget Balance View and Its Implications for Policy", Macro Musings with David Beckworth, Podcast, 11 maio 2020; Id., "Carolyn Sissoko on the Collateral Supply Effect and Other Concerns on the Money Market", Macro Musings with David Beckworth, Podcast, 21 set. 2020.
41. P. Anderson, "Situationalism à l'envers?", *New Left Review*, v. 119, set.-out. 2019.

Índice remissivo

Números de páginas em *itálico* referem-se a gráficos e tabelas

11 de setembro de 2001, ataques terroristas de, 53

A

Abe, Shinzo, 79
Abercrombie & Fitch, 92
"Abordagem Política Integrada", 305
Abrams, Stacy, 280
Acelerador de Acesso a Ferramentas contra a Covid-19 (ACT, na sigla em inglês), 246-8
"achatar a curva", 49, 81
Acordo Abrangente e Progressivo para a Parceria Transpacífica (CPTPP, na sigla em inglês), 211-2, 214
Acordo Abrangente sobre Investimento União Europeia-China (CAI, na sigla em inglês), 300
Acordo Climático de Paris (2015), 10, 196, 198
Aeroporto Charles de Gaulle (França), 87
África, 75, 78, *114*; Banco de Desenvolvimento Africano, 258; Congresso Nacional Africano, 173; Oriental, 30, 195; "Plano Marshall com a África", 266; recuperação da, 264; safáris na, 108; Subsaariana, 10, *36*, 38, 54, 163, 166, 170, 237, 239; União Africana, 254

África do Sul, 19, 94, 108, 138, 165, 171, 173, *200*, 237, 246-7, 249, 254, 269, 271; Banco Central da, 173; Banco de Reservas, 269; crescimento econômico da, 163; economia sul-africana, 173; mutações do coronavírus na, 253; Parlamento sul-africano, 108
Agência de Proteção Ambiental (EUA), 45
Agência Estatal do Tesouro da Holanda, 287
Agência Internacional de Energia, 85, 210
agricultura: Departamento de Agricultura dos Estados Unidos, 234; Organização das Nações Unidas para a Alimentação e a Agricultura (FAO, na sigla em inglês), 168
aids/HIV, 35, 37, 38, 173, 239-41
Alemanha, 26, 36, 40, *41*, 72, 76, 78, 80-1, 104, 106, 109-10, *139*, 140, 143, 145, 184-5, 187-92, 196-7, 199, *200*, 204, 209, 217, 220, 237, 241, 244, 246-7, 253, 266, 279, 281, 286-7, 289, 301; Bavária, 72; bismarckiana, 145, 297; Bundesbank, 186, 194; Conferência de Segurança de Munique (2020), 10, 76, 77; Deutsche Bank, 120; expectativa de vida na, 36; financiamento à OMS, *41*; Mercator Institute for China Studies, 301; Ministério das Finanças da, 191; Partido Social-Democrata Alemão, 190; "Plano Marshall com a África", 266; receita do governo federal alemão com a venda de títulos de juros negativo, *149*; Tribunal Constitucional da, 188-9, 191, 194, 306

Alemanha Oriental (República Democrática da Alemanha), 308
Aliança Global de Vacinas (Gavi), 41, 240, 246
alimentos, 48, 168, 233-4
Alpes, 76
Alternativa para a Alemanha (AfD, na sigla em alemão), 188
Amazon, 105, 160
ambientais, questões *ver* mudanças climáticas; verde, agenda
América do Norte, *114*, 174
América Latina, *36*, 58, 77, 84, 96, *114*, 162, 166, 168, 173-5, 178-9, 202, 237, 253, 273; crescimento econômico na, 174; desigualdade na, 174-5; PIB da, 179; recessão na, 179; segunda onda da pandemia na, 296
Andes, 174, 176
Angola, 163, 168, 259, 262
Ano-novo lunar (China), 59-62
Antropoceno, 29-31, 55, 195, 295, 308
Apple, 66, 129, 215
Arábia Saudita, *41*, 77, 85, 298
Área da Baía Maior (China), 205
Argélia, 168
Argentina, 163, 165, 170, 178, *200*, 247, 263, 268, 273
"armadilha da dívida", 259
armadilha da renda média, 302
Armênia, 270
Ásia, 11, 23, 25-6, 85-6, *114*, 132, 166, 199, 210, 213-4, 216, 218, 224, 237, 273, 298, 300; Banco Asiático de Desenvolvimento, 258; Banco Asiático de Investimento em Infraestrutura, 211; Leste da, 12, 163, 214, 237; pandemia de gripe asiática (1957-8), 53; Sudeste Asiático, 211, 213; Sul da, 108; "virada para a Ásia" (governo Obama), 26
Assistência ao Desenvolvimento Internacional, 254
Associação de Estados do Sudeste Asiático (Asean, na sigla em inglês), 211, 213
AstraZeneca, 242-3, 245, 248-52, 254, 289
austeridade, 23, 139-40, 153, 184, 192, 281-2
Austrália, *41*, 139, 144, 199, *200*, 211-2, 214, 217, 267, 289; Reserve Bank of Australia, 131

Áustria, 78, 110, 192
automobilística, indústria, 72, 92, 196-7, 209, 233, 280
auxílio-desemprego, 104, 111-2
aviação, indústria da, 72, 78, 103, 146-7, 159, 238
AXA Investment Managers, 193
Aylward, Bruce, 247-8
Azar, Alex, 82
Azerbaijão, 270

B

Bailey, Andrew, 129-31, 136
baixa renda, países de *ver* países pobres
Banco Asiático de Desenvolvimento, 258
Banco Asiático de Investimento em Infraestrutura, 211
Banco Central da África do Sul, 173
Banco Central da China, 208
Banco Central da Suíça, 125
Banco Central da Turquia, 270-1
Banco Central do Brasil, 171-2
Banco Central dos Estados Unidos *ver* Federal Reserve System (FED)
Banco Central Europeu, 124, 127, 131, 134, 136, 150-1, 153, 167, 171, 184-9, 193-5, 287, 289
Banco da Indonésia, 171
Banco de Alimentos North Texas (Dallas), 233
Banco de Compensações Internacionais, 128, 167
Banco de Desenvolvimento Africano, 258
Banco de Desenvolvimento da China, 258, 260
Banco de Exportação e Importação da China, 258
Banco de Reservas (África do Sul), 269
Banco do Japão, 128, 131, 134, 150, 167, 172
Banco do Povo da China, 194, 208-9
Banco Europeu de Investimento, 258, 285
Banco Europeu para Reconstrução e Desenvolvimento, 258
Banco Interamericano de Desenvolvimento, 258
Banco Internacional para Reconstrução e Desenvolvimento *ver* Bird

Banco Mundial, 13, 40, *41*, 45, 112, 168-9, 176, 252, 254-5, 258-63, *259*, 265, 302

Banco Popular da China, 167, 172, 295

bancos centrais, 11, 17, 20, 23, 31, 82-3, 118, 126, 130-7, 148, 150-6, *150*, 165-7, 171-2, 180, 185, 187, 189, 195, 208, 262, 265, 289, 296-7

Bangladesh, 17, 92, 94, 108-9, 214

Bank of America, 118, 124

Bank of Canada, *150*

Bank of England, 82, 129-30, 134, 136, *150*, 151, 153, 281-2

banqueiros, 128, 133, 152-4, 210, 282, 297

Barr, William, 222

Barrett, Amy Coney, 227

Barrett, David, 232

Basf, 210

Basileia III, acordos de, 120

Bavária, 72

Beck, Ulrich, 18-9, 43, 296

Bélgica, 263

bem-estar social, 24, 108-10, 138, 140-1, 144-5, 148, 156, 225, 233, 281

Benim, 271

Bérgamo (Itália), 49, 173

Berlusconi, Silvio, 288

Bernanke, Ben, 126-7, 152, 155, 276, 294-5

Better Utilization of Investment Leading to Development (Build Act, EUA), 266-7

Biden, Joe, 20, 29, 199, 228-31, 257, 273, 275, 278-9, 291-3, 299-301, 303-4, 306; ações iniciais como presidente, 273-5, 292-3, 299-300, 303-5; agenda climática, 300; e a polarização política nos Estados Unidos, 229-31; eleição e posse de, 9, 30, 229-30, 233, 257, 270, 275, 291; programa Build Back Better (Reconstruir Melhor), 20, 24

bilionários, 39, 135, 230

Bill & Melinda Gates Foundation, *41*, 240-1, 249

BioNTech, 238, 241-4, 247, 249, 252

biotecnologia, 54, 79- 80, 239-240, 243

Bird (Banco Internacional para Reconstrução e Desenvolvimento), 261

Birx, Deborah, 96-7

Bismarck, Otto von, 145, 297

Black Lives Matter (movimento e protestos), 15, 43, 220, 223, 228, 244

BlackRock, 76, 123, 125, 130, 152, 207, 232

Blair, Tony, 11, 25

Blanchard, Oliver, 149, 293

Blue Dot Network, 267

BNP Paribas, 69

Bollywood (Índia), 105

Bolsa de Valores de São Paulo, 162

Bolsa de Valores de Xangai, 62, 163

Bolsonaro, Jair, 19, 83, 86, 95-6, 178, 180, 202, 252, 269

Bourla, Albert, 73, 244

Brainard, Lael, 126

Brasil, *41*, 95, 127, 131, 139, 162, 172, 174, 178, 202, 252, 258, 268-69, 271; auxílio da China na pandemia, 202; Banco Central do, 171-2; Bolsa de Valores de São Paulo, 162; Cidade de Deus (favela carioca), 93; Congresso Nacional, 178; desemprego no, 178; desvalorização da moeda brasileira, 76, 162; disseminação da pandemia no, 178, 296; dívida pública do, 268-9; e crise dos mercados emergentes, 162-3; esforços de estabilização fiscal, 139; exportações de commodities do, 279; financiamento à OMS, *41*; Fundação Oswaldo Cruz, 174; Instituto Butantan (São Paulo), 252; negação da pandemia no, 19, 83, 95, 178; programas de alívio de dívidas, 131, 167; programas sociais, 271; recessão no, 163; redução temporária da pobreza e da desigualdade (2020), 178; reservas cambiais estrangeiras, 166; respostas à pandemia, 92-3, 271; Rio de Janeiro, 92-3; São Paulo, 162, 178, 252; tamanho da economia, 162; turbulências no mercado financeiro, 162-3, 179, 273; variantes brasileiras do coronavírus, 269

Bretton Woods, sistema de, 23

Brexit, 10-1, 13-4, 31, 75, 280-3, 288, 292

Bridgewater Associates, 206

Brooks Brothers, 106

Bruxelas, 81, 140, 187, 191, 193, 283, 288, 300

Build Back Better (Reconstruir Melhor, programa de Biden), 20, 24

Bulgária, 81, 289
Bullard, James, 112
Bundesbank (Alemanha), 186, 194
Bush, George W., 53, 229, 292
Business Process Outsourcing (Índia), 105

C

Cabana, Mark, 124
Calderón, Felipe, 83
Califórnia, 88, 92, 195, 222, 250, 253
Câmara do Comércio dos Estados Unidos, 225
Câmara dos Deputados (EUA), 225-6, 228, 230, 274, 276-7
Câmara Europeia de Comércio na China, 62
Câmara Norte-Americana de Comércio na China, 64
Camarões, 260-1
Camboja, 109
Cameron, David, 281
Canadá, 41, *139*, 144, 146, 148, *200*, 211, 212, 216, 249-50, 266
CanSino Biologics, 73, 250
capitalismo, 10, 13, 50, 76, 119, 167, 205, 206, 222; verde, 228
Capitólio, invasão do (janeiro de 2021), 28
carbono, emissões de, 26, 196-9, 284
Caribe, *36*, 89, 179, 195
Carney, Mark, 82, 129
carros elétricos, 196-7, 209, 228
carros, produção de *ver* automobilística, indústria
Carter, Jimmy, 27, 31
carvão, 66, 112, 196-7, 209, 212, 284
Catar, 270, 298
Centro Europeu para o Controle de Doenças, 75
Centro Nacional de Imunização e Doenças Respiratórias do CDC (Estados Unidos), 81
Centro para o Controle e Prevenção de Doenças (CDC, Estados Unidos), 54, 80-1, 83, 226, 274
Centro para o Controle e Prevenção de Doenças (China), 54, 59

Century Foundation, 274
Chen Yixin, 14, 309
Chernobyl, acidente nuclear de (URSS, 1986), 25, 56-8, 69, 71, 83
Chile, 19, 171-2, 176-7, 179, 202, 211
China, 9, 11, 13-6, 21, 25-7, *36*, 38-40, *41*, 44, 54-64, 66-74, 76-7, 79, 81, 85, 87, 92, 96, 101, 105-6, 111-3, *114*, 121, *139*, 140, 162, 164, 166, 169-70, 175, 196-219, *200*, 221-3, 231, 233, 237-8, 246, 250-3, 256, 258-60, *259*, 265-7, 278-9, 283, 285, 292, 295, 299-303; Acordo Abrangente sobre Investimento União Europeia-China (CAI, na sigla em inglês), 300; ano-novo lunar, 59-62; Área da Baía Maior, 205; Banco Central da, 208; Banco de Desenvolvimento da, 258, 260; Banco de Exportação e Importação da, 258; Banco do Povo da, 194, 208-9; Banco Popular da, 167, 172, 295; capitalismo de estado da, 167, 205; Centro para o Controle e Prevenção de Doenças da, 54, 59; "choque chinês", 13, 202; Comissão Nacional de Saúde, 56-7; Conferência Política Consultiva do Povo, 56; Congresso Nacional do Povo, 56, 63, 209; contração do mercado global, 85; crescimento econômico, 11, 26, 67, 69, 163-4, *200*, 206, 210, 299, 302; Delta do Rio das Pérolas, 203; Departamento de Estatísticas Oficiais, 69; "diplomacia das máscaras faciais", 201; doenças infecciosas na China atual, 27; doenças infecciosas na época da Rota da Seda, 13; e a ruptura da cadeia de fornecimento, 109; emergindo como superpotência, 210, 299; emissões de carbono, 26; Exército de Libertação Popular, 250; fechamento de cinemas na, 105; financiamento à OMS, *41*; guerra comercial China-Estados Unidos, 57, 210, 233; "guerra do povo" contra o vírus na, 62, 72; Hong Kong e, 203; Iniciativa Cinturão e Rota, 212, 214, 259, 266; Lei de Segurança Nacional (2020), 204; Made in China

2025 (programa), 217; mar do Sul da, 26, 211; marxismo do século XXI, 302; Ministério das Finanças da, 208; Ministério do Planejamento Estatal, 66; Partido Comunista chinês, 14-5, 26, 56-7, 59-60, 63, 67, 69-70, 76, 199-200, 203, 205, 215, 218, 222-3, 250, 301; Praça da Paz Celestial, massacre da (1989), 203; recuperação da, 68, 141; relações sino-americanas, 57; respostas à pandemia, 61, 105; Revolução dos Guarda-Chuvas (Hong Kong, 2014), 203-4; Rota da Seda, 13; "sonho chinês", 28; violações dos direitos humanos na, 222

chips, indústrias de, 106, 216

Churchill, Winston, 141

Cidade de Deus (favela carioca), 93

cinema, indústria do, 105

Cinturão e Rota (iniciativa chinesa), 212, 214, 259, 266

Citigroup, *118*, 120, 207, 220, 248

City de Londres, 22, 122, 129, 281

Clemenceau, Georges, 89

climáticas, questões *ver* mudanças climáticas; verde, agenda

Clinton, Bill, 53, 214, 221, 276, 291-2, 299, 304

Clinton, Hillary, 211-2

Clube de Paris, 258-9, *259*

CNBG (vacina da Sinopharm), 252

Coalizão para Inovações em Preparação para Epidemias (Cepi, na sigla em inglês), 241, 246

cólera, 53, 174

Coletes Amarelos, manifestações dos (França, 2018), 89, 292

Colômbia, 171-2, 176-7

Comando Vermelho (facção criminosa brasileira), 93

combustíveis fósseis, 146, 228, 299; *ver também* carvão; gás; petróleo

comércio mundial, 112, 298

comida, escassez de, 89, 108, 234

Comissão Econômica das Nações Unidas para a África (Uneca, na sigla em inglês), 264-5, 267

Comissão Econômica para a América Latina e o Caribe (Eclac, na sigla em inglês), 179

Comissão Europeia, 14, 41, 78, 187, 195, 285

Comissão Nacional de Saúde (China), 56-7

Comitê de Política Monetária do Bank of England, 130

Comitê Federal de Open Market (FOMC, Estados Unidos), 135

commodities, 11, 72, 76, 85, 163-4, 168, 174, 209, 266, 279, 292

companhias aéreas *ver* aviação, indústria da

Compromissos Nacionalmente Determinados (NDCS, na sigla em inglês), 196

comunismo, 206

Conferência das Nações Unidas sobre Comércio e Desenvolvimento (Unctad, na sigla em inglês), 262

Conferência de Segurança de Munique (2020), 10, 76-7

Conferência Política Consultiva do Povo (China), 56

Congo, República Democrática do, *41*

Congresso dos Estados Unidos, 22, 55, 126, 128, 132, 134, 142, 146-7, 157-8, 169, 211, 219, 224-9, 257, 273-5, 280, 303-4

Congresso Nacional (Brasil), 178

Congresso Nacional Africano, 173

Congresso Nacional do Povo (China), 56, 63, 209

Conselho Especial Europeu, 192

Conselho Europeu, 192, 197, 284

Conselho Legislativo (Hong Kong), 203-5

Conselho Mundial de Viagens e Turismo, 108

Consenso de Wall Street, 22, 164, 168, 180

Consenso de Washington, 11, 164-5, 168

Constituição norte-americana, 28-9, 303

Conte, Giuseppe, 77, 141, 288

contrato social, 19, 24, 137, 143, 147, 156

COP26 (26ª Conferência das Partes das Nações Unidas sobre Mudança Climática), 10, 196-7

Corbyn, Jeremy, 19, 152

Coreia do Su, 205

Coreia do Sul, 54, 72, 77-81, 83-4, 86, 96, 131, *139*, 146, 171-2, 199, *200*, 210-2; financiamento à OMS, *41*

Coronavirus Aid, Relief and Economic Security Act *ver* Lei Cares (EUA, 2020)

coronavírus, mutações do, 47, 253, 269, 289, 296

Corporação para o Investimento Privado no Exterior (Opic, na sigla em inglês), 267

Correa, Rafael, 175

corrida espacial, 300

Cortina de Ferro, 308

Costa do Marfim, 271, 272

Costa, António, 140

Covax Facility, 246-7, 250, 253-4

Crashed (Tooze), 30-1

Crédit Agricole, 193

crescimento econômico capitalista, 10, 30, 37

"Crescimento Verde", 24

crise climática *ver* mudanças climáticas; verde, agenda

crise financeira asiática (1997), 163

crise financeira de 2008, 20, 30, 85, 112, 116, 120, 144, 163, 194, *286*

crise financeira russa (1998), 163

Croácia, 171

Croce, Benedetto, 31

Cruz, Ted, 169, 223, 256

cruzeiros marítimos, indústria de, 112-3, 160

Cuba, 38, 94

Cuomo, Andrew, 43, 89, 104

D

Dalio, Ray, 206-7

De Blasio, Bill, 86

deflação, 151, 154, 282

Delta do Rio das Pérolas (China), 203

democracia, 20, 23, 28-9, 203, 219, 231-3, 288

Departamento de Agricultura dos Estados Unidos, 234

Departamento de Comércio dos Estados Unidos, 216

Departamento de Estatísticas Oficiais (China), 69

Departamento de Saúde e Serviços Humanos dos Estados Unidos (HHS, na sigla em inglês), 82, 243

Departamento de Transportes dos Estados Unidos, 45

Departamento do Trabalho dos Estados Unidos, 111

desemprego, 13, 68, 73, 104, 107, 109, 111-2, 141-2, 144-7, 163, 173, 176, 224-6, 234, 269-70, 274, 285

Desenvolvimento Humano, índice de, 271

desenvolvimento sustentável, 20, 265

desigualdade de renda/riqueza, 11, 20, 24, *114*, 126, 138, *144*, 145, 147, 160, 174-5, 178, 231, 279, 297, 302

Deutsche Bank, 120

Deutsche Telekom, 217

Dimon, Jamie, 220, 232

Dinamarca, 143, 301

Direitos Especiais de Saque *ver* SDRs (Special Drawing Rights)

distanciamento social, 18, 51-2, 81, 86, 89-91, 95, 102, 113, 224, 237, 291, 293

dívida soberana, 115, 154, 162, 183-6, 208, 262-3

dívidas, mercado de, 116, 130-1, 133-4, 154, 186

doenças infecciosas, 13, 27, 35-9, 53

Dornbusch, Rudiger, 23, 154

Draghi, Mario, 135, 184, 188, 288-9, 292

DSSI *ver* Suspensão do Serviço da Dívida

Duterte, Rodrigo, 19, 89

E

ebola, 38, 43, 54-5, 59, 250-1

ecologia, 38-9, 305

economia mundial, 9-10, 12, 24, 64, 72, 136, 155, 163, 171, *200*, 247, 255, 268, 271-2, 277, 279-80, 294, 298

Egito, 89, 172, 183, 253

eletrônicos, indústria de, 216

Emirados Árabes Unidos, *41*, 252, 298

empréstimos, 10, 68, 109, 113-4, 116-9, 121, 126, 129, 132-4, 139-41, 145-8, 154, 157-8,

162, 164-6, 168-71, 180, 186, 190, 192, 194-5, 208-9, 220, 247, 255, 257-61, 263-7, 269-70, 275-6, 282, 294

energético, setor, 30-1, 192, 303

Engels, Friedrich, 26

Equador, 16, 49, 77, 168, 170-1, 174-6, 268, 271

Erdoğan, Recep Tayyip, 19, 81, 269-71, 299

erradicação de doenças, campanhas globais pela, 40, 240

Escritório Nacional de Contas (Reino Unido), 75

Eskom, 269

Espanha, 75, 77, 87-8, 91, 102, 110, 115, *139*, 140, 143, 174, 184, 187-8, 286

Estados Unidos, 9, 11, 13, 19, 21, 23-4, 26-9, *36*, 37, 40, 44, 51, 53-6, 58, 61, 70, 72-4, 76, 80-7, 90-1, 93, 95-7, 101, 105, 107, 111-2, 114-5, 121, 123-6, 128, 130-2, 134-5, 137, *139*, 141-4, 146-8, 150-1, 159, 161, 163, 169, 173-4, 177-8, 183-4, 187, 191, 193, 196, 198-9, *200*, 202, 206-7, 209-11, 212, 214-22, 224, 227, 229, 231, 234, 237-8, 240, 242, 243-6, 249-53, 256-8, 263, 266-7, 270, 272-4, 277-81, 283-9, 291, 293-4, 298-307; Agência de Proteção Ambiental dos, 45; auxílio-desemprego nos, 111, 112; Banco Central dos *ver* Federal Reserve System (FED); Bank of America, 118, 124; Better Utilization of Investment Leading to Development (Build Act), 266-7; Câmara do Comércio dos, 225; Câmara dos Deputados, 225-6, 228, 230, 274, 276-7; Câmara Norte-Americana de Comércio na China, 64; Capitólio, invasão do (janeiro de 2021), 28; Casa Branca, 9, 82, 91, 93, 95-6, 142, 169, 196, 211, 215-6, 220-1, 224, 226-8, 233, 292, 295, 304; Centro para o Controle e Prevenção de Doenças (CDC), 54, 80-1, 83, 226, 274; Comitê Federal de Open Market (FOMC), 135; Congresso dos, 22, 55, 126, 128, 132, 134, 142, 146-7, 157-8, 169, 211, 219, 224-9, 257, 273-5, 280, 303-4; Constituição norte-americana, 28-9,

303; Corporação para o Investimento Privado no Exterior (Opic, na sigla em inglês), 267; crescimento econômico, 299, 306; crescimento econômico dos, 82; Departamento de Agricultura dos, 234; Departamento de Comércio dos, 216; Departamento de Saúde e Serviços Humanos dos Estados Unidos (HHS, na sigla em inglês), 82, 243; Departamento de Transportes dos, 45; Departamento do Trabalho dos, 111; emissões de carbono, 26; esquerda norte-americana, 28, 152; Estratégia de Segurança Nacional, 26, 215; expectativa de vida nos, 36; falência de varejistas históricos nos, 106; Farmers to Families Food Box (Caixa de Comida de Fazendeiros para Famílias, programa doméstico de alívio à fome), 233; FDA (Food and Drug Administration), 80, 244-5; Federal Reserve System (FED), 21-2, 77, 82, 120, 123, 125-35, 150, 155, 157-9, 161, 163, 166-7, 169, 171-2, 177, 185, 189, 206, 223-4, 227-8, 275-7, 279, 288, 294-5, 304; Fundo de Estabilização Cambial do Tesouro dos Estados Unidos, 133; guerra comercial com a China, 57, 210, 233; Lei Cares (2020), 137, 141, 143, 145-7, 157, 159, 226, 274-5, 278; Lei da Reserva Federal, 133; Lei de Defesa da Produção, 93; mercado de títulos do Tesouro americano, 22; New Deal, 28, 111; Novos Acordos de Empréstimo, 169; Operação Velocidade de Dobra Espacial (2020), 243-4; Operação Warp Speed (governo Trump), 307; Partido Democrata, 24, 145, 220, 223, 227, 280, 303-4; Partido Republicano, 28, 126, 147, 219, 223, 229-30, 233, 255, 257, 273, 275, 278, 280, 302-4; patrimônio líquido doméstico das famílias nos, 24; PIB dos, 46, 106, 137, 214, 229; Plano de Emprego Americano, 300; Plano de Famílias Americanas, 293; Plano de Resgate Americano, 293, 303; política ambiental nos, 24; política externa de Trump, 304;

Estados Unidos (*continuação*), poupança nos, 143, *278*; Programa de Compra e Distribuição de Alimentos, 233; Programa de Crédito Corporativo no Mercado Primário, 133; Programa de Crédito Corporativo no Mercado Secundário, 133; Programa de Empréstimos a Empresas Comuns, 134; Programa de Liquidez Municipal, 134; Programa de Proteção à Folha de Pagamento, 146; relações sino-americanas, 57; rendimento familiar disponível nos, *144*; segunda onda da pandemia nos, 227, 237, 296; Senado dos, 74, 137, 169, 225-7, 229-30, 256-7, 275, 277, 279, 287, 293, 304; Suprema Corte dos, 227; Tea Party, 126; Tesouro dos, 77, 115-7, 122, 124, 129, 131, 133, 156, 169, 179, 256, 307; "virada para a Ásia" (governo Obama), 26
Estratégia de Segurança Nacional (EUA), 26, 215
Etiópia, 89, 202, 271
Eurásia, 13, 39
Eurlings, Elvira, 287
Europa, 10, 14, 19, 22-4, 26, 36, 44, 50-1, 58, 61, 70, 75-8, 81, 84-7, 92, 96, 101, 107, 109-11, *114*, 115, 129-31, 134, 139-40, *139*, 143, 173-4, 183-5, 187-93, 195-7, 199, *200*, 202, 216, 219, 224, 237-8, 245-6, 248, 250, 252-3, 268, 271, 284-7, 289-90, 299-301, 306; Acordo Abrangente sobre Investimento União Europeia-China (CAI, na sigla em inglês), 300; Banco Central Europeu, 124, 127, 131, 134, 136, 150-1, 153, 167, 171, 184-9, 193-5, 287, 289; Banco Europeu de Investimento, 258, 285; Banco Europeu para Reconstrução e Desenvolvimento, 258; Câmara Europeia de Comércio na China, 62; Central, *114*; Centro Europeu para o Controle de Doenças, 75; Comissão Europeia, 14, 41, 78, 187, 195, 285; Conselho Especial Europeu, 192; Conselho Europeu, 192, 197, 284; fundo de recuperação europeu, 192; Fundo de Transição Justa, 196; Leste

Europeu, 110, 114, 196; NextGen (programa da União Europeia), 20, 183, 192, 195, 283-4, 286, 288-9, 306; níveis de endividamento, 184; Ocidental, *36*, 81, *114*; Parlamento europeu, 192, 194, 195, 283, 301; Planos de Recuperação Nacional e Resiliência, 192; política ambiental, 10; política climática na, 196; política externa turca, 270; Recuperação de Julho (pacote europeu), 196; segunda onda da pandemia na, 237, 296; Tribunal Europeu de Justiça, 284; União Europeia, 14, 20, 24, 26-7, 72, 75, 78, 81, 139-40, 145, 183, 187, 190, 192-3, 195-6, 204, 212, 238, 245, 247, 249-51, 260-1, 270, 281, 283-9, 300-1, 307, 309; Zona do Euro, 11, 14, 115, 124, 127, 139-40, 148, 151, 183-8, 190-4, 285, *286*
Exército de Libertação Popular (China), 250
Exército Vermelho (URSS), 308
expectativa de vida (em países diversos), 36-7
Exxon, 228

F

fake news, 39, 86, 223
Farmers to Families Food Box (Caixa de Comida de Fazendeiros para Famílias, programa de alívio à fome nos EUA), 233
Farrar, Jeremy, 246
Fauci, Anthony S., 96-7
FDA (Food and Drug Administration), 80, 244-5
febre suína, 83
Federal Reserve System (FED), 21-2, 77, 82, 120, 123, 125-35, 150, 155, 157-9, 161, 163, 166-7, 169, 171-2, 177, 185, 189, 206, 223-4, 227-8, 275-7, 279, 288, 294-5, 304
Filipinas, 19, 89, 112-3, 171, 195
Financial Times (jornal), 16, 83, 91, 153, 264, 280
FinDev *ver* Instituto Canadense de Finanças para o Desenvolvimento (DFIC, na sigla em inglês)
Fink, Larry, 232

Fischer, Stanley, 152

Fitch (agência de classificação), 271

Flexibilização Quantitativa (Quantitative Easing), 126, 131, 151-7, 161, 184, 208, 279

Floyd, George, 220, 224

Flynn, Michael, 230

FMI (Fundo Monetário Internacional), 9, 21, 72, 76-7, 102, 112, 128, 137-8, 149, 164, 166-70, 173, 175, 177, 179, 183, 247, 255-7, 259-63, *259*, 265, 270, 286, 305

Folkhälsomyndigheten (Agência de Saúde Pública da Suécia), 90-1

Ford, 92

Ford, Gerald, 53

Foroohar, Rana, 280

Foucault, Michel, 49

Foxconn, 61, 64, 66, 68

França, 26, 40, *41*, 76, 77, 81, 88-9, 94, 110, 115, *139*, 184, 187, *200*, 246, 253, 258, 292; Coletes Amarelos, manifestações dos (2018), 89, 292; financiamento à OMS, *41*

Fratelli d'Italia (partido italiano), 288

Freedom's Forge (Herman), 243

Friedman, Milton, 145

FSB (Serviço Federal de Segurança, Rússia), 251

Fukushima Daiichi, acidente nuclear de (2011), 191

Fundação Oswaldo Cruz (Brasil), 174

Fundo de Estabilização Cambial do Tesouro dos Estados Unidos, 133

Fundo de Transição Justa (Europa), 196

Fundo Global de Combate à Aids, Tuberculose e Malária, *41*

Fundo Monetário Internacional *ver* FMI

fundos mútuos, 120, 122-3, 131, 133, 149-50, 157, 207

G

G7, países do, 82, 196, 221

G8, países do, 258

G20, países do, 72, 77, 127-8, *139*, 168, 169, 172, 246-7, 255-7, 260-4, 266, 307

Gabor, Daniela, 22, 164

Gana, 250, 268, 271

gás natural, 25, 172

Gates Foundation *ver* Bill & Melinda Gates Foundation

gênero, desigualdades e divisões de, 36, 38, 104, 107-9

genoma humano, sequenciamento do, 239

Geórgia (EUA), 229-30, 257, 275, 277, 280

Georgieva, Kristalina, 76-7, 170

Ghebreyesus, Tedros Adhanom, 76

"gig economy ", 110

GlaxoSmithKline, 41, 243

globalização, 11, 13, 25, 53-4, 71, 138, 164-5, 167-8, 180, 191, 198, 216-7, 292, 294, 298

Goldman Sachs, 76, *114*, 118, 130, 179, 232, 289

Gorbatchov, Mikhail, 26, 83

Gore, Al, 229

governança, 54-5, 79, 232, 246, 296-7

Grã-Bretanha *ver* Reino Unido

Graham, Lindsey, 142

"grande aceleração" (na história ambiental), 295, 305, 308

Grande Depressão (anos 1930), 112-3

Grande Salão do Povo (Pequim), 56

Grécia, 81, 183, 185, 283, 292

Green New Deal, 19-20, 22, 24, 30, 187, 192, 228, 243, 283, 303, 308

greves, 23, 91, 153

gripe asiática, pandemia de (1957-8), 53

gripe aviária, 53, 55

gripe comum (influenza), 38, 43, 86

gripe de Hong Kong (1968-9), 53

gripe espanhola (1918), 43-4, 52-3

gripe suína, 40, 54, 76, 174

GSK (fundação), 241, 243

Guangdong (China), 54, 60, 64, 67, 205, 210

Guatemala, 179

Guayaquil (Equador), 49, 174

Guedes, Paulo, 178, 180

guerra biológica, 25

guerra comercial (China-Estados Unidos), 57, 210, 233

Guerra Fria, 9-10, 23, 26, 52, 69, 93, 208, 213, 217-8, 222, 248

Guha, Krishna, 127

Guterres, António, 255, 269

H

H&M (empresa sueca), 92
H7N9 (gripe aviária), 55
Haiti, 138
Han Zheng, 205
Hang Seng (índice), 205
Harris, Kamala, 291
Hawley, Josh, 223, 275, 277, 287
hedge funds, 120, 122-3, 125, 129, 155, 157
Henan (China), 66
hidroxicloroquina, 202
Hildebrand, Philipp, 125
hipotecas, 22, 117-20, 122, 127, 135, 150
HIV/aids, 35, 37, 38, 173, 239-41
Hobbes, Thomas, 42
Hoffman-La Roche and Co. Ltd., *41*
Hokkaido (Japão), 79
Holanda, *41*, 104, 110, 185, 187, 192,
    287; Agência Estatal do Tesouro
    da, 287
Hollywood, 105, 222
Holocausto, 44
Honduras, 172
Hong Kong, 53-4, 57, 63, 112, 203-6, 301;
    Conselho Legislativo, 203-5; gripe de
    Hong Kong (1968-9), 53; Lei Básica,
    203; Revolução dos Guarda-Chuvas
    (2014), 203-4
Hospital Huoshenshan (Wuhan), 62
Huawei, 212, 215-7
Hubei (China), 14, 25, 56, 58-60, 62-5, 69
Hungria, 171, 201, 251, 283-4, 287-8
Hussein, Saddam, 25, 83

I

Iêmen, 299
IG Farben, 210
Igreja Shincheonji de Jesus (Coreia do
    Sul), 77
imigração/imigrantes, 61, 68, 109-10, 147,
    292; *ver também* refugiados
Imperial College (Londres), 44, 90-1, 129
Império Romano, 39

impostos, 68, 82, 102, 120, 126, 137-8, 145-7,
    152, 223, 225-6, 230-1, 243, 282, 304
imunização, 53, 237, 240, 247, 249, 289, 307;
    "imunidade de rebanho", 60, 87, 231;
    Programa de Imunização Universal da
    Índia, 240; *ver também* vacinas
Índia, 19, 21, *36*, 40, 92-4, 104-5, 108, 110-
    2, 138, *139*, 162, 171-2, 175, 212-4, 240,
    246, 249-50, 258; Bollywood afetada
    pela pandemia, 105; disseminação
    da pandemia no, 296; Programa de
    Imunização Universal da, 240
Indonésia, 89, 112, 127, 162, 165-6, 171-2,
    252; Banco da, 171
inflação, 22v3, 151, 153, 165, 184, 187, 189,
    208, 227, 228, 270, 294
influenza, 38, 43, 86
informal, setor, 175
Inglaterra *ver* Reino Unido
Instituto Butantan (São Paulo), 252
Instituto Canadense de Finanças para o
    Desenvolvimento (DFIC, na sigla em
    inglês), 266
Instituto de Finanças Internacionais (IIF,
    na sigla em inglês), 260, 278, 286
Instituto Gamaleya, 251
Instituto Nacional de Saúde do Peru, 252
Instituto Nacional para a Saúde e a
    Excelência Clínica da Grã-Bretanha, 46
International Drug Purchase Facility, *41*
investimentos privados, 148, 266, 285, 303
investimentos, fundos de, 133, 151, 263
iPhone, 61, 66
Irã, 77-8, 89, 169, 298; Revolução Iraniana
    (1979), 28
Iraque, 299
Irlanda, 87, 110, 183
Israel, 178
Itália, *41*, 44, 49, 58, 73, 76-8, 81, 84, 88,
    90-1, 93-4, 115, *139*, 140-1, 143, 183-
    8, 193-4, *200*, 220, 265, 287-9; e o
    fundo de recuperação europeu, 193;
    financiamento à OMS, *41*; Fratelli
    d'Italia (partido), 288; Liga Norte, 288;
    nível de endividamento da, 184

J

J.P. Morgan, 117, 124, 129-30, 158, 207

Japão, *41*, 58, 79, *139*, 144, 148, 151, 183-4, 199-201, *200*, 210, 211-2, 214, 221, 246, 258, 267; Banco do, 128, 131, 134, 150, 167, 172; financiamento à OMS, *41*; Olimpíadas de Tóquio, 79, 94

Jenner Institute (Universidade de Oxford), 249

Johnson, Boris, 74, 83-4, 87, 94, 129, 282

Johnson & Johnson, 61, 243-4, 254

JPMorgan Chase, 118, 123, 220, 232

Jubileu 2000 (campanha), 257-8

Juncker, Jean-Claude, 14

junk bonds (títulos de alto rendimento), 133

juros, taxas de, 17, 82, 117-8, 120, 121, 127, 131-2, 136, 149-55, *149*, 163-6, 168, 172, 173, 189, 191, 194, 208-9, 228, 247, 269-71, 279, 282, 294-5, 305

justiça social, 222, 304

K

Karniol-Tambour, Karen, 207

Kennedy, John F., 291

keynesianismo, 20, 23, 138, 152, 155, 297

Khan, Imran, 89

Khomeini, Ruhollah, 77

King Jr., Martin Luther, 291

Knowledge Ecology International (grupo de advocacia), 248

Kogene, 80

Kubayi-Ngubane, Mmamoloko, 108

Kudlow, Larry, 82, 224-5

Kushner, Jared, 74, 82

Kuwait, *41*

L

Lagarde, Christine, 136, 185-8, 195, 256

Lam, Carrie, 205

Le Maire, Bruno, 77, 82, 87

Lei Básica (Hong Kong), 203

Lei Cares (EUA, 2020), 137, 141, 143, 145-7, 157, 159, 226, 274-5, 278

Lei da Reserva Federal (EUA), 133

Lei de Defesa da Produção (EUA), 93

Lei de Registro de Representantes Estrangeiros (EUA), 222

Lei de Segurança Nacional (China, 2020), 204

Lênin, Vladímir, 26

Leviatã (Hobbes), 42

Levitz, Eric, 141

Leyen, Ursula von der, 19, 187, 289

Li Keqiang, 57, 59, 68

Li Wei, 69

Li Wenliang, 63

Líbano, 170-1, 268

Libéria, 59

Líbia, 298

Liga Norte (Itália), 288

Lima (Peru), 175-6, 252

Lincoln, Abraham, 291

Linha de Financiamento de Títulos Comerciais (CPFF, na sigla em inglês), 134

liquidez, 118, 120-1, 124, 127-31, 133, 135-6, 166-7, 172, 177, 179-80, 209, 256, 265, 272, 282-3, 288; linhas de swap de, 128, 131, 166; Programa de Liquidez dos Fundos Mútuos do Mercado Monetário (MMLF, na sigla em inglês), 134

Liu Shangxi, 208

livre mercado, 75

lockdown, 16, 17, 59, 61, 66-8, 76, 79, 83-5, 88-9, 91, 93-4, 96-7, 101-2, 105-6, 110-4, 132, 173, 175-8, 196, 220-1, 225, 286, 308; *ver também* quarentena

Logan, Lorie, 126

López Obrador, Andrés Manuel, 19, 83, 95-6, 177, 180

Los Angeles, 88, 221, 233

Lou Jiwei, 208

Love, Jamie, 248

Luce, Edward, 91

M

Ma, Jack, 206
Macau, 205
Macron, Emmanuel, 19, 76, 88-9, 141, 188, 190-1, 192, 246
Made in China 2025 (programa), 217
Maduro, Nicolás, 176, 202
Magufuli, John, 83
Maktoum, Mohammed bin Rashid Al, 252
malária, 35, 241
Malásia, 141
Malpass, David, 255, 260-1
Mao Tsé-Tung, 26, 62
Martin, Katie, 83
Marx, Karl, 26
marxismo, 302
máscaras, 18, 30, 51, 91, 106, 201-2, 223
Mattarella, Sergio, 288
May, Theresa, 281
McCain, John, 230
McConnell, Mitch, 226-7, 275, 304
McCulley, Paul, 152
megarriscos sistêmicos, 296
Meng Wanzhou, 216
mercado de trabalho, 69, 104, 109, 111, 126, 142, 144, 156, 224, 294
mercados emergentes, 21, 115, 119, 121-3, 127, 138, 162-8, 170-3, 180, 186, 256, 268-71, 279, 294-5, 298-9, 305, 306
mercados financeiros, 17, 74, 78, 114, 116-7, 120, 123-4, 130, 135-6, 154-5, 157, 162, 180, 186, 193, 237, 239, 261, 270-1, 282, 288
Mercator Institute for China Studies (Alemanha), 301
Merkel, Angela, 19, 88, 139-40, 190-2, 196-7, 247, 284, 300
Mers (Síndrome respiratória do Médio Oriente), 44, 54, 60, 79, 241
Messonnier, Nancy, 81
México, 19, 21, 83, 88, 95, 127, 131, 139, 167, 170-2, 177-80, 211-2, 250
Michele, Bob, 129
microchips, 216-7
Milão (Itália), 77-8, 81
Ministério do Planejamento Estatal (China), 66

Mnuchin, Steve, 74, 77, 82, 125, 158, 226, 255-6, 264, 275-6
Moderna (laboratório norte-americano), 241-5, 248-9, 252, 293
modernização, 20, 24, 296, 302-3
Modi, Narendra, 19, 93-4, 110, 141, 213
Moody's (agência de classificação de risco), 173, 260, 274
Moore, Stephen, 82
Morawiecki, Mateusz, 284
Moreno, Lenín, 16, 175
Morin, Edgar, 14
mortalidade infantil, 36
mortalidade por Covid, taxas de, 9, 91, 174, 176, 178
morte, causas de (no mundo), 36
mudanças climáticas, 11, 18, 24, 27, 31, 38, 42, 195, 284, 300
mulheres: desigualdades e divisões de gênero, 36, 38, 104, 107-9
Müller, Gerd, 267-8
Musk, Elon, 92
mutações do coronavírus, 47, 253, 269, 289, 296
mutações zoonóticas, 25, 54

N

N95 (máscaras), 201
nacionalismo, 55, 70, 74, 143
Namíbia, 271
Navalny, Alexei, 251
Navarro, Peter, 73-4, 225
navios, 72, 112-3, 210, 297
neoliberalismo, 14, 18, 21, 23, 25, 28, 138, 167, 308
New Deal, 28, 111
NextGen (programa da União Europeia), 20, 183, 192, 195, 283-4, 286, 288-9, 306
Nigéria, 36, 94, 106, 138, 163, 237, 271
Nike, 92
Nissan, 61, 72, 91
Noruega, 41, 146, 246
Nova York, 30, 43, 49, 71, 78, 86, 88-9, 97, 104, 111, 126-7, 129, 172, 185-6, 203, 221, 224, 233, 263

Nova Zelândia, 144, 212
Novavax, 243
Novos Acordos de Empréstimo (EUA), 169

O

O'Brien, Robert, 222
Obama, Barack, 26, 53, 55, 126, 142, 183, 198, 211, 215, 256, 279, 291-3, 304, 306
OCDE (Organização para a Cooperação e Desenvolvimento Econômico), 45, 144-6, 148, 200, 285-6
Ocidente, 10, 11, 13, 15, 26, 37-8, 40, 57-60, 70-1, 74, 76, 104, 141, 167, 199-200, 202-3, 208-9, 215, 242, 266, 298, 301
OIT (Organização Internacional do Trabalho), 94
Olimpíadas de Tóquio, 79, 94
OMC (Organização Mundial do Comércio), 112, 169, 249, 255, 298
OMS (Organização Mundial da Saúde), 39, 40, 41, 54, 67, 72, 74-6, 83, 86, 88, 169, 222, 240, 246-7, 255; financiamentos para, 41
ONU (Organização das Nações Unidas), 90, 179, 240, 250, 255, 257, 262, 264-5, 269; Assembleia Geral da, 168, 198; Comissão Econômica das Nações Unidas para a África (Uneca, na sigla em inglês), 264-5, 267; COP26 (26ª Conferência das Partes das Nações Unidas sobre Mudança Climática), 10, 196-7; Fundo Central de Resposta a Emergências da, 41; Organização das Nações Unidas para a Alimentação e a Agricultura (FAO, na sigla em inglês), 168; Unctad (Conferência das Nações Unidas sobre Comércio e Desenvolvimento), 262
Opep (Organização dos Países Exportadores de Petróleo), 85, 172
Operação Velocidade de Dobra Espacial (EUA, 2020), 243-4
Operação Warp Speed (governo Trump), 307
Orbán, Viktor, 283-4
Organização das Nações Unidas para a Alimentação e a Agricultura (FAO, na sigla em inglês), 168

Organização Pan-Americana da Saúde, 174
Oriente Médio, 114, 273, 298
Otan (Organização do Tratado do Atlântico Norte), 76, 298

P

Pacific Investment Management (Pimco), 152, 265
países em desenvolvimento, 78, 168, 173, 259, 264
países pobres, 10, 16, 36, 138, 169, 246, 249, 254-5, 257, 260; Países Pobres Altamente Endividados, 257
países ricos, 16, 21, 36-7, 45, 102, 144, 162, 250, 258, 265, 267, 289
Palin, Sarah, 230
Panamá, 172
Paquistão, 89, 109, 111, 202, 214, 259, 262, 266
Parceria Regional Econômica Abrangente (RCEP, na sigla em inglês), 212-4, 300
Parceria Transpacífica (TPP, na sigla em inglês), 211
Paris, Acordo Climático de (2015), 10, 196, 198
Paris, Clube de, 258-9, 259
Parlamento europeu, 192, 194-5, 283, 301
Partido Conservador (Reino Unido), 147
Partido Democrata (EUA), 24, 145, 220, 223, 227, 280, 303-4
Partido Republicano (EUA), 28, 126, 147, 219, 223, 229-30, 233, 255, 257, 273, 275, 278, 280, 302-4
Partido Social-Democrata Alemão, 190
Partido Trabalhista (Reino Unido), 152
Patrick, Dan, 47
Pegatron, 68
Pelosi, Nancy, 19, 226-7, 276, 280
Pence, Mike, 82
pensão, fundos de, 132, 269
Peru, 165, 175, 177-9, 202, 252, 271
Petrobras, 163
petróleo, 25, 30, 62, 85, 102, 112, 138, 160, 163, 168, 171-2, 175-6, 195, 209-10, 238, 299
Pfizer, 73, 238, 241-5, 247, 249, 252, 254, 293
Piñera, Sebastián, 19
Plano de Emprego Americano, 300

Plano de Famílias Americanas, 293

Plano de Resgate Americano, 293, 303

"Plano Marshall com a África", 266

Planos de Recuperação Nacional e Resiliência (União Europeia), 192

"policrise", conceito de, 14, 87, 283, 292, 309

poliomielite, 37, 239

política econômica, 20-4, 156, 208, 213, 227, 238, 258, 268-9, 275, 278-81, 284, 305

políticas fiscais, 20, 116, 136-7, 145, 147-9, 152, 156-7, 162, 167, 195, 279, 282, 293-4, 297

políticas monetárias, 20, 83, 135, 137, 153, 157, 172, 189, 206, 209, 227, 272, 279, 282, 298

Polônia, 171, 196, 237, 283-4, 287-8

poluição, redução durante a pandemia, 45, 73

Pompeo, Mike, 74, 76, 222

populismo, 11, 14, 20, 22, 23, 55, 83, 126, 180, 185, 223, 273, 279, 284, 287

Portugal, 140, 183, 187

poupança, 141, 143, 148-9, 277-8, *278*

Powell, Jerome, 77, 82, 125-8, 131-6, 155, 224-5, 275, 294-5

Praça da Paz Celestial, massacre da (China, 1989), 203

previdência social, 28, 37, 109-10, 115, 132, 145, 274, 277

Primark, 92

Primeira Guerra Mundial, 16, 44, 48, 53, 89

privatização, 10

Programa de Crédito Corporativo no Mercado Primário (EUA), 133

Programa de Crédito Corporativo no Mercado Secundário (EUA), 133

Programa de Empréstimos a Empresas Comuns (EUA), 134

Programa de Imunização Universal (Índia), 240

Programa de Liquidez dos Fundos Mútuos do Mercado Monetário (MMLF, na sigla em inglês), 134

Programa de Liquidez Municipal (EUA), 134

Programa de Proteção à Folha de Pagamento (EUA), 146

Programa de Refinanciamento de Longo Prazo aos Bancos (TLTRO, na sigla em inglês), 194

Putin, Vladímir, 19, 73, 298

Q

Qalys (Quality-Adjusted Life Years — Anos de Vida Ajustados por Qualidade, Reino Unido), 46

Quantitative Easing *ver* Flexibilização Quantitativa

quarentena, 15, 18, 38, 40, 50, 59, 61, 64-6, 72, 77, 86-7, 90, 91, 109, 113; *ver também* lockdown

Queens (Nova York), 49, 97

Quênia, 271-2

Quito (Equador), 174-5

R

Ramaphosa, Cyril, 19, 254, 256, 263

RCEP *ver* Parceria Regional Econômica Abrangente

Re David, Francesca, 92

Reagan, Ronald, 23, 28

recessão econômica, 9, 13, 69, 78, 85, 107, 113, 116-8, 129, 158, 163, 179, 225, 281, 286

"Reconstruir Melhor" *ver* Build Back Better (programa de Biden)

Recuperação de Julho (pacote europeu), 196

Rede de Segurança Financeira Global, 168

rede global de segurança financeira, 22, 128

refugiados, 10, 14, 81, 176, 191, 283, 292; *ver também* imigração/imigrantes

Reino Unido, *41*, 75, *139*, *200*, 263; Bank of England, 82, 129-30, 134, 136, *150*, 151, 153, 281-2; Brexit, 10-1, 13-4, 31, 75, 280-3, 288, 292; Comitê de Política Monetária do Bank of England, 130; Escritório Nacional de Contas, 75; expectativa de vida no, 36; financiamento à OMS, *41*; "Flexibilização Quantitativa do Povo", 152; Instituto Nacional para a Saúde e a Excelência Clínica da Grã-Bretanha, 46; mutações do coronavírus no, 253; Partido Conservador, 147; Partido Trabalhista, 152; Qalys (Quality-Adjusted Life Years — Anos de Vida Ajustados por Qualidade), 46; Serviço Nacional de Saúde (NHS) do, 46, 91;

Tories (conservadores britânicos), 281-2; Wellcome Trust, 174, 241, 246

remessas de valores, 254

Renault, 61, 91

renda básica universal, 145

renda média, armadilha da, 302

Renzi, Matteo, 288

repos, mercado de (*repurchase market*), 119-20, 123

República Dominicana, 16-7

República Tcheca, 237

reservas estrangeiras, 164, 166

Reserve Bank of Australia, 131

Revolução dos Guarda-Chuvas (Hong Kong, 2014), 203-4

Revolução Iraniana (1979), 28

revolução verde, 198

Rieder, Rick, 130

Rio de Janeiro (RJ), 92-3

RNA mensageiro, vacinas de, 243, 248-52, 293

Romênia, 171

Roosevelt, Franklin Delano, 28

Ross, Wilbur, 74

Rota da Seda, 13

Rotary Internacional, *41*

roupas, indústria de *ver* vestuário, indústria de

Rússia, 19, 25, *41*, 73, 85, 88, 162, 166, 170, 172, 201-2, 246, 250-1, 256, 292, 298; crise financeira russa (1998), 163; financiamento à OMS, *41*; FSB (Serviço Federal de Segurança), 251; Sputnik V (vacina russa), 251; *ver também* União Soviética

Ryan, Mike, 75

S

safáris na África, 108

Sagasti, Francisco, 252

Salvini, Matteo, 288

Samsung, 61, 215-6

Sanders, Bernie, 19, 29, 152, 206, 223, 228, 231, 274-5, 277, 287, 292, 295, 303

Sanofi, *41*, 243

São Paulo (SP), 252; Bolsa de Valores de, 162; disseminação da pandemia pela elite de, 178; Instituto Butantan, 252

Sars, surto de (2003), 11, 40, 44, 53-4, 59, 63, 69, 75, 242

Sars-CoV-2 (síndrome respiratória aguda grave do coronavírus 2), 12-3, 35, 37, 56, 58, 60, 73, 79

saúde pública, 13-4, 40, 42, 44, 53, 55, 58, 67, 70, 74-5, 79, 82, 90-2, 96, 137, 175, 191, 223, 232, 237-8, 241-2, 248, 253-4, 290; assistência médica universal, 29, 176; sistemas de saúde, 46, 78, 89, 176, 253

Schäuble, Wolfgang, 139

Schnabel, Isabel, 186

Scholz, Olaf, 139, 191

Schumer, Chuck, 19, 276

SDRs (Special Drawing Rights), 169, 255-7, 261, 264-5

Segunda Guerra Mundial, 9, 20-1, 44, 48, 93, 137, 152, 198, 207, 243

"Segunda-Feira Negra" (EUA, 1987), 116

seguro-saúde, 36-7

semicondutores, indústria de, 216

Senado dos Estados Unidos, 74, 137, 169, 225-7, 229-30, 256-7, 275, 277, 279, 287, 293, 304

Serum Institute (Índia), 240, 249-50, 254

Serviço Nacional de Saúde do Reino Unido (NHS), 46, 91

serviços, setor de, 105-7

sexo, trabalhadoras do, 110

Sibéria, 195

sindicatos, 91-2, 107, 153, 226

Singapura, 112, 211

Sinopharm, 252

Sinovac, 252

Síria, 10, 283, 292, 298

sistema financeiro mundial, 124-5, 164, 180, 260

Snyder, Timothy, 232

socialismo, 29, 38, 206, 221, 223

"sociedade de risco", 18

Solomon, David, 232

Songwe, Vera, 264-5

"sonho chinês", 28

Sonnenfeld, Jeffrey, 232

Spahn, Jens, 76, 78, 140
Sputnik V (vacina russa), 251
Sri Lanka, 92, 108, 214, 259
Stálin,Ióssif, 26
Stern, Nicholas, 42
Strauss-Kahn, Dominique, 183
subsídios, 110, 140, 145-7, 175, 194, 238, 256, 271
Suécia, *41*, 90-1, *200*, 237
Suíça, *41*, 78, 88, 125, 279
Summers, Larry, 149, 214, 276, 293
Suprema Corte dos Estados Unidos, 227
Surate (Índia), 40
Suspensão do Serviço da Dívida (DSSI, na sigla em inglês), 169, 170, 255, 257-8, 260-4, 268, 271, 307
swap, linhas de, 31, 128, 131, 166, 169, 172
Swaps de Risco de Incumprimento, 172

T

Tailândia, 58, 108-9, 163, 165-6, 171
Taiwan, 66, 210, 216
Talf (Term Asset-Backed Securities Loan Facility — Programa a Termo de Empréstimos Respaldado por Ativos), 132-3
Tanzânia, 83, 271
"taper tantrum", 156, 163, 294-5, 298
Tea Party, 126
Tentori, Alessandro, 193
Teoria Monetária Moderna (TMM), 20, 152, 161, 189
terceirização, 104-5, 160
terrorismo, 25, 53
Tesla, 61, 92, 228, 233
Tesouro dos Estados Unidos, 77, 115-7, 122, 124, 129, 131, 133, 156, 169, 179, 256, 307
testagem, 80-4, 86-7, 93, 96, 147, 178, 205, 224, 239, 251
Texas, 47, 160, 223, 256
Thatcher, Margaret, 10, 23, 28, 281
títulos de alto rendimento (*junk bonds*), 133
títulos do Tesouro norte-americano, 116-7, 120-1
títulos soberanos, 165, 187, 265

"títulos verdes", 195, 287
Toomey, Pat, 275-6
Tories (conservadores britânicos), 281-2
Toyota, 61
TPP *ver* Parceria Transpacífica
trabalho remoto, 67, 105-6
Tratado de Versalhes (1919), 52-3
Tribunal Constitucional da Alemanha, 188-9, 191, 194, 306
Tribunal Europeu de Justiça, 284
tributação *ver* impostos
Trichet, Jean-Claude, 186
Trump, Donald, 10-1, 13, 19, 27-9, 31, 51, 55, 73-4, 82-3, 86-8, 91, 93, 95-7, 112, 120, 123, 125-6, 128, 141-3, 147, 169, 196, 198-9, 202, 204, 211, 214-21, 223-32, 243-6, 248, 255-6, 259, 261, 263, 266, 270, 273-4, 276-80, 284, 292-3, 295, 299-300, 304, 307
Trump, Ivanka, 233
TSMC (empresa taiwanesa), 216
tuberculose, 35, 53
turismo, 58, 61, 79, 95, 108, 112, 168; *ver também* viagens, restrições a
Turquia, 19, 163, 171-2, 252, 269-71, 273, 298; Banco Central da, 270-1; Ministério das Finanças da, 270

U

U.S. International Development Finance Corporation (DFC), 267
Ucrânia, 14, 283, 292
Unctad (Conferência das Nações Unidas sobre Comércio e Desenvolvimento), 262
Under Armour, 92
Uneca *ver* Comissão Econômica das Nações Unidas para a África
União Europeia *ver* Europa
União Soviética, 26, 38, 207, 218; Cortina de Ferro, 308; *ver também* Rússia
Unicef (United Nations Children's Fund), 104, 246
United Auto Workers (Trabalhadores Automobilísticos Unidos), 92
Universidade de Fudan (Xangai), 241

Universidade de Oxford, 241, 249
Universidade de Wuhan (China), 63
UTIs (unidades de terapia intensiva), 49, 90

V

Vaccitetch (empresa), 249
vacinas, 39-40, 73, 202, 240-54, 289, 292-3;
de RNA mensageiro, 243, 248-52, 293;
ver também imunização
Vale (mineradora brasileira), 163
Vale do Silício (Califórnia), 305
"Valor Estatístico de uma Vida" (VSL, na
sigla em inglês), 45, 46
varejo, setor do, 106-7, 143, 160
variantes do coronavírus, 47, 253, 269, 289,
296
varíola, 37
Venezuela, 163, 169, 176, 202, 259
verde, agenda, 195; capitalismo verde,
228; Compromissos Nacionalmente
Determinados (NDCS, na sigla em
inglês), 196; "Crescimento Verde", 24;
desenvolvimento sustentável, 20, 265;
Green New Deal, 19-20, 22, 24, 30, 187,
192, 228, 243, 283, 303, 308; políticas
ambientais, 10, 24; revolução verde,
198; "títulos verdes", 195, 287; *ver
também* mudanças climáticas
vestuário, indústria de, 17, 92, 107-9
viagens, restrições a, 9, 13, 72, 80, 87, 89,
91, 103, 106, 108, 112, 143, 248; *ver
também* turismo
Vietnã, 79, 92, 108, 210, 222, 279
Vizcarra, Martín, 175-6
Volcker, Paul, 129
Volkswagen, 61, 64, 91, 134, 197

W

Wall Street, consenso de, 22, 164, 168, 180
Warren, Elizabeth, 206
Washington, Consenso de, 11, 164-5, 168
Webasto, 72
welfare state ver bem-estar social

Wellcome Trust (Reino Unido), 174, 241, 246
Whitty, Chris, 84
Wilson, Andrew, 130
Wilson, Woodrow, 28
Wolf, Martin, 16
Wuhan (China), 13, 15, 49, 56-9, 61-3, 65, 71,
73, 75, 173, 201, 221, 250
Wuttke, Jörg, 61

X

Xangai, 60-2, 64, 67-8, 163, 210, 241, 278,
295; Acordo de Xangai (2015), 295
Xi Jinping, 9, 14, 26, 197-8, 210, 266, 302, 309
Xie Zhenhua, 199
Xinjiang (China), 301
Xu Zhangrun, 57, 63

Y

Yang, Andrew, 145
Yassin, Muhyiddin, 141
Yellen, Janet, 126, 155, 264, 295
York (Inglaterra), 75
Yu Xuefeng, 73

Z

Zâmbia, 183, 268, 271
Zeman, Miloš, 201
Zeng Guang, 59
Zhang, Yong-Zhen, 241
Zhengzhou (China), 66
Zhong Nanshan, 57
zika, vírus da, 55, 76, 174
Zimbábue, 94
Zona do Euro, 11, 14, 115, 124, 127, 139-40,
148, 151, 183-8, 190-4, 285, *286*
zoonóticas, mutações, 25, 54
Zuma, Jacob, 163

380

Shutdown: How Covid Shook the World's Economy © John Adam Tooze, 2021.
Todos os direitos reservados.

Todos os direitos desta edição reservados à Todavia.

Grafia atualizada segundo o Acordo Ortográfico da Língua
Portuguesa de 1990, que entrou em vigor no Brasil em 2009.

capa
Celso Longo
fotos da capa
Gui Marcondes. *Rituals*, 2020
composição
Manu Vasconcelos
preparação
Jane Pessoa
índice remissivo
Luciano Marchiori
revisão
Ana Maria Barbosa
Huendel Viana

Dados Internacionais de Catalogação na Publicação (CIP)

Tooze, John Adam (1967-)
Portas fechadas : Como a Covid abalou a economia
mundial / John Adam Tooze ; tradução José Geraldo
Couto. — 1. ed. — São Paulo : Todavia, 2021.

Título original: Shutdown : How Covid Shook the
World's Economy
ISBN 978-65-5692-198-3

1. Economia mundial. 2. Pandemia. I. Couto, José
Geraldo. II. Título.

CDD 339.4

Índice para catálogo sistemático:
1. Fatores que afetam a produção, salário
e riqueza nacional 339.4

Bruna Heller — Bibliotecária — CRB 10/2348

todavia
Rua Luís Anhaia, 44
05433.020 São Paulo SP
T. 55 11. 3094 0500
www.todavialivros.com.br

fonte
Register*
papel
Pólen soft 80 g/m²
impressão
Geográfica